普通高等教育"十三五"规划教材

中国科学院规划教材·经济管理类核心课系列

微观经济学

（第三版）

张　英　郝大江　主编

科学出版社

北　京

内 容 简 介

本教材是为了适应21世纪经管类复合型、应用型人才的社会发展需求而编写的，在编写中吸收国内外主流微观经济学教材的优点，及时跟踪当代微观经济学发展的动向和趋势。本教材在对理论的阐述、概括和对问题的分析中，力图遵循由浅入深、由简入繁的原则，以通俗的语言文字、简单易懂的数学模型、直观形象的几何图形，说明微观经济学理论。根据教材内容，每章附有案例，以便于读者加深对知识的理解和掌握，提高其运用经济学原理与分析方法揭示经济现象的能力。

本教材配有多媒体教学课件、习题集、教学支持网络等多种立体化教学支持系统，既可作为高等院校经济、管理类在校本科生以及各类成人高等院校教育及自学考试教材，也可作为政府、企业和社会工作者了解经济学基本知识的参考书。

图书在版编目（CIP）数据

微观经济学 / 张英，郝大江主编. —3 版. —北京：科学出版社，2018.5

普通高等教育"十三五"规划教材　中国科学院规划教材·经济管理类核心课系列

ISBN 978-7-03-056179-4

Ⅰ. ①微… Ⅱ. ①张… ②郝… Ⅲ. ①微观经济学–高等学校–教材 Ⅳ. ①F016

中国版本图书馆 CIP 数据核字（2017）第 330340 号

责任编辑：王京苏 / 责任校对：贾伟娟
责任印制：霍　兵 / 封面设计：蓝正设计

科 学 出 版 社 出版
北京东黄城根北街 16 号
邮政编码：100717
http://www.sciencep.com

保定市中画美凯印刷有限公司　印刷
科学出版社发行　各地新华书店经销

*

2010 年 2 月第 一 版　开本：787×1092　1/16
2014 年 1 月第 二 版　印张：22
2018 年 5 月第 三 版　字数：522 000
2020 年 1 月第十五次印刷
定价：48.00 元
（如有印装质量问题，我社负责调换）

前　言

　　本教材是由哈尔滨商业大学经济学院组织策划的新编系列教材之一，在编写过程中力图体现以下特点：第一，在内容上体现理论体系的完整性与内在的联系性。本教材涉及西方经济学微观部分最主要的理论、原理和知识，遵循历史、逻辑相统一的原则，注重内容的上下承接性、顺序的连贯性和逻辑发展的一致性。在编写过程中，吸收大量中外的相关文献资料，并且尽量将新的理论纳入相关章节之中。第二，难易程度适中。在对理论的阐述、概括和对问题的分析中，力图遵循由浅入深、由简入繁的原则，尽可能做到以通俗的语言文字、简单易懂的数学模型、直观形象的几何图形，说明微观经济学理论。第三，根据教材内容，每章附有案例和复习思考题，以便于读者加深对基本理论的理解和掌握，提高其理论联系实际和分析问题、解决问题的能力。第四，不仅基本理论论述清晰、通俗易懂，而且将微观经济学的基本理论和数理分析融为一体，可满足不同层次读者要求。

　　本教材是在第二版的基础上不断凝练精确修订而成的，其与第二版的主要区别是对诸多案例及课后复习思考题的内容进行了更新，学生在学习微观经济学基础理论的同时，其应用理论分析问题的能力又得到了训练，使其在今后的工作中能够更好地运用经济学的分析方法和技巧解决实际经济问题。

　　本教材由张英、郝大江担任主编，滕月担任副主编，由编写人员分工撰写，具体撰稿分工如下：张英撰写第一章至第三章，白雪艳撰写第四章和第五章，郝大江撰写第六章至第八章，滕月撰写第九章，刘增凡撰写第十章和第十一章，张贺撰写第十二章，孙波撰写第十三章。全书由张英、郝大江总纂定稿，韩平主审。限于时间和能力，本教材不足之处在所难免，恳请各位专家及读者提出宝贵意见和建议。我们也将在今后的教学中继续完善本教材，以进一步推动该学科的建设与发展。

编　者

2018 年 3 月

目　　录

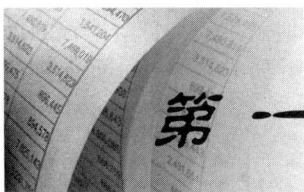

第一章

导　论

学习目的与要求

1. 掌握经济学产生的根源。
2. 掌握微观经济学的研究对象、研究内容。
3. 了解微观经济学的基本假设。
4. 明确微观经济学的基本分析方法。

第一节　稀缺性与经济学

一、什么是经济学

微观经济学是经济学的一个分支。对于什么是经济学，不同时代和不同国家的经济学家有不同的定义与说明。有人从资源配置的角度，认为经济学是研究稀缺资源的合理配置的一门学科；有人从经济学研究和考察人们的经济活动角度，认为经济学是研究人类社会经济问题的一门科学；有人从经济主体行为目标的角度，认为经济学是研究人们的经济行为的一门科学；还有人从资源的稀缺性和其用途的多样性的角度，认为经济学是研究经济主体怎样进行选择的一门学科；等等。

从 20 世纪 30 年代起，西方经济学界普遍接受了英国经济学家 L. 罗宾斯提出的定义：经济学是研究用具有各种用途的稀缺资源来满足人们目的的人类行为的科学。罗宾斯的定义强调了经济资源的稀缺性和人们面临的选择。以后的经济学定义都是以此为基础演化发展的。例如，保罗·萨缪尔森在《经济学》中对经济学的定义是："经济学研究社会如何利用稀缺的资源以生产有价值的商品，并将它们分配给不同的个人。"J. 斯蒂格利茨在《经济学》第 2 版中认为："经济学研究社会中的个人、厂商、政府和其他组织如何进行选择，以及这些选择如何决定社会资源的使用方式。"N. 曼昆则将经济学简单概括为："经济学研究社会如何管理自己的稀缺资源。"

尽管对经济学的定义，不同经济学家的表述是不同的，但是，他们都离不开经济学研究的最基本问题——资源配置和利用。简单地说，经济学就是研究稀缺资源在各种可供选择的用途中如何进行合理配置和充分利用，以便最大限度地满足人类日益增长的需要或欲望的科学。经济学的精髓在于承认稀缺性的现实存在，并研究一个社会如何进行选择、组织，以便最有效地利用资源，满足人们无限的欲望。

二、经济学产生的原因

经济学产生的根源在于人类欲望的无限性和资源的稀缺性。

（一）人类欲望的无限性

欲望是指人们的需要，它是一种缺乏与不满足的感觉以及求得满足的愿望。具体来说，就是人们想要得到的任何东西。欲望是人们的一种心理现象，也是人类一切经济活动的原动力。美国著名的心理学家马斯洛将人的欲望分为以下七个层次。

第一，基本的生理需要，即生存的需要，如对衣、食、住等生活必需品的需要。这是最低层次的需要。

第二，安全和保障的需要，包括防备生理损伤、疾病、经济上的灾难与意外事故发生等。

第三，归属感与爱的需要，如所属社会阶层的认同感等。

第四，尊重的需要。这既包括得到别人的尊重，也包括尊重别人。

第五，认知的需要，即求知的需要。

第六，审美的需要，如喜爱将东西放得井井有条。

第七，自我实现的需要。包括个人潜力的实现，也包括对理想社会的追求。这是最高层次的需要。

这七个层次的需要由低级向高级发展、由可以计量向不可以计量发展、由物质向精神发展。通常情况下，人们优先满足低层次的需要。但不同层次的需要也有交叉，即在低层次的需要还没有完全满足时就产生高层次的需要。由于人类需要层次的多样性，因而人的欲望是无穷无尽的。在一种欲望得到满足后（甚至还没有完全得到满足时）新的欲望就会产生。

欲望的无限性实际上是人类社会进步、生产与技术发展的推动力量。只要我们不是巧取豪夺、好逸恶劳，而是通过创造性的劳动来满足自己的欲望，那么，欲望越强烈，对社会进步的推动作用也就越大。

（二）资源的稀缺性

无限的欲望都要靠资源所生产的物品与劳务去满足。资源是指用来生产满足人类需要的产品或劳务的手段或物品。资源又分为自由取用资源和经济资源两大类。自由取用资源是指不需付出任何代价就能够取得的资源，如大自然中的阳光和空气。经济资源是指需要付出代价才能够取得的资源，这些资源数量有限，如果免费使用，需求量就会大大超过供给量。同样的资源在某些环境下属于自由取用资源，在另一些环境下也许就成了经济资源。例如，空气在大自然中是自由取用资源，而冬天从空调中取得的暖气则属于经济资源。

一种资源到底是自由取用资源还是经济资源可以通过价格来检验。由于自由取用资源的数量是无限的，取用时不需要花费任何代价，因此，这种资源的使用价格为零。经济资源的数量相对于人类无限的需要来说是不足的，其有一个大于零的价格。如果没有特别指出的话，经济学中所说的资源是指经济资源。

资源具有稀缺性。所谓资源的稀缺性是指相对于人们无限的欲望而言，用来满足人类欲望的资源总是有限的、不足的。需要注意的是，经济学上所说的稀缺性是指相对的稀缺性，即从相对的意义上来谈资源的多寡，它产生于人类欲望的无限性与资源的有限性这一矛盾。这也就是说，稀缺性强调的不是资源的绝对数量的多少，而是相对于欲望无限性的有限性。但是，这种稀缺性的存在又是绝对的。这就是说，它存在于人类历史的各个时期和一切社会。稀缺性是人类社会永恒的问题。

当经济资源被投入生产过程用以生产满足人们欲望的最终产品与劳务时，它又被称为生产要素。除了信息和时间这两种重要资源之外，经济学所讨论的经济资源或生产要素基本上可以分为四种，即劳动力、土地、资本和企业家才能。

劳动力。劳动力是所有要素中最基本的生产要素。作为一种生产要素的劳动与具有一定生产能力的劳动者不是同一个概念。这里所说的劳动力不是指劳动者本身，而是指劳动者在工作中提供并释放出来的体力和脑力。任何产品和服务都必须经过生产者的劳动并配合其他要素才能生产出来。

土地。土地是各种自然资源的总称，它包括土地、森林、矿藏和河流等一切自然资源。狭义的土地则是指土地本身。土地是人类生存和发展的基础，在不同国家或地区自然资源的禀赋相差很大。

资本。资本也叫作资本品，它是由人们生产出来的、再用于生产过程的生产要素，包括机器、厂房、设备、道路、原料和存货等。

企业家才能。企业家才能是指企业家组织生产、经营管理、努力创新和承担风险的能力总和，有时将其简称为"企业家"或"管理才能"。对于整个经济而言，社会经济资源是否得到最优配置和社会产品数量是否达到最大，在很大程度上取决于企业家群体的能力和素质。

在现实社会，人们不可能不花任何代价就能得到上述资源。相对于人类的欲望，它们总是有限的与稀缺的。随着污染的加剧，本来水、空气是自由取用资源，现在也变成经济资源。因此，社会必须有效地配置和充分利用其所拥有的资源，以使人类需要得到最大限度的满足。稀缺性是一切经济问题产生的根源，也是经济学研究的基础和前提条件。实际上，正是稀缺性和追求高效率的愿望，才使经济学成为一门重要而独立的学科。

（三）选择

选择就是用有限的资源去满足什么欲望的决策，或者说如何使用有限资源的决策。一方面，人们的欲望尽管具有无限性，但是，在一定时期内这些无限的欲望具有轻重缓急之分；另一方面，有限的资源又具有不同的用途。例如，水既可以饮用又可以洗漱，还可以灌溉。资源的稀缺性决定了人们必须在稀缺资源的多种用途中进行权衡比较，根据自己欲望的强弱缓急做出选择，找到对自己最有利的配置方法。例如，在水资源缺乏的情况下，第一桶水很可能被用做解渴饮用，第二桶水可用于洗漱，第三桶水用于灌溉。

选择包括以下三个相关的问题。

（1）生产什么和生产多少。面对稀缺的经济资源，人们必须权衡各种需要的轻重缓急，选择生产什么物品，生产多少，以满足比较强烈的需要。假如某经济社会有1万亩（1亩≈666.67平方米）耕地，且耕地只有生产粮食和生产蔬菜两种用途。那么，这些耕地是用来生产粮食还是生产蔬菜？生产多少粮食多少蔬菜？即在粮食和蔬菜的可能性组合中选择哪一种？假定生产什么和生产多少已定，而且各产出需要投入多少资源等技术因素也已确定，这便意味着资源配置已被确定。

（2）怎样生产。怎样生产包括以下几个方面的问题：其一，由哪些人来生产。其二，用什么资源生产。由于各种生产要素一般都有多种用途，各种生产要素之间也大多存在着一定的技术替代关系。这样，生产者就面临着生产要素投入的选择，是使用劳动还是使用资本，或是多使用劳动少使用资本，还是相反。其三，用什么技术生产，是采用最先进的技术还是采用适用技术。例如，在农业生产中，是采用机械技术，还是采用生物化学技术。其四，用什么样的组织形式生产，是组织大规模生产还是小规模生产，是集体经营还是家庭经营。

（3）为谁生产这些物品与劳务。生产者生产出来的产品由谁来消费，谁消费得多谁消费得少，这就是经济社会的"为谁生产"的问题。经济资源的稀缺性，决定了生产出来的产品也是有限的，因此，任何社会都不能按照"各取所需"的原则进行产品分配。那么，社会总产品应该如何在社会各成员之间进行分配呢？是谁出价高就分配给谁，还是谁权力大就分配给谁？或者是根据其他标准分配？不同的分配办法对人们的影响和造成的后果是不同的。要实现经济社会的和谐发展，就必须采取妥当的办法，遵循更加合理的分配原则。所以，对于为谁生产，人类社会也要做出选择。

稀缺性是人类社会各个时期和各个社会所面临的永恒问题，所以，选择，即"生产什么和生产多少"、"怎样生产"和"为谁生产"的问题，也就是人类社会所必须解决的基本经济问题。这三个问题亦称为资源配置问题。其中，"生产什么和生产多少"要解决的是如何选择总量既定的资源来生产哪些产品，并最大限度地满足人们的需要。"怎样生产"要解决的是在同一种产品的多种不同方法中选择最有效率的方法。"为谁生产"要解决的实质上就是国民收入的分配和消费问题。

正是为了解决上述问题，才产生了经济学。经济学就是研究人类社会如何有效地分配使用稀缺资源，以最大限度地满足社会成员不同需要的科学。

三、资源配置方式

做出选择或资源配置决策并付诸实施的过程就是经济活动，而任何经济活动都在一定的社会中进行。各个社会做出选择或资源配置的方式称为经济制度。在现代社会中有两种基本的选择或资源配置方式，即市场经济和计划经济。

（一）市场经济

市场经济条件下，选择或资源配置是通过市场价格机制来实现的。价格像一只"看不见的手"协调着人们的经济行为及其活动，使经济活动有序地进行。

（1）生产什么的问题取决于消费者的"货币选票"。消费者选择购买某种商品，就是向这种商品及其商品生产者投以货币选票，这一过程真实地传递着社会需求信息，为厂商决策提供依据，自发地将资源配置到社会需要的产品生产中去。

（2）怎样生产的问题取决于企业之间的竞争。对于生产者来说，要进行价格竞争、实现利润最大化的目标，其最佳方法就是采用最为有效的生产手段达到成本极小化。这就存在一种自发节约稀缺资源的力量，使既定资源的作用得到尽可能大的发挥。

（3）为谁生产的问题是由生产要素的价格所决定的。人们的收入分配取决于其所拥有的要素数量、质量及要素的价格。生产要素总是从效率低的部门转向效率高的部门。

可见，在市场经济条件下，价格机制具有资源配置的功能。如果价格扭曲，便会出现资源配置失当。

但是，市场经济不是万能的，市场机制存在着缺陷，即存在着所谓"市场失灵"的现象。例如，信息传播缓慢，或者营销机构可能缺乏足够的灵活性，导致市场调整速度缓慢或者不准确；市场竞争的压力造成生态环境的破坏；竞争的不完全性或垄断造成效率的降低；不能提供国防、治安和义务教育等公共物品；等等。

（二）计划经济

这种经济的主要特征是资源配置权实行中央集权制，政府通过计划决定生产什么、生产多少，以及怎样生产和为谁生产。个人和企业的活动都必须按照国家经济计划有序进行。这种资源配置方式，尽管可以在短期内迅速动员尽可能多的资源，解决最迫切的经济问题，可是还存在着很多弊端，主要表现在三个方面。

（1）由于生产什么、生产多少的决策权集中于计划部门手中，生产者缺乏来自市场的激励，缺乏产品创新的动力，人们的多种需要得不到应有的满足。

（2）怎样生产由政府部门决定，企业所需生产要素不是通过市场来获得，而是由计划部门统一分配。由于要素的使用不真正承担成本，因此，生产者缺乏节约资源的积极性。

（3）为谁生产由行政部门控制，收入分配采取的是平均主义原则，劳动者缺乏生产的积极性，劳动效率低下。

从上述分析中可以看出，两种经济制度各有利弊。从 20 世纪总体经济情况看，在资源配置方面，市场经济优于计划经济。可以说经济上成功的国家都采取了市场经济制度，而采用计划经济的国家几乎无一成功者。因此，20 世纪 80 年代以后，采取计划经济的国家纷纷向市场经济转型。但是，因为市场经济也不是完美无缺的，这就需要政府这只"看得见的手"对经济活动进行干预，以纠正市场失灵。经济学家把这种以市场调节为基础，又有政府适当干预的经济制度称为混合经济。混合经济也可以称为"现代市场经济"。我们所学的经济学研究的就是现代市场经济。

四、生产可能性曲线和机会成本

为了论述与说明如何有效地配置资源，经济学使用了两个重要概念：机会成本和生产可能性曲线。

（一）机会成本

机会成本又称择一成本。使用一种资源的机会成本指的是把该资源用于某一特定用途以后所放弃的在其他用途中所能获得的最大利益。机会成本是用所失去的最佳选择来度量的成本或收益。人们通常所说的"有所得必有所失"，"所失"就是"所得"的机会成本。由于稀缺的资源其用途具有多样性，所以，既定的稀缺资源不论用于哪一种用途都是要付出代价的。

在运用机会成本这一概念时，必须注意机会成本存在的三个条件：第一，资源本身要具有多种用途；第二，资源的流动是自由的，不受任何限制；第三，资源要能够得到充分的利用。

懂得机会成本的存在，有助于社会或个人科学决策、合理选择，从而实现资源的最优配置。这就是说，对于厂商来说，在做某项决策时，不能只考虑赚了多少钱，还要考虑放弃了多少可能赚到的钱，即赚这些钱的机会成本是多少。只有赚到的钱大于或至少等于机会成本，这项决策才是真正合适的。经济学家与会计师的差别就在于，会计师考虑成本和收益，收益大于成本就有利润，或者说，只要收益大于成本，这项决策就是合适的。经济学家应该考虑机会成本，一项决策如果是正确的，不仅收益要大于成本，而且，收益减去成本的净收益一定要大于或等于机会成本。

例如，拟投资100亿元建立一个大型发电站，5年建成。建成后每年可净赚5亿元，20年收回投资，以后每年都净赚5亿元。从会计学角度看这一决策是正确的。但如果另一种可供选择的决策是建立5座中型发电站，每座投资20亿元，2年建成，每座发电站每年可净赚1.5亿元。这样，假设不考虑建设时间长短所影响的利息支付与其他因素，投资100亿元建立大型发电站每年净收益5亿元，其机会成本是放弃建立5座中型发电站的每年净收益7.5亿元。因为机会成本大于净收益，所以，从机会成本角度看建立大型发电站的决策是不合适的。

国家、企业、个人的选择都存在机会成本。我们不仅可以用机会成本这一概念来分析生产，还可以分析其他方面。例如，一个公务员决定辞职经商，仅从货币收入看，如果经商每年可赚6万元，当公务员每年可获得4万元，那么，经商得到的6万元的机会成本是4万元，这是合适的。但是，如果把这位公务员所放弃的公费医疗、养老金、住房公积金、闲暇时间等都作为机会成本，那么机会成本就远不止4万元，从商也就不一定合适了。

（二）生产可能性曲线

生产可能性曲线，又称转换线，是指在技术水平不变的条件下，充分利用现有资源所能生产的各种产品的最大数量的组合。该曲线经常被经济学家用来说明稀缺性、资源配置、效率、机会成本等问题。

由于资源是有限的，这便决定了不可能生产出人们所需要的所有产品，这就存在一个生产可能性问题；又由于技术和资源是既定的，要多生产某产品，就必须同时减少其他产品的生产，各种产量组合所能达到的最大界限，就构成了生产可能性曲线。

为了推导出生产可能性曲线，一般需做如下假设。

（1）固定的资源。在一定时间上，可供使用的各种生产要素的数量是固定不变的。

（2）充分就业。在现有生产过程中，所有的生产要素均得到了充分使用，不存在资源闲置。

（3）生产的技术水平既定。在考虑问题的时间范围之内，生产技术，即由投入转化为产出的能力，是固定不变的。

（4）生产两种产品。为了简化问题，通常假定资源只有两种用途，某一经济仅生产两种产品。

为了使问题生动，我们可以考察只生产粮食和蔬菜两种物品的经济体。表 1-1 显示的是粮食和蔬菜两种产品可能有的生产组合，用图形表示即图 1-1 的生产可能性曲线。

表 1-1　粮食和蔬菜的可能性组合（单位：万吨）

可能性组合	粮食	蔬菜
A	0	30
B	1	28
C	2	24
D	3	18
E	4	10
F	5	0

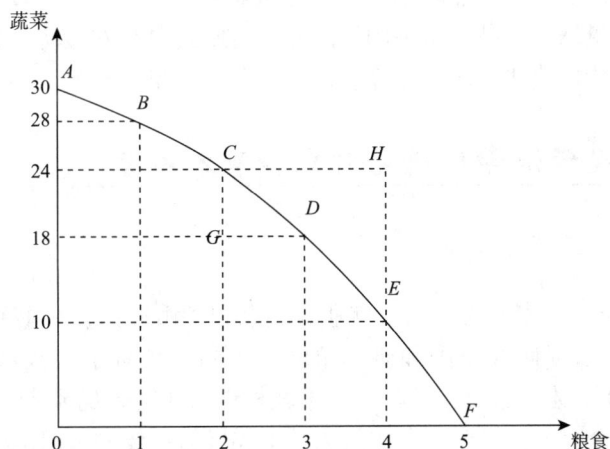

图 1-1　生产可能性曲线

假设所有资源都投入粮食生产上，每年所能生产的粮食会有一个最大数量，粮食的最大数量取决于所拥有的资源的数量和质量，以及使用资源的生产效率。假设利用现有的技术和资源能够生产的粮食的最大数量为 5 万吨，而蔬菜的数量则只能为 0，如图 1-1F

点所示。从另一个极端设想，所有的资源都用于生产蔬菜，同样的，由于资源的有限性，只能生产出有限数量的蔬菜，假设能够生产 30 万吨蔬菜，而粮食的数量则只能为 0，如图 1-1*A* 点所示。这是两个极端的情况。如果我们愿意放弃一些蔬菜，就可以拥有一些粮食；如果我们愿意放弃更多的蔬菜，就可以拥有更多的粮食，如表 1-1 所示。粮食和蔬菜两种产品可能有的生产组合表现在图 1-1 中，便形成生产可能性曲线。

生产可能性曲线是一条斜率为负且凹向原点的曲线。生产可能性曲线斜率为负，意味着在技术水平和资源一定的条件下，要增加某种产品的生产，就必须同时减少另外一种产品的生产。生产可能性曲线凹向原点反映了机会成本递增法则。它是指随着粮食的产量增加，每增加一个单位的粮食产量所需放弃的蔬菜产量呈递增的趋势，或者说，粮食的机会成本随其产量的增加而递增。

机会成本之所以是递增的，是因为在多数情况下，同一经济资源并非同样适用于生产不同的产品，即机会成本递增是由资源专用性决定的。当然，如果资源是完全可以替代的，那么，机会成本便为某一常数，生产可能性曲线就成为一条斜率为负的直线了。

决定了在生产可能性曲线上的某一点进行生产，就意味着决定了资源的配置。借助于生产可能性曲线可以说明资源配置的三种情况。

（1）两种产品的组合点选择在生产可能性曲线以外的一点，如 *H* 点，按现有的技术和资源的数量，这种组合是无法或根本不可能达到的。

（2）两种产品组合点位于生产可能性曲线和 0 点之间，如 *G* 点，这是可以达到的，但不理想，表明资源没能被有效利用或没有被利用，因此不可能选 *G* 点。

（3）两种产品组合点位于生产可能性曲线上，如 *C* 点，这是可以达到的，又是有效率的，是有效地利用了资源。

生产可能性曲线的位置并非既定不变的。如果关于生产可能性曲线的一些假设发生变化，如资源的数量增加、技术水平的提高等，会使其向右方移动，这便代表着经济增长。否则，生产可能性曲线会向左方移动，这便意味着经济衰退。

■ 第二节　微观经济学的研究对象和基本内容

一、微观经济学的研究对象

1936 年英国经济学家凯恩斯的《就业、利息和货币通论》一书的出版，拓宽了经济学的研究领域。依据研究范围和研究角度的不同，经济学大致可分为微观经济学（microeconomics）和宏观经济学两部分。本教材重点介绍微观经济学。

微观经济学是众多的经济学课程中最为基本和极为重要的一门课程。那么，什么是微观经济学呢？微观经济学又称个体经济学。微观经济学主要以单个经济单位作为研究对象，通过研究单个经济单位的经济行为和相应的经济变量单项数值的决定来说明价格机制如何解决社会资源配置问题。

微观经济学将市场经济条件下单个经济单位的经济行为作为考察对象。这里所说的单个经济单位是指国民经济最基本的构成单位，主要包括单个的消费者、单个厂商、单个市场等。例如，它研究单个的消费者购买什么、购买多少、怎样购买才能获得满足程度的最大化；研究单个厂商生产什么、生产多少、如何生产才能获得利润的最大化；同时，微观经济学还分析生产要素供应者的收入如何决定以及单个商品的效用、供给量、需求量和价格如何确定；等等。

微观经济学解决的问题是资源配置。微观经济学通过对单个经济单位理性行为的考察，说明在资源能够得到充分利用的条件下，价格机制通过消费者的货币投入决定生产什么，通过厂商之间的竞争以及它们的成本收益比较决定如何生产，通过要素价格的高低决定为谁生产，从而为资源的合理有效配置提供了可行的途径。

微观经济学所研究的是单个经济单位的经济行为或经济活动，所以，微观经济分析也称个量分析。但是，微观经济学也考察一个社会全部经济活动的内容。例如，福利经济学是以一个社会的经济福利为研究对象的，一般均衡分析同时考察各种产品和各种生产要素的供求及其相互作用。但是，由于福利经济学和一般均衡分析都是以单个经济单位的经济行为为出发点来研究社会经济运行的，所以，经济学家一般都把这二者归入微观经济学的研究范围之内。

微观经济学的产生可以追溯到17世纪中期。从那时一直到19世纪中期，经济学家在研究国民财富增长的同时，也研究了商品价值的决定、收入分配等问题，提出了一系列的价值理论，探讨了价格机制的作用，成为现代微观经济学的萌芽。产生于19世纪70年代的边际效用学说为微观经济学奠定了理论基础。1890年，英国经济学家马歇尔出版了《经济学原理》一书，在该书中马歇尔分别从供给和需求两个方面对个别商品或市场进行了详细的分析，阐述了商品的均衡价格由需求和供给决定的理论体系。马歇尔的均衡价格理论构成了微观经济学的基本内容。20世纪30年代以后，英国经济学家琼·罗宾逊和美国经济学家张伯伦在均衡价格理论基础上提出的厂商均衡理论，使微观经济学最终形成。

二、微观经济学的基本内容

（一）经济循环图

为了了解微观经济学研究的基本内容，需要用一个模型来解释经济是如何运行的，并说明经济的参与者（player）如何相互交易，这个模型称为经济循环图。

为简化起见，假设经济由家庭和厂商所组成，即不考虑政府部门和国外部门。在只有家庭和厂商两部门的经济中，经济活动的正常运行可以用图1-2加以说明。

图1-2中，家庭指的是消费者，厂商指的是生产者。每一个消费者和每一个生产者在产品市场和要素市场上的身份是不同的。在产品市场上，消费者是产品的需求者，生产者是产品的供给者，产品市场的成交价格和数量是由消费者对产品的需求和生产者对产品的供给共同决定的。在要素市场上，作为要素所有者的消费者，处在要素市场的供给方面；而生产者作为要素的需求者，处在要素市场的需求方面。消费者对要素的供给和生产者对要素的需求，共同决定要素市场的价格和数量。

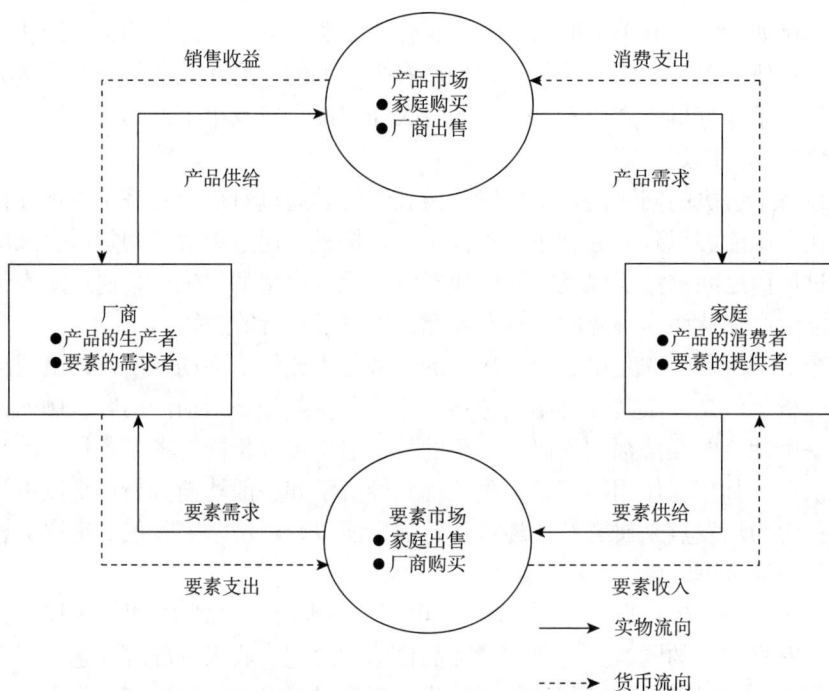

图 1-2　微观经济循环图

家庭，作为产品的消费者，追求效用的最大化；作为要素的所有者，追求收入的最大化。因此，家庭的经济行为目标是满足程度最大化。厂商，作为产品的生产者，追求收入最大化；作为要素的需求者，追求成本最小化，因此，厂商的经济行为目标是利润最大化。

微观经济循环图中，里面一圈代表实物流向，外面一圈代表货币流向。家庭以要素所有者身份，向要素市场提供劳动、资本、土地等生产要素。然后，企业在要素市场雇用或购买这些要素生产产品，并在产品市场上出售。家庭又以消费者身份，在产品市场购买产品。因此，生产要素从家庭流向厂商，而产品由厂商流向家庭。这是一个循环的实物流程。随着实物流向，有一个方向相反的货币流向。首先，家庭向要素市场提供要素之后，以要素收入作为消费支出，在产品市场购买产品。其次，厂商在产品市场向家庭出售产品获得收入。最后，厂商又将销售收入作为成本支出，向要素市场雇用或购买要素。这是一个循环的货币流程。

（二）微观经济学的基本内容

微观经济学的研究是在三个逐步深入的层次上进行的。第一个层次是研究单个经济主体的最优选择问题。第二个层次是研究单个市场的价格决定问题。第三个层次是研究一个经济社会中所有单个市场价格的同时决定问题。

按照上述研究体系，从第二章开始，本教材的内容安排如下。

第二章为供求理论。本章是微观经济学分析的基础。在完全竞争（perfect competition）条件下，无论是在产品市场，还是在生产要素市场，单个消费者和单个生产者的经济活动，都表现为在市场价格机制的作用下各自追求自身经济利益最大化的过程。本章主要介绍供给和需求如何决定价格，价格如何影响供给和需求，从而调节消费者和生产者的行为，调节整个经济的运行。

第三章为消费者行为理论。本章介绍需求曲线背后的消费者行为，主要研究消费者为了实现满足程度的最大化，如何将既定的收入分配于各种商品的购买上。通过对消费者行为的分析推导出需求曲线，还要对不确定条件下消费者选择进行研究。消费者行为理论是供求理论的深化，是消费行为的理论基础。

第四章为生产论，第五章为成本论，第六章为完全竞争市场。这三章内容可以概括为生产者行为理论，研究的是供给曲线背后的生产者行为。主要考察生产者怎样将有限的资源分配于各种商品的生产上，以实现利润最大化的行为目标。同时，探讨完全竞争市场的均衡及其效率问题，从对生产者行为的分析中推导出供给曲线。

第七章为完全垄断市场，第八章为垄断竞争和寡头市场。这两章内容介绍了完全垄断、寡头垄断和垄断竞争三种不完全竞争产品市场的特征、形成的原因，着重介绍不完全竞争条件下使厂商实现最大利润的均衡产量和均衡价格是如何决定的，并对不同市场的经济效率进行比较。

第九章为博弈论初步。博弈论提供了一种研究人类理性行为的通用方法。运用这种方法可以更为清晰完整地分析各种社会力量冲突和合作的形式，具体分析人与人之间在利益相互作用制约下理性主体的策略（strategy）选择行为及相应结局。本章对博弈论进行了概述，着重阐述完全信息静态博弈和完全信息动态博弈，详细介绍了子博弈精炼纳什均衡和贝叶斯纳什均衡，旨在使学生对博弈论有初步了解，培养学生这方面的思维。

第十章为生产要素价格决定的需求方面，第十一章为生产要素价格决定的供给方面。生产要素报酬即要素价格，取决于要素的边际生产力和要素的供求。要素价格既关系到要素所有者的收入，又关系到要素使用者的生产成本，所以，要素价格理论又通常称为分配理论。第十章和第十一章从要素需求和要素供给两方面出发，论述要素价格决定问题，并对社会收入分配均等化及社会收入再分配等问题进行研究。

第十二章为一般均衡与福利经济学。在真实的经济世界里，各个市场是相互联系、相互影响的。本章内容就是要把这些相互联系的单个市场作为一个整体来考察，研究经济社会所有市场如何实现同时均衡、"帕累托最优状态"的条件、市场经济体系的资源配置和福利的关系，并进而论述一般均衡状态是符合"帕累托最优状态"的。

第十三章为市场失灵与微观经济政策。现实的市场经济在某些方面与完全竞争经济的最优状态是有偏离的，这就需要执行一定的微观经济政策来加以矫正，以克服"市场失灵"，使现实的经济能以最优状态或接近最优状态的效率运行。本章分析造成市场失灵的四个方面的原因，即垄断、外部性、信息不对称和公共产品，在此基础上，提出弥补市场不足的微观经济政策。

三、微观经济学的基本假设

假设是某一理论所适用的条件。因为任何理论都是有条件的、相对的，所以在理论的形成中假设非常重要。离开了一定的假设条件，分析与结论都是毫无意义的。根据所研究的问题和所要建立的模型的不同需要，假设条件也存在着差异。在众多的假设条件中，微观经济分析有以下三条最基本的假设。

（一）理性人假设

理性人的假设包括以下内容。

（1）任何经济主体在经济活动中总是以利己为动机，所追求的唯一目标是自身利益的最大化。例如，消费者追求满足程度最大化；生产者追求利润最大化；要素所有者追求自身报酬的最大化。

（2）任何经济主体的经济行为不存在经验性或随机性，而是有意识的和理性的。

理性人假设并不等于通常意义上所说的"自私自利"，这里的个人利益是广义的私人利益，它既包括物质上的享受，也包括精神上的满足。人们总是做出自己觉得是最好的决策，因此，从个人利益出发的理性人也可能有利他行为。人的需要既包括物质和金钱的需要，也包括非货币的社会承认和荣誉，以及心理安慰、他人的感激赞许等精神收益。在这样一个社会中，只要保证政府行使基本的维持法律和秩序的功能，每个人在追求自身利益的同时，事实上也增加了社会利益。现代经济学通常以利益最大化为个体决策目标。

（二）完全信息

完全信息意味着经济主体不需要支付任何成本就可以获得与决策有关的全部信息。例如，每一个消费者都能充分地了解每一种商品的质量、价格和特性，准确地判断一定量的商品给自己带来的效用的大小，了解商品价格在不同时期的变化，确定最优的商品购买量。每一个生产者都能准确地掌握产量和生产要素投入量之间的技术数量的关系，了解市场的历史、现状和发展趋势，从而能够做出最优的生产决策。因此，任何人都不可能以高于市场的价格进行购买，也不会以低于市场的价格出售。

但是，信息作为一种资源也是稀缺的，取得信息是需要付出代价的，其价格的大小取决于有无这种信息所决定的收入差额。通常情况下，经济主体不可能或不愿意以很高的价格取得全部信息，因此，信息总是不完全的；因为存在未来风险，因此，信息总是不确定的；又因为经济主体拥有的信息不同，因此，信息是不对称的。上述原因必然导致市场竞争不公平，资源配置不合理。因为完全信息不符合现实，它已经成为经济决策研究的热点，现代微观经济学都要以相当的篇幅阐述不完全信息条件下的市场竞争。

（三）完全竞争

完全竞争是指经济主体在没有任何政府干预的完全竞争条件下，追求自身利益的最大化。在完全竞争市场上，价格这只"看不见的手"能够自动调节供求，使买卖双方各得其所。一般均衡理论根据一系列严格的假定进一步证明，在完全竞争条件下，一切经济资源都能够得到充分利用，达到最优配置。

但是，现实经济生活中，市场都存在不同程度的垄断，都有政府不同程度的干预，因此，利益最大化不是经常达到的。尽管如此，因为完全竞争最能体现市场价格机制在配置资源中不可替代的功能，所以现代微观经济学首先研究的就是完全竞争市场，其次是非完全竞争市场以及市场竞争基础上的政府干预。

第三节 微观经济学的研究方法

在长期的发展过程中，经济学形成了一套科学的、独特的研究方法，使经济学成为社会科学中唯一一门严密的、精细的、大量运用数学的科学。作为经济学的组成部分，微观经济学在研究资源配置时，主要采用以下几种方法。

一、实证分析和规范分析

（一）实证分析

实证分析就是指企图超脱或者排斥一切价值判断，只对经济现象、经济行为或经济活动及其发展趋势进行客观分析，得出一些规律性结论。实证分析具有三个特点。

（1）回答"是什么"的问题，而不是回答"应该是什么"的问题。例如，当一个经济学家被问及利率上升2%会使居民储蓄增加多少时，他的回答就是实证的。

（2）分析问题具有客观性。实证分析不涉及价值判断。这里所说的价值判断不是指对商品价值的判断，而是指对经济事物社会价值的判断。实证分析是一种根据事实加以验证的陈述，而这种实证性的陈述则可以简化为某种能根据经验数据加以证明的形式。在运用实证分析法研究经济问题时，要提出用于解释事实的理论，并以此为根据做出预测。

（3）得出的结论可以通过经验事实加以验证。实证分析得出的结论可以用事实、证据或从逻辑上加以证实或证伪。如果经过验证，该结论是正确的，那么就加以肯定；反之，如果经过验证该结论是错误的，那么就加以否定，或者进行修改，使其正确后再加以肯定。

（二）规范分析

规范分析是指从一定的价值判断出发，提出经济行为的标准并研究怎样才能符合这些标准。规范分析具有和实证分析完全不同的三个特点。

（1）它力求回答"应该是什么"的问题，即要说明事物本身是好还是坏，是否符合某种价值判断，或者对社会有什么意义。也就是说在分析过程中加入了个人的价值判断因素，涉及一个人的主观评价问题，涉及好坏美丑、是非善恶的问题。

（2）分析问题不具有客观性。规范分析是建立在一定的伦理判断基础上的，由于不同的人所处的阶级地位、社会地位是不同的，所以，他们对同一事物做出的价值判断也是不同的。当经济学家推荐某项政策方案时，实际上其自觉或不自觉地表达了自己的价值观念和判断标准。因此，经济学分析中规范分析存在着很大分歧。

（3）得出的结论不能通过经验事实加以验证。规范分析不如实证分析那么精确、科学，因为它是一种带有强烈主观色彩、牵涉到个人道德准则和好恶的价值判断，是无法证明其正误真伪的。

（三）实证分析和规范分析的关系

尽管实证分析与规范分析属于两种不同的分析方法，有各自的特点，但它们也并不是绝对互相排斥的。二者也有一定的联系。

（1）规范分析要以实证分析为基础。例如，在分析一项政策的利弊得失时，尽管不同的经济学家可以强调不同的侧面，因而对同一政策有不同的主张，但他们最终所得出的结论，一般都是运用被普遍接受的实证经济理论，通过对政策的社会经济效益的分析、比较而得出的。实证分析的结果能够告诉我们怎样才能以最佳方式达到规范目标。

（2）实证分析离不开规范分析的指导。经济学研究的是人类社会的经济活动，作为社会成员之一，经济学家很难超然于经济利益之外，在分析、寻求经济活动的客观规律时，不可避免地受到其个人的经济地位、价值观念等的影响。他们的价值判断会不自觉地在实证分析中产生影响。例如，经济学家总是以效率尺度来衡量经济活动的成败得失。这就隐含着，在经济学家的价值系统中，效率准则高于其他社会准则。

一般来说，越是具体的问题，实证的成分越多；而越是高层次、带有决策性的问题，越具有规范性。

用实证方法来分析经济问题称为实证经济学，而用规范方法来分析经济问题称为规范经济学。在经济学的发展中，早期强调从规范的角度来分析经济问题。19 世纪中期以后，则逐渐强调实证的方法。许多经济学家都认为，经济学的实证化是经济学科学化的唯一途径。只有使经济学实证化，才能使其成为像物理学、化学一样的真正科学。应该说，直至目前为止，实证经济学仍然是经济学中的主流。但也有许多经济学家认识到，经济学并不能完全等同于物理学、化学这些自然科学，它也无法完全摆脱规范问题，即无法回避价值判断。因此，应该在经济学中把实证的方法与规范的方法结合起来。

二、均衡分析与过程分析

（一）均衡分析

均衡本是物理学中的名词，当一物体同时受到方向相反、力量相等的两个外力的作用时，该物体由于受力相等而处于静止的状态，这种状态就是均衡。在经济分析中，均衡指的是这样一种状态：独立的经济主体（如厂商、消费者等）在做出各自的最优决策时，都意识到重新调整资源的配置方式已不可能获得更多的利益，从而不再改变其经济行为，或经济体系中各种相互对立或相互联系的力量在变动中处于相对平衡而不再变化的状态。

从经济学诞生以来，均衡的概念一直是经济学家思维的基础，是在经济学中被广泛运用的一个重要概念。均衡分析是假设在自变量为已知和固定不变的情况下，考察因变量达到均衡状态时会出现的情况和达到均衡所需具备的条件，即所谓均衡条件。在微观经济学中，运用均衡分析的典型例子就是马歇尔的均衡价格分析。均衡分析又可以分为局部均衡分析与一般均衡分析。

局部均衡分析假定"其他因素不变",考察单个市场均衡的建立与变动。在分析某一商品市场均衡时,必须排除该市场以外的其他一切经济变量的变动对该市场所产生的影响。因此,必须假定"其他因素不变"才能对该市场进行均衡分析。马歇尔的均衡价格分析就是所谓的局部均衡分析方法。它假定某一商品或生产要素的价格只取决于该商品或生产要素本身的供求状况,也就是说,它关注于一个市场上的均衡及影响均衡的各种因素。

例如,如果蔬菜市场上蔬菜的价格为每千克 4 元钱,买者想要购买的数量恰好与卖者想要出售的数量相等,那么,这时的蔬菜市场便处于均衡状态,此时的价格就是均衡价格。如果卖者不满意这种价格,把价格提高到每千克 5 元钱,买者想要购买的数量就会小于卖者想要出售的数量,一部分蔬菜就会卖不出去,价格必将回落,一直回落到每千克 4 元钱。相反,如果买者把价格降到每千克 3 元钱,卖者愿意出售的蔬菜的数量必会大大减少,蔬菜价格就会回升,直至回升到每千克 4 元钱。除非外界环境发生变化(如从外地突然涌进大批新鲜蔬菜,或消费者突然对蔬菜失去了兴趣,等等),否则市场的菜价将保持在每千克 4 元钱左右,市场处于均衡状态。

在上面蔬菜市场分析中,我们假定其他商品价格的变动对蔬菜价格没有影响,蔬菜价格的变动也不会引起其他商品价格的变动,属于局部均衡分析。

一般均衡分析研究所有市场、所有商品的供求同时达到均衡的条件以及均衡的变动,是对整个经济体系均衡状态的分析。一般均衡分析又称总均衡分析。经济体系内部各组成部分之间的相互联系是非常密切的。例如,常识告诉我们,禽、蛋、鱼价格的涨落和蔬菜价格的变动是相互关联的。因此,上述对蔬菜市场具有独立性的假定是与事实有出入的,局部均衡分析只能是近似的、粗糙的。为了更加全面、准确地反映经济体系的真实变化,有时采用一般均衡分析的方法。一般均衡分析是 19 世纪末由法国经济学家瓦尔拉斯所提出的概念。

(二)过程分析

过程分析是与均衡分析相联系的一种分析方法。均衡分析只是考察被设想为已知达到均衡状态会有的情况或实现均衡应具备的条件,并不考虑达到均衡的过程以及所经历的时间。因此,均衡分析实际上是抽掉了时间因素的"瞬时分析"。

过程分析是论述调整变化的实际过程的"期间分析"或"序列分析"。这种分析方法通常把经济运动过程划分为连续的分析"期间",以便考察有关经济变量在各个期间的变化情况,故过程分析又称为"期间分析"或"序列分析"。

三、静态分析、比较静态分析和动态分析

(一)静态分析

静态分析(static analysis)主要研究什么是均衡状态和达到均衡状态所需要的条件,而不管形成均衡状态的过程和达到均衡状态所需要的时间。例如,把静态分析方法

运用于蔬菜市场价格的分析时，只研究在蔬菜的供给量和需求量相等的条件下，蔬菜的价格怎样处于均衡状态，而不管蔬菜价格达到均衡的过程和所需要的时间。

（二）比较静态分析

比较静态分析（comparative static analysis）不考虑从一种均衡状态到另一种均衡状态变化的过程和所需要的时间，而主要通过对不同的均衡状态的比较，来发现导致均衡状态存在差异的因素。例如，已知蔬菜市场的供求状况，我们可以研究其供求达到均衡时的价格和产量。现在，假设由于生产成本减少而蔬菜的供给增加，从而产生新的均衡，使价格和产量都发生变化。这里，由于只把新的均衡所达到的价格和产量与原均衡的价格和产量进行比较，因此这便是比较静态分析。

（三）动态分析

动态分析（dynamic analysis）与过程分析相联系，与静态分析相反。它注重时间因素对经济体系变动的影响，主要探讨在一定条件下，各种经济变量如何随时间推移，从前一个均衡到后一个均衡的调整过程或运动过程，而不探讨决定均衡的因素。它着重研究在静态分析中那些假定不变的因素在时间推移过程中发生变化时，将如何影响一个经济体系的运动，是一种时间序列分析方法。例如，把动态分析方法运用于服装市场供给量的分析时，可以研究各个时期服装市场供给量随着价格变化而调整的过程。它强调这个调整过程，而不是变动所形成的均衡状态。微观经济学中的"蛛网模型"是运用动态分析方法的一个例证。

由上述分析可知，静态分析、比较静态分析和动态分析与均衡分析是密切相关的。经济学所采用的分析方法，从一个角度来看是均衡分析，然而从另一个角度来看，就是静态分析、比较静态分析和动态分析。

静态分析和动态分析的基本区别在于：静态分析不考虑时间因素，是一种横断面分析；而动态分析考虑时间因素，是一种时间序列分析。换句话来说，静态分析考察一定时期内各种变量之间的相互关系，而动态分析考察各种变量在不同时期的变动情况。或者说，静态分析研究经济现象的相对静止状态，而动态分析研究经济现象的发展变化过程。

微观经济学主要采用静态的和比较静态的分析方法，较少采用动态的分析方法。

四、边际分析

边际分析（margin analysis）是经济学的重要组成部分。在经济学中，我们把研究一种可变因素的数量变动会对其他可变因素的数量变动产生多大影响的方法，称作边际分析法。自19世纪70年代"边际革命"兴起后，边际的概念和边际分析法得到了广泛传播，并成为西方经济学的基本分析方法之一。

经济体系是由多种因素构成的统一体。各种因素是相互影响、相互作用的。某一因素在数量上的变化，常常会引起其他因素数量的变化。例如，其他条件不变时，如果要素投入量增加，则产量会发生相应变化。当我们研究要素投入量增加一单位，产量将变动多少时，就属于边际分析。

边际分析法体现向前看的决策思想。任何人在决策时都会问这样一个问题："它值得吗？"对这个问题的回答是："只要境况在采取某项行动之后会比采取行动之前有所改变，采取这项行动就是值得的。"这个道理很好懂，然而它正是边际分析法的精髓，体现了向前看的决策思想，即只看决策后境况的变化，不管决策前的境况如何。

假设某民航公司在从甲地到乙地的航班上，每一乘客的成本为 300 元，那么，当飞机有空位时，它能不能以较低的票价（如每张 170 元）卖给学生呢？人们往往认为不行，理由是因为每个乘客支出的运费是 300 元，如果低于这个数目，就会导致亏本，但根据边际分析法，在决策时不应当使用全部成本（在这里，它包括飞机维修费用及机场设施和地勤人员的费用等），而应当使用因学生乘坐飞机而额外增加的成本。这种额外增加的成本在边际分析法中叫作边际成本。在这里，因学生乘坐而引起的边际成本是很小的（如 40 元），它可能只包括学生的就餐费和飞机因增加载荷而增加的燃料支出。因学生乘坐而额外增加的收入叫边际收入，在这里，就是指学生票价收入 170 元。在这个例子中，边际收入大于它的边际成本，说明学生乘坐飞机能为公司增加利润，所以按低价让学生乘坐飞机对公司仍是有利的。

从上面的分析中可以得出这样的结论：企业在判断某项业务活动对其有利还是无利时，应当把由这项活动引起的边际收入去和它的边际成本相比较，如果前者大于后者，就对企业有利，否则就不利。这种分析方法，就是边际分析法。边际分析法体现了一种向前看的思想，它适用于一切经济决策。

西方经济学家非常重视边际分析法，把边际分析法的发现和应用称为一场"边际革命"。在微观经济学中，可以看到边际成本、边际收益、边际产量（marginal product）、边际效用、边际生产力等与边际有关的概念。

五、存量分析和流量分析

存量和流量是西方经济学中的两个重要概念，二者都是变量。存量是指某一时点上存在的经济变量，它说明在某一时点某种变量有多少，如一个企业年末的资本数量、一个地区的人口总量、一个家庭家用电器拥有量等。流量是指在某一时期内某种经济变量的增量，它说明在某段时期内某种变量变化了多少，如一年内居民存款的数量、一年内企业的产量和投资的数量等。

认识存量和流量的关键在于分清什么是时点，什么是时期。时点指的是某一瞬间，时期指的是某一时间间隔。时点数和时期数的一个重要区别在于时点数不可以累计，时期数可以累计。例如，我们可以将一个企业历年新增资本数量相加，计算其现有资本量，然而，我们却不可以把该企业历年资本量相加。

存量和流量之间存在十分密切的关系。一般来说，流量来自存量，流量又归入存量之中。流量增加能使存量增加，存量增加又促使流量增加。

存量分析是指对存量的总量指标的影响因素、变动趋势及对其他有关指标影响的分析。存量分析极为重要，因为许多存量指标都是非常重要的，如存款余额和资本存量。特别是许多存量的使用和分解是重要的政策问题。流量分析是指对流量总量指标的投入产出变化及对其他总量指标影响的分析。

存量和流量分析在西方经济学中有着广泛的应用。在微观经济学中，企业年末的固定资产数、职工人数、库存数都是存量；企业一年中新购买的固定资产数、新增职工人数、总产值都是流量。

六、个量分析

个量分析是对单个经济单位和单个经济变量及其相互关系所做的分析。微观经济学以经济个体为研究对象，与此相适应，它必须使用个量分析方法，研究单位商品的价格、供给、需求、效用如何确定，研究单个厂商投入、产出、成本、收益、价格、利润等如何确定，以及研究以上各种个量之间的相互关系。

七、经济模型

建立和运用经济模型已经成为经济学普遍采用的分析方法。经济模型就是用来描述同研究的对象有关的经济现象之间的依存关系的理论结构。简而言之，用变量之间的函数关系来表示经济理论就是经济模型。

对复杂现实加以简化的基本途径是建立经济模型。在任何一个大的经济体系中都有成千上万种产品、消费者和企业。在市场经济体制下，任何经济单位都要做它们自己的选择。经济科学的最终目的就是要研究这些复杂的活动，并对其中具有规律性的事物进行总结，以便用于对将来的经济活动进行科学的预测，为政府制定经济政策提供依据。这就需要对复杂的实际经济活动和经济现象进行高度简化抽象，只分析一些必要的因素，将问题由繁化简，以便于更好地理解或解决最本质的问题，并建立起相应的经济理论模型。一个完整的经济理论模型由定义、假设、假说和预测组成。

（一）定义

定义是对经济模型使用的各种变量所规定的明确含义。对有关经济变量的含义做出明确的规定和解释，是建立经济模型的基础。

变量是一些可以取不同数值的量。经济变量从不同角度可以分为两类。

一是内生变量和外生变量。内生变量是由模型本身决定并要加以说明的变量，是由经济体系内在因素决定的未知变量；外生变量是由经济体系外或模型之外的因素决定的已知变量。外生变量可以影响内生变量。例如，假设要建立一个经济模型来解释农产品的价格，会发现农产品的价格往往受多种因素的影响，如农产品的需求量、供给量、相关商品的价格、消费者和生产者预期等。在这里，需求量、供给量和价格是内生变量，它们是这个经济模型需要分析的变量。但是相关商品的价格、消费者和生产者预期等则是外生变量，它们虽然可以直接影响农产品的价格水平，但它们本身却属于经济模型所不研究的外部因素。

二是存量与流量。内生变量和外生变量与存量和流量经常是相互交叉的。例如，存量和流量都可以是内生变量。

（二）假设

假设是指建立经济模型的前提条件，或者说是指某一理论所适用的条件。任何一种理论都是相对的、有条件的。因此，假设在理论分析中非常重要，甚至可以说不存在没有假设的理论和规律。经济学的研究中，一个结果往往是受多种因素的共同作用而产生的，为了把这些因素对结果的影响说清楚，必须假定哪些因素是模型的外生变量，哪些是内生变量，是模型本身所要解释的变量。例如，供给定理就是在假设生产者的技术水平、生产成本、其他商品价格等因素不变的前提条件下，来研究商品供给量与商品价格之间的相互关系。如果没有或离开这些假设条件，供给量与商品价格成正比这一结论便不能成立。

（三）假说

假说是对经济变量之间关系的解释，也就是未经证明的理论。它是建立经济模型的关键步骤与核心部分。例如，农产品的价格，在其他条件不变的情况下是由其供给和需求共同决定的，这是微观经济学价格原理的重要假说。在一定的假设前提下，可以利用农产品的需求、供给和价格三个变量的定义去说明它们之间的相互关系。

假说不是空想，而是源于实际。假说往往是对某些现象的经验性概括或总结，但必须经过检验才能说明它是否能够成为具有普遍意义的理论。在经济学中，一般有两种检验途径：一种是直接检验，即检验理论模型的基本假设和描述是否有合理的现实依据，通常用统计学检测方法来测定和验证相关性；另一种是间接检验，即检验所揭示的规律和论断是否与实际经验相符。如果实践检验与理论推测不相符，则否定这个模型或重新加以修改。

在理论形成中提出假说是十分重要的：一是可以使研究目标明确；二是为建立科学的理论提供条件；三是把研究引向深入阶段并拓展新领域。假说是构建经济模型的关键与核心部分。

（四）预测

预测是指根据假说对经济现象的未来进行预期。经济模型不仅能反映经济系统是如何运行的，而且能够对某些条件变化后我们所关心的经济变量的变化做出预测，否则经济模型就会失去它的本来意义。而正确的假说的作用就在于它能够对未来进行准确的预测。

一个经济模型的好坏，主要取决于其假定是否合理，是否易于操作和理解，是否可以对其分析结果进行经验性检验和验证，是否能够对经济变动的结果做出较准确的预测。不同的经济模型可以解释不同的经济问题，但是不能要求一个经济模型能够处理所有的经济问题。

要构建一个经济模型，其步骤依次是：明确定义、提出假设、做出假说、进行预测。通过对经济现象的观察来对假说进行检验，如果预测的结果与实际情况是相符的，则应当对该模型予以肯定，并将其形成经济理论；如果预测的结果与现实不符，应予以否定，即放弃这个假说，或者重新对原来的假设和假说进行修改以使其能够符合实际。

在实际中，我们应当明确：任何一个经济模型都不能处理所有的经济问题。不同的假设适合于不同的模型，不同的模型适合于不同的经济问题，不同的经济问题只能用不同的经济模型解释。

本 章 案 例

案例 1-1: 资源的稀缺性

背景: 中国长期沿用以追求增长速度、大量消耗资源为特征的粗放型发展模式, 在由贫穷落后逐渐走向繁荣富强的同时, 自然资源的消耗也在大幅度上升, 致使非可再生资源呈绝对减少趋势, 可再生资源也显出明显的衰弱态势。

一、中国资源概况

1. 水资源

(1) 水资源总量多, 但人均和单位耕地占有量少。淡水资源总量约 28 000 亿立方米, 居世界第六位, 但中国人口多, 年人均量只有 2 545 立方米, 只相当于世界人均量的 1/4, 美国的 1/5, 加拿大的 1/50, 居世界第 88 位, 可见中国是个贫水国家。除去洪水期间放掉的径流量和边远地区不便大量开发利用的水资源外, 实际能够发挥作用的水资源量也就在 10 000 亿立方米左右。中国 600 多座城市中, 有 400 多座供水不足, 其中 100 多个城市严重缺水, 年缺水量约 60 亿立方米; 农村有 3.6 亿人口喝不上符合卫生标准的水, 北方和西北农村有 5 000 多万人和 3 000 多万头牲畜得不到饮水保障, 受干旱影响的耕地面积约占总耕地面积的 1/5, 由于缺水而得不到有效灌溉, 每年粮食严重减产 50 亿千克以上。

(2) 水资源的空间分布不均匀, 水土资源组合不平衡。中国水资源的分布是南方多、北方少, 东部多、西部少。包括长江在内的南方水系的流域面积占全国国土面积的 36.5%, 人口约占全国的 55%, 但其水资源却占全国水资源的 81%; 而长江以北水系的流域面积占全国国土面积的 63.5%, 人口约占全国的 45%, 其水资源量却只占全国的 19%, 其中, 西北内陆地区面积约占全国国土面积的 35.3%, 其水资源量仅占全国的 4.6%。水资源分布的严重失衡, 不仅加剧了中国水资源供需的矛盾, 而且还导致中国北方地区易沙漠化、干旱化, 南方地区易形成洪涝灾害。

2. 土地资源

中国的内陆土地面积为 9.6×10^6 平方千米, 占全球陆地总面积的 6.5%, 位居世界第三。2001 年"全国土地资源调查"结果显示, 全国共有耕地约 132 万平方千米, 占国土面积的 13.8%, 现有耕地比重小于美国和印度。林地占 23.9%, 草地占 28%。

中国国土面积的 66% 是山地、丘陵和高原, 平地面积约为 326.3 万平方千米, 约占土地总面积的 34%。由于前者大都不宜于农业利用, 因而中国可供农业开发的土地资源并不充裕。中国人均耕地面积不足 0.001 平方千米, 只占世界平均水平的 1/3 左右。即使是与人口众多的印度相比, 也相差一半。

据第四次全国森林资源清查 (1989~1993 年) 结果, 全国森林面积为 133.7 万平方千米, 仅占全球森林面积的 3%~4%, 林木总蓄积量为 117.85 亿立方米。1989 年的统计资料表明, 全世界森林覆盖率平均达 31.3%, 中国森林覆盖率仅为 13.92%。全球人均占有森林面积为 0.006 4 平方千米, 而中国只有 0.001 1 平方千米, 居世界第 119 位。世界人均森林蓄积量为 71.8 立方米，中国人均森林蓄积量为 8.6 立方米，只相当于世界平均水平的 12%。中国占世界 3%~4% 的森林资源，既要满足占世界近 1/5 人口的生产、生活的需要，又要担负起维护全球 7% 土地面积上的生态环境质量的任务。显然，现有的森林资源状况是远远不能令人满意的。

3. 矿产、能源资源

中国是世界上矿产资源较为丰富的国家之一。经过几十年的普查和勘探，截至 2001 年，中国发现矿产 171 种，探明储量的 156 种，发现矿床、矿点 20 多万处，是世界上矿产种类齐全、储量丰富的少数几个国家之一。有 40 多种主要矿产探明储量的潜在价值居世界第 3 位，仅次于俄罗斯和美国。但是，中国有 13 亿人口，按人均拥有矿产资源量计算，只有世界人均占有量的 40%，居世界第 81 位，因而按人均占有量计算又是资源小国。而且，中国储量丰富的矿产主要是一些用量不多的矿种，而国民经济和人民生活需要的大宗消耗性矿种，如石油、天然气、铁、铜、钾盐、天然碱等却储量不足，一些重要矿产如铬、铂、金刚石、硼等严重短缺。铜矿只能满足生产需要的一半，铁矿由于贫矿多而长期依赖进口。老矿山可采资源日益衰竭，后备资源基地短缺，石油、天然气、铜、金等可供规划开发的资源储量缺口很大。

中国常规能源的资源品种齐全，是世界主要能源国家之一。第一，煤炭资源丰富，1990 年底煤炭保有量达 9 014.53 亿吨，居世界前列；"煤为基础、多元发展"是中国能源发展的基本方针。近年来，国家在加快大集团和大基地建设，调整优化煤炭产业结构，发展煤层气产业，运用国债资金扶持国有重点煤矿进行安全技术改造，建立煤炭企业提取使用安全费用制度，提取和建立环保、转产基金，提高煤矿工人入井津贴，以及发展煤炭教育、加快培养煤炭专业紧缺人才等方面，相继出台了一系列政策措施，有力地推动了煤炭工业的持续健康发展。第二，水力资源尤为丰富，理论蕴藏量 6.76 亿千瓦，居世界第 1 位。第三，石油储量除已探明部分以外，全国陆上和海上远景储量都很乐观。随着中国工业化、城市化进程的加快以及居民消费结构的升级，石油、天然气等清洁高效能源在未来中国能源消费结构中将会占据越来越重要的地位。目前中国石油消费严重依赖进口，石油资源已经和国家安全紧密联系起来，并成为中国能源安全战略的核心。在国内石油资源供求矛盾突出、国际石油市场跌宕起伏的情况下，要逐步改变单一的石油进口策略，鼓励中国石油企业大力实施"走出去"战略，积极开展对外直接投资，充分利用国际石油资源，是改变中国石油资源紧张状况的有效途径。

二、中国现阶段面对的资源问题

1. 中国水资源开发和利用面临的问题

（1）在水资源开发方面，存在着水资源过度开发的问题。

（2）在水资源利用方面，对水资源污染的治理力度远远不够。

（3）在水资源利用方面，还存在着严重的浪费现象。

2. 中国土地资源面临的危机

（1）人均占有土地过少。

（2）耕地总体质量差。

（3）森林覆盖率降低和水土流失。

（4）草地资源普遍退化。

（5）湖泊湿地的围垦。

（6）城镇建设对土地的侵占。

（7）土壤污染日益严重。

3. 中国能源面临的问题

（1）人均能源资源占有量和消费量远低于世界平均水平。

（2）能源以煤炭为主，可再生资源开发利用程度很低。

（3）能源消费总量不断增长，能源利用效率较低。

（4）能源消费以国内供应为主，环境污染状况加剧，优质能源供应不足。中国有的学者甚至认为中国环境破坏导致的经济损失占到国民生产总值的10%。

资料来源：百度文库

案例 1-2：关于占座现象的经济学分析

"占座"这一现象在生活中时有发生，在大学校园里更是司空见惯。无论是三九严冬，还是烈日酷暑，总有一帮"占座族"手持书本忠诚地守候在教学楼前，大门一开，争先恐后地奔入教室，瞅准座位，忙不迭地将书本等物置于桌上，方才松了一口气，不无得意地守护着自己的"领地"。后来之人，只能望座兴叹，屈居后排。上课的视听效果大打折扣，因而学生们不免牢骚四起，大呼"占座无理"。

笔者认为，从经济学的角度看，当我们假设所有的人都是理性人时，理性人追求利益最大化，制度本身不涉及道德问题，一项制度的制定如果能够满足理性人利益最大化的追求，实现普遍意义上的公平正义，便是一项合理的制度。下面笔者将运用经济学原理对占座行为的合理性予以分析。

1. 占座——理性人的选择

"占座"意味着什么？意味着你可以拥有满意的座位，可以不必伸长脖子穿过重重障碍捕捉老师的每一个动作、每一个眼神，可以不必端起眼镜费神地辨认黑板上的板书，可以不必伸长耳朵生怕漏听了什么，而这一切都意味着当你和你的同学同样用心时，你比他们更容易集中精神，获得更好的听课效果，最终得到更优异的成绩，而这一切都仅仅是因为你占了个好座位。

当然，天下没有免费的午餐，你需要为占座付出一定的代价。你可能无法在床上多躺一会儿，可能无法吃顿悠闲的早餐，它们是你为占座付出的机会成本，关键在于机会成本与收益比较孰轻孰重。对于一个学生而言取得好成绩的意义是不言自明的，而上述的机会成本，当你用积极的态度看待它们时完全可以被压缩到很小，甚至为负值——早起有益于身体健康，而把时间浪费在吃早饭上是没有必要的。这么看来，你为占座付出的机会成本是很小的，而得到的收益却大得多，那么占座无疑是理性人的最佳选择。

2. 替他人占座——理性人考虑边际量

我们发现那些占座的同学往往不仅为自己占座，还会为自己的室友占座。当然，这可能表明这些同学比较细心周到。但是，从经济学的角度看，这里包含了"理性人考虑边际量"的原理。

当你已经提前赶到了教室，多占个座对于你来说不过是举手之劳。在这里边际成本几乎不存在，而这一行为将带来怎样的边际收益呢？首先，你的室友可能会认为你很体贴，并因此提高对你的评价；其次，即便是你所服务的人不认为这是美德的表现，而将其视为一项投资，那么遵循等价交换的原则，在适当的场合下，他也必定会为其付出某种程度的报酬。

这种情况，民间叫作"顺水人情"，本小利大，何乐而不为呢？

3. 固定占座人——发挥相对优势使交易群体获利

如果说，你们寝室每天需要有一个人负责占座，那么是每天轮流由不同的人占座好呢，还是固定专人占座好呢？答案是后者。这体现了人们发挥自己的相对优势，创造价值，并将其与具有其他相对优势的人进行交易，从而使交易各方从中获利的经济学原理。

规定轮流占座并非不可，大家的收益并未改变，问题在于，不同的人在这件事情上的机会成本是不同的。小王习惯晚睡，因此早起半个钟头对他来说无异于酷刑加身，勉强爬起来完成"神圣使命"，可能将导致一天的无精打采、哈欠连天。相反，小李习惯早起，占座对他来说不费吹灰之力。而小张不仅可以早起，而且拥有代步工具——自行车，占座对他来说更加容易。三者在占座这一行为的相对优势比较中，小张>小李>小王。那么当在三人中做出选择时，小张无疑是最合适的，而小王也许可以利用晚睡的时间为大家提水，小李也许可以利用早起时间去买早餐。于是各自发挥相对优势，结果使整个交易群体从中获利。

4. 座位轮换制——另一种制度设计的优劣

抨击"占座"的人，往往会指出占座违背了公平的原则，每个人都应当平等拥有占有好座位的机会。于是他们提出他们认为公平的制度——座位轮换制，即每人编号入座，每周逐排调动。

这种制度的优越性在于，首先它的操作性较强，同时它为人们提供了明确的预期。你可以不必为占座操心，因为座位就在那里等你，因此你可以更灵活地安排自己的时间。其次，正如它的支持者所言，在长期内每个人都有机会获得好位子（当然也必然会获得坏位子），于是实现了一种表面上的公平。

而这种制度的弊端在于其极有可能引发无效率的结果，因此从实质上背离了公平原则。首先，由于它是强制性的而非建立在个人意志自由选择的基础上，于是就会出现两种情况：一方面，那些给予某些座位最高评价的人得不到该座位；而另一方面，某些人可能由于对这门课不感兴趣而对这些座位评价很低。于是这些座位无法在他们身上发挥最大效用，甚至他们的缺席还会导致资源的无谓损失。其次，座位轮换制显然使前面论及的种种占座所带来的好处都无法实现。

综上，不难发现，座位轮换制弊大于利，而导致其无效率的根本原因在于其违背了竞争原则。考察座位轮换制，我们会发现其与计划经济思维模式很相似，而几十年单一的计划经济带来经济落后的教训告诉我们，竞争观念必须加强。

5. 运用"行政"手段——对占座无效率的克服

至此，我们已经看到了占座带来的种种优越性。但是这一制度在具体实施中，如果运用不当也可能造成无效率的出现。因此，我们还需进一步讨论对这种无效率的抑制。

例如，如果早上 8 点上课，而楼门 6 点就打开了，由于竞争的存在，意味着占座人必须 6 点前赶到教学楼，这便加大了占座的机会成本，而影响人们的获利。于是，在一定情况下，当人们认为机会成本超过了其收益时，便会退出竞争，而使占座带来的优越性得不到发挥。更严重的是，由于必定有人坚守阵地，而这个坚守者作为一个理性人，为了弥补这部分增加的机会成本必定会努力扩大收益。由于此时不存在其他竞争者，他想占多少座位都不受限制，于是便形成了其对座位的垄断，那些对座位高评价的人仍无法得到座位，从而导致无效率、不公平。那么是不是需要对占座的数量加以限制呢？答案是不需要，也不可能（因为没有人可以监督其占了多少座位）。事实上，只要将开门时间做一调整即可。当调整到上课前半小时，大量竞争者的介入便有效地遏制了这一情况。又如，有人长期以书本占座，妄图一劳永逸，对付这一行为的措施是开门前将书本收回，以保证每个人有平等竞争的机会。

总之，正如政府在市场中对"市场失灵"的干预，用"行政"手段调整占座制度，同样可以发挥其积极功效。

资料来源：经济学阶段教师北京大学法学院张莉编写

本 章 小 结

（1）经济学是研究人类社会如何合理地配置和充分利用稀缺资源，以最大限度地满足社会成员不同需要的科学。选择就是指用有限的资源去满足什么欲望的决策。不同经济制度下解决基本经济问题的方法不同。

（2）有效地配置资源是经济学研究的基本问题。为了论述与说明这个问题，经济学使用了两个重要概念：机会成本和生产可能性曲线。

（3）微观经济学以单个经济单位作为研究对象，解决的问题是资源配置问题，中心理论是价格理论。

（4）微观经济学所运用的研究方法主要有：实证分析与规范分析方法，均衡分析与过程分析方法，静态分析、比较静态分析和动态分析方法，边际分析法，存量分析与流量分析方法，个量分析方法，经济模型的分析方法，等等。

复 习 与 思 考

1. 怎样理解经济学是研究稀缺资源的合理配置与利用的一门科学？
2. 经济学解决的基本问题是什么？
3. 举例说明机会成本概念对人们做出正确选择的重要性。
4. 什么是微观经济学？其研究对象与内容是什么？
5. 微观经济学的研究方法主要有哪些？

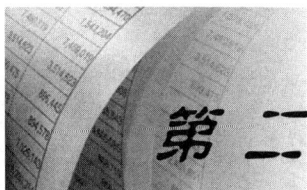

第二章

供 求 理 论

学习目的与要求

1. 了解影响需求和供给的因素。
2. 掌握需求曲线和供给曲线。
3. 掌握需求变动与需求量变动的区别、供给变动与供给量变动的区别。
4. 明确均衡价格的形成及其变动。
5. 掌握各种弹性的计算以及弹性理论的运用。

微观经济学要说明价格机制如何实现资源配置问题，因此，价格决定理论便成为微观经济学的中心问题。在市场经济中，无论是商品、劳务，还是生产要素，其价格都是由供给与需求决定的。因此，要探讨微观经济学问题，就必须首先研究供给与需求。

第一节 需求理论

一、需求和需求函数

（一）需求

众所周知，消费者是商品市场上的需求者，那么，什么是需求呢？需求（demand）是指消费者在某一时间内，在各种可能的价格条件下，对某一商品愿意并且能够购买的数量。

根据定义，需求的存在必须同时具备两个条件：第一，消费者愿意购买；第二，消费者有能力购买，即有支付能力。只具备一个条件，愿意购买但无支付能力或有支付能力但不愿购买，都不是需求。需求是消费者购买能力与购买欲望的统一。消费者有能力购买商品是需求有别于需要的关键所在。

需求有个别需求和市场需求之分，所谓个别需求是指单个消费者的需求，而市场需求则是指在某一市场中所有消费者的需求之和。微观经济学采用的是个量分析，要说明经济变量单项数值的决定。所以，这里的需求是指个别需求。

（二）需求函数

需求函数（the demand function）表示一种商品的需求数量和影响该需求数量的各种因素之间的相互关系。影响需求量的因素很多，既有经济因素，又有非经济因素。一般来说，主要有以下几个因素。

（1）商品自身的价格（P）。如果商品自身的价格上升，消费者将会减少购买数量，如果价格下降，则会多购买一些。由于需求量随着价格上升而减少，随着价格下降而增加，因此，我们说需求量与价格负相关。价格与需求量之间的这种关系对经济中大部分物品都是适用的。

（2）相关商品的价格（互补品价格 P_x，替代品价格 P_y）。商品的相关关系有两种类型：一是两种商品的替代关系；二是两种商品的互补关系。如果两种商品之间可以相互替代以满足消费者的某一种欲望，则称这两种商品互为替代品。例如，冷冻酸奶是冰淇淋的替代品，咖啡是茶叶的替代品，光盘是磁带的替代品。假定冷冻酸奶的价格下降，消费者将多买冷冻酸奶，同时，他也许将少买冰淇淋。如果两种商品必须同时使用才能满足消费者的某一种欲望，则称这两种商品互为互补品。例如，录音机和磁带是互补品、打印机和墨盒是互补品。消费者对磁带的需求部分取决于录音机的价格。如果录音机的价格上升，人们就会减少录音机的购买，因此，磁带的需求就减少了。所以，若两种商品之间存在着替代关系，则一种商品的价格与它的替代品的需求之间呈同方向的变动。若两种商品之间存在着互补关系，则一种商品的价格与它的互补品的需求之间呈反方向的变动。

（3）收入（I）。当收入增加时，消费者会多购买大多数物品，而当收入减少时，他们会少购买大多数物品。当收入增加时，一种商品的需求量增加，这种物品就被称为正常物品（normal good），即商品的需求量与收入呈同方向变动。并不是所有商品都是正常物品。如果当收入减少时，一种商品的需求量增加，这种商品被称为低档商品（inferior good），即商品的需求量与收入呈反方向变动。低档商品的一个例子是坐公共汽车。随着消费者收入减少，他不大可能买汽车或乘出租车，而更可能坐公共汽车。

（4）预期（P_e）。预期包括对商品的价格、收入等的预测。例如，如果预期一种商品的价格会上升，且这种商品可以储藏，那么，为了未来使用而现在得到这种商品的机会成本就低于价格上升时得到它的成本。因此，人们就会增加这种商品的现期需求。同样，如果预期一种物品的价格在未来下降，相对于未来预期的价格而言，现在购买这种物品的机会成本是高的，人们就会减少对这种物品的现期需求。又如，如果一个人预期下个月会赚到更多的收入，那么他可能愿意用他现在的一些储蓄来购买服装。

（5）偏好（F）。需求取决于偏好，偏好是个人对商品与劳务的态度。决定消费需求的最明显因素是其偏好。当消费者对某种商品的偏好程度增强时，该商品的需求量就会增加。相反，偏好程度减弱，需求量就会减少。例如，一个古玩迷对艺术品的嗜好大于一个时尚前卫的网络迷。即使他们有同样的收入，他们对艺术品的需求量也非常不同。经济学家通常并不想解释人们的个人偏好，因为偏好基于超越了经济学范围的历史和心理因素。但是经济学家要考察当偏好变动时消费者的需求会出现什么样的变化。

其他因素，如气候、时间、消费信贷、广告包装、政府政策等，也可能影响商品的需求。

综上以上因素，需求函数可用式（2-1）表示：

$$Q_d = \left(P, P_x, P_y, I, P_e, F, \cdots \right) \qquad (2\text{-}1)$$

式中，Q_d 代表需求数量；$P, P_x, P_y, I, P_e, F, \cdots$ 分别代表影响需求的各种因素。

综上所述，影响需求的因素很多，为简化分析，我们常常会把一些次要因素假定在一个不变的范围内，然后集中研究核心因素与需求之间的对应关系。在影响需求的众多因素中，其本身价格是一个很重要的因素。因此，在分析需求函数时，我们假定其他因素不变，仅仅研究商品自身价格对其需求量的影响，即把一种商品的需求量仅仅看成该商品的价格的函数，这时式（2-1）将简化为

$$Q_d = f(P) \qquad (2\text{-}2)$$

式（2-2）就是我们常见的需求函数。当需求函数为线性函数时，则需求函数可写为

$$Q_d = a - bP \qquad (2\text{-}3)$$

式中，a 和 b 为大于零的常数。b 前面的负号表明需求量与价格呈反方向变化。

二、需求定理及其例外

（一）需求定理

需求定理也称需求法则，是表明商品的价格和需求量之间关系的定理。其基本内容是：在其他影响需求量的因素不变的条件下，某种商品的价格越低，其需求量就越大；相反，某种商品的价格越高，其需求量就越小。在理解需求定理时，应注意其他因素既定这一条件。在现实生活中，很多变量都是同时发生变化的，为了更好地理解经济现象，我们必须明确每个变量对需求的单独影响。所以，需求定理表明的是所有其他影响购买行为的因素不变而只有商品价格因素发生变化时，商品的需求量将发生怎样的变化。如果离开"其他影响需求量的因素不变"这一条件，需求定理就不会成立。根据需求定理，要使消费者购买更多的商品，商品的价格必须降低。

商品的需求量与其价格呈反方向变动的主要原因有以下几个方面。

一是商品的价格下降，意味着在消费者的货币收入不变的条件下，其货币购买力提高，或实际收入水平提高，因而可以增加对该商品的需求量，这就是商品价格变化的收入效应。

二是价格下降后，人们会把对替代品的需求转移到这种商品上来，因而使这种商品的需求量增加，这是由于价格变化所产生的替代效应。同样的道理，价格上涨，需求量就会减少。

（二）需求定理的例外

需求定理所描述的商品的价格和需求量之间的关系是一种普遍现象，但在实际生活中也存在价格上升，需求量增加的情况，我们把这种情况称为需求定理的例外。需求定理的例外情况包括以下几个方面。

第一，某些炫耀性消费的商品，如珠宝、文物、名画、名车等。这类商品的价格已成为消费者地位和身份的象征。价格越高，越显示拥有者的地位，需求量也越大；反之，当价格下跌，不能再显示拥有者的地位时，需求量反而下降。

第二，以英国经济学家吉芬的名字命名的"吉芬商品"。英国经济学家吉芬在研究中发现，1845 年，爱尔兰发生大灾荒，马铃薯的价格上升了，而马铃薯的需求量反而增加了。这种价格上升需求量增加的情况被后人称为"吉芬之谜"，并将具有这种特点的商品称为"吉芬商品"。

第三，某些商品的价格小幅度升降时，需求量按正常情况变动；大幅度升降时，人们会因不同的预期而采取不同的行动，引起需求量的不规则变化。证券、黄金市场常有这种情况，如股票投资中的"追涨杀跌"现象。

三、需求表和需求曲线

需求定理可以用需求表和需求曲线来表示。

需求表是一个表示某种商品的各种价格水平和与各种价格水平相对应的该商品的需求数量之间关系的数字序列表。假设表 2-1 是水果的需求表。从表 2-1 可以看到水果价格与需求量之间的函数关系。例如，当水果的价格为 1 元时，需求量为 70 斤（1 斤=500克）；当价格上升为 2 元时，需求量减少为 60 斤；当价格进一步上升为 3 元时，需求量进一步减少为 50 斤；等等。

表 2-1　水果的需求表

价格/元	1	2	3	4	5	6	7
需求量/斤	70	60	50	40	30	20	10

需求曲线是根据需求表中商品的不同价格-需求量的组合，在平面坐标图上所绘制的一条曲线。它表示在不同价格水平下消费者愿意并且能够购买的商品量。

图 2-1 是根据表 2-1 画出的一条水果需求曲线。与数学上的习惯相反，在微观经济学中分析需求曲线和供给曲线时，通常以纵轴表示自变量，以横轴表示因变量。图 2-1中，横轴表示水果的需求量，纵轴表示水果的价格，曲线 D 是水果的需求曲线。

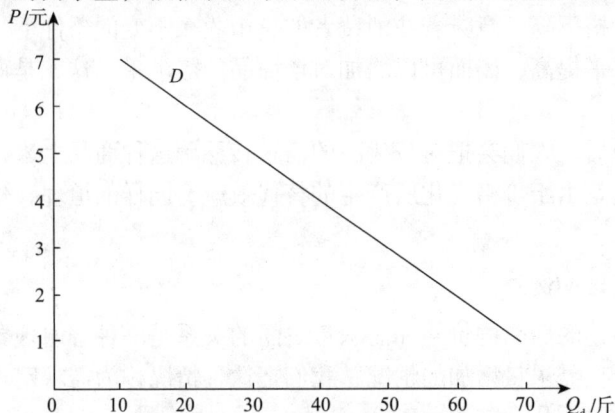

图 2-1　水果的需求曲线

需求曲线既可以是直线型，也可以是曲线型。当需求函数为一元一次线性函数时，相应的需求曲线是一条直线。当需求函数为非线性函数时，相应的需求曲线是一条曲线。为了简化分析过程，在微观经济分析中，在不影响结论的前提下，大多使用线性需求函数。

四、需求的变动与需求量的变动

弄清需求变动与需求量变动之间的区别，对正确进行需求–供给分析具有重要意义。

需求和需求量是两个不同的概念。需求量是一个数量概念，指的是在任何一个特定价格下，消费者愿意并且能够购买的某种商品的数量。例如，表 2-1 中，当水果的价格为 1 元时需求量为 70 斤；当价格上升为 2 元时，需求量减少为 60 斤；等等。

在需求曲线图中，需求量是需求曲线上的一个点。需求不是一个特定的数量，"需求"一词描述的是商品的每一价格水平与需求量之间的全部对应关系。不同价格所对应的不同需求量的总称为需求。在需求曲线图中，需求是指整条需求曲线。

在现实中，影响需求的各种因素既影响需求量，又影响需求。但在经济分析中为了方便起见，我们要区分需求量的变动与需求的变动。我们把在其他因素不变时，由某种商品本身价格变动所引起的该商品的需求数量的变动称为需求量的变动；把商品本身价格不变，其他因素变动所引起的商品的需求数量的变动称为需求的变动。例如，水果价格下降或上升了，消费者对水果的需求量增加或减少了，这就是需求量的变化。但是，如果是消费者收入增加或减少了，对水果的需求数量增加或减少了，这就是需求的变化。

需求量的变动和需求的变动都是需求数量的变动，它们的区别在于引起这两种变动的因素是不相同的，而且，这两种变动在几何图形中的表示也是不相同的。

在几何图形中，需求量的变动表现为商品的价格–需求数量组合点沿着同一条既定的需求曲线的运动，如图 2-2 所示。

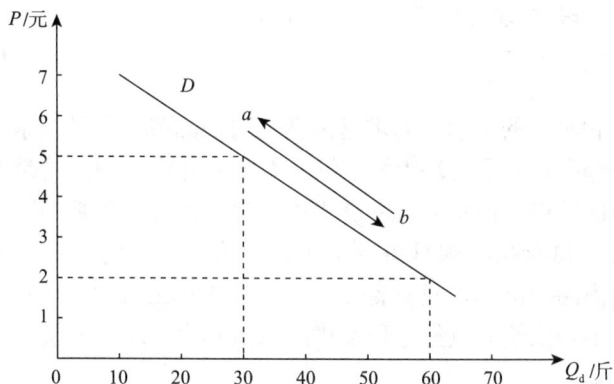

图 2-2 需求量的变动

在图 2-2 中，当水果的价格由每斤 2 元上升为每斤 5 元时，需求量由 60 斤减少为 30 斤，相应的，价格与数量的组合点由 b 点向左上方移动到 a 点，需求曲线的位置不变。一般来说，其他因素不变，商品价格下降使需求量增加，则价格与需求量的组合点的位置就会沿着同一条需求曲线向右下方移动，反之，则向左上方移动。

而需求的变动表现为需求曲线的位置发生移动。图 2-3 表示的是需求的变动。

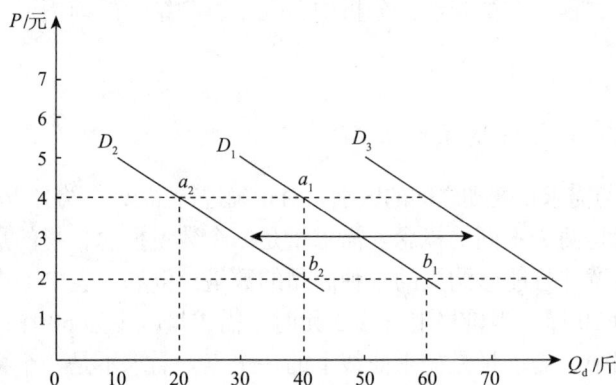

图 2-3   需求的变动

在图 2-3 中，D_1 是原来的需求曲线，假定消费者的收入减少，那么，在价格为每斤 2 元时，水果的需求量就会由 60 斤减少到 40 斤，价格与需求量的组合点为 b_2；价格为每斤 4 元时，水果的需求量就会由 40 斤减少到 20 斤，价格与需求量的组合点为 a_2。连接 a_2 和 b_2 即可得到收入减少后的需求曲线 D_2。同理，D_3 是收入增加后的需求曲线。

一般情况下，在商品本身价格不变的条件下，其他因素变化使需求量增加了，则需求曲线会向右平行移动，表示需求增加；相反，其他因素变化使需求量减少了，需求曲线向左移动，表示需求减少。

第二节   供给理论

一、供给和供给函数

（一）供给

需求与供给是相对应的概念。需求是消费者对商品或劳务的需求，需求的实现和满足来自于供给（supply）。那么，什么是供给呢？一种商品的供给是指生产者在一定时期内，在各种可能的价格下愿意而且能够提供出售的商品的数量。

与需求相类似，供给也必须具备两个条件：第一，厂商要有出售商品的愿望；第二，厂商要有供给商品的能力。只具备一个条件，愿意出售而无商品可供出售或有商品但不愿意出售，都不是供给。供给是厂商供给欲望和供给能力的统一。

（二）供给函数

供给函数（the supply function）是指供给量和其影响因素之间的关系。一种商品的供给量受多种因素的影响，其中主要的因素有以下几个方面。

（1）商品自身的价格（P）。在其他条件不变的情况下，一种商品的价格越高则供给量越多，价格越低则供给量越少。在边际成本递增的作用下，随着任何一种商品生产量的增加，生产该商品的边际成本增加。在其他条件不变的情况下，当一种物品的价格上升时，生产者愿意增加供给量，因为此时生产产品的边际收益可以弥补更高的边际成本。因此，随着一种商品价格上升，供给量也增加。

（2）生产成本（C）。一般来说产品成本越低，供给量就会越大。这是因为在价格不变的情况下，产品的生产成本低，单位产品的利润增加，因而，为了增加利润，生产者愿意提供的产品的数量就多。反之，产品的生产成本提高，供给量就会减少。

产品生产成本的高低取决于原材料的价格、技术水平的高低等。如果原材料的价格提高了，或技术水平降低了，都会使产品成本提高。如果原材料的价格降低了，或技术水平提高了，都会使产品成本降低。所以，这些因素的变动都会通过成本的变动而影响供给量。

（3）相关商品的价格（互补品价格 P_x，替代品价格 P_y）。当一种商品本身的价格保持不变，而和它相关的其他商品的价格发生变化时，这种商品本身的供给量也会发生变化。当一种商品的价格提高，其互补品的供给量就会增加。相反，价格降低，其互补品的供给量就会减少。例如，当墨盒的价格不变而打印机的价格上升时，墨盒的供给量就会随打印机的供给量的增加而增加。当一种商品的价格提高，其替代品的供给量就会减少。相反，价格降低，其替代品的供给量就会增加。例如，当玉米的价格不变而小麦的价格上升时，小麦的耕种面积就会增加，而玉米的耕种面积就会随之减少。

（4）生产者对商品价格的预期（P_e）。当生产者预期某种商品的价格会上升时，就会扩大生产，增加对该商品的供给量。当生产者预期某种商品的价格会下降时，就会缩减生产，减少对该商品的供给量。

其他因素，如创新活动、气候、政府产业政策、银行利率等，也可能影响商品的供给。

综合以上各因素，供给函数可用式（2-4）表示：

$$Q_s = \left(P, C, P_x, P_y, P_e, \cdots \right) \tag{2-4}$$

式中，Q_s 代表供给数量；$P, C, P_x, P_y, P_e, \cdots$ 分别代表影响供给的各种因素。

在分析需求时，我们在众多影响需求的因素中，着重研究了商品自身价格对需求量的影响，而假定其他因素保持不变。同样，为了便于分析，我们也只考虑商品自身价格变动对供给量的影响，在此情况下，供给函数可以写为

$$Q_s = f(P) \tag{2-5}$$

式（2-5）就是我们常见的供给函数。当供给函数为线性函数时，则供给函数可写为

$$Q_s = -c + dP \tag{2-6}$$

式中，c 和 d 为大于零的常数。d 前面的正号表明供给量与价格呈同方向变化。

二、供给定理及其例外

供给定理是表明某物品的价格与其供给量之间关系的定理。其内容是：在其他影响

供给量的因素不变的情况下，某种商品价格越低，则供给量越少；价格越高，供给量越多。供给定理表明的是所有其他影响生产行为的因素不变而只有商品价格因素发生变化时，商品的供给量将发生怎样的变化。如果离开"其他影响供给量的因素不变"这一条件，供给定理就不会成立。根据供给定理，要使生产者在成本提高时提供更多的商品，就要以高价格使生产者得到补偿。

价格上升，供给量增加的原因为：一是原来亏损的不愿意生产这种产品的生产者有可能扭亏为盈，变得愿意生产这种产品了；二是原来盈利的生产者更有利可图，因此，会进一步扩大生产规模，增加供给量；三是生产者会把原来用于生产替代品的资源转为生产该产品，从而增加该产品的供给量。

供给定理所描述的商品的价格和供给量之间的关系是一种普遍现象。如同需求定理，供给定理也存在例外的情况：第一，某些特殊商品，如古玩、土地等，由于受各种条件限制，其供给量是固定的，无论价格如何变化，其供给量也无法增加。第二，劳动，当工资增加到一定程度时，如果继续增加则劳动的供给量不仅不会增加，反而会减少。

三、供给表和供给曲线

供给定理可以用供给表和供给曲线来表示。

供给表是一个表示某种商品的各种价格水平和与各种价格水平相对应的该商品的供给数量之间关系的数字序列表。

假设表 2-2 是鸡蛋的供给表。从表 2-2 可以看到鸡蛋价格与供给量之间的函数关系。例如，当鸡蛋的价格为 1 元时，供给量为 10 斤；当价格上升为 1.5 元时，供给量增加为 15 斤；当价格进一步上升为 2 元时，供给量进一步增加为 20 斤；等等。

表 2-2   鸡蛋的供给表

价格/元	1.0	1.5	2.0	2.5	3.0
供给量/斤	10	15	20	25	30

供给曲线是根据供给表中商品的不同价格–供给量的组合，在平面坐标图上所绘制的一条曲线。它表示在不同价格水平下生产者愿意并且能够提供的商品数量。所以，供给曲线是以几何图形来表示商品的价格和供给量之间的函数关系的。

图2-4是根据表2-2画出的一条鸡蛋的供给曲线。图2-4中，横轴表示商品的供给数量，纵轴表示商品的价格，曲线 S 表示供给曲线。

供给曲线既可以是直线型，也可以是曲线型。当供给函数为一元一次线性函数时，相应的供给曲线是一条直线。当供给函数为非线性函数时，相应的供给曲线是一条曲线。为了简化分析过程，在微观经济分析中，在不影响结论的前提下，大多使用线性供给函数。

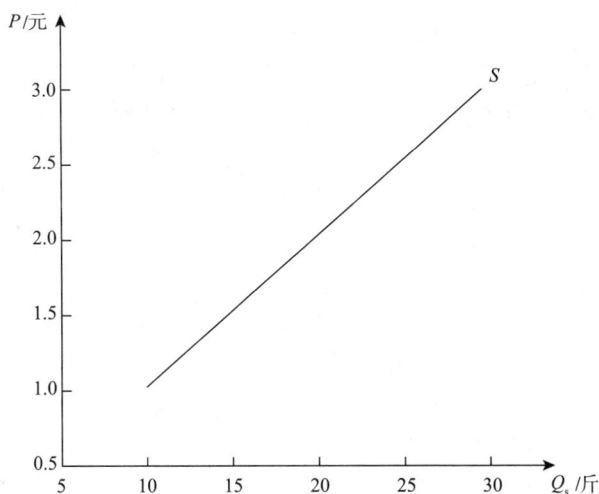

图 2-4　鸡蛋的供给曲线

四、供给的变动与供给量的变动

如同需求的变动与需求量的变动一样，供给的变动与供给量的变动也是两个不同的概念。在现实中，影响供给的各种因素既影响供给量，又影响供给。我们把在其他因素不变时，由某种商品本身价格变动所引起的该商品的供给数量的变动称为供给量的变动；把商品本身价格不变，其他因素变动所引起的商品的供给数量的变动称为供给的变动。例如，鸡蛋价格上升或下降了，生产者对鸡蛋的供给量增加或减少了，这就是供给量的变化。但是，如果是生产成本增加或减少了，鸡蛋的供给数量减少或增加了，这就是供给的变化。

供给量的变动和供给的变动都是供给数量的变动，它们的区别在于引起这两种变动的因素是不相同的，而且，这两种变动在几何图形上的表示也是不相同的。

在几何图形中，供给量的变动表现为商品的价格-供给数量组合点沿着同一条既定的供给曲线的运动，如图 2-5 所示。

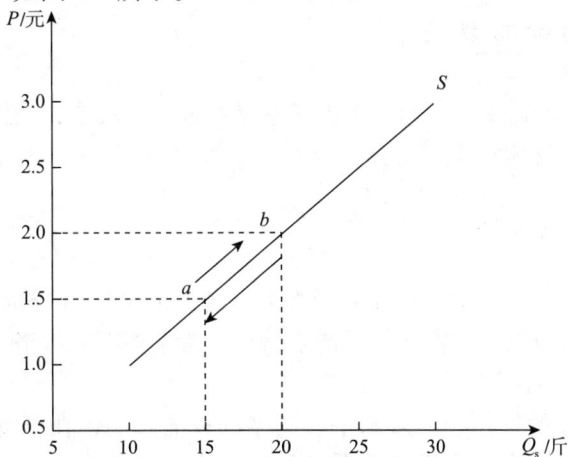

图 2-5　供给量的变动

在图 2-5 中，当鸡蛋的价格由每斤 1.5 元上升为 2 元时，供给量由 15 斤增加为 20 斤，相应的，价格与数量的组合点由 a 点向右上方移动到 b 点，供给曲线的位置不变。

一般来说，其他因素不变，商品价格上升使供给量增加，则价格与供给量的组合点的位置就会沿着同一条供给曲线向右上方移动；反之，则向左下方移动。

而供给的变动表现为供给曲线的位置发生移动。图 2-6 表示的是供给的变动。

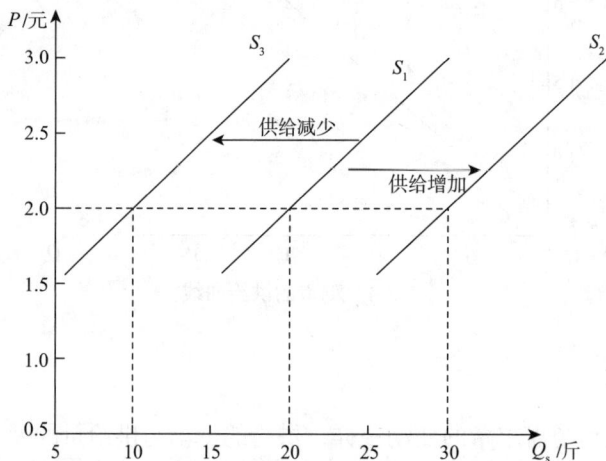

图 2-6　供给的变动

在图 2-6 中，S_1 是原来的供给曲线。假定生产成本减少，那么，在鸡蛋的每一价格下，生产者愿意提供的数量增加了，鸡蛋的供给曲线向右移动。否则，如果生产成本增加，那么，在鸡蛋的每一价格下，生产者愿意提供的数量就会减少，供给曲线向左移动。

一般情况下，在商品本身价格不变的条件下，其他因素变化使供给量增加了，则供给曲线会向右平行移动，表示供给增加；相反，其他因素变化使供给量减少了，供给曲线向左移动，表示供给减少。

第三节　均衡价格理论

前面我们研究了与需求和供给有关的一些基本概念，现在，我们要把它们结合起来说明均衡价格的决定及其变动。

一、均衡价格的形成

微观经济学中的商品价格是指商品的均衡价格（equilibriun price）。均衡价格是指一种商品的需求价格与供给价格相等、需求量与供给量相等的价格。均衡价格是由需求曲线与供给曲线的交点决定的。

由于受相关商品的价格、收入水平等诸多因素的影响，在市场上，消费者在消费一种商品的时候，必然有一个愿意接受的最高价格，超过这一价格，他就会减少对这种商品的消费量，这一价格就是需求价格。同样的，由于受生产成本等诸多因素的影响，生产者在供给一种商品的时候，也有一个愿意接受的最低价格，低于这一价格，生产者就会减少对这种商品的供给量，这一价格就是供给价格。一种商品的市场价格并不是由消费者或生产者单方面决定的，而是由需求和供给这两种力量互相影响、互相作用而形成的。

我们可以借助图 2-7 说明均衡价格及其形成。在图 2-7 中，市场需求曲线 D 与供给曲线 S 相交于 E 点，E 点被称为市场的均衡点，均衡点上的价格 P_e 和数量 Q_e 分别被称为均衡价格和均衡量。

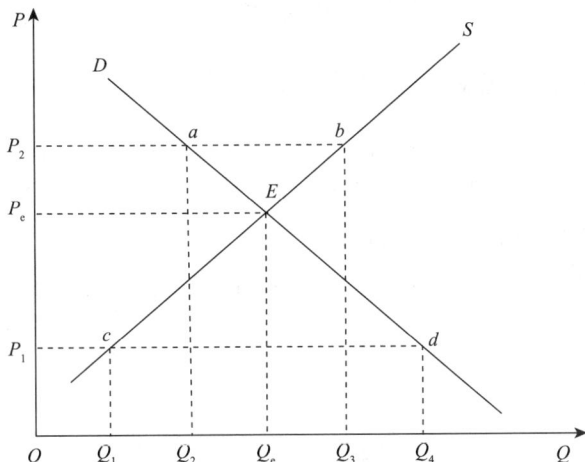

图 2-7　均衡价格和均衡量的决定

根据需求定理和供给定理，价格越高，需求量越小，而供给量越大；相反，价格越低，需求量越大，而供给量越小。由图 2-7 可以看出，当商品的市场价格在高于均衡价格的 P_2 水平上时，供给量为 Q_3，需求量为 Q_2，市场出现过剩的供给，称为需求不足或供给过度，过剩量为 $Q_3 - Q_2$。此时，供给者之间的竞争会把价格压低，而价格下降一方面会使供给量减少，另一方面会使需求量增加，直到两者相等、市场价格恢复到均衡价格为止。

当市场价格低于均衡价格，如为 P_1 时，需求量为 Q_4，而供给量为 Q_1，出现需求量大于供给量的情况，称为需求过度或供给短缺，这时需求者之间将发生竞争，希望得到商品的需求者之间的竞争会把过低的价格抬高，而价格上升又会使需求量减少，供给量增加，直到两者相等、市场价格上升到 P_e 时的均衡价格为止。正是通过由价格联系的需求和供给相互影响，此消彼长，最终会使需求与供给双方力量均等。这时，价格不再具有变动的趋势，而处于一种相对静止的均衡状态。这时的价格被称为均衡价格。

在均衡价格时，买者愿意而且能够购买的数量正好与卖者愿意而且能够出售的数量平衡。均衡价格有时也被称为市场出清价格，因为在这种价格时，市场上的每一个人都得到满足：买者买到了他想买的所有东西，而卖者卖出了他想卖出的所有东西。买者与卖者的行为自然而然地使市场向供给与需求的均衡变动。

综上所述，均衡价格是在市场供求关系中自发形成的，而均衡价格的形成过程就是市场价格机制的调节过程。所谓市场的价格机制是指价格本身所具有的调节市场供求达到一致而使稀缺资源按需要的比例配置的内在功能。如果市场价格偏离均衡价格，市场上便会出现需求量和供给量不相等的非均衡状态。一般来说，偏离的市场价格会自动地恢复到均衡价格水平，从而使供求不相等的非均衡状态逐步消失。如果社会上所有的商品和劳务都能在市场的价格机制作用下实现供求平衡，按需要配置稀缺经济资源这一基本的社会经济问题便会自动地解决，而无须计划和政府干预。

需要指出的是：上述原理只适用于完全竞争的情况。如果不是完全竞争，生产者就有可能根据利润最大化的原则来确定产品的价格。

二、需求和供给变化对均衡价格的影响

既然一种商品的均衡价格是由该商品的市场需求曲线和市场供给曲线的交点所决定的，那么，需求曲线或供给曲线的位置移动都会使均衡价格发生变动。

（一）需求变动对均衡价格的影响

在供给不变的情况下，需求变动或需求曲线的移动对均衡价格和均衡产量的影响如图 2-8 所示。

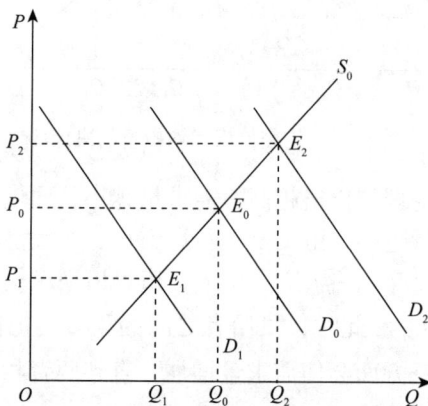

图 2-8　需求变动对均衡的影响

图 2-8 中，假定原需求曲线为 D_0，供给曲线为 S_0，则均衡点为 E_0，均衡价格为 P_0，均衡量为 Q_0。现假定在商品价格不变的前提下，如果消费者收入水平提高或相关商品价格变化等原因引起需求增加，则需求曲线向右平移，即新的需求曲线为 D_2，这时均衡点为 E_2，均衡价格由 P_0 上升到 P_2，均衡量由 Q_0 增加到 Q_2；反之，若其他因素变化引起需求减少，则需求曲线向左平移，如由 D_0 向左平移到 D_1 曲线的位置，均衡点为 E_1，均衡价格由 P_0 下降到 P_1，均衡量由 Q_0 减少到 Q_1。

可见，在其他条件不变的前提下，需求变动引起均衡价格和均衡数量的同方向变动。

（二）供给变动对均衡价格的影响

在需求不变的情况下，供给变化或供给曲线的移动对均衡价格和均衡产量的影响，如图 2-9 所示。

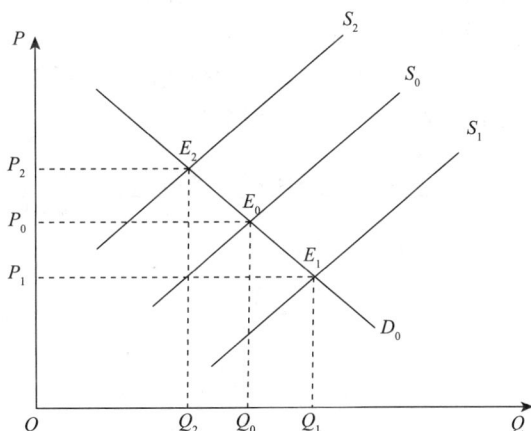

图 2-9　供给变动对均衡的影响

在图 2-9 中，假定原需求曲线为 D_0，供给曲线为 S_0，则均衡点为 E_0，均衡价格为 P_0，均衡量为 Q_0。现假定在商品价格不变的前提下，由于其他影响供给的因素发生变动，如生产者技术水平提高或相关商品价格变化等原因引起供给增加，则供给曲线向右下方平移，即新的供给曲线为 S_1，这时均衡点为 E_1，均衡价格由 P_0 下降到 P_1，均衡量也由 Q_0 增加到 Q_1；反之，如果其他因素变化引起供给减少，则供给曲线向左上方平移，如由 S_0 向左上方平移到 S_2 曲线的位置，均衡点为 E_2，均衡价格由 P_0 上升到 P_2，均衡量也由 Q_0 减少到 Q_2。

可见，在其他条件不变的前提下，供给变动引起均衡价格的反向变动，引起均衡数量同方向变动。

通过上述分析，可以说明供给与需求的变动对均衡价格和均衡数量的影响。在其他条件不变的情况下，需求变动会引起均衡价格和均衡数量的同方向变动；供给变动会引起均衡价格的反方向变动，引起均衡数量的同方向变动。这一影响在微观经济学中通常被称为"供求定理"（law of supply and demand）。

供求定理进一步区分了需求和供给的变动对均衡价格和均衡量产生的影响，因而对解释某种商品价格变动的长期趋势是有用的，它同时也是市场机制理论的进一步深化。

（三）需求和供给同时变动对均衡价格的影响

上述内容考察了需求或供给中单个变量变动对均衡的影响，但是在经济运行中，需求和供给可能会同时变动，那么，当二者同时变动时对均衡会产生什么影响呢？

需求和供给同时变动对均衡的影响比较复杂，一般来说有以下几种情况。

第一，需求和供给同时同方向变动，即同时增加或减少。在这种情况下，均衡量将同时增加或减少，而均衡价格的变动则取决于供需变动的相对量，可能上升、下降或保持不变。如果需求曲线移动的幅度大于供给曲线移动的幅度，均衡价格就会上升，反之则下降。当两条曲线移动的幅度相同时，均衡价格保持不变。

第二，需求和供给同时呈反方向变动。这时，均衡价格总是按照需求的变动方向变动，而均衡数量的变动取决于供求双方变动的相对比例，可能增加，可能减少，也可能维持不变。如果需求曲线移动的幅度大于供给曲线往相反方向移动的幅度，均衡数量增加，反之则减少。当两者变动的幅度相同时，均衡数量维持不变。

上述供求变动对均衡的影响，可以列为表 2-3。

表 2-3　供求变动对均衡的影响

类型			供求变动	对均衡价格的影响	对均衡数量的影响
需求不变			供给减少	上升	减少
			供给增加	下降	增加
供给不变			需求减少	下降	减少
			需求增加	上升	增加
供求同时变动	同向变动	幅度不等	需求减少小于供给减少	上升	减少
			需求减少大于供给减少	下降	减少
			需求增加小于供给增加	下降	增加
			需求增加大于供给增加	上升	增加
供求同时变动	同向变动	幅度相等	供求增加幅度相等	不变	增加
			供求减少幅度相等	不变	减少
	反向变动	幅度不等	需求减少小于供给增加	下降	增加
			需求减少大于供给增加	下降	减少
			需求增加小于供给减少	上升	减少
			需求增加大于供给减少	上升	增加
		幅度相等	需求减少与供给增加幅度相等	下降	不变
			需求增加与供给减少幅度相等	上升	不变

三、最高限价和最低限价

如前所述，均衡价格是在市场上自发形成的，因而具有自动地调节供求使其一致的内在功能。但是在西方国家，政府往往根据形势需要和既定政策，运用行政权力直接规定某些产品的价格，并强制执行，这种价格称为管制价格。管制价格不仅不受市场影响，反而调节市场供求关系，以满足国家和消费者需要。政府的管制价格通常有两种：最高限价和最低限价。

（一）最低限价与过剩

最低限价，亦称支持价格，是指政府为了扶植某一行业的发展而规定的该行业产品的最低价格。最低限价总是高于市场均衡价格。规定最低限价通常是为了保护生产者的利益。由于农产品价格的波动性和为了保护农民的利益，最低限价政策经常被用于农产品的价格上。它有时也被用于要素的价格上，如最低工资法。

那么，这种方法会产生什么结果呢？在此，我们借助于图 2-10 加以说明。

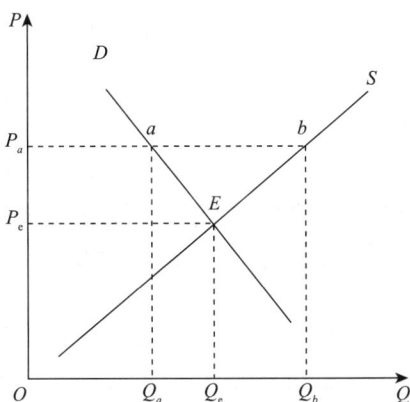

图 2-10 最低限价

图 2-10 中，P_e 和 Q_e 分别代表由市场供求力量自发形成的农产品市场的均衡价格和均衡数量。P_a 代表政府所实行的农产品的最低限价。在最低限价下，供给量 Q_b 大于均衡数量 Q_e，消费者的需求量 Q_a 则低于均衡数量 Q_e。农产品的最低限价导致农产品供给量大于需求量，其剩余为 Q_aQ_b。这时，政府必须从事收购，以消除过剩。

应该说，支持价格稳定了农业生产，保证了农民的收入，促进了农业投资，也有利于调整农业结构，整体上对农业发展起到促进作用。但支持价格也引起了一些问题。首先，使政府背上了沉重的财政包袱，政府为收购过剩农产品而支付的费用、出口补贴以及为限产而向农户支付的财政补贴等，都是政府必须为支持价格政策付出的代价。许多国家用于支持价格的财政支出达几百亿美元左右。其次，形成农产品的长期过剩。过剩的农产品主要由政府收购，政府解决农产品过剩的重要方法之一就是扩大出口，这就引起这些国家为争夺世界农产品市场而进行贸易战。最后，受保护的农业竞争力会被削弱。

在世界贸易组织前身关税及贸易总协定"乌拉圭回合"谈判中，欧美各国为解决自己的农产品过剩问题，都力图保护本国的国内市场而打入别国市场。因此，农产品自由贸易问题成为争论的中心。"乌拉圭回合"通过的农业协议的总目标是实现农产品自由贸易和平等竞争，其中重要的内容有两点：一是减少各国对农产品的价格支持，包括农产品保护价、营销贷款、投入补贴等，要求各国支持总量减让幅度为农业总产值的5%，同时降低对农产品的出口补贴；二是"绿箱政策"，各国政府应实行不引起贸易扭曲的政府农业支持措施，包括加强农业基础设施建设、实现农业结构调整、保护环境等政府支出。这表明，实行支持价格的老办法将难以为继，政府以提高农业竞争力的方式支持农业将成为趋势。

我国实行的"保护价敞开收购"也是一种支持价格。支持价格治标不治本。要从根本上改变我国农业落后和农民收入低的状况，并使我国农业进入世界市场与发达国家农业竞争，就必须提高我国农业自身的竞争力。例如，政府可增加对水利、科研、环保等的支出；注重发展蔬菜、花卉、渔业、畜牧业，发展农产品加工业，提高农产品的附加值。国外农业并不仅仅是靠支持价格发展起来的，农业发达国家的政府在加强农业竞争力方面已进行了大量的投入。我国农业也只有走出对保护价的迷信，才能有良好的发展前景。

（二）最高限价与短缺

最高限价是指政府规定某些产品价格的上限，以便把价格压到均衡价格以下。规定最高限价的目的通常是保护消费者的利益。例如，为了增加贫民的福利，西方政府经常采取房租限价政策，规定房租不得超过规定的最高标准。又如，对垄断的价格管制也常常采用最高限价政策。

最高限价会造成过度需求和供给短缺。如图2-11所示，某商品由市场供求力量自发形成的均衡价格为P_e，政府认为此价格过高，因此制定了一个最高限价P_b，P_b位于P_e之下，在P_b水平上，需求量为Q_d，供给量为Q_c，短缺量为Q_cQ_d。

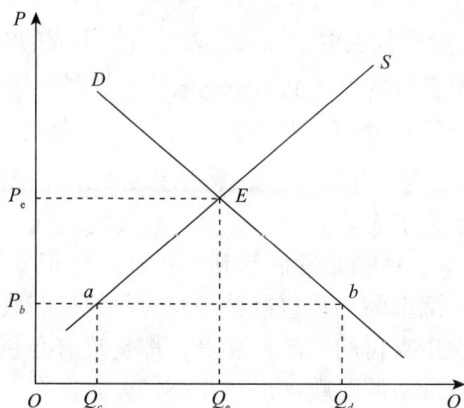

图 2-11　最高限价

最高限价政策虽然短期内有利于社会安定，但是也会带来诸多不良后果。供不应求会导致排队抢购或实行配给制。这就使本来真正需要的人不一定能买得到，而不太需要的人反而能购买得到。由于产品短缺，真正需要的人出于急需，愿以高价购买，而那些不太需要的人虽能买到，却不急需，愿以高价出售，使黑市交易盛行。

由上述分析可知，管制价格是政府为贯彻执行国家经济政策而不得不采取的一种权宜之计。管制价格的实施，必须辅以相应的经济措施，才能保持供求均衡和国民经济生活的安定。

第四节　弹性理论

前面，我们分析了需求、供给和价格之间的关系，揭示了需求定理和供给定理：其他条件不变，价格上升需求量减少，供给量增加；价格下降需求量增加，供给量减少。这里，仅论述了变化方向，属于定性分析，而没有考察变化程度，没有进行定量分析。弹性理论主要就是研究有关因素变化对需求量和供给量影响程度的理论，对人们进行选择和做出决策关系重大。

弹性理论是微观经济学的重要理论，最早是由19世纪法国经济学家古诺提出的，之后由马歇尔发展成一个完整的理论。在 20 世纪后，英国经济学家庇古、美国经济学家穆尔、舒尔茨等将此理论应用于实际，对某些商品的需求弹性做了估计。

一、弹性的一般含义

"弹性"本是一个物理学的概念，指一物体对外部力量的反应程度。例如，弹簧在外力的作用下它的弯曲程度等。在经济学中，弹性是指在经济变量之间存在函数关系时，因变量对自变量变化的反应程度。一般来说，只要两个经济变量之间存在函数关系，我们就可以用弹性来表示因变量对自变量变化的反应程度。具体来说，它是这样一个数字，它告诉我们，当一个经济变量发生百分之一的变动时，由它所引起的另一经济变量变动的百分比。

经济学中弹性的一般公式为

$$弹性系数 = \frac{因变量的变动比率}{自变量的变动比率}$$

如果两个经济变量之间的函数关系为 $Y = f(X)$，则弹性的一般公式可表示为

$$E = \frac{\frac{\Delta Y}{Y}}{\frac{\Delta X}{X}} = \frac{\Delta Y}{\Delta X} \cdot \frac{X}{Y} \qquad (2\text{-}7)$$

式中，E 为弹性系数；ΔX 和 ΔY 分别为变量 X 和 Y 的变动量。该式表示：当自变量 X 变动百分之一时，因变量 Y 变动了百分之几。

当经济变量的变化量趋于无限小时，即式（2-7）中的 $\Delta X \to 0$，且 $\Delta Y \to 0$ 时，则弹性公式为

$$E = \lim_{\Delta X \to 0} \frac{\frac{\Delta Y}{Y}}{\frac{\Delta X}{X}} = \frac{\frac{dY}{Y}}{\frac{dX}{X}} = \frac{dY}{dX} \cdot \frac{X}{Y} \qquad (2\text{-}8)$$

通常将式（2-7）称为弧弹性公式，将式（2-8）称为点弹性公式。

二、需求的价格弹性

前面讲过，需求量的大小受许多因素的影响，但是不同的商品受影响的程度是不相同的。例如，粮食价格下降50%而引起的需求量的变化肯定要小于服装因价格下降50%而引起的需求量变化。为了比较不同产品的需求量因某种因素的变化而受到影响的程度，我们使用需求弹性作为工具。

需求弹性说明需求量对某种影响因素变化的反应程度。因为影响需求量的因素很多，如产品价格、消费者收入、相关商品的价格等，所以，需求弹性可以分为需求的价格弹性（price elasticity of demand）、需求的收入弹性、需求的交叉弹性等。在此，主

要介绍需求价格弹性。

（一）需求价格弹性的定义与特点

需求价格弹性是需求弹性最主要的类型，其重要性不仅在于通过需求价格弹性系数大小的变化及比较，可以使人们了解商品量与商品价格相对关系变化的规律性，而且在于它指出了当价格变动后，需求量的相应变动会引起的消费支出或销售总收益的变化，从而对企业确定销售价格具有重要意义。

那么，什么是需求价格弹性呢？需求的价格弹性表示在一定时期内一种商品的需求量的变动对该商品价格变动的反应程度，或者表示一种商品价格变动百分之一时会使需求量变动百分之几。需求价格弹性通常简称为需求弹性。其系数的计算公式为

$$需求价格弹性系数 = \frac{需求量变动的比率}{价格变动的比率}$$

如果用 E_d 表示需求价格弹性系数，用 P 和 ΔP 分别表示价格和价格的变化量，Q 和 ΔQ 分别表示需求量及需求变化量，则需求价格弹性系数的公式为

$$E_d = -\frac{\frac{\Delta Q}{Q}}{\frac{\Delta P}{P}} = -\frac{\Delta Q}{\Delta P} \cdot \frac{P}{Q} \qquad （2\text{-}9）$$

根据需求价格弹性的定义与公式，可以发现，需求的价格弹性具有如下特点。

第一，一般来说，需求价格弹性系数是一个负数，因为商品的需求量和价格是反方向变动的。但是，为了便于比较，在式（2-9）中加了一个负号，以使需求价格弹性系数 E_d 取正值。说某产品的价格弹性大，是指其绝对值大。

第二，需求价格弹性系数是需求量变动的比率与价格变动的比率之比，而不是需求量变动的绝对量与价格变动的绝对量之比。因此，需求价格弹性系数是一个无维量，即弹性大小与计量单位无关。

第三，根据弹性公式，可知需求的价格弹性由两部分构成，因此，需求弹性的大小取决于两个因素：$\Delta Q/\Delta P$ 和 P/Q。$\Delta Q/\Delta P$ 即需求曲线斜率的倒数，而 P/Q 表示点在需求曲线上的位置。当需求曲线为一条从左上方向右下方倾斜的直线时，曲线上各点的斜率相同，但各点的需求价格弹性因点在曲线上的位置不同而不同（以下会详细说明）。

（二）点弹性和弧弹性的计算

式（2-9）是计算需求价格弹性的一般公式。但在具体计算弹性系数时，还要根据需求曲线上两点之间的距离情况，对上述公式加以修正。

1. 点弹性的计算

当需求曲线上两点之间的变化量趋于零时，即当价格变量无穷小时，需求弹性要用点弹性来表示。点弹性表示的是需求曲线上某一点的弹性，它衡量需求曲线某一点上的需求量的无穷小变动率对价格的无穷小变动率的反应程度。其公式为

$$E_d = \lim_{\Delta P \to 0} -\frac{\Delta Q}{\Delta P} \cdot \frac{P}{Q} = -\frac{dQ}{dP} \cdot \frac{P}{Q} \qquad （2\text{-}10）$$

点价格弹性也可以用几何方法求得。用几何方法求价格弹性,从一定意义上来说,更为直观,更为简洁。下面,我们用图 2-12 来加以说明。

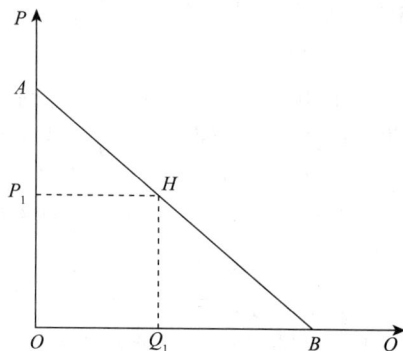

图 2-12 线性需求曲线的点弹性

图 2-12 中,线性需求曲线分别与纵坐标和横坐标相交于 A 点和 B 点,令 H 为该需求曲线上的任意一点,相应的价格和需求量分别为 OP_1 和 OQ_1,则 H 点的弹性系数

$$E_d = -\frac{dQ}{dP} \cdot \frac{P}{Q} = \frac{OB}{OA} \cdot \frac{OP_1}{OQ_1}$$

因为 $\triangle HQ_1B \sim \triangle AOB$,故 $\frac{OB}{OA} = \frac{Q_1B}{Q_1H} = \frac{Q_1B}{OP_1}$,则

$$E_d = \frac{OB}{OA} \cdot \frac{OP_1}{OQ_1} = \frac{Q_1B}{OP_1} \cdot \frac{OP_1}{OQ_1} = \frac{Q_1B}{OQ_1}$$

又因为 $HQ_1 /\!/ OA$,故 $\frac{Q_1B}{OQ_1} = \frac{HB}{HA}$,所以

$$E_d = \frac{Q_1B}{OQ_1} = \frac{HB}{HA} = \frac{OP_1}{P_1A} \tag{2-11}$$

由此,我们可以得出以下结论:从左上方向右下方倾斜的线性需求曲线上,任何一点的弹性都可以通过由该点出发向价格轴或数量轴引垂线的方法求得。

除了水平的或垂直的两种特殊形状的线性需求曲线外,线性需求曲线上每一点的点弹性都是不相等的,如图 2-13 所示。

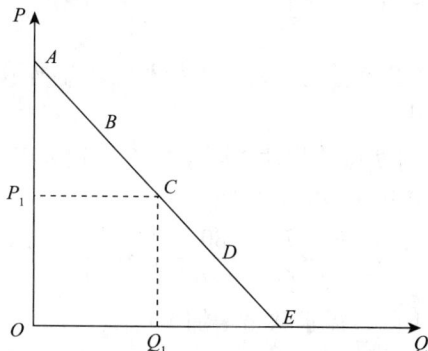

图 2-13 线性需求曲线上不同点的弹性比较

在线性需求曲线的中点 C，有 $E_d = 1$；在线性需求曲线的中点以上部分的任何一点如 B 点，有 $E_d > 1$；在线性需求曲线的中点以下部分的任何一点如 D 点，有 $E_d < 1$；在线性需求曲线与纵轴和横轴的交点 A 和 E，各有 $E_d = \infty$ 和 $E_d = 0$。

显然，线性需求曲线上的点弹性有一个明显的特征：在线性需求曲线上的点的位置越高，相应的点弹性系数值越大；相反，位置越低，相应的点弹性系数值越小。

上述介绍的是线性需求曲线点弹性的几何意义。如果需求曲线为非线性需求曲线，则需求曲线上任何一点弹性的几何意义为：可以先过该点做切线，使其分别与横轴和纵轴相交，然后，用与推导线性需求曲线上的点弹性的几何意义相类似的方法来得到。

在图 2-14 中，H 为非线性需求曲线 D 上的一点，为了计算 H 点的需求价格弹性值，可以先过 H 点做切线，使其分别与纵轴和横轴相交于 A 点和 B 点，然后，从 H 点出发向横轴引垂线交于 Q_1，或向纵轴引垂线交于 P_1。最后，用与推导线性需求曲线上的点弹性的几何意义相类似的方法来求得 H 点的需求价格弹性值为

$$E_d = \frac{Q_1 B}{OQ_1} = \frac{HB}{HA} = \frac{OP_1}{P_1 A}$$

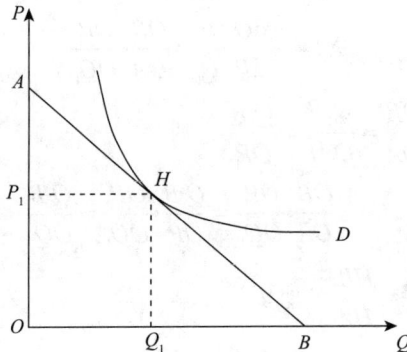

图 2-14　非线性需求曲线的点弹性

2. 弧弹性的计算

需求的价格弧弹性表示某商品需求曲线上两点之间的需求量的相对变动对价格相对变动的反应程度，即需求曲线上两点之间的弹性。

如果需求曲线上两点之间的距离较大，测量需求价格弹性就变成了测量需求曲线上两点之间的一段弧弹性。

在计算同一条弧的需求弧弹性时，由于价格和需求量所取的基数值不同，因此，涨价和降价的计算结果便不同。

在图 2-15 中，从 A 点到 B 点的弹性不同于从 B 点到 A 点的弹性。

从 A 点到 B 点（价格上升，需求数量减少）：

$$E_d = -\frac{\Delta Q}{\Delta P} \cdot \frac{P}{Q} = -\frac{80 - 120}{6 - 4} \cdot \frac{4}{120} \approx 0.67$$

从 B 点到 A 点（价格下降，需求数量增加）：

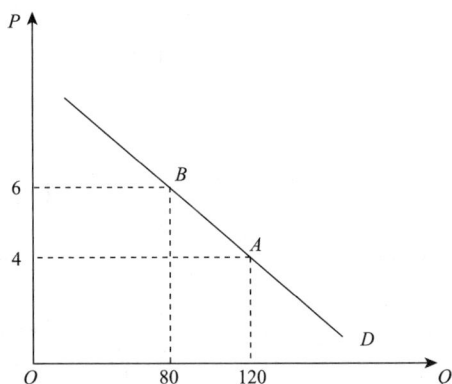

图 2-15 需求价格弧弹性

$$E_d = -\frac{\Delta Q}{\Delta P} \cdot \frac{P}{Q} = -\frac{120-80}{4-6} \cdot \frac{6}{80} = 1.5$$

如果仅是一般计算某一条弧的需求价格弧弹性，并未具体强调这种需求的价格弧弹性是作为降价还是涨价的结果，则为了避免不同的计算结果，在计算价格变动的比率时，以变动前后的两个价格的算术平均数为基础；在计算需求量变动的比率时，以变动前后的两个需求量的算术平均数为基础。因此，需求价格弧弹性的计算公式又可写为

$$E_d = -\frac{\dfrac{\Delta Q}{\dfrac{Q_1+Q_2}{2}}}{\dfrac{\Delta P}{\dfrac{P_1+P_2}{2}}} = -\frac{\Delta Q}{\Delta P} \cdot \frac{P_1+P_2}{Q_1+Q_2} \qquad (2\text{-}12)$$

式（2-12）也被称为需求价格弧弹性的中点公式。运用中点公式计算图 2-15 中从 A 点到 B 点和从 B 点到 A 点的需求价格弹性，其结果是相同的，都等于 1。

由上述分析可知，需求价格弧弹性的计算可以有三种情况：涨价时的需求价格弧弹性、降价时的需求价格弧弹性，以及按照中点公式计算的需求价格弧弹性。至于到底采用哪种计算方法，需要视具体情况和需要而定。

（三）需求价格弹性的类型

根据需求价格弹性系数绝对值的大小，可以把需求价格弹性分为五种类型，如图 2-16 所示。

（1）需求完全富有弹性。在这种情况下，当价格为既定时，需求量是无限的，$E_d = \infty$。这是一种特例。例如，战争时期的常规军用物资可视为需求完全富有弹性。这时的需求曲线是一条与横轴平行的线，如图 2-16（a）所示。

（2）需求完全无弹性。在这种情况下，无论价格如何变动，需求量都不会变动，$E_d = 0$。这是一种特例。例如，急救药、火葬费等就近似于无弹性。这时的需求曲线是一条与横轴垂直的线，其斜率为无穷大，如图 2-16（b）所示。

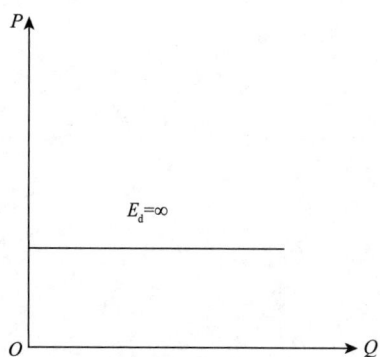

（a）需求完全富有弹性　　　　　　　　　　　（b）需求完全无弹性

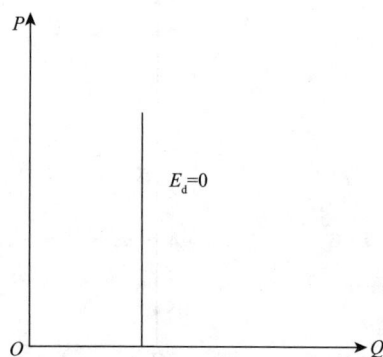

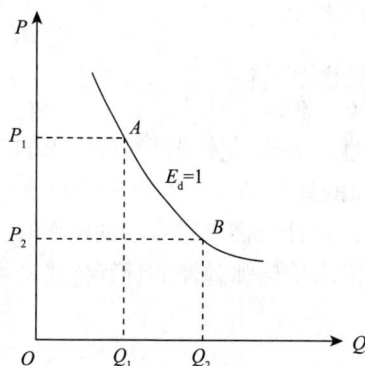

（c）需求单位弹性　　　　　　　　　　　　（d）需求富有弹性

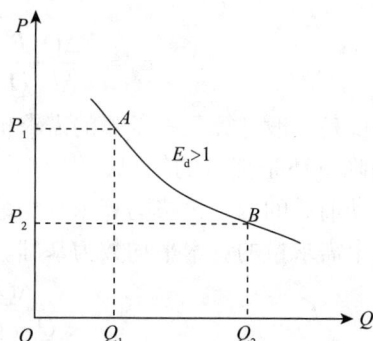

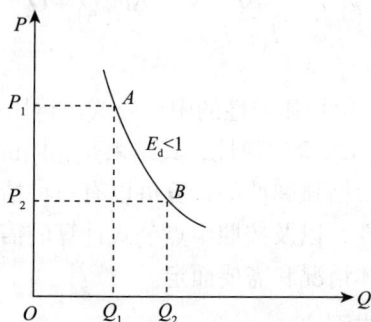

（e）需求缺乏弹性

图 2-16　需求弹性的五种类型

（3）需求单位弹性。在这种情况下，需求量的变动率等于价格的变动率，即需求量和价格以相同幅度变动，$E_d = 1$，如图 2-16（c）所示。这也是一种特例。

（4）需求富有弹性。在这种情况下，需求量变动的比率大于价格变动的比率，$E_d > 1$。例如，奢侈品、国外旅游等属于这种情况。这时的需求曲线是一条比较平坦的线，如图 2-16（d）所示。

（5）需求缺乏弹性。在这种情况下，需求量变动的比率小于价格变动的比率，$E_d < 1$。生活必需品，如水、粮食等都属于这种情况。这时的需求曲线是一条比较陡峭

的线，如图 2-16（e）所示。

（四）影响需求价格弹性的因素

在现实生活中，极端情况很少见，弹性值一般都在 0 和∞之间。需求价格弹性值的大小受很多因素的影响，主要有以下几种。

（1）人们对商品的需求程度的大小。一方面，一般生活必需品弹性较小，如粮食、食盐、燃料等，即使价格上涨幅度很大，需求量也不会有大的变化。我们一般将需求缺乏弹性的商品称为必需品。另一方面，非生活必需品价格弹性就比较大，通常将需求富于弹性的商品称为奢侈品，这些商品的需求量对价格的变化比较敏感。

（2）商品的可替代性。某种商品的替代品越多，替代性越强，该商品的需求价格弹性就越大；相反，该商品的需求价格弹性往往就越小。例如，可口可乐的需求价格弹性是比较大的，因为如果可口可乐涨价，人们就会转而饮用百事可乐或其他软饮料。又如，对于食盐来说，没有很好的可替代品，所以，食盐价格的变化所引起的需求量的变化几乎等于零，它的需求价格弹性是极其小的。

（3）商品支出占总支出的比重。如果一种商品在消费者总开支中只占很小的份额，那么，消费者对该商品的价格变化不会很敏感，因此，需求价格弹性较小。如果该商品是一项较大的开支，那么，价格变化后，消费者会重新慎重考虑对其需求量，因而需求价格弹性较大。例如，食盐、香皂、笔记本等商品的需求价格弹性就是比较小的，因为消费者每月在这些商品上的支出是很小的，他们往往不太重视这类商品价格的变化。

（4）商品用途的广泛性。通常情况下，一种商品的用途越广泛，它的需求价格弹性就可能越大；相反，用途越狭窄，当它的价格逐步下降时，消费者的购买量就会逐渐增加，将商品越来越多地用于其他各种用途上，需求的价格弹性就可能越小。其原因为：如果一种商品具有多种用途，当它的价格较高时，消费者只购买较少的数量用于最重要的用途上。例如，电就属于这类商品。

（5）时间的长短。时间能改变许多东西，需求价格弹性也会随着时间的延长而发生变化。一般说来，时间越长，越容易找到替代品，需求价格弹性也就越大；而短时间内价格变动时，不易立刻调整需求量，需求价格弹性也就较小。例如，当汽油价格上升时，在短期内汽油的需求量会略有减少，但是，随着时间推移，人们购买更省油的汽车，转向公共交通，或迁移到离工作地方近的地点，在几年之内，汽油的需求量会大幅度减少。

（6）消费者对商品的偏好与忠实度。很多消费者在消费时，经常会对某种品牌或某种商品有强烈的偏好或品牌忠实度。当对商品有强烈偏好或忠实度很高时，即使价格上涨，人们往往仍然会去购买，所以其需求价格弹性较小。

在以上影响需求价格弹性的因素中，最重要的是人们对商品的需求程度、商品的可替代程度和商品支出在总支出中的比例。某种商品的需求价格弹性到底有多大，是各种因素综合作用的结果，不能只考虑其中的一种因素，而且，某种商品的需求弹性也因时期、消费者收入水平和地区而不同。例如，在国外，第二次世界大战之前，航空旅行是奢侈行为，需求弹性非常大，所以，航空公司通过小幅度降价就可以吸引许多乘客。第二次世界大战后，飞机成为日常交通工具，航空旅行不再是奢侈行为，其需求弹性就变小了，所以，航空公司难以利用降价来吸引乘客，只能用提高服务质量等方法来吸引乘客。又如，在我国，彩电、手机等商品刚出现时，需求价格弹性也相当大，但随着收入水平的提高和这些商品的普及，其需求价格弹性逐渐变小了。

三、需求收入弹性

除了价格以外，收入是影响需求量的另一重要因素。经济学家用需求收入弹性（income elasticity of demand）来衡量消费者收入变动时需求量的变动。需求收入弹性是建立在消费者的收入量和商品的需求量之间关系上的一个弹性概念，它也是一个在西方经济学中被广泛运用的弹性概念。

需求收入弹性是指在一定时期内某种商品的需求量的相对变动对消费者收入的相对变动的反应程度，或者说表示在一定时期内消费者的收入变化百分之一时所引起的商品需求量变化的百分比。它是商品的需求量的变动率和消费者的收入量的变动率的比值。

若用 M 代表收入，Q 代表需求量，ΔM、ΔQ 分别代表收入和需求量的变动量，用 E_m 表示需求的收入弹性，则

$$E_m = \frac{\frac{\Delta Q}{Q}}{\frac{\Delta M}{M}} = \frac{\Delta Q}{\Delta M} \cdot \frac{M}{Q} \tag{2-13}$$

需求收入弹性系数可能是正数，也可能是负数。如果需求收入弹性系数大于零，这意味着消费者收入水平的提高将引起对该商品需求数量的增加。需求收入弹性系数是负值，表示收入水平提高，消费者对这些物品的需求数量将会减少。

根据需求的收入弹性，我们可以对商品进行简单的分类。若 $E_m < 0$，即一种商品的需求量与收入水平呈反方向变化，则这种商品为劣等品。如果 $E_m > 0$，即一种商品的需求量与收入水平呈同方向变化，则这种商品为正常品。

在我们的生活中，大多数物品是正常品。正常品可分为两类：一类是奢侈品，$E_m > 1$，意味着需求量增加的幅度大于收入增加的幅度；另一类是必需品，$0 < E_m < 1$，意味着需求量增加的幅度小于收入增加的幅度。

明确需求收入弹性原理对个人消费、企业决策和国家制定政策都有一定的意义。如果某人的即期收入很高，而且预期收入稳定且不断增加，他就应该追求高质量的生活。随着居民收入的不断增加，企业决策者应该不断生产出高品质的商品以满足消费者的需求。国家的决策应根据居民收入的不断增加，适时地调整产业布局。需求收入弹性大的部门，由于需求量增长要快于国民收入增长，因此，发展应该快些，而需求收入弹性小的部门，发展速度应当慢些。

恩格尔是 19 世纪德国统计学家，他在研究人们的消费结构变化时发现了一条规律，即一个家庭收入越少，这个家庭用来购买食物的支出在总收入中所占的比例就越大；反之，一个家庭收入越多，这个家庭用来购买食物的支出在总收入中所占的比例就

越小。恩格尔系数是家庭用以购买食物的支出与这个家庭的总收入之比。因为食品缺乏弹性，人们收入增加后，几乎不增加对食品的需求，增加的几乎都是对弹性大的商品的需求。由此可以得出结论：对于一个国家而言，这个国家越穷，其恩格尔系数就越大；反之，这个国家越富，其恩格尔系数越小。这就是经济学界公认的恩格尔定律。

联合国粮食及农业组织提出了一个划分贫困与富裕的标准：恩格尔系数在 59% 以上为贫困；50%~59% 为小康；30%~40% 为富裕；30% 以下为特别富裕。

恩格尔系数的降低表明消费结构的合理化，消费结构的合理化表明生活质量的提高，而在生活质量提高的背后是什么呢？无疑是经济的发展和人民收入水平的提高。

四、需求交叉价格弹性

如前所述，相关商品的价格也会影响某一商品的需求量，其影响程度有多大，需要用交叉价格弹性来测度。

需求的交叉价格弹性，简称需求交叉弹性（cross elasticity of demand）。需求交叉弹性表示在一定时期内某种商品的需求量的相对变动对它的相关商品价格的相对变动的反应程度，或者说表示在一定时期内某种商品的价格变化百分之一时所引起的另一种商品的需求量变化的百分比。它是该商品的需求量的变动率和它的相关商品价格的变动率的比值。

设商品 X 的需求量 Q_X 是其相关商品 Y 的价格 P_Y 的函数，即有 $Q_X = f(P_Y)$，ΔQ_X 和 ΔP_Y 分别表示 Q_X 和 P_Y 的变动量，E_{XY} 表示当 P_Y 发生变化时的 X 商品的需求交叉弹性系数，则商品 X 的需求交叉弹性公式为

$$E_{XY} = \frac{\frac{\Delta Q_X}{Q_X}}{\frac{\Delta P_Y}{P_Y}} = \frac{\Delta Q_X}{\Delta P_Y} \cdot \frac{P_Y}{Q_X} \qquad (2\text{-}14)$$

需求交叉弹性系数值是正数还是负数，取决于所考察的两种商品的关系。如果两种商品之间存在互补关系，则需求交叉弹性系数值就是负数。例如，电脑和软件，如果电脑价格上升，对软件的需求量便减少了，电脑的价格与软件的需求量的变动方向相反，软件的需求交叉弹性系数值为负数。如果两种商品之间存在替代关系，则需求交叉弹性系数值就是正数。例如，白面价格上升而其他因素不变，人们会减少对白面的需求而增加对大米的需求量。由于白面价格和大米需求量同方向变动，所以，需求交叉弹性系数值是正数。这样，我们可以根据需求交叉弹性系数对商品之间的关系进行划分。如果需求交叉弹性系数值是正值，那么，这两种商品互为替代品；如果需求交叉弹性为零，则两种商品之间不存在相关关系，因为其中任何一种商品的需求量都不会对另一种商品的价格变动做出任何反应。

五、供给价格弹性

供给弹性有供给的价格弹性、供给的交叉价格弹性和供给的预期价格弹性等。但

是，一般来说，供给的价格弹性是最典型、最主要的一种类型。供给的价格弹性常常被简称为供给弹性。在此，只考察供给的价格弹性。

（一）供给价格弹性的含义及计算

供给价格弹性（price elasticity of supply）表示在一定时期内一种商品供给量的变动对该商品价格变动的反应程度，或者说，表示一种商品价格变动百分之一时会使其供给量变动百分之几。供给价格弹性计算公式为

$$供给的价格弹性系数 = \frac{供给量变动的比率}{价格变动的比率}$$

如果用 E_s 表示供给的价格弹性系数，用 P 和 ΔP 分别表示价格和价格的变化量，Q 和 ΔQ 分别表示供给量及供给变化量，则供给价格弹性系数的公式为

$$E_s = \frac{\dfrac{\Delta Q}{Q}}{\dfrac{\Delta P}{P}} = \frac{\Delta Q}{\Delta P} \cdot \frac{P}{Q} \tag{2-15}$$

从计算公式中可以看出，供给的价格弹性系数与需求的价格弹性系数非常相似。但是，由于在通常情况下供给量与价格的变动方向是相同的，所以，供给的价格弹性系数是正的。

式（2-15）是计算供给价格弹性的一般公式。但是，与计算需求的价格弹性一样，在具体计算供给的价格弹性系数时，也要根据供给曲线上两点之间的距离情况，对上述公式加以修正。

当供给曲线上两点之间的变化量趋于零时，即当价格变量无穷小时，供给价格弹性要用点弹性来表示。供给价格点弹性表示的是供给曲线上某一点的弹性，它衡量供给曲线某一点上的供给量的无穷小变动率对价格的无穷小变动率的反应程度，其公式为

$$E_s = \lim_{\Delta P \to 0} \frac{\Delta Q}{\Delta P} \cdot \frac{P}{Q} = \frac{\mathrm{d}Q}{\mathrm{d}P} \cdot \frac{P}{Q} \tag{2-16}$$

供给价格点弹性也可以用几何方法求得。下面，我们用图 2-17 来加以说明。

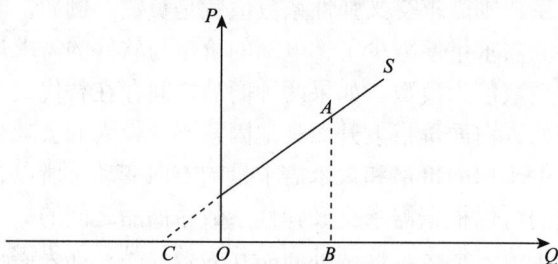

图 2-17　线性供给曲线的点弹性

图 2-17 中，供给曲线 S 上 A 点的弹性系数的几何意义为：可以先过 A 点做供给曲线的延长线，使其与横轴相交，然后由 A 点向横轴做垂线，则 A 点的弹性系数为

$$E_s = \frac{\mathrm{d}Q}{\mathrm{d}P} \cdot \frac{P}{Q} = \frac{CB}{AB} \cdot \frac{AB}{OB} = \frac{CB}{OB}$$

上述介绍的是线性供给曲线点弹性的几何意义。当供给曲线为非线性供给曲线时，则供给曲线上任何一点弹性的几何意义为：可以先过所求点做供给曲线的切线，使其与横轴相交，然后，用与推导线性供给曲线上的点弹性的几何意义相类似的方法来得到，如图 2-18 所示。

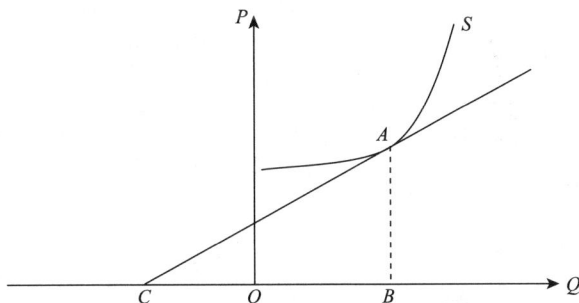

图 2-18　非线性供给曲线的点弹性

供给的价格弧弹性是表示某商品供给曲线上两点之间的供给量的相对变动对价格相对变动的反应程度，即供给曲线上两点之间的弹性。

如果供给曲线上两点之间的距离较大，测量供给价格弹性就变成了测量供给曲线上两点之间的一段弧弹性。

与计算需求价格弧弹性相似，在计算同一条弧的供给弧弹性时，由于价格和供给量所取的基数值不同，因此，涨价和降价的计算结果便不同。

如果仅是一般计算某一条弧的供给价格弧弹性，并未具体强调这种供给的价格弧弹性是作为降价还是涨价的结果，则为了避免不同的计算结果，应用供给价格弧弹性的中点公式。供给价格弧弹性的中点公式为

$$E_s = \frac{\dfrac{\Delta Q}{\dfrac{Q_1+Q_2}{2}}}{\dfrac{\Delta P}{\dfrac{P_1+P_2}{2}}} = \frac{\Delta Q}{\Delta P} \cdot \frac{P_1+P_2}{Q_1+Q_2} \tag{2-17}$$

（二）供给价格弹性的类型

各种商品的供给弹性大小并不相同。根据供给弹性大小，可以把供给弹性分为以下五种类型，如图 2-19 所示。

（1）供给完全缺乏弹性（$E_s=0$）。表明供给量是一个常量，不随价格变化而变化。例如，土地、古董、某些艺术品的供给。这时的供给曲线是一条与纵轴平行的线，其斜率为无穷大，如图 2-19（a）所示。

（2）供给完全富有弹性（$E_s=\infty$）。在这种情况下，价格既定而供给量无限。这时的供给曲线是一条与横轴平行的线，如图 2-19（b）所示。

（3）供给单位弹性（$E_s=1$）。表明价格变动的比率与供给量变动的比率相同。供给曲线的斜率值为 1，如图 2-19（c）所示。

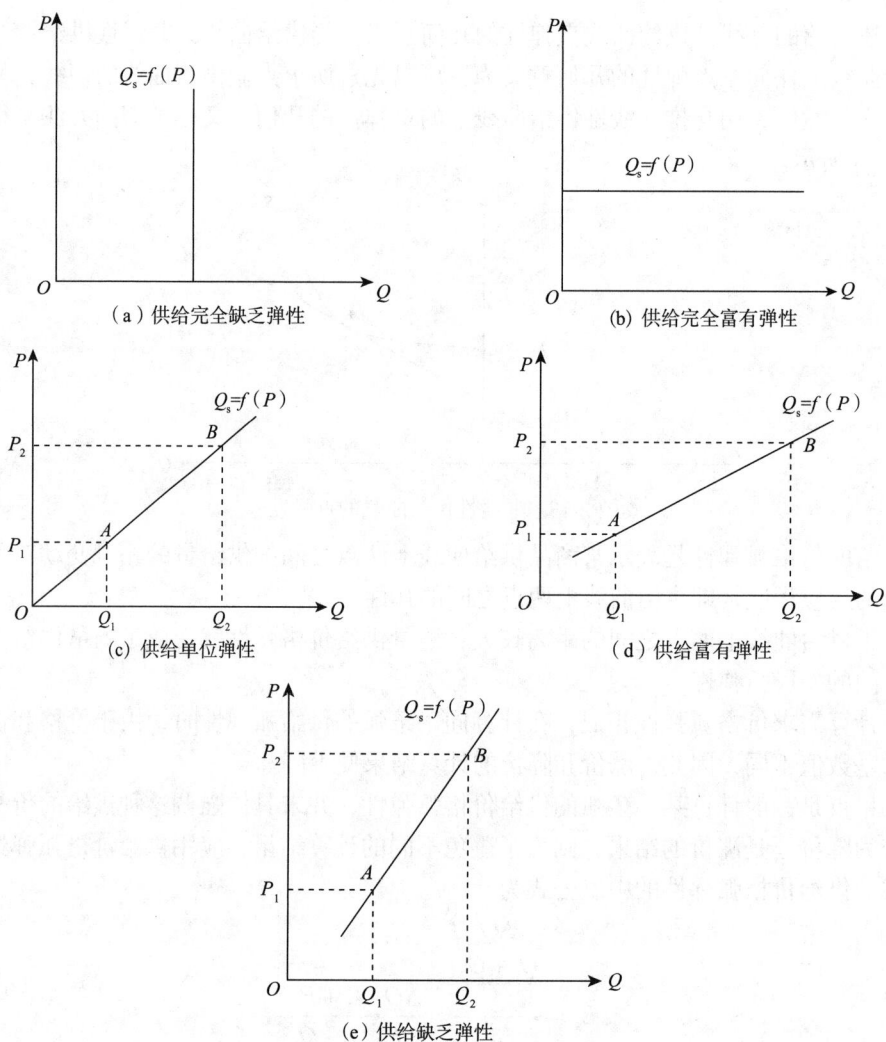

图 2-19   供给价格弹性的五种类型

（4）供给富有弹性（ $E_s > 1$ ）。表明供给量变动的比率大于价格变动的比率。这类商品多为劳动密集型商品或易保管商品。供给曲线的斜率为正，其值小于 1，如图 2-19（d）所示。

（5）供给缺乏弹性（ $E_s < 1$ ）。表明供给量变动的比率小于价格变动的比率，即供给量对价格的变化反应缓和。这种商品多为资金或技术密集型商品和不易保管商品。供给曲线斜率为正，其值大于1，如图 2-19（e）所示。

（三）影响供给弹性的因素

影响供给弹性的因素很多，其中，主要包括以下几个方面。

（1）供给时间的长短。这是影响供给弹性大小的最主要因素。当商品的价格发生变化时，厂商对产量的调整需要一定时间。在短时期内，供给量无法随价格变化而变化，弹性近乎为零；长期内，厂商能够通过调整所有生产要素来扩大产量，因而供给弹性增大。

（2）生产的技术状况。在这里是指产品是需要采用劳动密集型方法，还是采用资本密集型或技术密集型方法生产。一般来说，资本或技术密集型的产品，增加供给较难，产品的供给弹性较小；劳动密集型的商品，增加供给相对容易，商品的供给弹性较大。

（3）生产要素的供给弹性。一般来说，产量取决于生产要素的供给。生产要素供给弹性大，产品的供给弹性也大。反之，生产要素供给弹性小，产品的供给弹性也小。

（4）产品的储藏成本。有些产品的储藏成本很低，生产者可以利用淡季生产、旺季销售的方式，达到调整供给的目的，因此供给弹性较大。一般而言，工业产品的储藏成本较低，在淡旺季之间的存货调整比较容易；鲜活农产品储藏成本高，价格在不同季节之间的波动较大，所以其供给弹性小。

在分析某种产品的供给弹性时要把以上因素综合起来考虑。一般而言，重工业生产一般采用资本密集型方法生产，生产较为困难，并且生产周期长，所以供给弹性较小。轻工业产品，尤其是食品、服装这类产品，一般采用劳动密集型技术生产，生产较为容易，并且生产周期短，所以供给弹性大。农产品的生产尽管也多采用劳动密集型技术，但由于生产周期长，因此，也是供给缺乏弹性的。

■ 第五节　供求分析的简单运用

弹性理论是供求理论的一个重要组成部分，该理论不但具有丰富的内容，而且还是一个很重要的分析工具，可以为人们做出正确决策提供参考。

一、需求价格弹性与总收入

需求价格弹性的一个重要作用是它有助于弄清价格变化对厂商销售收入的影响。在实际经济生活中，经常会发生这样一些现象：有的厂商价格降低总收入增加；而有的厂商则不然。这意味着以降价促销来增加总收入的办法，对有的产品适用，对其他产品则无用。那么，我们应该如何解释这一现象呢？这是因为商品的需求弹性表示商品的需求量的变化率对商品价格变化率的反应程度，这意味着，当一种商品的价格发生变化时，这种商品的需求量发生变化，进而提供这种商品的厂商的总收入变化情况将必然取决于该商品的需求价格弹性的大小，所以，商品的需求价格弹性与总收益之间存在着密切关系。具体来说有两种情况。

（一）需求缺乏弹性与总收入

需求缺乏弹性的商品，价格与总收入的变动方向相同，即价格上升，总收入增加；价格下降，总收入减少。其原因在于：需求缺乏弹性时，厂商降价所引起的需求量的增加率小于价格的下降率。这意味着需求量增加所带来的总收入的增加量小于价格下降所造成的总收入的减少量，所以，降价最终使总收入减少，如图 2-20 所示。

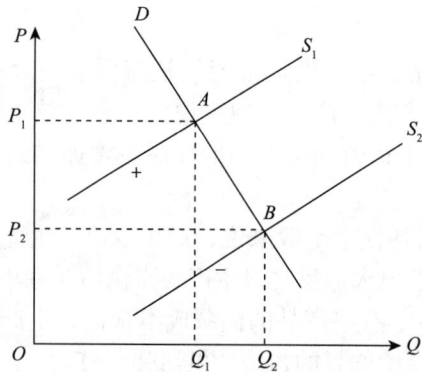

图 2-20 需求缺乏弹性：价格上升，总收入增加

在图 2-20 中，当价格为 P_2 时，需求量为 Q_2，总收入相当于矩形 OP_2BQ_2 的面积；当价格由 P_2 上升到 P_1 时，需求量为 Q_1，总收入相当于矩形 OP_1AQ_1 的面积。显然，后者面积大于前者面积。提价的结果是总收入增加。而降价，总收益会减少。

"谷贱伤农"是我国流传已久的一句俗语，是指农产品获得丰收不仅不会使农民从中获益，反而还会因农产品价格下降而导致收入降低。这是由农产品需求缺乏弹性所致。为了维持农民利益，推动农业生产的发展，世界上许多国家对农产品采取补贴政策以保护和激励农民生产的积极性。

（二）需求富有弹性与总收入

需求富有弹性的商品，价格与总收入呈反方向变动。其原因在于：需求富有弹性时，厂商降价所引起的需求量的增加率大于价格的下降率。这意味着需求量增加所带来的总收入的增加量大于价格下降所造成的总收入的减少量，所以，降价最终使总收入增加，如图 2-21 所示。

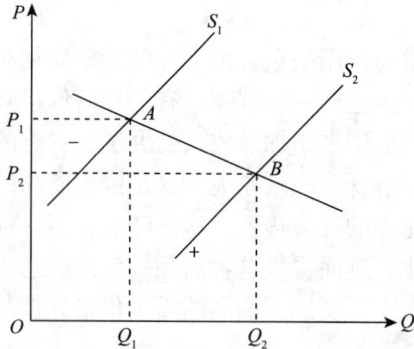

图 2-21 需求富有弹性：价格下降，总收入增加

二、蛛网模型

蛛网模型是 20 世纪 30 年代出现的一种模型。该模型用弹性理论考察某些生产周期较长，因而调节其供给量需要相当长时间的产品，特别是农产品的价格波动对下一周期生产的影响及由此产生的均衡变动，是一种动态分析。依据这种动态分析所表现的价

格、产量波动的图形状似蛛网，所以称为"蛛网模型"。

（一）蛛网模型的假设条件

蛛网模型的基本假设如下。

（1）所研究的商品生产周期较长。市场商品本期供给量取决于上一期的价格。

（2）商品本期需求量取决于本期价格。

（3）市场属于完全竞争市场，每个厂商都以为当前市场价格会保持不变，自己改变产量不会影响价格。

（二）蛛网模型的三种情况

在上述假定条件下，依据商品的供给弹性和需求弹性的相互关系的不同，上期价格的波动对下期产量的影响，会出现三种情况。

1. 收敛型蛛网：供给弹性的绝对值小于需求弹性的绝对值

当供给弹性的绝对值小于需求弹性的绝对值时，也就是价格变动对供给量的影响小于需求量时，价格波动对产量的影响越来越小，价格与产量的波动越来越弱，最后自发趋于平衡。这种蛛网波动称为收敛型蛛网。如图 2-22 所示，图中 D 为需求曲线，S 为供给曲线，E 为均衡点，P_e 为均衡价格，Q_e 为均衡产量。

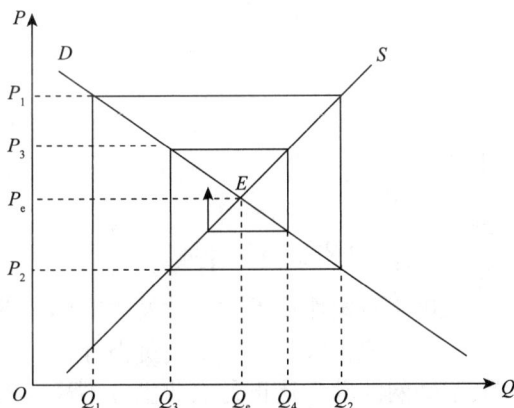

图 2-22　收敛型蛛网

2. 发散型蛛网：供给弹性的绝对值大于需求弹性的绝对值

当供给弹性的绝对值大于需求弹性的绝对值时，价格波动对产量的影响越来越大，价格与产量的波动越来越强，离均衡点越来越远。这种蛛网波动称为发散型蛛网，如图 2-23 所示。

3. 封闭型蛛网：供给弹性的绝对值等于需求弹性的绝对值

供给弹性的绝对值等于需求弹性的绝对值，说明价格变动对供给量与需求量的影响相同，价格与产量的波动始终保持相同程度，既不远离均衡点，又不趋向均衡点。这种蛛网波动称为封闭型蛛网，如图 2-24 所示。

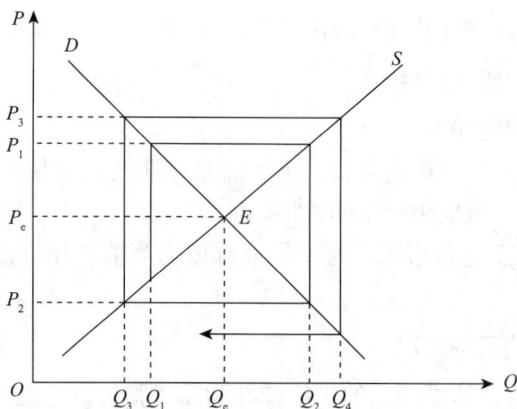

图 2-23　发散型蛛网

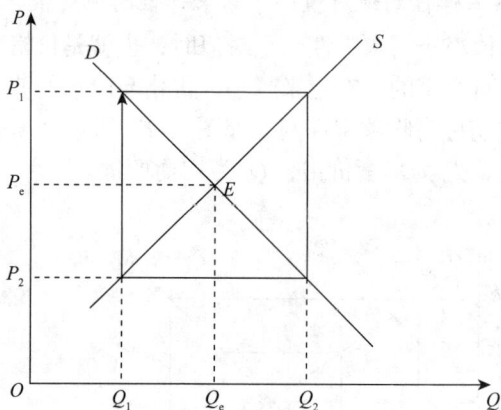

图 2-24　封闭型蛛网

　　蛛网模型说明了在市场机制自发作用下，必然发生蛛网周期波动，从而影响农业生产和农民收入的稳定。一般来说，农产品供给的价格弹性大于需求的价格弹性。现实中存在最广泛的是发散型蛛网波动，这正是农业生产不稳定的原因。为了减少或消除农产品市场的价格波动给农民带来的损失，一般有两种方法：一是政府实行保护政策，如各国政府实行的支持价格政策，对农产品市场进行干预。二是利用期货市场的调节机制。许多经济学家认为，美国之所以农业稳定，其原因有二：一是政府始终关心农业，采取了支持价格这类保护农业的政策；二是美国有世界上最发达、最完善的农产品期货市场。

　　（三）蛛网模型的应用

　　蛛网模型提出后，一些经济学家用该模型解释生猪和玉米的价格与产量的关系及其波动，提出了著名的"生猪-玉米循环"模型。这个模型指出：因为玉米是生猪的主要饲料，生猪的价格会影响到玉米的价格。当玉米价格发生变动后，又会影响下一年玉米产量，玉米产量变动后，又会影响玉米价格，玉米价格的变动，进而影响生猪的价格，生猪的价格变动又影响生猪的产量。如此等等，直至趋向一个长期的均衡，即玉米和生猪的价格和产量相对稳定下来。这是历史上运用蛛网理论的典范。

企业可以运用蛛网理论，对市场供给和需求均衡做动态分析，以便做出正确的产量决策。例如，应该按上述蛛网类型做出相应对策：当商品的供求变化趋于收敛型蛛网时，企业应把产量确定在均衡点上，以防价格和产量波动；当商品的供求变化趋于发散型蛛网时，企业应准确地把握价格、产量变动趋势的转折时机，采取灵活对策，产量应随价格上升或下降而增加或减少，以便增加收入、减少损失；当商品的供求变化趋于封闭型蛛网时，企业应根据产量价格相同幅度变动的规律，确定与之相应的产量政策。

蛛网模型确实对解释某些生产周期较长的商品产量和价格波动的情况有一定作用。但这个模型也存在着缺陷，主要是上期价格决定下期产量这个理论不是很准确，因为实际价格和预期价格不相吻合。

本 章 案 例

案例 2-1：茅台价格飞涨之谜

进入 2010 年下半年后，市场上的茅台酒（简称茅台）就开始频繁涨价，53 度飞天茅台从 7 月中旬的每瓶 850 元左右涨到了 1 200 多元，有些超市甚至标出 1 999 元的"天价"。贵州茅台集团于 2009 年 9 月和 2010 年 1 月几次颁布的"限价令"也形同虚设。"为了兼顾国家、消费者、经销商和企业的利益"，这是贵州茅台酒股份有限公司董事长袁仁国对民众质疑涨价的回应。

究竟是什么原因导致茅台价格飙升，而且越涨越畅销？

有分析人士认为，2010 年末的干旱以及粮食价格上涨，是茅台本轮涨价的原因之一。但一位熟悉茅台生产流程的匿名人士称，茅台的生产工艺——端午采曲、重阳投料、直接取水赤水河、九次蒸煮、八次加曲、八次堆积发酵、八次入池发酵、七次取酒——历时整整一年，再加上"长期陈酿"与"精心勾兑"两个不可缺少的环节，平均酒龄至少在 5 年以上。这决定了当年产量与销量无关，而是有 5 年左右的储存期限。而酿造一斤茅台需 2.4 斤高粱和 2.6 斤小麦，按当时的市场价格计算，5 斤粮食的总价不超过 10 元。因此，茅台价格上涨与原材料价格上涨没有必然联系。

有记者从商务部酒类统计检测系统里发现一篇文章，所提供的资料显示，贵州茅台集团 2010 年上半年生产的茅台及系列酒达 26 624 吨，实现净利润 31 亿元，其中高度茅台的收入高达 55.7 亿元，同比增加近两成，利润率达到 80.62%。鉴于如此高的利润率，成本上涨应该不足以成为茅台价格上涨的充分理由。

茅台价格上涨的原因更多地指向了供应紧张。

据了解，目前该酒厂的整个销售渠道主要由几大板块组成：特供和协议单位、经销商、专卖店。有业内人士透露，经销商确实存在囤货惜售的问题。不过一个基本事实是，即使价格飞涨，茅台仍然供不应求。春节期间，一些专卖店甚至实施限购，消费者凭身份证只能购买一瓶。有人指责茅台酒厂故意"控货"提价，制造供不应求的局面。例如，2009 年初，金融危机导致茅台销量下滑，有多个经销商降价抛售，茅台酒厂随即缩减经销商的配额，最高限量高达 50%。"控货令"一出，茅台价格危机立刻得以扭转。

茅台涨价背后是否还有更深层原因？

历史资料显示，2003 年 10 月，茅台酒厂将高度酒从 218 元提高到 268 元，涨幅达 23%；而低度酒的提价幅度则高达 34%。第二轮提价是在 2006 年，53 度茅台出厂价从 268 元涨至 308 元，低度茅台均价也从 198 元涨至 228 元，年份酒涨价更高达 30% 以上。2007 年 1 月上旬，市场上茅台零售价从 328 元涨到 450 元以上。而 2009 年，53 度飞天茅台的最高价格甚至达到了 2 300 元，近 10 年时间，茅台价格涨幅超过 945%。

近年来的价格飙涨看来和贵州茅台集团的产品重新定位有关。一位知名白酒专家认为，"茅台在探索奢侈品这条道路上，至少是先行者"。但他同时指出，在茅台达到这种市场地位的过程中，有着复杂的社会推动力。

据他介绍，在 21 世纪初，中国高端白酒市场以浓香型闻名世界，当时的龙头是五粮液。在当时这种市场环境中，茅台对未来的发展感到迷惘。此后，茅台开始分析市场，认为浓香型白酒无法破局，于是根据其自身与红军长征颇有渊源的优势，锁定了"党酒"和"军酒"的市场地位。于是，在接下来的几年里，茅台价格确因政府和部队的青睐而逐渐提高。茅台酒厂还专门为部队等其他机关制作特定标签，这些标签的隐形含义提高了茅台的知名度和价格。

2007 年 1 月，一位证券分析师对贵州茅台给予了增持评级，理由是其"盈利模式特殊"，具有"党政军刚性需求和独家垄断供应"特点，且党政军刚性需求量在未来将保持稳定增长。茅台已成为党政军庆功宴专用酒。茅台有 60% 通过经销商销售，30% 为党政军团购，10% 预留为陈年老酒。在经销商销售中，有占总量的 10%~20% 为党政军采购，实际党政军年销售量占年销售总量的 40%~50%。

据报道，以往每逢中国传统佳节和"八一建军节"，总是见茅台集团组织慰问团分赴各地去犒劳三军将士，而 2008 年"五一"前夕，却是北京军区派代表团前来慰问茅台员工。在海南出席博鳌亚洲论坛 2008 年会的袁仁国闻讯，当日即从海南赶回茅台酒厂。"茅台是祖国的骄傲，是文明的使者，是拥军的模范，也是创新的代表"。北京军区全体官兵在写给茅台集团员工的慰问信里，以热情洋溢的语言表达了对国酒茅台的一片钟爱之情。

据媒体公开报道，2010 年 1 月，中国七大军区——沈阳、北京、济南、兰州、南京、广州、成都军区均派出代表赴贵州茅台集团，结成军企友好共建单位。

基于产品的市场定位，茅台酒厂采取了提价与提高销售量交互作用的方式来提升销售收入。2003 年提价后，控制总销量由 2002 年的 5 323 吨降低至 5 100 吨；2004 年和 2005 年销量分别提升 12% 和 18%，同期价格没有改变；2006 年提价后销量提升了 16%。

白酒专家还指出，由于中国的经济环境和消费者心理发生了变化，喝酒只喝贵的，不喝对的，于是茅台顺势而为，在原生态上大做文章，加上游资的进攻，价格在几年间就一路飙涨。在 4 万亿元经济刺激计划的背景下，出现价格飞涨也就成了顺理成章之事。据中国青年报社会调查中心通过民意中国网的在线调查，总共 5 680 位受访者中，大多数受访者（84.3%）认为，高端白酒涨价与利用公款吃喝之间存在直接联系。

2012 年 3 月，一直扮演涨价领头羊的茅台却出现降价，在白酒市场上引发震动。在全国各地的商场超市中，茅台、五粮液的价格均有不同的下调，其中茅台跌幅巨大，部分地区的降价幅度超过每瓶 400 元，而春节前还在上演缺货且价格在 2 300 元左右一瓶的飞天茅台，如今都回到了每瓶 1 800~1 900 元，有的地方还到了每瓶 1 600 元，而五粮液的价格也有 100 元左右的调整。

2011 年 11 月，国务院法制办公开了《机关事务管理条例（征求意见稿）》，其中明确规定，机关事务工作应当遵循保障公务、厉行节约、务实高效、公开透明的原则，政府各部门在满足机关运行基本需求的前提下，应当采购中低档的货物和服务，不得采购奢侈品、购建豪华办公用房或者超范围、超标准采购服务。已定位于奢侈品并多年来获取极大收益的茅台，在新政面前首当其冲。

资料来源：郁义鸿，于立宏《管理经济学——问题导向的经营决策分析》

案例 2-2：为什么猪肉和食用油的价格变化会出现不同的结果？

在我们的生活中，经济学无处不在。大到跨国集团之间的经济博弈，小到日常生活的针头线脑买卖，任何存在商品和交易的地方，都有经济学的影子。我们的生活就是在经济学的各种规律指导下进行的，任何有趣的现象，都可以在经济学中找到相应的解释。下面来分析日常生活中一个有趣的现象，用经济学的原理对它进行合理的解释。

2009 年新闻中经常会报道两类新闻。新闻一就是某某天猪肉价格又上涨了。记者在菜市场中采访猪肉摊主的时候，最常见的现象就是摊主在抱怨，肉价涨了，买肉的人少了，以往一天能卖两头猪的，现在只能卖一头。而采访买菜的居民的时候，居民们都说，猪肉涨了，那就少吃点猪肉了，多吃点鸡蛋什么的。为什么会这样呢？为什么猪肉价格涨了，人们就买的少了呢？

新闻二就是某某天国内食用油集体调价了，结果人们一方面怨声载道，另一方面又赶快买点囤在家里，预防后面再涨。记者采访的时候，居民的反应就是涨价也要买。这又是为什么呢？为什么食用油价格涨了，人们却没有减少购买量呢？

其实，这两个现象反映了经济学中一个最基本的规律：价格变化所引起的需求的变化，取决于需求的价格弹性。

而影响需求的价格弹性的因素也有很多方面。

（1）商品是必需品或奢侈品。必需品是人们生活一定要用的，价格弹性小；而奢侈品则是部分人为了满足更高的要求才购买的，价格弹性大。

（2）商品的可替代性。可替代品越多，价格弹性越大；可替代品越少，价格弹性越小。

（3）商品用途的广泛性。用途越广泛的商品，价格弹性越大；反之，价格弹性越小。

（4）购买商品的支出占收入的比例。比例越大，弹性越大；比例越小，弹性越小。

我们根据需求的价格弹性来分析上面两个现象。

新闻一中提到猪肉，我们知道，猪肉存在大量的可替代品，如鸡蛋、牛肉、羊肉、鱼肉、鸡肉等。如果猪肉价格上涨，人们可以少吃点猪肉，而多吃点鸡肉或鸡蛋，照样可以满足身体所需的营养。就算这几种肉类价格都上涨，人们也可以少吃，甚至暂时不吃肉。猪肉的价格弹性就比较大，价格的变动就会引起需求量更大的变动。所以猪肉一涨价，马上就滞销。这是人们在根据经济学原理，自动调节购买品种，来满足自己的需求。

新闻二中提到的食用油，我们也知道，在日常生活中，食用油是必需品，几乎家家户户每天都要用到。而且替代品也有限，食用油的种类也只有花生油、调和油、葵花籽油、玉米油等。这几种油价格上涨，人们也还是要食用，顶多减少一点用量，况且平均下来，食用油占生活支出的比例非常有限。因此食用油是价格缺乏弹性的商品，即便价格上涨，对需求量的影响也是非常有限的。

因此，面对这两个现象，相应的处理措施是不一样的。猪肉价格基本属于市场定价，政策干预很少。猪肉价格上涨，国家会尽量调控更多的替代品来满足人民群众的生活需要，而不会直接控制猪肉价格。而食用油的价格则不同，国家会存在一定的控制措施，不能任由其自由升跌。每次食用油的价格调整都要向国家的相关部门申请，目的就是控制好这些必需品的价格，给人民群众的生活营造一个稳定的环境。

通过上面的两个分析，我们知道影响商品需求的主要因素是商品的价格弹性，而影响价格弹性的因素又在于商品本身的特性，如是否为必需品、有无替代品，以及该商品在人们生活中的地位和作用。猪肉涨价就卖得少了，而食用油涨价却没怎么少卖，这些现象背后都存在经济学原因。而且通过分析我们知道了，任何生活中反映出来的经济现象也都不是偶然和没有因果的，现象背后必然存在经济学规律的作用。更多地认识和学习经济学，有助于我们更好地认识社会中的经济现象，更透彻地分析现象背后的原因，对我们认识问题和解决问题有更大的帮助。

资料来源：百度文库

本 章 小 结

（1）需求函数表示一种商品的需求数量和影响该需求数量的各种因素之间的相互关系。需求量的变动和需求变动的区别在于引起这两种变动的因素是不相同的，而且，这两种变动在几何图形中的表示也是不相同的。

（2）供给函数表示一种商品的供给数量和影响该供给数量的各种因素之间的相互关系。供给量的变动和供给变动的区别在于引起这两种变动的因素是不相同的，而且，这两种变动在几何图形中的表示也是不相同的。

（3）均衡价格是由需求曲线与供给曲线的交点决定的。需求或供给变动会引起均衡价格和均衡数量变动。

（4）当两个经济变量之间存在函数关系时，可以用弹性来表示因变量对自变量变动的反应程度。根据弹性系数的大小可以将弹性分为五类：完全富有弹性、完全缺乏弹性、单位弹性、富有弹性和缺乏弹性。

（5）弹性理论不但具有丰富的内容，而且还是一个很重要的分析工具，可以为人们做出正确决策提供参考。

复习与思考

1. 作图分析需求量的变动和需求变动的区别，供给量的变动和供给变动的区别。

2. 运用供给和需求曲线来说明下述事件对香蕉市场的影响。要弄清楚价格和销售量变动的方向。

（1）科学家发现一天吃一根香蕉有益于健康。

（2）甜橙的价格增长 3 倍。

（3）一场干旱使香蕉的收成比原来减少了 3/4。

（4）数以千计的农民工返乡成为香蕉采摘者。

（5）数以千计的大学生放弃学业成为香蕉种植者。

3. 作图分析均衡价格的形成，并说明它对制定价格政策有何意义。

4. 运用均衡价格理论，分析我国近年来城镇房地产市场的价格走势。

5. 运用弹性理论说明厂商不同的价格策略对消费者总支出的影响。

6. 运用微观经济学理论阐述政府对农产品采取支持价格政策的作用。

7. 参考下图分析对粮食生产者的两个援助农场计划：①政府把价格定在 P_2，并购买 P_2 价格下剩余的粮食。②政府让粮食在其均衡价格 P_1 出售，对出售的每单位粮食付给农民 $P_2 - P_1$ 的现金补贴。试问对于政府来说，哪一个支出较大？

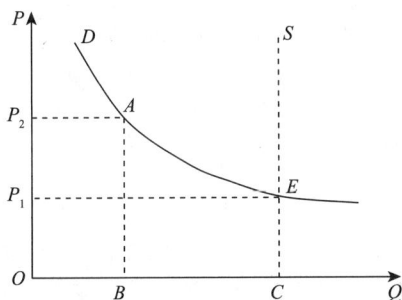

8. 已知某一时期内商品的需求函数为 $Q_d = 500 - 50P$，供给函数为 $Q_s = -100 + 50P$。

（1）求均衡价格和均衡数量，并做出几何图形。

（2）假定供给函数不变，由于消费者预期价格提高，需求函数变为 $Q_d = 600 - 50P$，求出相应的均衡价格和均衡量，并做出几何图形。

（3）假定需求函数不变，由于生产技术水平提高，供给函数变为 $Q_s = -50 + 50P$，求出相应的均衡价格和均衡量，并做出几何图形。

9. 假定在服装市场上有 A、B 两个厂商，该市场对 A 厂商的需求曲线为 $Q_A = 200 - P_A$，对 B 厂商的需求曲线为 $Q_B = 600 - 2P_B$，两厂商目前的销售量分别为 $Q_A = 50$，$Q_B = 100$。

求：（1）A、B 两厂商需求的价格弹性各是多少？

（2）如果 B 厂商降价后，使 B 厂商的需求量增为 $Q'_B = 160$，同时使竞争对手 A 厂商的需求量减少为 $Q'_A = 40$。那么，A 厂商需求的交叉价格弹性是多少？

（3）如果 B 厂商追求总收益的最大化，那么，你认为 B 厂商的降价是一个正确的决策吗？

10. 某国对电冰箱需求的价格弹性 $e_d = -1.2$，需求的收入弹性 $e_x = 3.0$，计算：

（1）其他条件不变，价格提高3%对电冰箱需求的影响。

（2）其他条件不变，收入增加2%对电冰箱需求的影响。

（3）假设价格提高8%，收入增加10%，2012年电冰箱销售量为800万台，利用有关弹性系数的数据估计2013年电冰箱的销售量。

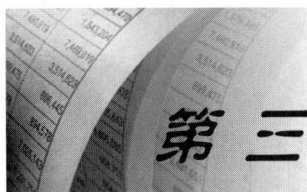

第 三 章

消费者行为理论

学习目的与要求

1. 了解总效用和边际效用的关系。
2. 掌握边际效用递减规律的含义、原因。
3. 了解基数效用论与序数效用论的区别与联系。
4. 掌握序数效用论者关于消费者均衡的分析。
5. 掌握需求曲线的推导。
6. 了解不同类型商品的替代效应和收入效应。

第二章我们讨论过由供给和需求决定的市场均衡价格，介绍了需求曲线和供给曲线的基本特征，但是，并没有具体说明形成这些特征的原因是什么。在西方经济学中，构造需求曲线和供给曲线是分别以对消费者行为和生产者行为的分析作为依据的。本章试图通过对消费者行为的分析，说明需求曲线的来源。第四章~第六章通过对生产者行为的分析，推导供给曲线。

消费者是指在经济生活中能够做出统一消费决策的单位，它可以是个人，也可以是由若干人组成的家庭。消费者行为的目的是实现效用的最大化。本章分析消费者在一定的约束条件下如何实现效用的最大化，有鉴于此，消费者行为理论通常也被称为效用论。

第一节　效用与消费者行为

一、效用

社会和个人都面临稀缺性，所做出选择的目标是实现利益最大化。这适用于各种决策，也同样适用于消费者。消费者在要素市场上提供所拥有的生产要素获得相应收入，并把收入用于购买消费品以获得幸福。

为了把幸福作为一个经济问题来研究，美国经济学家、新古典综合派主要代表人物萨缪尔森提出了一个"幸福方程式"：

$$幸福 = \frac{效用}{欲望}$$

根据幸福方程式可知，消费者实现幸福最大化的行为涉及欲望与效用（utility）两个概念。

当欲望既定时，效用越大越幸福；当效用既定时，欲望越小越幸福。欲望与幸福反比例变动，效用与幸福同比例变动。但是，如果欲望无限的话，这个公式就没有什么意义了。因为无论效用有多大，只要它是一个既定的量，与无限的欲望相比，幸福都是零。因此，在从经济学角度研究幸福时，我们假定欲望是既定的，这种假定与现实并不矛盾。因为，尽管从发展的角度看，欲望是无限的，但在某一个时期内欲望可以看作既定的。欲望的无限性表现为一个欲望满足之后又会产生新的欲望，在一个欲望没有满足之前，我们可以把这个欲望作为既定的。当欲望为既定时，人的幸福就取决于效用。

那么，什么是效用呢？效用是指消费者在消费物品（或劳务）时所感受到的满足程度，或者说是指物品（或劳务）满足消费者欲望的能力。例如，衣服的效用在于它能满足人们遮盖、御寒和装饰的需要；食品的效用在于它能满足人们充饥的需要，各种娱乐活动的效用在于其可以满足人们放松心情的需要。商品所有这些满足人们欲望的能力，被称为效用。

从效用的定义来看，一种商品的效用包括两方面含义：一是商品本身的有用性，即商品因具有某种自然属性而含有的使用价值，是客观的属性；二是消费者在消费该商品时的心理感受，即消费者对这种商品的使用价值的评价，这是一种具有强烈主观性的心理评价。因此，消费者对消费某种商品所感受到的效用进行衡量和选择时，不仅要对有用性进行客观估计，还要根据自己的喜好来进行主观的评价。

效用常常因人、因地、因时而异。例如，一支香烟对于吸烟者来说可以有很大效用，但是对于不吸烟者来说就没有效用，甚至是负效用；同样一杯水，在人们渴的时候效用较大。

二、基数效用论与序数效用论

消费者行为的目的是获得效用的最大化。在收入既定的条件下，理性的消费者会合理安排他的支出。每当在做出一项购买决策时，消费者总是要使花费的一定量货币取得尽可能大的效用，或者在取得一定效用的同时，使货币支出量最少。在效用如何度量的问题上，西方经济学家先后提出了基数效用和序数效用的概念。在此基础上，形成了分析消费者行为的两种方法：基数效用论的边际效用分析法与序数效用论的无差异曲线分析法。

（一）基数效用论

基数效用论者认为，效用同长度、重量等概念一样，其大小可以用基数（1，2，3，…）来表示，效用可以具体衡量并加总求和，具体的效用量之间的比较是有意义的。表示效用大小的计量单位被称为效用单位。例如，对于一个消费者来说，吃一顿自助餐和看一场音乐会的效用分别为6和12效用单位，则可以说这两种商品消费的总效用为 18，且后者的效用为前者的 2 倍。

基数效用论产生于边际革命初期，由 19 世纪 70 年代德国的戈森、英国的杰文斯、奥地利的门格尔及法国的瓦尔拉斯等边际学派创始人提出。根据基数效用论，可以用具体的数字来说明和研究消费者效用最大化问题。这种理论所用的分析方法为边际效用分析法。19 世纪和 20 世纪初，西方经济学中普遍采用基数效用的概念。

（二）序数效用论

序数效用论是为了弥补基数效用论的缺点而提出来的另一种研究消费者行为的理论。其基本观点是：效用作为一种心理现象无法计量，也不能加总求和，只能表示出满足程度的高低与顺序，因此，效用只能用序数（第一，第二，第三，……）来表示。

序数效用论者提出了序数效用（ordinal utility）的概念。序数效用是指用序数来反映效用的等级，这是一种按照偏好程度进行排序的方法。例如，消费者无从判断作为午餐的馒头和面条的效用的具体大小，只能说出更偏好消费哪种食品，即哪种食品消费的效用是第一的，或者是首选的，哪种消费的效用是第二或其次的，等等。

到了 20 世纪 30 年代，序数效用的概念为大多数经济学家所采用。序数效用论者对消费者行为的分析，采用的是无差异曲线分析法。现代微观经济学主要采用序数效用论的无差异曲线分析方法，这也是本章介绍的重点内容。

尽管基数效用论与序数效用论属于两种不同的消费者行为理论，但最终却导向共同的结论。

■ 第二节　边际效用分析

本节介绍基数效用论者如何运用边际效用分析方法说明消费者效用最大化的实现以及需求曲线的推导。基数效用论中最基本的两个概念为总效用和边际效用。

一、总效用与边际效用

（一）总效用

总效用（total utility，TU）是指消费者在一定时期内从一定量的商品的消费中所获得的总的满足程度。假定消费者对一种商品的消费数量为 Q，则总效用函数为

$$TU = f(Q) \tag{3-1}$$

（二）边际效用

在西方经济学中，边际分析法是最为重要和常见的分析方法之一，"边际"则是很重要的一个基本概念。西方经济学中与"边际"有关的概念很多。边际效用是本教材出现的第一个边际概念。在此，有必要强调一下边际量的一般含义。边际量表示一单位自变量的变化量所引起的因变量的变化量。抽象的边际量的定义公式可表示为

$$边际量 = \frac{因变量变化量}{自变量变化量} \tag{3-2}$$

边际效用（marginal utility，MU）是指消费者在一定时期内，每增加一单位某种商品消费所引起的总效用变化量，也就是消费最后一个单位商品所带来的效用的变化量。

若用 MU 表示边际效用，ΔTU 表示总效用的变动量，ΔQ 表示商品消费量的改变量，则在总效用函数非连续、不可导的情况下，边际效用表示为

$$MU = \frac{\Delta TU}{\Delta Q} \tag{3-3}$$

在总效用函数连续并可导的情况下，边际效用表示为

$$MU = \lim_{\Delta Q \to 0} \frac{\Delta TU}{\Delta Q} = \frac{dTU}{dQ} \tag{3-4}$$

在理解边际效用时，应注意以下问题。

（1）边际效用的大小与欲望强度成正比。当一个人非常饿时，第一块面包的边际效用很大，当他不怎么饿时，第一块面包的边际效用很小，甚至为零。

（2）边际效用的大小与消费的商品数量的多少成反比。

（3）边际效用是特定时间内消费者消费某种商品的边际效用。由于人们的欲望具有反复性或再生性，边际效用也具有时间性。例如，吃第一顿面包的边际效用由10降到0，第二顿吃面包时，第一块面包的效用就恢复到10。

（4）边际效用一般大于零。由于消费者是理性的，消费活动被精心控制在消费效果最好的范围内。因此，在边际效用还没有为负时，消费就已停止。

（5）边际效用是决定产品价值的主观标准。边际效用价值论者认为，产品的需求价格是由边际效用决定的，而不是由总效用决定的。消费数量少，边际效用高，需求价格也高；消费数量多，边际效用低，需求价格也低。

（三）总效用与边际效用之间的关系

我们可以利用某消费者在一定时期内消费的面包量来进一步说明总效用、边际效用以及总效用和边际效用之间的关系。

由表 3-1 可以看出，面包的消费数量由 0 增加为 1 时，总效用由 0 增加为 10 效用单位，总效用的增加量，即边际效用为 10 效用单位。当商品的消费量继续增加为 2 时，总效用由 10 效用单位增加为 18 效用单位，总效用的增加量，即边际效用下降为 8 效用单位。依此类推，当商品的消费量增加为 6 时，总效用达到最大值 30 效用单位，边际效用递减为 0。此时，消费者对该面包的消费已达到饱和。当商品的消费量再继续增加为 7 时，边际效用进一步递减为负值，即–2 效用单位，总效用下降为 28 效用单位，小于效用最大时的 30 效用单位。

表 3-1　某消费者消费面包的效用表

面包的消费数量（Q）	总效用（TU）	边际效用（MU）
0	0	0
1	10	10
2	18	8
3	24	6

续表

面包的消费数量（Q）	总效用（TU）	边际效用（MU）
4	28	4
5	30	2
6	30	0
7	28	−2

由表 3-1 可绘制总效用和边际效用曲线，如图 3-1 所示。图 3-1 中的横轴表示面包的消费数量，纵轴表示消费者获得的效用量。TU 曲线和 MU 曲线分别为总效用曲线和边际效用曲线。

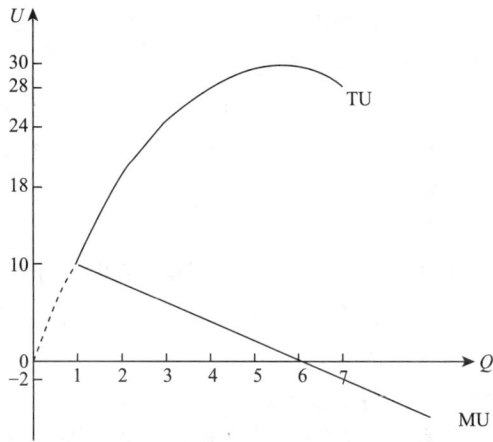

图 3-1　面包的效用曲线

在图 3-1 中，边际效用曲线是向右下方倾斜的，它反映出边际效用递减规律，与此相对应的总效用曲线是以递减的速率先上升后下降的。这意味着，当边际效用为正值时，总效用曲线呈上升趋势；当边际效用递减为零时，总效用曲线达最高点；当边际效用继续递减为负值时，总效用曲线呈下降趋势。

如果商品消费量连续变化，总效用曲线与边际效用曲线就都是平滑的曲线。此时，很容易看出总效用与边际效用之间关系的几何含义是：总效用曲线各点的斜率是边际效用；边际效用曲线下的面积是总效用，即总效用是边际效用之和。

二、边际效用递减规律

边际效用是递减的，这种现象普遍存在于一切物品的消费之中，被称为边际效用递减规律（dim inishing marginal utility law）。其内容是：在一定时期内，在其他商品的消费数量不变的条件下，随着消费者对某种商品消费量的增加，消费者从该商品连续增加的每一消费单位中所得到的效用增量，即边际效用是递减的。

边际效用递减规律可以做如下解释。

（1）从心理学的角度看，效用是消费者的一种心理感受，消费某种物品实际上就是提供一种刺激，使消费者有一种满足的感受，或心理上有某种反应。消费某种物品时，开始的刺激一定很大，从而消费者的满足程度就高。随着相同消费品的连续增加，即某种刺激不断反复，使消费者心理上的满足或心理上的反应减少，从而满足程度减少。例如，在饿的时候连续吃几块面包，一定有这样的感觉：开始吃第一块面包时，感觉很好，吃第二块、第三块面包时满足欲望程度越来越差，吃饱时边际效用为零，再吃就会感到难受，出现边际效用为负的情况。

（2）从物品的多用途角度看，在一种物品具有多种用途时，消费者总是将第一单位的消费品用在最重要的用途上，第二单位的消费品用在次要的用途上，如此等等。这样，消费品的边际效用便随着消费品用途重要性的下降而递减。例如，在仅有少量水的情况下，人们十分珍惜水的饮用，以维持生命，水的边际效用很大。随着水量增加，除满足饮用外，还可以洗脸、洗澡和洗衣服，水的重要性相对降低，边际效用相应减小。由此可见，边际效用递减规律是符合事实情况的。

边际效用递减规律可以为企业提供有益的启示：由于消费者连续消费一种产品的边际效用是递减的，因而当消费者持续购买一种商品时，它带给消费者的边际效用就在递减，消费者愿意支付的价格就越低，甚至干脆不予理会。因此，企业要多进行产品的自主创新。这主要包括以下几个方面。

第一，产品的种类和式样创新。经营者要不断创造出多样化的产品。即使是同类产品，只要有独到之处，也不会引起边际效用递减。例如，将服装做成不同式样，就成为不同产品，就不会引起边际效用递减。

第二，要进行质量创新。所谓质量创新，就是指要不断优化产品自身质量和服务质量，不断提高产品自身及厂商满足人们欲望的能力，进而提高消费者的满足程度。

第三，要多开发新产品。海尔集团就是自主创新的典范。当年，如果没有张瑞敏动员全体工人砸掉所有不合格冰箱的震痛，就没有海尔产品的高水准和高质量；如果没有海尔人坚持"自主创新，追求卓越"的企业文化，就没有海尔家庭网络产品、变频 A8 双动力洗衣机、宇航变频冰箱、海尔流媒体电视等一系列新产品的问世，更不会有今天享誉海内外的海尔品牌。

第四，经营者要大力做好宣传工作。宣传工作对未来消费时尚的成长和发展具有一定的引导作用。尤其要利用优质的产品和服务，形成品牌效应。当前的消费市场上，知名品牌在消费者心目中有很高的认同度，可以直接影响消费者的偏好。当然，品牌是以产品的高质量、高效用为前提的，因而必须先从提高产品效用入手，进而提高产品的市场竞争力。

三、货币的边际效用

基数效用论者认为，如同商品一样，货币也有效用。货币的效用是指人们持有货币而获得的满足。消费者用货币购买商品就是用货币的效用交换商品的效用，是等量效用的交换。货币效用也分为总效用和边际效用。对于同一个持有者来说，货币的边际效用也是递减的。收入越多，持有的货币总量越多，增加 1 个单位货币给持有者带来的满足程度越小，即货币的边际效用越小；反之，收入越少，持有的货币总量越少，增加1个单位货币给持有者带来的满足程度越高，即货币的边际效用越高。因为货币的边际效用也递减，所以，低工资者货币的边际效用大于高工资者货币的边际效用，把相同部分的收入从高工资者手里转移到低工资者手里，从全社会来看，损失的总效用小于增加的总效用，全社会的总效用增加。

但在一般情况下，单位商品的价格只占消费者总货币收入量中的很小部分，所以，当消费者对某种商品的购买量发生很小的变化时，所支出的货币的边际效用的变化是非常小的，通常可以略去不计。这样，在分析消费者行为时，通常假定货币的边际效用是一个不变的常数（λ）。

另外，在分析消费者行为时，通常假定货币收入是固定不变的。在这一假定下，货币的边际效用是不变的。也就是说，每元钱在消费者的心目中是同样重要的。例如，某人拥有1 000元货币，他不会把第一个500元看得比第二个500元更重要，即每元货币给他的效用是一样的。这是因为，货币是一般等价物，它可以购买任何商品，同样多的货币量所购买的商品给他所带来的效用是一样的。货币的边际效用相等这一性质与商品的边际效用是不一样的。每种商品都只能满足消费者的特殊需要，因此，即使商品的数量一定，它的边际效用也呈递减趋势。

四、消费者均衡与需求曲线的推导

（一）消费者均衡及其条件

在消费活动中，消费者总会努力使自己获得最大的效用。消费者的效用最大化可以看成消费者在预算约束所允许的范围内选择适当的商品组合，从而使自身的总效用达到最大。

消费者均衡是研究单个消费者如何把有限的货币收入分配到各种商品的购买中以达到效用最大，即研究消费者的最佳购买行为问题。这里的均衡是指消费者实现最大效用时，既不想再增加、也不想再减少任何商品的一种相对静止的状态。

这里含有以下三点假定：①消费者偏好既定。这意味着对于消费者来说，各种商品的效用与边际效用都为已知。②消费者的货币收入既定。这意味着消费者的货币收入水平是固定不变的。③各种商品价格既定。而唯一需要确定的就只是各种商品的需求数量。所以，消费者的均衡问题的实质是消费者为实现效用最大而合理确定对各种商品的需求量问题。

在运用边际效用分析法来说明消费者均衡时，消费者实现效用最大化的均衡条件是：消费者应该使自己所购买的各种商品的边际效用与价格之比相等，即消费者应该使自己花费在各种商品购买上的最后一元钱所带来的边际效用相等。其经济含义是：消费者收入一定时，多购买某种商品，就会少购买其他商品。根据边际效用递减规律，多购买的商品边际效用减少，少购买的商品边际效用增加。要想达到消费者均衡，消费者必须调整他所购买的商品的数量，使每种商品的边际效用与价格之比相等。

用数学方法表示消费者均衡的条件，问题将变得更加简洁和明朗。假定：消费者的

总收入为 I，将全部收入用来购买 n 种商品，P_1，P_2，$\cdots$，P_n 分别为 n 种商品既定的价格，λ 为不变的货币的边际效用，购买各种商品的数量分别为 X_1，X_2，$\cdots$，X_n，各种商品的边际效用分别为 MU_1，MU_2，$\cdots$，MU_n，则上述消费者效用最大化的均衡条件可以用公式表示为

$$P_1X_1 + P_2X_2 + \cdots + P_nX_n = I \tag{3-5}$$

$$\frac{MU_1}{P_1} = \frac{MU_2}{P_2} = \cdots = \frac{MU_n}{P_n} = \lambda \tag{3-6}$$

式（3-5）是约束条件，即如果消费者的支出超过收入，则消费者的购买是不现实的；如果支出小于收入，就无法实现在既定收入条件下的效用最大化。式（3-6）是约束条件下消费者实现效用最大化的均衡条件，这一均衡条件表示：消费者最后用 1 单位货币购买 n 种商品必须带来同等的边际效用，都等于 1 个单位货币的被假定不变的边际效用。

假设消费者只购买两种商品，则限制条件和均衡条件可简化如下：

$$P_1X_1 + P_2X_2 = I \tag{3-7}$$

$$\frac{MU_1}{P_1} = \frac{MU_2}{P_2} = \lambda \tag{3-8}$$

如果能够满足上述两个条件，消费者把有限的收入分配于各种物品的购买上时，其总效用就会最大。

现假定某消费者购买 20 单位商品 1 时，边际效用为 12，商品 1 的价格为 6 美元，购买 10 单位商品 2 时，边际效用为 20，如果商品 2 的价格为 2 美元，则 $MU_1/P_1 = 12/6 < MU_2/P_2 = 20/2$，这说明对于消费者来说，同样的一元钱购买商品 1 所得到的边际效用为 2，小于购买商品 2 所得到的边际效用 10。这样，理性的消费者就会调整这两种商品的购买数量，即减少对商品 1 的购买量，增加对商品 2 的购买量。在这样的调整过程中，一方面，在消费者用减少 1 元钱的商品 1 的购买来相应地增加 1 元钱的商品 2 的购买时，由此带来的商品 1 的边际效用的减少量小于商品 2 的边际效用的增加量，这意味着消费者的总效用是增加的。另一方面，在边际效用递减规律的作用下，商品 1 的边际效用会随其购买量的不断减少而递增，商品 2 的边际效用会随其购买量的不断增加而递减。当消费者一旦将其购买组合调整到同样一元钱购买这两种商品所得到的边际效用相等时，即达到 $MU_1/P_1 = MU_2/P_2$ 时，他便得到了由减少商品 1 购买和增加商品 2 购买所带来的总效用增加的全部好处，即消费者此时获得了最大的效用。

相反，当 $MU_1/P_1 > MU_2/P_2$ 时，这说明对于消费者来说，同样的一元钱购买商品 1 所得到的边际效用大于购买商品 2 所得到的边际效用。同理，理性的消费者会进行与前面相反的调整过程，直至 $MU_1/P_1 = MU_2/P_2$，从而获得最大的效用。如果这时他再进一步多买商品 1，则商品 1 的边际效用会减少，商品 2 的边际效用会增加，从而使他的每一美元在买商品 1 和商品 2 时所获得的边际效用不相等，使总效用减少。

对于一种商品的购买，当消费者用 1 单位货币购买该商品获得的效用恰好等于 1 单位货币的效用，即 $MU/P = \lambda$ 时，消费者就应停止对该商品的购买。这是因为，消费者做出消费决策的原则是：只有当消费者认为对某种商品的购买所带来的效用高于或等于该商品价格的货币的效用时，才会做出购买的决定。如果该商品的购买所带来的效用小

于相应价格的货币的效用时，消费者便宁可持有货币也不愿购买该商品。

根据边际效用递减规律，随着某种商品消费量的增加，其边际效用是递减的，因此，理性的消费者就会在该商品消费的边际效用与所支付的货币的边际效用相等时，停止该商品的购买，即此时有

$$MU = P \cdot \lambda \qquad (3\text{-}9)$$

将式（3-9）变形可得

$$\frac{MU}{P} = \lambda \qquad (3\text{-}10)$$

（二）需求曲线的推导

需求定理表明，需求量与价格呈反方向变化，需求曲线是从左上方向右下方倾斜的，其原因何在呢？关于这个问题，基数效用论者用边际效用递减规律来解释。

商品的需求价格是指在一定时期内，消费者在购买一定数量的某种商品时愿意支付的最高价格。如果货币的边际效用不变，货币则可以充当衡量消费者对物品边际效用主观评价的客观尺度。如果一定数量的某种商品的边际效用越大，消费者为购买这些数量的商品所愿意付出的价格就越高；反之，如果边际效用越小，消费者为购买而愿意付出的价格就越低。可见，一个消费者对某商品的实际需求价格反映了该商品的边际效用。

根据边际效用递减规律，随着消费者对某种商品需求量的增加，他从增加的消费单位中所获得的边际效用是递减的，于是，对连续增加的消费单位他所愿意支付的价格也递减。因此，需求量与价格必然呈反方向变动。表 3-2 和图 3-2 说明了如何利用边际效用递减规律推导出需求曲线。

表 3-2　某商品的边际效用与需求价格

商品数量（Q）	商品的边际效用（MU）	货币的边际效用（λ）	需求价格（P）
1	10	2	5
2	8	2	4
3	6	2	3
4	4	2	2
5	2	2	1
6	0	2	0

五、消费者剩余

消费者剩余（consumer surplus，CS）是指消费者在购买一定数量的某种商品时愿意支出的最高总价格与他实际支出的总价格之间的差额。这是英国经济学家马歇尔首创的一个概念。

从前面分析中可以得知，消费者对每种商品愿意支付的价格是由商品的边际效用决定的。由于存在边际效用递减规律，消费者对某种商品所愿意支付的最高价格是不同的。商品的数量较少时，由于边际效用大，愿意支付的价格就高；反之，购买商品的数量较多时，由于边际效用小，愿意支付的价格就低，如图 3-2 所示。

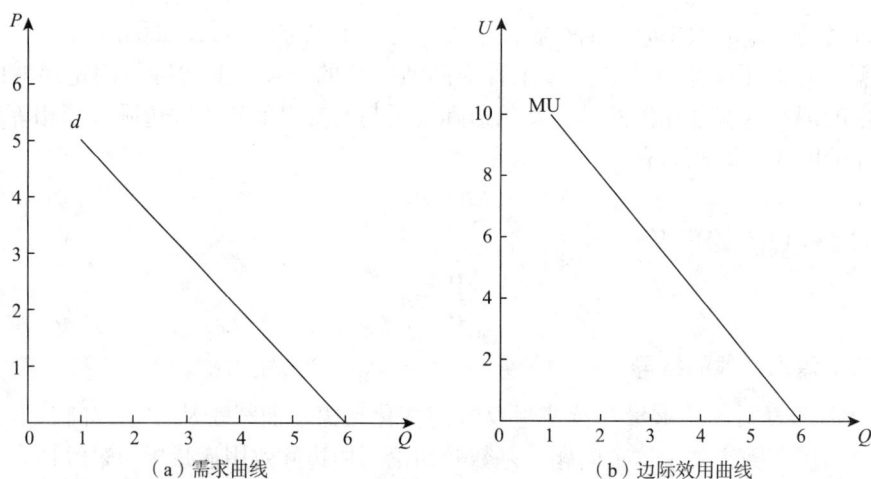

（a）需求曲线　　　　　　　　（b）边际效用曲线

图 3-2　某商品的需求曲线和边际效用曲线

但是，消费者在购买商品时是按实际市场价格支付的，市场价格是由整个市场对该物品的供求状况决定的，并不以个人的愿望为转移。消费者对某商品的购买仅占市场上该商品数量的极小部分，无法影响市场价格，市场价格在短期内不会变动。消费者愿意支付的价格可以高于或低于实际的市场价格。只有在消费者愿意支付的价格高于或等于市场价格时，消费者才会做出购买的决定。消费者愿意支付的价格等于市场价格时，消费者消费与不消费对其效用是没有影响的，此时是消费者停止消费的临界点。当消费者愿意支付的价格小于市场价格时，消费者便停止购买。消费者购买任何数量的商品愿意支付的价格总额与他实际支付的价格总额之间会出现差额，这种差额被称为消费者剩余。

消费者剩余可以用表 3-3 予以说明。

表 3-3　消费者剩余（单位：元）

需求数量	消费者愿付的价格	实际市场价格	消费者剩余
1	6	1	5
2	5	1	4
3	4	1	3
4	3	1	2
5	2	1	1
6	1	1	0
合计	21	6	15

从表 3-3 可以看出，当消费者购买 1 单位该商品时，他愿意付出的价格为 6 元，而实际付出的却只是 1 元，于是便产生了 5 元的消费者剩余。以下情况也可类推，消费者剩余分别为 4 元、3 元、2 元、1 元。当该消费者购买 6 单位该物品时，由于他愿意支付的价格是 1 元，正好等于市场价格，因而，便没有消费者剩余。消费者为购买 6 单位商品所愿意支付的总价格为 21 元，实际支付的总价格为 6 元，消费者剩余为 15 元。

如果把商品数量和价格都看成连续变化的，则消费者剩余可以用消费者需求曲线以下、市场价格线以上的面积来表示，如图 3-3 的阴影部分面积所示。

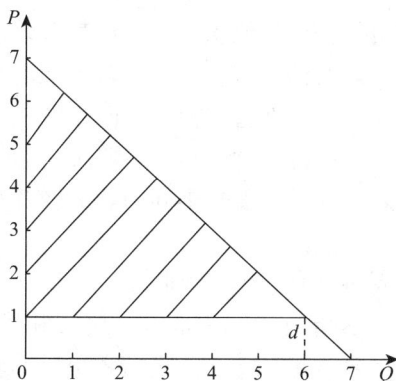

图 3-3　消费者剩余

由消费者剩余的定义和几何图形可以看出，消费者剩余的大小与商品的实际市场价格的高低直接相关：商品的实际市场价格定得越低，则消费者剩余就越大；相反，商品的实际市场价格定得越高，则消费者剩余就越小。

消费者剩余也可以用数学语言表述。令反需求函数 $P^d = f(Q)$，价格为 P_0 时消费者的需求量为 Q_0，则消费者剩余为

$$CS = \int_0^{Q_0} f(Q)\mathrm{d}Q - P_0 Q_0 \qquad (3\text{-}11)$$

在理解消费者剩余这一概念时要注意：第一，消费者剩余并不是消费者实际收入的增加，而只是消费者的一种心理上的感受。第二，通常情况下，生活必需品的消费者剩余大，奢侈品的消费者剩余小。因为消费者对生活必需品的效用评价高，愿付出的价格也高，但这类物品的市场价格一般并不高；对奢侈品的效用评价低，愿付出的价格也低，但这类物品的市场价格一般比较高。第三，消费者剩余是衡量消费者福利的重要指标，消费者剩余的增加就是消费者福利的增加。

消费者剩余的概念实际上仍然是运用边际效用递减规律所得的结果。正因为如此，边际效用递减规律在解释消费者行为时是至关重要的。

可以计算某一个消费者的消费者剩余，也可以计算市场上所有消费者对某一商品或所有商品的总消费者剩余。一般可以用市场需求线以下、价格线以上区域的面积来表示所有消费者对某一商品或所有商品的总消费者剩余。

第三节　无差异曲线分析

效用是人们的主观心理感受，实际上是没有办法测量的。因此，现代西方序数效用论者用序数效用取代基数效用，以弥补后者的不足，序数效用理论的分析工具是无差异曲线。

一、消费者偏好描述

序数效用论者提出了消费者偏好的概念，以取代基数效用论者关于效用的大小可以用"效用单位"来表示的说法。所谓消费者偏好，就是指消费者的爱好或嗜好。消费者面临的选择大部分是两种商品以上，即会选择多种商品的一个适当组合。消费者面对的两种商品的不同数量的组合可以有许多种，消费者要决定的是选择其中的哪一种组合。对于不同的商品组合，消费者的偏好程度是不同的。消费者对某种商品组合的偏好程度高，意味着该商品组合的效用水平高。

在经济分析中，对消费者偏好有三个基本假设。

（1）偏好具有完备性，是指消费者总是可以比较和排列出所给出的不同商品组合，即对于任何两种商品的组合 A 和组合 B，消费者可以明确断定自己是更喜爱组合 A 还是更喜爱组合 B，或者对两种组合的喜爱程度相同，即偏好无差异。

（2）偏好具有传递性，即偏好在逻辑上是一致的。如果消费者对商品组合 A 的偏好大于对商品组合 B 的偏好，同时，对商品组合 B 的偏好大于对商品组合 C 的偏好，那么，就可以断定，该消费者对商品组合 A 的偏好大于对商品组合 C 的偏好。

（3）偏好具有不充分满足性，是指在所考察的消费活动中，消费量远未使消费者的满足程度达到极大化（边际效用等于零），如果消费者能增加某一种商品的消费而不用减少其他任何一种商品的消费，那么，消费者应该觉得总效用增加了。这种假设以另一种方式表述了欲望的无限性。在不考虑消费者的预算约束时，对于消费者来说所有的商品数量总是越多越好，即如果两个商品组合的区别仅仅在于其中一种商品数量不同，那么，消费者总是偏好于商品数量多的那个组合。当然，只要商品都是严格意义上的"经济物品"，则"多比少好"是显然成立的。

二、无差异曲线及其特征

在对消费者偏好做了基本假定的概括之后，我们可以用无差异曲线很方便直观地说明消费者偏好。

（一）无差异曲线的定义

无差异曲线又称等效用线，是用来表示消费者偏好完全相同的两种商品的各种不同数量的组合点的轨迹，或者说能够给消费者带来相同满足程度的两种商品不同数量组合点的轨迹。在研究两种商品组合的情况下，与无差异曲线相对应的效用函数为

$$U = f(X_1, X_2) = U_0 \qquad\qquad (3\text{-}12)$$

式中，X_1 和 X_2 分别表示商品 1 和商品 2 的数量；U 为效用水平；U_0 为常数，代表一个不变的效用水平。由于无差异曲线用于表示序数效用，所以，U 表示消费者期望达到的某一个效用水平，而没有具体的数值。

表 3-4 是根据某消费者关于商品 1 和商品 2 的一系列消费组合而制成的无差异表，该表由三个子项目，即项目 1~项目 3 组成，每个子项目中有商品 1 和商品 2 的不同数量

的五种组合。每个子项目中的五种组合给消费者所带来的效用水平被假设为是相同的。以项目 1 为例进行分析：项目 1 中有商品 1 和商品 2 的 A~E 五种组合，A 组合中有 2 单位的商品 1 和 16 单位的商品 2，B 组合中有 4 单位的商品 1 和 11 单位的商品 2，以此类推。

表 3-4　某消费者的无差异表

商品组合	项目 1		项目 2		项目 3	
	商品 1	商品 2	商品 1	商品 2	商品 1	商品 2
A	2	16	6	24	10	24
B	4	11	8	16	11	18
C	6	7	10	12	12	15
D	8	4	12	10	13	13
E	10	2	14	9	14	12

假设在项目 1~项目 3 内部，消费者获得的效用水平是相同的，但是，它们之间的效用水平是不相同的。项目 1 所代表的效用水平低于项目 2，项目 2 代表的效用水平又低于项目 3。在实际中，由于消费者偏好程度无限多，所以也同时存在无限多个无差异表。

依据表 3-4 可以绘制成无差异曲线图。由于消费者有无限多个无差异表，所以依据无差异表做出的无差异曲线相应有无数条，图 3-4 所表示的只是其中的三条。

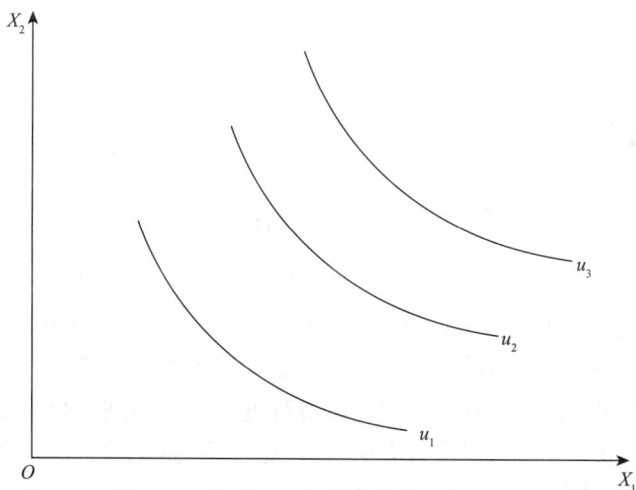

图 3-4　某消费者的无差异曲线

图 3-4 中，横轴代表商品 1 的消费数量，纵轴代表商品 2 的消费数量，u_1~u_3 分别代表与项目 1~项目 3 相对应的三条无差异曲线。每一条无差异曲线都是依次把各个子项目中的五个不同的消费组合点连接起来得到的光滑曲线。以无差异曲线 u_1 为例，曲线上商品 1 和商品 2 的不同数量的组合给消费者带来的效用都是相同的。同样 u_2 和 u_3 上每一点所对应的不同商品的组合给消费者所带来的效用也是相同的。

（二）无差异曲线的特征

根据前述无差异曲线的概念及其形状，可以归纳出无差异曲线有如下特点。

第一，无差异曲线从左上方向右下方倾斜，斜率为负。无差异曲线表明，两种商品的不同数量的组合给消费者带来的效用是相等的，为维持相同的效用水平，增加商品 1 就必须同时减少商品 2，两种商品之间存在此消彼长的替代关系，反映在图形上为曲线向右下方倾斜。无差异曲线斜率为 $\Delta X_2 / \Delta X_1$，由于 ΔX_2 和 ΔX_1 的变化方向相反，所以，$\Delta X_2 / \Delta X_1$ 为负。

第二，由于通常假定效用函数具有连续性，因此，在同一坐标平面上存在着由无数条无差异曲线组成的一组无差异的线群，每条无差异曲线都表示一种满足程度。离原点越近的无差异曲线代表的效用水平越低，离原点越远的无差异曲线代表的效用水平越高。在图 3-4 中，无差异曲线 u_1 代表的效用水平最低，u_3 代表的效用水平最高，u_2 代表的效用水平居中。

第三，在同一坐标平面上的任意两条无差异曲线不能相交，否则会违反消费者偏好的假设条件。可以用图 3-5 加以证明。

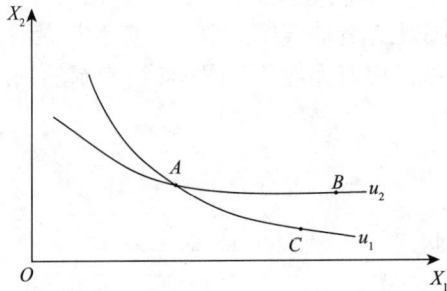

图 3-5　违反偏好假定的无差异曲线

图 3-5 中，有两条无差异曲线，它们分别代表效用水平 u_1 和 u_2，设两条无差异曲线相交于 A 点，再选出 B 点和 C 点，C 点在曲线 u_1 上，B 点在曲线 u_2 上，而且 B 比 C 拥有更多的商品 1 和商品 2。假设 $u_1 < u_2$，根据无差异曲线的定义就可以断定：消费者对 A 与 B 的偏好程度相同，同时对 A 与 C 的偏好程度相同。但是，既然 B 比 C 拥有更多的商品 1 和商品 2，欲望无穷的消费者会认为 B 优于 C，这不符合消费者偏好的可传递性假设。所以，在同一坐标平面上的任意两条无差异曲线不能相交。

第四，无差异曲线是凸向原点的。这说明无差异曲线的斜率是递减的。无差异曲线的斜率是两种物品的边际替代率。无差异曲线凸向原点是由商品的边际替代率递减规律决定的。

三、商品的边际替代率递减规律

（一）商品的边际替代率的概念

商品的边际替代率（marginal rate of substitution，MRS）是指在维持效用水平或满足程度不变的前提下，消费者增加一单位某种商品（如商品 1）的消费时所必须放弃的另一种商品（如商品 2）的消费量。用 MRS_{12} 表示以商品 1 代替商品 2 的边际替代率，ΔX_1 和 ΔX_2 分别为商品 1 和商品 2 的变化量，则

$$MRS_{12} = -\frac{\Delta X_2}{\Delta X_1} \qquad (3\text{-}13)$$

式中，ΔX_1 和 ΔX_2 方向相反，加负号后使其比值为正，以便于分析研究。

当商品 1 的变化量趋于无穷小时，即 $\Delta X_1 \to 0$ 时，则

$$MRS_{12} = \lim_{\Delta X \to 0} -\frac{\Delta X_2}{\Delta X_1} = -\frac{dX_2}{dX_1} \qquad (3\text{-}14)$$

式（3-14）表明，求解无差异曲线上任何一点的边际替代率，只需过该点做切线，这条切线的斜率的绝对值就是该点的边际替代率。边际替代率递减也可以用边际效用来说明。

已知效用函数 $U = f(X_1, X_2) = U_0$，商品 1 的变化量 ΔX_1 所引起的效用变化可以表示为 $\Delta U = MU_1 \cdot \Delta X_1$。同样，商品 2 的变化量 ΔX_2 所引起的效用变化也可以表示为 $\Delta U = MU_2 \cdot \Delta X_2$。为了保持效用水平不变，消费者每增加一单位商品 1 的消费所增加的效用和相应减少商品 2 的消费所减少的效用必定相等，即

$$MU_1 \cdot \Delta X_1 + MU_2 \cdot \Delta X_2 = \Delta U = 0$$

所以有

$$MRS_{12} = -\frac{\Delta X_2}{\Delta X_1} = \frac{MU_1}{MU_2} \qquad (3\text{-}15)$$

（二）商品的边际替代率递减规律的定义及成因

序数效用论者在对消费者行为进行分析时，提出了商品的边际替代率递减规律的假定。商品的边际替代率递减规律是指在维持效用水平不变的前提下，随着一种商品消费量的连续增加，消费者为得到每一单位的这种商品所需要放弃的另外一种商品的消费量是递减的。例如，在图 3-6 中，商品 1 和商品 2 的组合沿着无差异曲线由 A 点经 B~D 点运动到 E 点的过程中，随着消费者对商品 1 消费量的连续等量增加，消费者为得到每一单位的商品 1 所必须放弃的商品 2 的消费数量是越来越少的。即对于连续等量的商品 1 的变化量 ΔX_1 而言，商品 2 的变化量 ΔX_2 是递减的。

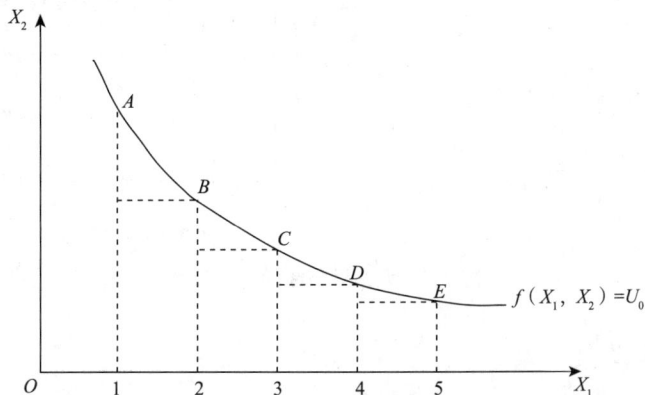

图 3-6　无差异曲线的形状与商品的边际替代率递减规律

商品的边际替代率之所以是递减的，原因在于：当消费者拥有商品 1 的数量较少而商品 2 的数量较多时，会由于拥有较少商品 1 而对每一单位的商品 1 更加偏好，由于拥有较多商品 2 而对每一单位的商品 2 偏好程度较低，即商品 1 对商品 2 的边际替代率较大。随着消费者拥有的商品 1 的数量越来越多，相应地对每一单位商品 1 的偏爱程度会越来越低；同时，消费者拥有的商品 2 的数量越来越少，相应地对每一单位商品 2 的偏爱程度会越来越高。则每一单位的商品 1 所能替代的商品 2 的数量越来越少，即商品 1 对商品 2 的边际替代率是递减的。

事实上，边际效用递减规律就暗含了边际替代率递减规律。根据边际效用递减规律，随着一种商品消费量的增加，其边际效用越来越小。当商品 1 的消费量不断增加时，其边际效用不断减少，从而使它的替代能力不断降低；当商品 2 的消费量不断减少时，其边际效用不断增加，从而使商品 2 能够交换到的商品 1 的数量不断增加，因此，边际效用递减规律表现为边际替代率递减规律。

由于商品的边际替代率等于无差异曲线的斜率的绝对值，商品的边际替代率递减规律决定了无差异曲线凸向原点。

需要指出的是，在一般情况下，商品的边际替代率递减，无差异曲线是凸向原点的。但在某种特殊情况下则不然。如果两种商品的效用完全相同，则两种商品是完全可以替代的，相应的无差异曲线为一条斜率不变的直线，边际替代率为一常数。例如，某消费者认为一杯茶水和一杯咖啡的效用是完全无差异的，两者总是以 1:1 的比例相互替代，即茶水对咖啡的边际替代率为 1，则无差异曲线是一条从左上方向右下方倾斜的直线，如图 3-7（a）所示。如果两种商品完全互补，即完全不能替代时，那么，相应的无差异曲线呈现直角形状，与横轴平行的无差异曲线部分的商品的边际替代率 $MRS_{12} = 0$，与纵轴平行的无差异曲线部分的商品的边际替代率 $MRS_{12} = \infty$。例如，左脚鞋与右脚鞋，拥有一只左脚鞋与拥有一只右脚鞋和拥有一只左脚鞋与拥有四只右脚鞋的效用是相同的，所以，在左脚鞋数量固定不变的情况下，右脚鞋不论怎么增加，总效用就是既定不变的，如图 3-7（b）所示。

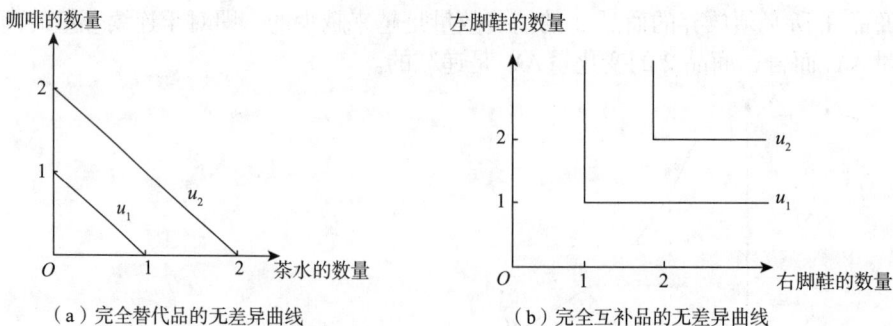

（a）完全替代品的无差异曲线　　（b）完全互补品的无差异曲线

图 3-7　无差异曲线的特殊形状

四、预算线及其移动

无差异曲线代表了消费者偏好，而消费者偏好纯属个人意愿。主观愿望并不等于现实。消费者在购买商品时还不得不顾及预算方面的约束。这种约束是由收入和价格两方面构成的，是消费者选择的客观约束条件。因此，序数效用论者在分析消费者行为时又建立了消费者的预算线。

（一）预算线的含义

消费者的预算线，亦称消费者可能线、预算约束线。它表示在消费者收入和商品价格既定的条件下，消费者的全部货币收入所能购买到的两种商品的最大数量的各种组合。

例如，某消费者的收入为 400 元，为了分析的简便，我们假定消费者只购买两种商品，如商品 1 和商品 2。其中商品 1 的价格为 40 元，商品 2 的价格为 50 元。如果他将全部收入用于购买商品 1，可以购买 10 单位；如果全部用来购买商品 2，则可购买 8 单位。当然，也可以用一部分收入购买商品 1，另一部分收入购买商品 2。例如，购买 5 单位商品 1 和 4 单位商品 2。把消费者所有可能的购买组合画在坐标图上，就可以得到图 3-8 中的直线 AB，这条直线称为预算线。

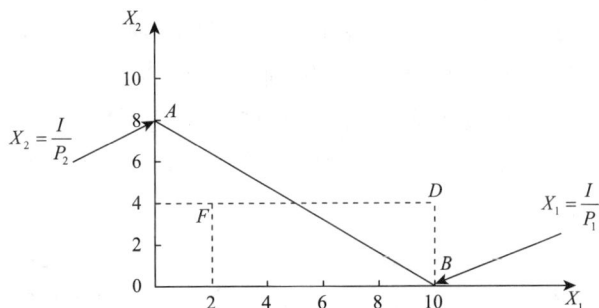

图 3-8　消费者的预算线

图 3-8 中，横轴代表商品 1 的数量，纵轴代表商品 2 的数量，预算线 AB 把平面坐标图划分为三个区域，即预算线以外、预算线以内、预算线本身。预算线以外的区域中任何一点，如 D 点，表明消费者的购买无法实现，因为购买这种组合的商品 1 和商品 2 所需要的货币超过了既定的收入（400 元）；在预算线以内的任何一点，如 F 点，表明消费者所购买的两种商品的组合是可以实现的，但是却并非最大数量的组合，还有一部分收入没有用完；只有预算线 AB 上的任何一点，才是消费者的全部收入刚好花完所能购买到的商品的组合。

预算线还可以用函数形式来表示。如果我们以 I 代表消费者的货币收入，X_1、X_2 分别代表商品 1 和商品 2 的数量，P_1、P_2 分别表示商品 1 和商品 2 的价格，根据预算线的定义，则有

$$P_1 X_1 + P_2 X_2 = I$$

或

$$X_2 = \frac{I}{P_2} - \frac{P_1}{P_2} X_1 \tag{3-16}$$

式（3-16）是一直线方程式，其斜率为 $-P_1/P_2$。因为 I、P_1、P_2 为既定的常数，所以，给出 X_1 的值，就可以求出 X_2 的值。如果 $X_1 = 0$，则 $X_2 = I/P_2$，所以预算线在纵

轴的截距为 I/P_2。如果 $X_2=0$，则 $X_1=I/P_1$，预算线在横轴的截距为 I/P_1。

（二）预算线的变动

预算线以消费者的收入和商品价格既定为条件，所以，无论商品价格变动还是消费者的货币收入变动，都会影响消费者的购买数量，从而导致预算线的变动。一般来说，预算线的变动有以下几种情况。

（1）如果两种商品价格 P_1、P_2 不变，而消费者的货币收入 I 变化，则预算线会平行移动。其原因是：两种商品的价格既定，意味着预算线的斜率 $-P_1/P_2$ 不变。收入 I 变化只能引起预算线在纵轴和横轴的截距变化。如图 3-9（a）所示：现假设消费者的收入由 I 减少到 I_1，则在两种商品价格不变的条件下，消费者将全部收入用于购买任何一种商品的数量都减少，预算线在纵轴和横轴截距变小，预算线由 AB 向左平行移动至 A_1B_1。相反，现假设消费者的收入由 I 增加到 I_2，消费者将全部收入用于购买任何一种商品的数量都增加，预算线在纵轴和横轴截距变大，预算线 AB 向右平行移动至 A_2B_2。

（2）在收入 I 不变的情况下，若一种商品价格发生变化，就会改变预算线的斜率，使预算线发生偏转，如图 3-9（b）所示，假设收入 I 和 P_2 不变，P_1 下降，预算线在横轴截距变大，纵截距不变，使预算线由 AB 移至 AB_2。P_1 上升使预算线在横轴截距变小，纵截距不变，预算线由 AB 移至 AB_1。类似地，图 3-9（c）给出了收入 I 和 P_1 不变，P_2 变动时预算线的变动情况。

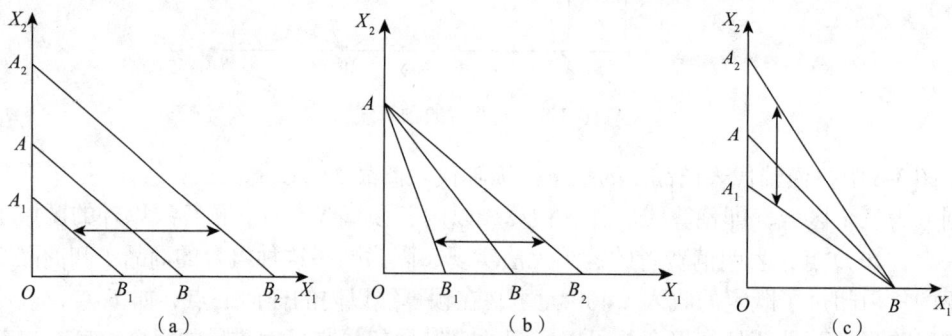

图 3-9　消费者预算线的变动

（3）如果消费者的收入 I 不变，两种商品价格 P_1、P_2 同比例同方向变化，预算线的斜率不变，但是预算线的截距发生变化，使预算线发生平移，表示消费者的全部收入用来购买任何一种商品的数量都发生变化。如果消费者的收入 I 增加，预算线向右平移；如果消费者的收入 I 减少，预算线向左平移。

（4）如果消费者的收入 I 和两种商品价格 P_1、P_2 同比例同方向变化，因为预算线的斜率 $-P_1/P_2$ 以及预算线的纵截距 I/P_2、横截距 I/P_1 不发生变化，所以预算线的位置不变。

五、消费者均衡

序数效用论者是借助于无差异曲线和预算线这两个工具来分析消费者均衡的。从无差异曲线和预算线的定义不难看出，无差异曲线只考虑消费者所购买商品效用的大小，没有考虑消费者收入能否承担。预算线只考虑消费者收入的多少，而不考虑所购买商品效用的大小。于是，当我们把无差异曲线和消费者的预算线结合在一起时，就能兼顾到效用和收入，使其成为我们分析消费者均衡问题的有力工具。

在收入和商品价格既定的条件下，一个消费者关于两种商品的预算线只有一条。当把无差异曲线和预算线结合在一个坐标图上时，预算线必定与无数条无差异曲线中的某一条相切于一点。在切点处，实现了消费者均衡，如图 3-10 所示。

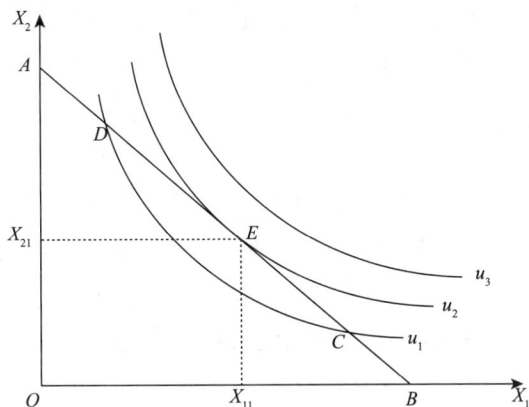

图 3-10　消费者的均衡

在图 3-10 中，横轴代表商品 1 的数量，纵轴代表商品 2 的数量，AB 为预算线，$u_1 \sim u_3$ 为三条无差异曲线，它们所代表的总效用大小的顺序为 $u_1 < u_2 < u_3$。预算线 AB 与 u_2 相切于 E 点，这时便实现了消费者均衡。这就是说，在收入和商品价格既定的条件下，消费者要想获得最大的效用，对商品 1 和商品 2 的最优购买量分别应该为 X_{11} 和 X_{21}。

那么，消费者均衡点为什么是 E 点呢？从图 3-10 中可以很容易看出，预算线 AB 与 u_1 相交于 C 点和 D 点，是消费者可以实现的购买。但是，C 点和 D 点在效用较低的 u_1 上，所以不是最佳购买行为。而 u_3 所代表的效用尽管最高，但它和预算线 AB 既不相交又不相切，表明在收入和价格既定条件下消费者无法实现 u_3 的效用组合。因此，只有预算线 AB 与 u_2 的切点 E 处才能实现消费者均衡。此外，在无差异曲线 u_2 上，除 E 之外的其他各点均在 AB 线之外，说明这些点上所要求的商品 1 和商品 2 的数量组合，也是在收入和价格既定下无法实现的。

在切点 E，无差异曲线斜率的绝对值和预算线斜率的绝对值相等，因此，消费者均衡的条件是

$$\mathrm{MRS}_{12} = \frac{P_1}{P_2} \qquad (3\text{-}17)$$

在前面，我们已证明边际替代率等于两种商品的边际效用之比，即 $\mathrm{MRS}_{12} = \mathrm{MU}_1 / \mathrm{MU}_2$。所以，消费者均衡的条件也可以表示为

$$\frac{\mathrm{MU}_1}{\mathrm{MU}_2} = \frac{P_1}{P_2} \text{ 或 } \frac{\mathrm{MU}_1}{P_1} = \frac{\mathrm{MU}_2}{P_2} \qquad (3\text{-}18)$$

这一结论可以推广至 n 种商品，即消费者在 n 种商品中进行选择，达到均衡的条件为

$$\frac{\mathrm{MU}_1}{P_1} = \frac{\mathrm{MU}_2}{P_2} = \cdots = \frac{\mathrm{MU}_n}{P_n} = \lambda \qquad (3\text{-}19)$$

毫无疑问，式（3-19）与我们在本章第二节中所介绍的消费者均衡的条件是完全相同的。由此看来，基数效用论者的边际效用分析与序数效用论者的无差异曲线分析，虽然方法不同，但是得出的结论都一样，即消费者要想获得最大的满足，必须使单位货币购买的任何商品的边际效用都相等。

六、消费者均衡的变动

以上分析的是在商品的价格、消费者偏好和消费者的收入不变条件下消费者的均衡。现在，我们要研究的是在消费者偏好不变条件下，如果商品的价格或收入变化，消费者均衡会发生怎样的变化。

（一）价格变动对消费者均衡的影响：价格-消费曲线

1. 价格-消费曲线

在消费者货币收入不变和其他商品价格不变时，某种商品的价格发生变动，必然引起预算线斜率的改变，使预算线与新的无差异曲线相切，形成新的均衡点。把该商品在不同价格水平下的消费者均衡点连接起来就可以得到一条平滑的曲线。这就是价格-消费曲线（price-consumption curve，PCC），如图 3-11（a）所示。

在图 3-11（a）中，横轴表示商品 1 的数量，纵轴表示商品 2 的数量，AB_1 为商品 1 的价格为 P_{11} 时初始的预算线，与无差异曲线 u_1 相切，E_1 为均衡点。如果商品 1 的价格不断下降，即由 P_{11} 下降到 P_{12}，再由 P_{12} 下降到 P_{13}，预算线就会以 A 点为轴，向外旋转到 AB_2、AB_3，分别与较高的无差异曲线 u_2、u_3 相切，形成新的均衡点 E_2 和 E_3，把 $E_1 \sim E_3$ 连接起来，就得到价格-消费曲线。它是指在消费者的偏好、收入及其他商品价格不变的条件下，与某一种商品的不同价格水平相联系的消费者的效用最大化的均衡点的轨迹。

2. 需求曲线的推导

我们可以由消费者的价格-消费曲线推导出需求曲线。

由图 3-11（a）中的三个均衡点，可知在每一个均衡点上，都存在着商品 1 的价格和商品 1 的需求量之间的对应关系。例如，在均衡点 $E_1 \sim E_3$，商品 1 的价格从 P_{11} 下降到 P_{12}，再由 P_{12} 下降到 P_{13}，则商品 1 的需求量由 x_{11} 增加为 x_{12} 再增加为 x_{13}。将每一个商品 1 的价格值和相应均衡点上商品 1 的需求量，绘制在商品的价格-数量坐标图上，便会得到单个消费者的需求曲线 D，如图 3-11（b）所示。

在图 3-11（b）中，需求曲线 D 上的 $a \sim c$ 点分别与图 3-11（a）中的价格-消费曲线上的均衡点 $E_1 \sim E_3$ 相对应。

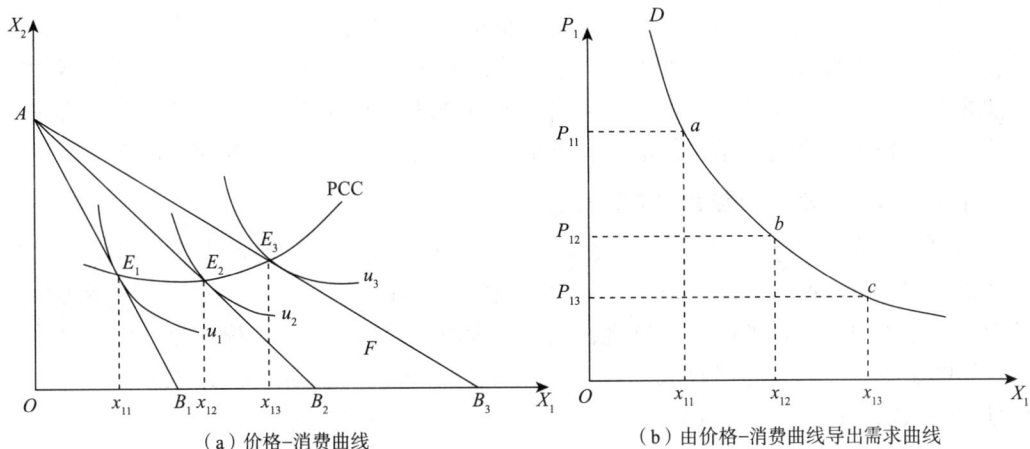

（a）价格-消费曲线　　　　　　（b）由价格-消费曲线导出需求曲线

图 3-11　价格-消费曲线及需求曲线的推导

　　显然，从消费者的价格-消费曲线推导出的需求曲线，与我们在第二章介绍的"需求定理"是相符的。需求曲线是从左上方向右下方倾斜的，表明随着商品价格的降低，消费者愿意购买的商品数量增加。在学习了消费者均衡理论后，应该进一步加深对需求曲线的理解。需求曲线的产生，实际上是消费者在一定的预算约束条件下的最优选择的结果。从图 3-11（b）中可以看出，需求曲线上的每一点都意味着消费者在预算约束下实现了效用极大化。因此，如前所述，需求曲线反映了在一定价格水平条件下消费者所愿意购买的商品的数量。而消费者之所以愿意购买一定数量的商品，就是因为他的效用达到了极大化。

3. 市场需求曲线

　　以上推导出的是某一消费者对某种商品的需求曲线，即单个消费者的需求曲线。我们可以由单个消费者的需求曲线推导出市场需求曲线。某种商品的市场需求曲线表示在一定时期内，各种不同的价格水平条件下市场中所有消费者对这种商品的需求数量。

　　假定在某一商品市场上有 n 个消费者，且具有不同的个人需求函数，$Q_i = f_i(P)$，$i = 1, 2, \cdots, n$，则该商品的市场需求函数为

$$Q = \sum_{i=1}^{n} f_i(P) = F(P) \tag{3-20}$$

n 个消费者具有不同的个人需求曲线，其中第 i 个消费者的需求曲线如图 3-12（a）所示，则该商品的市场需求曲线如图 3-12（b）所示。

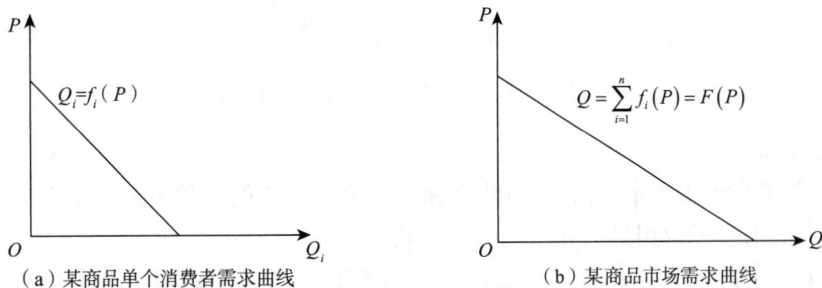

（a）某商品单个消费者需求曲线　　　　　（b）某商品市场需求曲线

图 3-12　由单个消费者的需求曲线到市场需求曲线

可见，一种商品的市场需求量是每一个价格水平上的该商品的所有个人需求量的加总，则市场需求曲线是单个消费者的需求曲线的水平加总。因此，如同单个消费者的需求曲线一样，市场需求曲线一般也是向右下方倾斜的，市场需求曲线上的每个点都表示在相应的价格水平下可以给全体消费者带来最大效用水平或满足程度的市场需求量。

（二）收入变动对消费者均衡的影响

如果其他条件不变，消费者的收入水平变化时，会改变消费者能够支付的商品范围，预算线会发生平行移动。对于大多数商品来说，在同一无差异曲线图中，货币收入的提高会增加对该商品的购买；反之，则会减少对该商品的购买。根据收入变动对消费者均衡的影响，可以推导出收入-消费曲线（income consumption curve，ICC），并由此推导出收入需求曲线（图 3-13）。

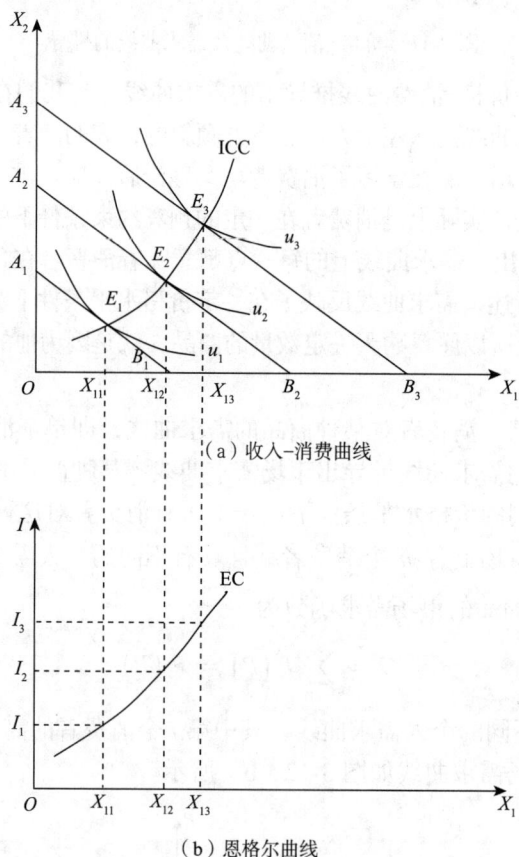

（a）收入-消费曲线

（b）恩格尔曲线

图 3-13　收入-消费曲线和恩格尔曲线

1. 收入-消费曲线

收入-消费曲线是指在消费者的偏好和商品价格不变的条件下，与消费者不同收入水平相联系的消费者效用最大化的均衡点的轨迹。

图 3-13（a）中显示了随着消费者收入水平的提高，预算线向外平行移动，得到

A_1B_1、A_2B_2、A_3B_3 若干条预算线。这些预算线分别与无差异曲线 $u_1, u_2, u_3, \cdots$ 相切，得到 $E_1, E_2, E_3, \cdots$ 若干个消费者均衡点，将这些消费者均衡点连接起来，便形成一条收入-消费曲线。它表示由消费者收入变动引起的消费者均衡点变动的轨迹。

2. 收入-消费曲线

利用收入-消费曲线，可以推导出商品的收入需求曲线，以反映某商品需求量与消费者收入之间的关系。因 19 世纪德国统计学家和经济学家恩格尔曾经专门研究过人们的收入与某种商品的需求量之间的关系，所以收入需求曲线又称作恩格尔曲线。

图 3-13（a）中的收入-消费曲线反映了某商品需求量与消费者收入之间存在着一一对应关系。以商品 1 为例，当消费者的收入由 I_1 依次增加到 I_2 和 I_3 时，均衡点 $E_1 \sim E_3$ 所对应的需求量依次为 $X_{11} \sim X_{12}$。各种收入水平与商品 1 的需求量之间的对应关系反映在图形上，就形成了恩格尔曲线，如图 3-13（b）所示。

由于需求收入弹性的大小不同，恩格尔曲线可能呈现出各种形状，如图 3-14 所示。

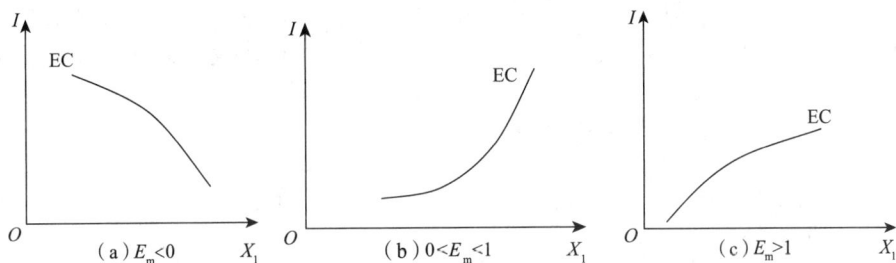

图 3-14　各种形状的恩格尔曲线

如果需求的收入弹性值 $E_m > 0$，其形状如图 3-13（b）所示。如果需求的收入弹性值 $E_m < 0$，其恩格尔曲线形状如图 3-14（a）所示，恩格尔曲线凹向原点，表示随货币收入增加，商品的需求量反而减少，低档品恩格尔曲线的形状便是如此。如果需求的收入弹性值 $0 < E_m < 1$，其恩格尔曲线形状如图 3-14（b）所示，恩格尔曲线向右上方倾斜，表示货币收入增加，对商品的需求量也增加，但增加的速度越来越小，一般的生活必需品的恩格尔曲线的形状便是如此。如果需求的收入弹性值 $E_m > 1$，其恩格尔曲线形状如图 3-14（c）所示，恩格尔曲线向右上方延伸，表示货币收入增加，引起商品的大量增加，奢侈品的恩格尔曲线的形状便是如此。

第四节　不同性质商品的替代效应和收入效应

通过前面的讨论，我们已经认识到效用变化的两个主要来源：一个是商品价格的变动，另一个是收入的变动。前者使预算线的斜率发生变化，后者使预算线发生平行移动。这两种情况都会使消费者的商品需求量产生变化。本节我们将对这两种变动产生的影响加以具体说明，并进一步说明不同性质商品的需求曲线的形状。

一、替代效应和收入效应的定义

一种商品价格变动所引起的该种商品需求量的变动被称为价格变动给消费者带来的总效应。总效应由替代效应和收入效应组成，即总效应＝替代效应+收入效应。

替代效应是指由商品的价格变动所引起的商品相对价格的变动，进而由相对价格变动所引起的商品需求量的变动。替代效应不改变消费者的效用水平。例如，某种商品价格降低，其他商品价格不变，与价格下降了的物品相比，其他商品实际价格上升，所以，消费者会多购买价格下降的商品，来替代价格不变的物品，这就是替代效应。

收入效应是指由商品的价格变动所引起的消费者实际收入水平的变动，进而由实际收入水平变动所引起的商品需求量的变动。收入效应使消费者的效用水平发生变化。具体来说就是当消费者在购买某种商品时，如果该种商品的价格下降，对于消费者来说，其名义货币收入是固定不变的，但是价格下降后，消费者的实际购买力增强，消费者就可以购买更多的商品，从而达到更高的效用水平，这就是收入效应。

当然也可以分析某种商品价格上升时的替代效应和收入效应，只是情况相反罢了。需求曲线所反映的价格和需求量之间的关系，可以用替代效应和收入效应来解释。

二、不同性质商品的替代效应和收入效应

根据一种商品价格下降后，替代效应和收入效应的不同情况，可以将商品划分为正常商品、低档商品和吉芬商品。

（一）正常商品的替代效应和收入效应

当商品价格下降后，替代效应的结果是增加了对降价商品的购买量，收入效应的结果则进一步增加了对该种商品的需求量，这种商品为正常商品。大多数商品的情况都是如此。下面，以图 3-15 为例，说明正常商品价格下降的替代效应和收入效应。

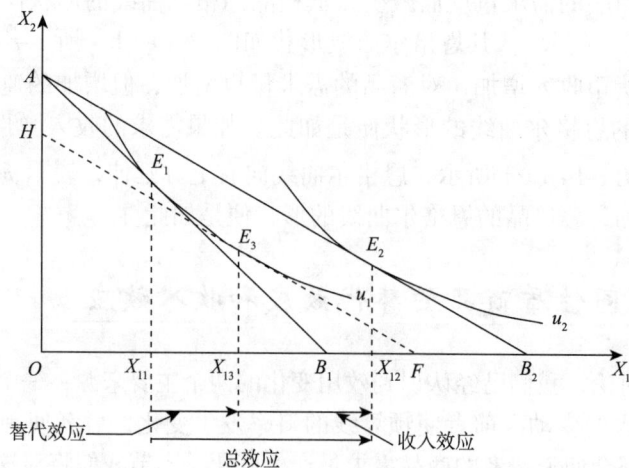

图 3-15   正常商品的替代效应和收入效应

图 3-15 中，横轴 OX_1 表示商品 1 的数量，纵轴 OX_2 表示商品 2 的数量，其中商品 1

为正常商品。商品 1 降价前，消费者的预算线为 AB_1，与无差异曲线 u_1 相切于 E_1，E_1 为消费者均衡点，相应的商品 1 的需求量为 X_{11}。如果商品 1 的价格下降，则预算线变为 AB_2，与无差异曲线 u_2 相切于 E_2。E_2 是商品 1 价格下降后的消费者均衡点，相应的商品 1 的需求量为 X_{12}。为了分析消费者效用不变时对商品 1 的需求量的影响，可用新的价格比率（按预算线 AB_2 的斜率），画一条与 AB_2 平行的预算线 HF，且令 HF 与原无差异曲线 u_1 相切于 E_3。E_3 为消费者在效用不变情况下的均衡点，消费者对商品 1 的需求量为 X_{13}。根据上述变化，可以分别具体分析正常商品价格变动的总效应、替代效应和收入效应。

在图 3-15 中，总效应表现为商品 1 价格下降时，消费者从均衡点 E_1 移动到均衡点 E_2 时，该商品需求量从 X_{11} 增加到 X_{12} 的总变动量，即总效应为 $X_{12} - X_{11}$。可见，正常商品的总效应与价格呈反方向变动。

替代效应是指在其他条件不变的条件下，某种商品价格变动后，在消费者实际收入水平不变，即总效用不变条件下所引起的商品需求量的变化。从图 3-15 中，E_1 点和 E_3 点是不同斜率的预算线相切于同一条无差异曲线的不同位置，表示相同的收入购买两种商品的不同组合给消费者带来的效用相同，替代效应为 $X_{13} - X_{11}$。正常商品的替代效应与价格呈反方向变动。

收入效应是指其他条件不变，某种商品变动后，完全由实际收入水平变化引起的对商品需求量的变化。在图 3-15 中，就是均衡点由 E_3 变为 E_2 时商品 1 的需求量由 X_{13} 增加到 X_{12}，即商品 1 价格下降的收入效应为 $X_{12} - X_{13}$。正常商品的收入效应与价格呈反方向变动。

综上所述，正常商品的替代效应和收入效应的作用方向是一致的，即降价后都会使消费者需求量增加，在它们的共同作用下，总效应是增加了对该商品的需求量。正因为如此，正常商品的需求曲线是向右下方倾斜的。

（二）低档商品的替代效应和收入效应

低档商品降价后，从替代效应看，商品的相对价格比较便宜，消费者会增加对该种商品的需求量；从收入效应看，消费者实际收入水平提高会减少对该种商品的需求量。但降价后，替代效应和收入效应的净结果是正的，即总效应是需求量增加。正因为如此，低档商品的需求曲线也向右下方倾斜。

低档商品的替代效应和收入效应如图 3-16 所示。

图 3-16 中，符号代表的经济含义同图 3-15。在图 3-16 中，商品 1 价格降低后，需求量由 X_{11} 增加为 X_{12}，即总效应为 $X_{12} - X_{11}$。商品 1 价格降低后，消费者在效用不变情况下的均衡点为 E_3，替代效应为 $X_{13} - X_{11}$，与价格呈反方向变动。由于是低档商品，在价格降低后，即相当于消费者实际收入水平提高时，对商品 1 的需求量减少，即 E_2 点在 E_3 点的左方，收入效应是 $X_{12} - X_{13}$，为负值，即收入效应与价格同方向变动。在一般情况下，替代效应的作用大于收入效应的作用，所以，总效应与价格呈反方向变动。

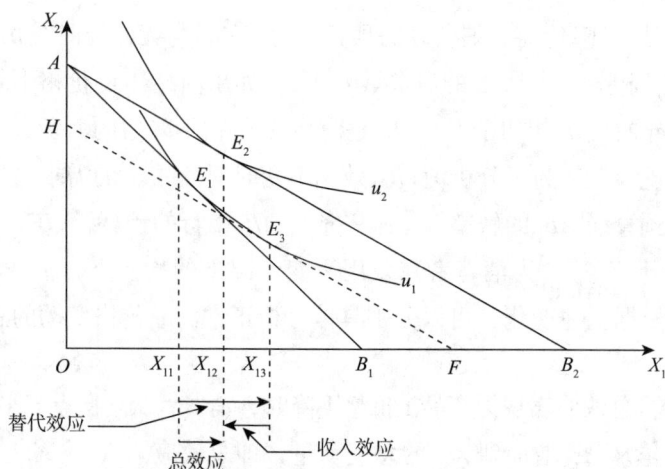

图 3-16   低档商品的替代效应和收入效应

（三）吉芬商品的替代效应和收入效应

吉芬商品是特殊的低档商品，其需求量与价格同方向变动。吉芬商品降价后，从替代效应看，商品的相对价格比较便宜，消费者会增加对该种商品的需求量；从收入效应看，消费者实际收入水平提高会减少对该种商品的需求量。但降价后，替代效应和收入效应的净结果是负的，即总效应是需求量减少。正因为如此，吉芬商品的需求曲线向右上方倾斜。

吉芬商品的替代效应和收入效应如图 3-17 所示。

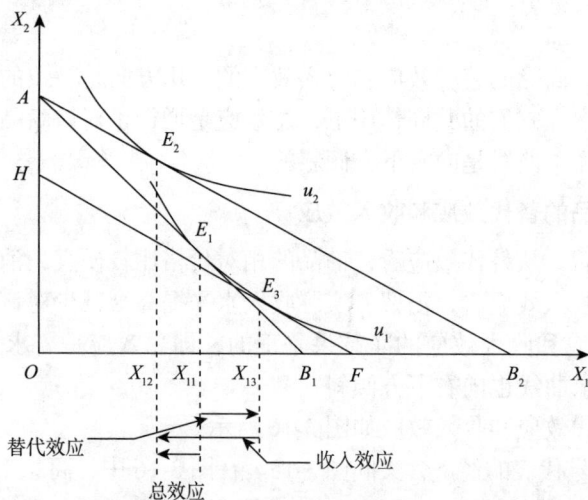

图 3-17   吉芬商品的替代效应和收入效应

在图 3-17 中，商品 1 价格降低后，需求量由 X_{11} 增加为 X_{12}，即总效应为 $X_{12}-X_{11}$，为负值。商品 1 价格降低后，消费者在效用不变情况下的均衡点为 E_3，替代效应为 $X_{13}-X_{11}$，与价格呈反方向变动。由于是吉芬商品，在价格降低后，即相当于消费者实际收入水平提高时，对商品 1 的需求量减少，即 E_2 点在 E_1 点的左方，收入效应是 $X_{12} - X_{13}$，为负值，即收入效应与价格同方向变动。由于吉芬商品替代效应的作用小于收入效应的作用，所以，总效应与价格呈同方向变动。

可以将上面分析的正常物品、低档物品和吉芬物品的替代效应和收入效应所得到的结论综合于表 3-5。

表 3-5 商品价格变化所引起的替代效应和收入效应

商品类别	替代效应与价格的关系	收入效应与价格的关系	总效应与价格的关系	需求曲线的形状
正常商品	反方向变动	反方向变动	反方向变动	向右下方倾斜
低档商品	反方向变动	同方向变动	反方向变动	向右下方倾斜
吉芬商品	反方向变动	同方向变动	同方向变动	向右上方倾斜

第五节 不确定条件下的消费者选择

在本章前几节的论述中，消费者的行为都是在确定的情况下做出的，即消费者所依据的各种参数都是确定的。例如，商品的价格、消费者的收入等都是已知的。但在实际情况中，由于意外因素的存在，消费者进行许多选择时是面临不确定性的。面对不确定性，消费者在风险情况下的态度及其行为决策，将是本节所研究的主要内容。

一、风险的概述

（一）不确定性与风险

本章前几节所分析的消费者行为，实际上隐含着一个假设条件，即完全信息。因此，消费者对他们的经济行为所产生的后果的认知是准确无误的，不存在不确定性。当一个经济行为的后果并非确定时，消费者将会面临一个决策问题。不确定性是指经济行为者事先不能确切知道自己的某种决策的结果，或者说，只要经济行为者的一种决策产生的结果不止一种，就会产生不确定性。

在消费者知道自己某种行为决策的各种可能的结果时，如果还知道各种可能的结果发生的概率，则可以称这种不确定性的情况为风险。例如，某人受聘于一家销售公司，他的销售业绩决定着他的收入，业绩好时月收入为 3 000 元，业绩一般时月收入为 2 000 元，而且根据以往市场资料显示，业绩好的可能性为 60%，而业绩一般的可能性为 40%。此人是否决定在销售公司工作，便是在风险条件下做出的决策。

由不确定性与风险的定义可知，与风险不同，不确定情况下决策者不能列出全部可能的结果，或者说不能获知各种结果发生的可能性。在不确定情况下，决策者只知道可选的各种决策方案及其可能的自然状态。自然状态是指可能影响最终决策结果或报酬，但不为决策者所掌控的未来情况或事件。虽然在风险和不确定情况下都存在不完全信息，但在风险情况下的信息毕竟多于不确定的情况。例如，对于小张来说，是否值得花费 100 万元研发一种治疗心脏病的新药，就是一个不确定情况下决策的例子，此新药的收益取决于政府的新健康方案是否对新药品进行价格限制。在这种情况下，小张面临两种自然状态：政府实行价格限制和政府不实行价格限制。虽然小张知道在各种自然状态下的报酬，但并不知道政府对新药品实行价格限制的概率为多大。类似这种情况，决策就是在不确定条件下做出的。

尽管在理论上风险和不确定性的区别是很明显的，但在实际中，要分清它们的界限有时会有一定的困难。为了讨论的方便，本节忽略风险与不确定条件之间的重要区别，或者说主要研究在风险条件下的个人抉择。

（二）对风险的描述

消费者在进行消费或投资时，应该怎样把风险考虑进去呢？首先要想办法把风险描述出来，将风险量化，以便在不同的选择之间进行比较。描述风险的工具主要有概率、期望值和方差。

1. 概率

概率表示当某种行为或某个事件有多个可能的结果时，其中某一种结果发生的可能性有多大。事件结果 X 发生的概率记作 $P(X)$，它的取值为 0 与 1 之间。如果某种结果必然出现，则 $P(X) = 1$；如果某种结果肯定不出现，则 $P(X) = 0$。

例如，某公司计划进行一种新产品的开发。若开发成功，公司股票价格将从每股 30 元上升到 40 元；如果开发失败，公司股票价格将从每股 30 元下跌到 20 元。持有该公司股票的人将面临股票下跌、收入损失的风险。持有该公司股票的人面临收入损失的可能性有多大，将取决于公司开发新产品失败的可能性大小。如果该公司开发新产品成功的可能性只有 20%，而失败的可能性为 80%，那么，持有该公司股票的人发生收入损失的概率也为 80%。

概率分为主观概率和客观概率。客观概率也被称为"统计"概率，它建立在对已经发生过的事件的观察基础之上。在无法根据过去的经验进行判断时，就出现了主观概率。主观概率也被称为"个人"或者"认识"概率，是个人对某一事件即将发生的结果的主观推测。在概率是主观推断的情况下，不同的人会产生不同的判断，做出不同的选择。以新产品开发为例，某个新成立的公司迄今从未进行过新产品的开发，每一位潜在的投资者只能对新产品开发成功的可能性进行主观推测，并进行投资决策。认为新产品开发成功可能性大的投资者可能会购买该公司的股票；认为新产品开发成功可能性小的投资者可能不会购买该公司的股票。

以概率为基础发展出期望值和方差两个重要的概念，我们可以用期望值和方差来测度和比较风险。

2. 期望值

期望值是指对不确定事件的所有可能结果的一个加权平均，而其中的权数就是每种结果发生的概率。期望值测度了事件结果的集中趋势，也就是人们所期望的结果的平均值。一般来说，当某个事件有 n 种可能的结果时，n 种结果的取值分别为 $X_1, X_2, \cdots, X_n$，取以

上可能值的概率分别为 $P_1, P_2, \cdots, P_n$，则该事件结果的期望值为

$$E(X) = P_1 \cdot X_1 + P_2 \cdot X_2 + \cdots + P_n \cdot X_n \qquad (3\text{-}21)$$

$$P_1 + P_2 + \cdots + P_n = 1 \qquad (3\text{-}22)$$

以我们所讲的新产品开发的例子来讲，用 P 表示成功的概率，$1-P$ 表示失败的概率，$P = 1/5$，$1-P = 4/5$。我们可以算出某公司每股股票价格的期望值［用 $E(X)$ 表示］：

$$E(X) = \frac{1}{5} \times 40 + \frac{4}{5} \times 20 = 24 \text{（元）}$$

3. 方差

方差是离差（实际值与期望值之差）平方的期望值（用 σ^2 表示），它反映不确定的各种可能值的分散程度，在一定意义上，也反映了变量取值的不确定程度。若用方差描述风险，那么方差越大，风险越大。一般来讲，对于某个不确定事件的 n 个可能的结果 $X_i(i = 1, 2, \cdots, n)$ 来说，其方差为

$$\sigma^2 = P_1\left[X_1 - E(X)\right]^2 + P_2\left[X_2 - E(X)\right]^2 + \cdots + P_n\left[X_n - E(X)\right]^2 \qquad (3\text{-}23)$$

对于上面的新产品开发的例子来说，每股股票价格的期望值已算出为 24 元，方差为

$$\sigma^2 = 0.2 \times (40 - 24)^2 + 0.8 \times (20 - 24)^2 = 0.2 \times 256 + 0.8 \times 16 = 64 \text{（元）}$$

我们可以用下面的例子说明如何用期望值和方差来测度和比较风险。假定某人有两份工作可供选择，一份为推销员，另一份为办公室人员。作为推销员，其取得的收入取决于产品的推销情况。若产品推销得好，他可以获得 2 000 元的收入；如果产品推销得不好，他只能获得 1 000 元的收入。假定产品推销得好与不好的情况各占一半，他取得 2 000 元和 1 000 元收入的概率各是 50%。作为办公室人员，一般情况下他可获得 1 600 元的收入（假定概率为 90%）；但当经营状况不好时，他只能获得 600 元的生活补助（假定概率是 10%），见表 3-6。

表 3-6 某人不同工作所获收入的概率

收入和概率\n\n工作类型	结果 1		结果 2	
	收入/元	概率/%	收入/元	概率/%
推销工作（1）	2 000	50	1 000	50
办公室工作（2）	1 600	90	600	10

先求两个工作所获得收入的期望值。工作 1 所获得收入的期望值为：$E(1) = 0.5 \times 2\,000 + 0.5 \times 1\,000 = 1\,500$（元）。工作 2 所获得收入的期望值为：$E(2) = 0.9 \times 1\,600 + 0.1 \times 600 = 1\,500$（元）。

再求两个工作所获得收入的方差。工作 1 所获得收入的方差为：$\sigma_1^2 = 0.5 \times (2\,000 - 1\,500)^2 + 0.5 \times (1\,000 - 1\,500)^2 = 250\,000$。工作 2 所获得收入的方差为：$\sigma_2^2 = 0.9 \times (1\,600 - 1\,500)^2 + 0.1 \times (600 - 1\,500)^2 = 90\,000$。

可见，虽然推销工作和办公室工作所获得的期望值相同（都为 1 500 元），但是，

这两份工作所获得收入的方差是不同的。推销工作所获得收入的方差大于办公室工作所获得收入的方差。因此，推销工作的风险大于办公室工作的风险。假设这个人不愿意冒险，他就会选择办公室工作。

二、对风险的偏好

（一）期望效用与期望值的效用

由于本节主要分析个人在风险条件下的选择，经济学中假设个人是理性经济人，如同在无风险条件下追求效用最大化一样，当存在风险时就以实现期望效用最大化为目标。消费者的期望效用是指消费者在风险条件下可能得到的各种结果的效用的加权平均数。它不仅取决于消费水平，而且取决于概率。

假设当消费者做出一个选择时，仅有两种互相排斥的结果状态，如盈利和损失。令 X_1 和 X_2 表示状态 1 和状态 2 的收入或消费，如果状态 1 实际发生的概率为 P，则状态 2 实际发生的概率为 $1-P$。当某人得到 X_1 时，他的确定性效用为 $U(X_1)$，当他得到 X_2 时，确定性效用为 $U(X_2)$，那么，他从该随机事件中所得到的收入或消费的期望效用记为：$E\left[U\left(P,X_1,X_2\right)\right]$，或简写为 $E(U)$。

$$E(U) = P(X_1) + (1-P)U(X_2) \qquad (3\text{-}24)$$

显然，期望效用是每个状态中的某种效用函数 $U(X_1)$ 和 $U(X_2)$ 的加权和，代表了个人对每个状态的消费或收入的偏好。

一般情况下，如果某随机变量 X 以概率 P_i 取值 X_i，$i = 1, 2, \cdots, n$，同时消费者确切地知道得到 X 时的效用为 $U(X)$，那么，此消费者的期望效用为

$$E\left[U\left(X\right)\right] = \sum_{i=1}^{n} P_i U\left(X_i\right) \qquad (3\text{-}25)$$

期望效用函数也被称作冯·诺依曼-摩根斯顿效用函数。

与期望效用相关的另一个重要概念是期望值效用。期望值效用是某个特定的期望值给消费者带来的效用水平。期望值的效用可以表示为

$$U\left[E\left(X\right)\right] = U\left(\sum_{i=1}^{n} P_i X_i\right) \qquad (3\text{-}26)$$

显然，期望效用与期望值效用有很大的区别。除了计算上的区别外，一个明显的区别是：期望效用反映的只是效用的总体趋势和平均结果，它并不能代表消费者实际获得的效用水平，而期望值效用是一个消费者特定收入水平所得到的效用。

（二）消费者的风险态度

人们对风险的态度，或者说人们的风险倾向，是指人们承担风险的意愿。正如人们对普通商品的偏好存在各种差异一样，人们对风险的态度也是迥然不同的。我们依据个人承担风险意愿的差别，将人们对风险的态度分为三类：风险规避者、风险爱好者和风险中立者。

假定消费者在无风险条件下的确定性收入与他在有风险条件下所得到的期望收入相

等，如果消费者对确定性收入的偏好大于风险条件下期望收入的偏好，则该消费者为风险规避者；如果消费者对有风险条件下的期望收入的偏好大于确定性收入的偏好，则该消费者为风险爱好者；如果消费者对确定性收入的偏好与有风险条件下期望收入的偏好是等同的，则该消费者为风险中立者。

1. 风险规避者

由于在可能获得的确定性收入与有风险条件下的期望收入相等的情况下，风险规避者偏爱确定性收入，因此，对于风险规避者来说，确定性收入的效用高于期望收入的效用。例如，假设某消费者现有 10 万元确定的财富，他正慎重考虑是否要进行一次投资。在这次投资中，他获利 15 万元的概率为 50%，获利 5 万元（或赔 5 万元）的概率也是 50%。这次投资的期望值为 10 万元 [$0.5 \times 15 + 0.5 \times 5 = 10$（万元）]，即投资的期望值与确定性财富的数值相同。投资的期望效用为

$$E(U) = 0.5 \times U(15) + 0.5 \times U(5)$$

假定消费者的财富效用曲线如图 3-18 所示，那么，这次投资给消费者带来的期望效用为 CD 连线的中点 E，投资的期望值效用 $U(10) = U(0.5 \times 15 + 0.5 \times 5 = 10)$ 即 F 点的效用水平。显然，投资的期望效用与期望值效用之间有一定差距，且为 E、F 之间的垂直距离。这次投资的期望效用小于期望值效用。

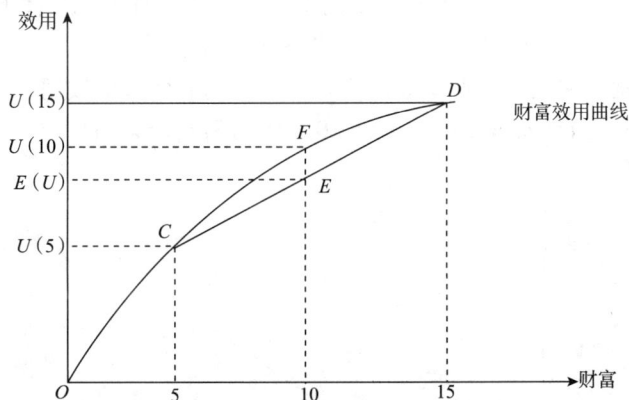

图 3-18　风险规避者的效用曲线

在这种情形下，这位消费者就是风险规避者，因为他偏好的是投资的期望值，而不是面对投资本身。也可以说，他会选择与投资的期望值相同的确定性财富，而不愿意参加投资。从图 3-18 可以看出，风险规避者的效用函数是严格凹性的，效用曲线随着财富的增加而越来越趋于平坦。

2. 风险爱好者

由于在期望收入与确定性收入相等的情况下，风险爱好者偏爱有风险条件下的期望收入，因此，风险爱好者的效用曲线如图 3-19 所示。

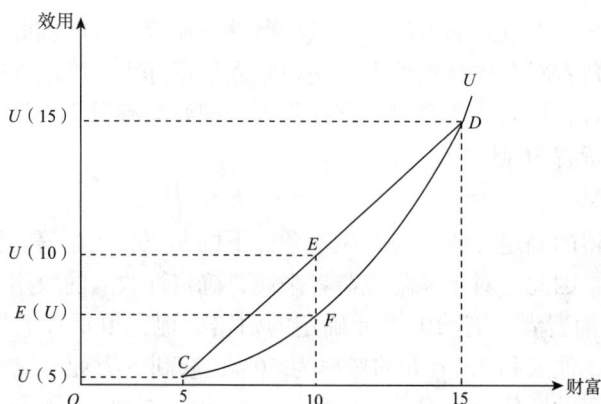

图 3-19　风险爱好者的效用曲线

风险爱好者的效用函数是严格凸性的，效用曲线随着财富的增加而越来越趋于陡峭。也就是说，参加投资的期望效用 $E(U)$ 即 CD 连线的中点 E 高于这次投资的期望值效用 F 点的效用水平，即

$$U(0.5\times15+0.5\times5)<0.5\times U(15)+0.5\times U(5)$$

3. 风险中立者

对于风险中立者来说，无风险条件下的确定性收入与有风险条件下的等值的期望收入提供的效用是相同的。因此，风险中立者的效用曲线是一条从原点出发的射线，如图 3-20 所示。也就是说投资的期望效用恰好等于投资的期望值效用，即

$$U(0.5\times15+0.5\times5)=0.5\times U(15)+0.5\times U(5)$$

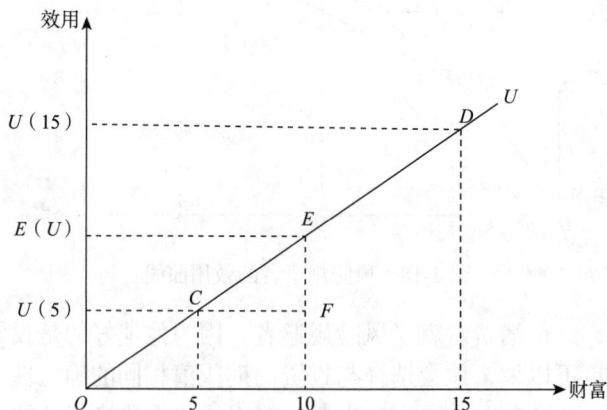

图 3-20　风险中立者的效用曲线

对于这种效用函数，消费者完全不关心投资的风险，只关心它的期望值。风险中立者对两者的偏好是相同的，既可以选择投资，也可以选择不投资。

由上述分析可知，效用函数的曲度衡量着消费者对风险的态度。一般来讲，效用函数的凹度越大，消费者越倾向于规避风险；效用函数的凸性越大，消费者就越偏爱风险。

概括来讲，对于某消费者确定的货币收入，假设某消费者在风险下的收入 X 以概率 P_i 取值 $X_i, i=1,2,\cdots,n$，他的期望收入为：$E(X)=\sum P_i X_i$，效用函数为 $U(X)$。如果他选择有风险的情况，那么他从风险中得到的效用为 $\sum_{i=1}^{n} P_i U(X_i)$，如果选择确定性收入，他所得到的效用就是 $U(\sum P_i X_i)$，则

$$\begin{cases} \sum_{i=1}^{n} P_i U(X_i) < U\left(\sum_{i=1}^{n} P_i X_i\right) & \text{风险规避者} \\ \sum_{i=1}^{n} P_i U(X_i) > U\left(\sum_{i=1}^{n} P_i X_i\right) & \text{风险爱好者} \\ \sum_{i=1}^{n} P_i U(X_i) = U\left(\sum_{i=1}^{n} P_i X_i\right) & \text{风险中立者} \end{cases}$$

（三）风险贴水

风险贴水也称风险溢价，是指风险规避者为了躲避风险而愿意付出的货币金额，它等于消费者获得相同效用时所选择的不确定性工作的期望收入与确定性收入之间的差额部分。

用图 3-21 表示某消费者的效用函数，在横轴上表示的不同收入水平，在纵轴上都有一个数值和它对应。例如，风险规避者各有 0.5 的概率获得 1 000 元和 3 000 元的收入，则这种风险条件下的收入所形成的期望收入是 2 000 元，其期望效用为 14($10×0.5+18×0.5=14$)，在图 3-21 中表现为 E 点，E 点平均分割线段 AC。在图 3-21 中可以看出，如果该消费者有一确定性收入为 1 600 元的 F 点的工作，他也可以获得 14 单位的效用。此时的风险贴水就为 400 元，它对应图中 EF 的长度，即他为获得相同的效用而愿意放弃的收入。又如，消费者可以通过向保险公司购买保险而稳定地获得 2 000 元的收入，他愿意向保险公司支付的保险费为 400 元。消费者通过支付 400 元的保险费来确保获得的 2 000 元收入，提供的效用（14）与选择行为前的稳定性收入 1 600 元所提供的效用（14）相同。

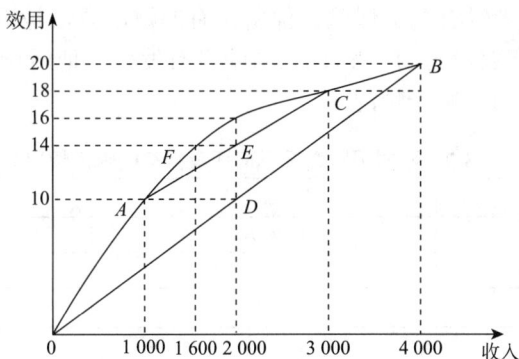

图 3-21 风险贴水

风险贴水通常依赖于风险状况，风险越大，风险溢价就越高，反之就越低。仍以前面的例子来说明。假定消费者的期望收入依然是 2 000 元，但是，这一期望收入是在以

50%的概率获得 4 000 元的收入和以 50%的概率获得 0 元收入的情况下得到的。这次的期望效用为$10(0+0.5\times20=10)$，确定性收入 2 000 元的效用为 16，此时消费者将损失 6 单位的效用，只能获得 10 单位效用，与确定性收入为 1 000 元时的效用相等。所以，根据定义，此时这份工作的风险贴水为 1 000 元，对应 AD 的长度。由此可知，两种情况下的期望收入虽然相等，但后一种情况下两种结果的差别更大，风险越大，导致该情况下的风险贴水也更大。

三、减少风险的策略

人们所从事的许多活动都面临着风险，虽然人们对待风险的态度不同，但多数人是厌恶风险的。面对风险选择时，消费者常采取三种措施来降低风险：多样化策略、购买保险和获取更多的信息。

（一）多样化策略

多样化是指所从事的活动面临风险时，人们可以采取多样化的行动以便降低风险。例如，消费者可以持有多种形式的资产，以避免持有单一的资产发生的风险。

只要经济活动可能出现的几种结果之间不具有密切的正相关关系，多样化策略就能产生降低风险的效果。

（二）购买保险

很多时候，消费者的投资风险能够用多样化的方法进行分散，但是还有一些风险，如房屋失火，是不能用多样化的方法规避的。这时候我们应该考虑保险。下面以家庭财产保险为例，来讨论消费者如何购买保险以及保险金额的确定。

假定有一消费者，其拥有的家庭财产为 W。他面临财产遭受风险（如火灾、失窃等）的概率为 P，如遭遇风险，他所失去的财产为 S。假设消费者为规避此项财产风险愿意向保险公司支付的保险费为 H。

在消费者购买保险后，不管他是否遭遇风险，他所持有的财产数量都是确定的，数量为 W−H。如果消费者没有购买保险，他所持有的财产数量是不确定的：如果风险发生了，他所持有的财产数量为 W−S；如果风险没有发生，他所持有的财产数量为 W。表 3-7 列出了消费者持有的财产情况。

表 3-7　不同风险情况下消费者持有的财产情况

情景	发生风险（X_1）	不发生风险（X_2）
购买保险	W−H	W−H
不购买保险	W−S	W
概率	P	1−P

假定消费者为风险规避者，现在的问题是，该消费者愿意支付多少保险金来规避自己所面临的风险，或者说他愿意支付的保险金额 H 是多少。如果投保人和保险公司是公平交易，一般来说，其原则是：消费者应该使自己所支付的保险金额 H 等于自己财产的期望损失，即

$$H = PS + (1-P) \times 0 = PS \qquad (3\text{-}27)$$

或者说，消费者支付的保险金额 H 应该使保险后持有的确定财产（$W{-}H$）等于在风险条件下的财产期望值，即

$$W - H = P(W - S) + (1-P)W \qquad (3\text{-}28)$$

式（3-28）左端是消费者在购买保险的情况下无论是否发生风险都可以持有的确定性财产，右端是消费者在不购买保险的情况下能够持有财产的期望值。尽管二者相等，但由上述风险与效用的分析可知，对于风险规避者来说，一笔可以确定获得的财产的效用大于其期望值与此相等的不确定性财产所产生的效用。

例如，某一消费者现有财产30 000元，一旦发生风险他将损失10 000元，发生风险的概率是 0.1，不发生风险的概率是 0.9。此时消费者愿意支付的保险金额为 1 000 元（$10\,000 \times 0.1 = 1\,000$），以便能够稳定地获得与不购买保险情况下所获得的财产期望值相等的财产额，如表3-8所示。

表 3-8 发生风险与购买保险对消费者财产的影响

情景	发生风险	不发生风险	财产期望值
购买保险	29 000	29 000	29 000
不购买保险	20 000	30 000	29 000
概率	0.1	0.9	29 000

由表 3-8 可得，购买保险并不能改变消费者财产的期望值，但却使消费者避开了因风险而造成的财产持有额的大幅度波动。购买保险所获得的确定性财产29 000元所产生的效用高于在不购买保险的情况下财产期望值所产生的期望效用。因为从效用论的分析中我们知道，在购买保险的情况下，不管是否发生风险，消费者获得的财产都是 29 000元。这29 000元在有风险和无风险两种情况下产生同样的边际效用。对于风险规避者而言，在面临风险而没有购买保险的情况下，如果财产损失，则消费者的财产数量会急剧下降到很低的水平，这时收入的边际效用是很高的；如果财产无损失，则消费者的财产数量会保持在一个较高的水平，这时收入的边际效用是很低的。所以，理性的消费者在面临风险的情况下，应该通过购买保险将风险不发生情况下的收入转移到风险发生情况下的收入中去，以此来提高总效用水平。

（三）获取更多的信息

市场中总是存在着大量的不确定因素，大多数经济决策都是在不确定情况下做出的。在不确定情况下，消费者是基于有限信息进行决策的。如果拥有更多的信息，消费者就能够进行更好的预测，达到降低风险的目的。信息就是指能排除或减少决策者的某种不确定因素（从而减少风险）并且具有使用价值的消息。

而获取信息是有代价的。例如，要进行市场调查，就必须花费一定的时间和精力；如果不亲自进行市场调查，就要向他人购买信息，这说明信息是有价值的商品。

完全信息价值是指完全信息条件下选择结果的期望值与不完全信息条件下选择结果的期望值之间的差额。

四、对风险资产的需求

现实经济中，消费者在不确定条件下，除了对所从事的职业、购买的商品和服务进行选择之外，还会对各种资产进行选择，如银行生息、债券利息、股票收益等。不同偏好的消费者所持有的资产组合方式是不一样的。这一部分我们将考察决定消费者选择资产组合方式的因素。

（一）资产及其种类

所谓资产，广义上讲是指能给其所有者提供效用的财产存在形式。典型代表是消费者所拥有的耐用消费品，如洗衣机、冰箱等；狭义上讲是指能给其所有者带来货币收入的财产存在形式，如提供租金收入的房产、带来红利的股票等。我们在这里研究的对象仅指狭义的财产。

资产给所有者带来的货币收入分为显性的和隐性的。显性的收入是指一个人拥有的资产带来的收入，可以用一种外显的方式得到，即能定期地、常规性地获得的货币收入，如房租、利息、红利等。隐性的收入则是指那些来自资产本身的价值或价格波动（升值或贬值）所形成的货币收入。例如，房屋本身的升值，虽说这项资本收益只有在房子出售时才能实现，但是，由于房子可以随时出售，它还是存在着一个隐含的收入。

按不同的标准，可对资产进行多种分类。按形态划分可把资产分为金融资产（如股票和债券）和非金融资产（如房屋）。从资产带来的收入是否稳定这一角度可将资产分为风险资产和无风险资产。风险资产带来的货币收入是有不确定性、不稳定性的。股票便是风险资产的一个很好的例子，没有人会事先知道公司的股票将会是涨还是跌，也没有人知道公司是否会支付股息以及支付多少股息等。无风险资产所带来的货币收入是确切知晓的。例如，政府债券尤其是短期的政府债券（或称国库券）是无风险的，或者说是几乎无风险的。它们的期限很短，发生意料之外的通货膨胀的可能性很小，而一个政府尤其是一个强大、稳定的政府被普遍认为不会缺乏信用，不用担心到期时会拒绝支付。其他的无风险资产或者几乎无风险资产形式还有存折储蓄账户、短期存单等。当然无风险资产是相对意义上的。

（二）资产回报

人们购买或持有资产是因为它能够提供货币收入，通常以资产赢利率来衡量和比较不同资产提供货币收入的能力。

资产赢利率是资产产生的货币收入与资产价格之间的比率。例如，一种债券的价格是 1 000 元，人们在买入后持有，每年可获得 100 元的利息，那它的赢利率是 10%。一所房产去年买入时价值 40 万元，今年升值到 46 万元，同时租金收入每年为 2 万元，那么这一年的赢利率为 20%。

资产赢利率有真实赢利率和名义赢利率之分。当人们投资于股票、债券、土地或其他资产时，他们总是期望得到通货膨胀率以上的报酬，这样可以通过推迟消费以便在未来购买更多的消费品。真实赢利率等于名义（或账面）赢利率减去通货膨胀率。假如上面两个例子中年通货膨胀率为 8%，则债券、房产的真实赢利率为 20% 和 12%。区别真实赢利率与名义赢利率有十分重要的现实意义，它有助于消除通货膨胀给人们带来的幻觉与假象。

在不确定条件下，资产赢利率还有实际赢利率和期望赢利率之分。实际赢利率是在实际中获得的赢利率，是一种事后的度量；期望赢利率是各种赢利率可能性的加权平均，权数为各种可能性发生的概率，它是一种事前的度量。把资产划分为实际赢利率和期望赢利率是因为资产的风险性。如果资产是无风险的，则没必要区分实际赢利率和期望赢利率。因为无风险的资产价格和所获得的报偿都是确切的，因此，期望赢利率就是实际赢利率。但对于大多数有风险的资产而言，资产的价格和报偿都是不确切的，资产赢利率也随之而变动，会出现多种可能的结果，每种结果都以一定的概率发生。例如，某企业股票的赢利率为 20%、25%、26%、28%四种可能，并且出现的概率均为 25%，则该公司股票的期望赢利率为 24.75%（$0.20\times0.25+0.25\times0.25+0.26\times0.25+0.28\times0.25$）。在有些年份实际赢利率可能会高于期望赢利率，而有些年份又正好相反，但从长期来看，平均赢利率会非常接近于期望赢利率。

（三）风险与赢利率之间的权衡与选择

在前面无风险的情况下，我们分析了在一定的预算约束条件下，消费者如何决策不同商品的购买数量来达到效用最大化的问题。与此相似，资产投资者也必须在不同风险与赢利率之间进行权衡，来确定最佳组合以实现效用的最大化。

假定某消费者打算将他的积蓄投资到两种资产上：几乎没有任何风险的国债与股票的某种组合（如购买某种共同基金股）。我们假定国债的赢利率为 R_f，因为无风险，所以它的期望赢利率和实际赢利率是相等的。我们假设股票的期望赢利率为 R_m，实际赢利率为 r_m。风险资产股票的期望赢利率 R_m 比无风险资产国债的期望赢利率要高，即 $R_m > R_f$，否则，风险规避者就不会选择风险资产而只会选择无风险资产。假设消费者将他的积蓄投放在股票上的比率为 ∂，投放在国债上的比率为 $(1-\partial)$，则其总资产的期望赢利率 R_p 为

$$R_p = E(\partial r_m) + E\big[(1-\partial)R_f\big] = \partial E(r_m) + (1-\partial)E(R_f) = \partial R_m + (1-\partial)R_f \qquad （3-29）$$

要想知道一种资产组合的风险如何，则需要用资产组合的赢利率的方差或标准差来衡量。令股票市场上资产赢利率的方差为 σ_m^2，标准差为 σ_m，σ_p 表示国债和股票组合的赢利率的标准差，则根据方差的定义有

$$\sigma_p^2 = E\big[\partial r_m + (1-\partial)R_f - R_p\big]^2 \qquad （3-30）$$

将式（3-29）代入式（3-30）得

$$\sigma_p^2 = E\big[\partial r_m + (1-\partial)R_f - \partial r_m - (1-\partial)R_f\big]^2 = E\big[\partial(r_m - R_m)\big]^2 = \partial^2\sigma_m^2 \qquad （3-31）$$

对式（3-31）开方得

$$\sigma_p = \partial\sigma_m \qquad （3-32）$$

式（3-32）表明，风险资产与无风险资产组合的赢利率的标准差 σ_p 等于风险资产所占总资产比例 ∂ 乘以风险资产赢利率的标准差 σ_m。

由式（3-32）可导出

$$\partial = \sigma_p / \sigma_m$$

所以有

$$R_p = \partial \sigma_m + (1-\partial) = R_f + \partial(R_m - R_f) = R_f + \frac{R_m - R_f}{\sigma_m} \sigma_p \qquad （3-33）$$

式（3-33）是消费者关于资产选择的预算线的算术式，它表示资产组合的赢利率的标准差(σ_p)即风险与期望赢利率(R_p)之间的函数关系。这是一个直线方程。R_m, R_f, σ_m均为常数，所以，斜率$(R_m - R_f)/\sigma_m$及截距R_f也为常数。等式表明，组合资产期望收益R_p随着赢利率的标准差σ_p的上升而上升。我们将该预算线的斜率$(R_m - R_f)/\sigma_m$称为风险价格，因为它表示消费者为了获得更高的赢利率而愿意承担的额外风险的大小。

如图 3-22 所示，$U_1 \sim U_3$分别表示三条不同水平的等效用曲线，即无差异曲线。每条无差异曲线都代表了一种风险和赢利率的组合，消费者在每一条曲线上的每一点都能获得相同的满意程度。无差异曲线的形状说明风险越大就必须使投资者能够得到越高的期望赢利率，即风险与收益呈正向匹配关系。如果消费者不希望有任何风险，他可以将所有的钱投在国债上（$\partial = 0$），得到期望赢利率R_f；为了获得更高的赢利率，他必须承担一定的风险。他如果愿意把所有的积蓄都投资股票（$\partial = 1$），则可得到期望赢利率R_m，但标准差为σ_m。如果他在国债和股票上都有投资，则得到的期望赢利率介于R_f和R_m之间，赢利率标准差介于 0 和σ_m之间。

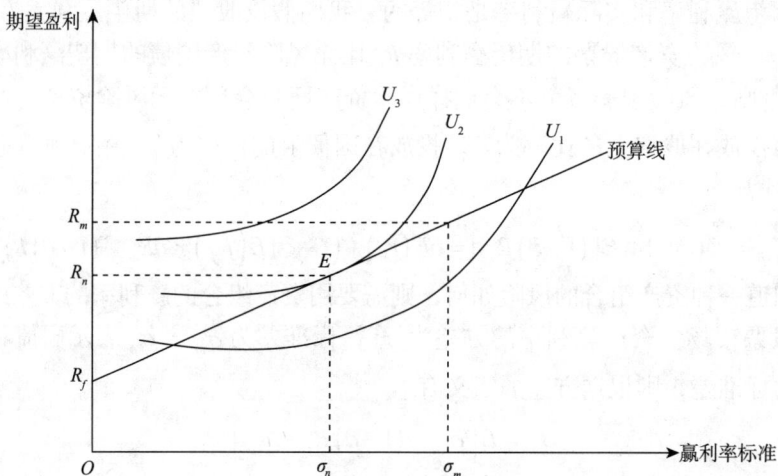

图 3-22　风险与期望赢利率间的旋转

图 3-22 中，预算线与无差异曲线的切点代表了消费者在既定储蓄额的约束条件下，他所能达到的最大的期望赢利率与风险的最佳组合。如果切点的位置位于风险（表现为资产组合赢利率的标准差）较低处，表明资产组合中，风险资产占的比例较少。

以上我们分析的是风险资产与无风险资产两种资产组合的选择，这一分析也适用于风险程度不同的两种或多种风险的组合选择。

本 章 案 例

案例 3-1：垃圾中的边际效用

美国是世界上经济最为强大的国家，人均消费商品数量居世界第一，人均垃圾量也几乎没有一个国家能与之相比。美国的垃圾不但包括各种废弃物，还包括各种用旧了的家具、地毯、鞋子、炊具，乃至电视机和冰箱。美国是一个提供消费的社会，它的生产力巨大，产品积压常常成为主要的经济问题。如果每个人将自己生产出来的产品（更精确地讲，是生产出来的价值）全部消费掉，经济则正常运转。如果生产旺盛，消费不足，或者说，居民由于富裕而增加了储蓄，产品就会积压。所以对于美国来说，解决经济萧条的主要措施是鼓励消费。

在美国，旧东西有几条出路：举办"后院拍卖"，捐赠给教堂，捐赠给旧货商店，或当垃圾扔掉。旧东西在美国很不值钱，你可以在后院拍卖中买到 1 美元一个的电熨斗，在教堂拍卖中买到 10 美元一套的百科全书（20 本）和 5 美元一套的西装。相反，旧东西在中国就值钱多了。在大城市，经常看到有人在收购各种旧的生活用品，然后运到贫穷、偏僻的农村地区以几倍的价格卖出。

表面上看，这是一个矛盾的现象：相对穷的中国人，却愿意花几倍于相对富的美国人愿意出的价钱去买这些旧东西。但这个现象可以用经济学中的效用理论来解释，即商品价格的高低与商品所提供的边际效用的大小成正比。

富人用一块钱要比穷人用一块钱轻率，或者说，富人的钱的边际效用低。人们越富裕，就越有钱来购买奢侈品。举例来说，在美国最便宜的剃须刀是 10 美分一把，最豪华的剃须刀大约要 100 美元，二者相差达千倍。豪华剃须刀虽然更美观、更安全、更经用，但它的基本功能也只限于剃胡子，它提供的附加效用非常有限。廉价手表和豪华手表的价钱也可相差千倍。过去中国比较穷，奢侈品没有市场，现在人们钱多起来，情况正在变化。

中美两国富裕程度的差别而形成的效用评价的差别，提供了巨大的贸易机会，即中国可以用极低的价格进口某些旧用品，其代价主要是收集、分类及运输的成本，如旧汽车是值得进口的。在美国由于人力昂贵，修理费用高，所以报废的标准比较高。

资料来源：张云峰等《微观经济学典型题解析及自测试题》第 57~58 页

案例 3-2：从边际效用递减规律看央视春晚"怪圈"现象

央视春晚一直是一个神奇的舞台，不管一个人昨天是怎样的一个存在，只要除夕之夜他能够站在春晚的舞台上，大年初一的早上他可能就会成为万众瞩目的焦点。为什么会引起这样的效应呢？首先，是因为时间段选择得很好，春晚的开始选择在了除夕晚上的黄金时段，这正是合家欢乐共聚一堂的难得时间。在这样的条件下，家人在一起喝茶聊天，看着春晚这样的娱乐节目，是非常幸福温馨的事情。其次，央视春晚的节目都是经过认真挑选和严格审查的，所以节目质量是相对其他娱乐节目来说比较好的，更容易吸引大家的眼球。最后，第一届央视春晚在 1983 年举办，那个年代除了看电视之外没有别的什么娱乐活动，并且改革开放初期，人们对联欢晚会这样的娱乐节目还有非常强烈的新鲜感，其他地方电视台很少有这样的节目。

因此，央视春晚就这样一年一次、一届一届地举办了下来，潜移默化地成了中国的一种文化。

一、央视春晚中反映的经济现象

央视春晚至今仍年复一年在除夕之夜准时举办着，可大家对这一节目的看法却没有一如既往的那么好。表面看来，春晚投入了大量的人力物力，舞台效果一年比一年华丽，人员及节目选择一年比一年透明化、大众化。可是，观众们似乎并不领情，近几年，除夕之夜过后，网上便对央视春晚骂声一片，现实生活中大家对其津津乐道的评价也少见了。

央视春晚为什么会陷入"年年办，年年骂；年年骂，年年办"这一怪圈呢？原因有很多，从经济学角度来看其实与边际效用递减规律有关。在其他条件不变的前提下，当一个人在消费某种物品时，随着消费量的增加，他（她）从中得到的效用是越来越少的，这种现象普遍存在，就被视为一种规律。边际效用递减规律虽然是一种主观感受，但在其背后也有生理学的基础：反复接受某种刺激，反应神经就会越来越迟钝。

第一届春晚让我们欢呼雀跃，但举办次数多了，由于刺激反应弱化，尽管节目本身的质量在整体提升，但人们对晚会节目的感觉却越来越差了。通俗地说：就是当一个人极度饥饿的时候，十分需要吃东西，他吃下第一碗饭时是最痛快的、最爽的，当他继续吃下去的时候，饥饿的程度降低，对下一碗饭的渴望值也不断减少，当他吃到完全不饿的时候即是边际，这时候再吃下去甚至会感到不适，再继续吃下去会越来越感到不适，甚至到最后会讨厌吃，以致不吃了。

理论上讲，边际效用是消费者的心理感受，消费某种物品实际上就是提供一种刺激，使人有一种满足的感受，或心理上有某种反应。消费某种物品时，开始的刺激一定大，从而人的满足程度就高。但不断消费同一种物品，即同一种刺激不断反复时，人在心理上的兴奋程度或满足必然减少。或者说，随着消费数量的增加，效用不断累积，新增加的消费所带来的效用增加越来越微不足道。

19 世纪的心理学家韦伯和费克纳通过心理实验验证了这一现象，并命名为韦伯-费克纳边际影响递减规律。这一规律也可以用来解释边际效用递减规律。边际效用递减规律时时在支配着我们的生活，尽管有时我们没有明确地意识到。

在大多数情况下，边际效用递减规律决定了第一次最重要。就像看央视春晚一样，第一次看央视春晚新鲜感十足，因为第一届央视春晚举办的那个年代，除了看电视之外没有别的什么娱乐活动，央视春晚的推出，极大地满足了人们对娱乐节目的需求。这时，央视春晚所带来的边际效用为正值，总的效用曲线呈现上升趋势。但是随着春晚一年又一年的举办，其所带来的总的效用曲线是以递减的速率先上升后下降的，边际效用由正值持续向右下方递减。这表明，央视春晚所带来的新鲜感和满足感在下降，人们对央视春晚的渴望值在不断减少。

目前，中国国民在央视春晚年复一年不间断的举办中所得到的边际效用量是逐年减少的。因此，就出现了央视春晚"年年办，年年骂"这一现象。可是，纵然是这样年年挨骂，央视春晚还是要一年接一年地举办下去。因为，它似乎成了我们的一种传统习惯，变成了我们中国人除夕之夜必不可少的一道"年夜饭"，没了它我们又少了些许期盼。因此，央视春晚就陷入了这样的怪圈——"年年办，年年骂；年年骂，年年办"。

二、对央视春晚的建议

建立春晚节目创作机制和采取奖励制度，即每年春晚结束之时，就是下一届春晚创作的开始，并建立春晚奖励基金，对入选节目进行重奖，改变每年办春晚临时抱佛腿、临时抓创作、临时加班排练的做法。中国春节是常规节日，春晚筹办也应该常规化，这样会减少办春晚的难度，同时提高春晚节目的质量。央视春晚要不断创新，要克服年年重复、模式固定这一缺陷。边际效用递减规律告诉我们，只有不断创新，研究大众对这一节目的需求变化，丰富节目的内容，才能满足广大人民群众的观看需求，减少边际效用递减规律的变化给央视春晚收视率带来的不利影响。

资料来源：胡玲玲《商业文化》

本 章 小 结

（1）消费者的行为目标是追求效用最大化。效用是指消费者在消费物品（或劳务）时所感受到的满足程度。在效用如何度量的问题上，西方经济学家先后提出了基数效用和序数效用的概念。分析消费者行为的理论包括基数效用论和序数效用论。其中基数效用论者采用边际效用分析法分析消费者效用最大化的实现；而序数效用论者采用无差异曲线分析法分析消费者效用最大化的实现。

（2）边际效用递减规律贯穿于基数效用论始终。边际效用递减规律是指：在一定时期内，在其他商品的消费数量不变的条件下，随着消费者对某种商品消费量的增加，消费者从该商品连续增加的每一消费单位中所得到的效用增量，即边际效用是递减的。根据边际效用递减规律推导出的消费者的需求曲线是向右下方倾斜的。

（3）消费者均衡是研究单个消费者如何把有限的货币收入分配到各种商品的购买中以达到效用最大，即研究消费者的最佳购买行为问题。借助于无差异曲线和预算线可以分析消费者的均衡。在商品的价格、消费者的收入和偏好给定的前提下，唯一一条预算线和无差异曲线组中的一条无差异曲线的切点即消费者的均衡点。

（4）在消费者偏好不变条件下，如果商品的价格或收入变化，消费者均衡会发生相应的变化。我们将在消费者货币收入不变和其他商品价格不变时，与某种商品不同价格水平相联系的消费者效用最大化均衡点的轨迹称为价格-消费曲线；将与消费者不同收入水平相联系的消费者效用最大化的均衡点的轨迹，称为收入-消费曲线。根据价格-消费曲线可以推导出某种商品的需求曲线；根据收入-消费曲线可以推导出恩格尔曲线。

（5）任何商品的价格与替代效应均呈反方向变化。正常商品的价格与收入效应呈反方向变化，而劣等品的价格与收入效应呈同方向变化，大多数低档品的替代效应的作用大于收入效应，吉芬商品的替代效应的作用小于收入效应。

（6）描述风险的工具主要有概率、期望值和方差。面对不确定性，消费者在风险情

况下的态度是不同的。消费者常采取多样化策略、购买保险和获取更多的信息等措施来
降低风险。

复习与思考

1. 请说明为什么在一段时间内随着消费的商品数量的不断增加，其边际效用是递减的。

2. 在人们的生活中，水是生存不可缺少的资源，钻石对人类的生存没有影响，但是为什么钻石的价格远远高于水的价格？

3. 基数效用论关于消费者均衡的条件是什么？为什么？

4. 试述基数效用论者和序数效用论者关于需求曲线的推导。

5. 用图分析消费者均衡。

6. 在中国北方许多大城市，由于水资源不足，居民用水紧张，请根据边际效用递减原理，设计一种方案供政府来缓解或消除这个问题，并回答与这种方案有关的下列问题。

（1）对消费者剩余有何影响？

（2）对生产资源的配置有何有利影响？

（3）对城市居民的收入分配有何影响？能否有什么补救的办法？

7. 比较基数效用论与序数效用论的异同。

8. 磁带的价格是 10 美元，CD 的价格是 15 美元。某消费者的预算是 100 美元，而且他已经买了 3 盒磁带，所以他还有 70 美元可用于购买其他的磁带和 CD。画出该消费者的预算线。如果该消费者用剩下的钱买了 1 盒磁带和 4 张 CD，请在预算线上标明他的选择。

9. 某消费者收入 $M=20$，消费商品 1 和商品 2 两种商品，其效用函数为 $U=X_1^3 X_2^2$，商品 1 和商品 2 两种商品的价格分别为 $P_1=2$，$P_2=1$。求该消费者对商品 1 和商品 2 的最优需求量。

10. 设某消费者的效用函数为柯布-道格拉斯类型的，即 $U=X_1^\alpha X_2^\beta$，商品 1 和商品 2 的价格分别为 P_1 和 P_2，消费者的收入为 M，α 和 β 为常数，且 $\alpha+\beta=1$。

（1）求该消费者关于商品 1 和商品 2 的需求函数。

（2）证明当商品 1 和商品 2 的价格及消费者的收入同时变动一个比例时，消费者对这两种商品的需求关系维持不变。

（3）证明消费者效用函数中的参数 α 和 β 分别为商品 1 和商品 2 的消费支出占消费者收入的份额。

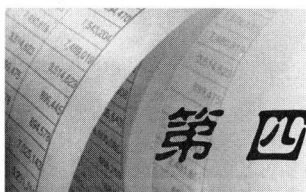

第四章

生　产　论

学习目的与要求

1. 了解生产函数的定义及特点。

2. 掌握企业短期生产的基本规律。

3. 明确短期生产中各种产量之间的关系，企业短期生产的三个阶段理论和长期生产时要素的最优组合。

4. 了解长期生产中的规模报酬变化三种类型。

第三章分析了作为需求曲线基础的消费者行为，本章和第五章、第六章研究了作为供给曲线基础的生产者行为。这将有利于我们更好地理解市场供给曲线背后的决策。我们将从厂商追求利润最大化行为出发推导出供给曲线。利润是总收益与总成本的差额。成本、收益都与生产有关。成本是生产中的耗费，收益是出售产品的收入。若没有生产，就既不会有成本，也不会有任何收益。在讨论成本、收益及利润之前，需要对生产理论进行探讨。

■ 第一节　厂商

在西方经济学中，生产者亦称厂商或企业，它是指能够做出统一的生产决策的单个经济单位。作为一种经济决策单位，除了消费者与政府之外，其余的经济组织都是厂商。因此，厂商可以是工厂、农户、银行，甚至是医院、学校等。

一、企业的组织形式

企业的组织形式一般有三种：业主制、合伙制和公司制。

业主制是指个人独资经营的厂商组织。这些企业在数量上很多，但总销售额却很小。个人业主企业决策自由、灵活；企业的利润目标明确、容易建立，能够向市场提供新产品，也能够迅速从市场退出，但企业的资本规模受个人财力的限制，决策容易失误，也较易破产。

合伙制企业是指两个人以上合资经营的厂商组织。合伙制在经济活动总量中仅占相当小的一部分。相对于个人企业而言，合伙制企业资金较多、规模较大，比较易于管理；但由于多人所有和参与管理，不利于协调和统一；合伙人之间契约关系不稳定。其中主要缺点便是无限责任。每一合伙人对整个合伙制企业所欠的债务具有无限的责任。无限责任和筹集资金困难，使合伙制企业只局限于农业和零售商业这类小型的企业。

公司制企业是指按《中华人民共和国公司法》建立和经营的具有法人资格的厂商组织，在现代市场经济中，大多数经济活动发生在公司里。公司占主导地位，是一种重要的现代企业组织形式，今天的大公司，国家确保它们承担有限责任，能够从银行、债券持有者和股票市场借入资金，从而积累起数十亿的资本，对于公开上市的股份公司而言，一般都是由董事会、监事会、经理组成复杂的公司治理结构，公司以发行股票或债券的方式融资，如公司盈利股东有权分享利润，若公司破产，公司的股东承担有限的责任，使他们所承担的公司债务或亏损不会超过他们最初的出资额。在市场经济中，公司制是最有效的从事经济活动的方式。公司是一个可以从事经济活动的"法人"。同时，无论股份经过多少次易手，公司都可以"永久延续"或"永远存在"。

二、厂商的目标

厂商追求利润最大化，这是微观经济学经典理论的基本假定，但是近二三十年来，一些经济学家对这一假定提出了异议。因为在现实中，我们看到的是，许多企业实际追求的目标未必是利润最大化。

企业目标是否偏离利润最大化与企业的所有制形式有着密切的联系。一般而言，对于业主制企业和合伙制企业来说，由于企业的经营者往往就是企业的所有者，因此企业经营的目标通常是与所有者目标完全一致的，这一目标就是利润最大化。但是，在现代公司制企业中，由于所有权与控制权分离，真正的经营者已经不是传统意义上的"老板"或企业所有者，而是企业所有者的高级雇员——经理，在两权分离的情况下，经理阶层从自身利益考虑可能寻求其他目标，如追求在职消费效用最大化，此时他们不努力工作、追求豪华轿车、五星级宾馆、豪华舒适的办公室等，使企业目标偏离利润最大化的轨迹。因此，利润最大化原则不一定能解释许多厂商的行为。我们来看一下，现实中影响厂商行为的其他一些目标。

例如，一些企业可能会以销售收入最大化为目标。销售收入是企业规模的一个指标，著名的《财富》杂志就是以公司的销售收入为标准来排列每年的世界 500 强的。因此，当公司的经理阶层追求进入世界 500 强中的排位时，销售收入最大化就应该成为主要目标。经理阶层的其他考虑，也可能导致销售收入最大化成为企业的主要目标。例如，企业规模越大，经理们在其地位、权势、可支配的资源等方面的得益就越大，这些都可以成为一种激励因素，使得经理们可能着眼于这些目标。

一些企业可能追求市场份额最大化。当市场份额以销售收入为指标来衡量的时候，这两者是一致的。但在不少情况下，市场份额是以销售数量来衡量的，这两个目标就不完全一致，这种不一致是由需求价格弹性决定的。另外，两者不一致的地方是，销售收入是一个绝对指标，表明一个企业的绝对规模，而市场份额是一个相对指标，表示一个企业在某个特定市场的地位，在不同的市场上，销售收入的大小并不一定能代表市场份额的大小。例如，汽车市场和钢琴市场，前者需求量大，往往很高的销售收入仅占较小的市场份额；而后者由于需求量相对较小，有时拥有较小的销售收入就能成为市场的老大。市场份额最大化常常成为企业追求的目标，因为市场份额越大，企业的支配能力就越大，从而经理的地位也就越巩固，在不少企业，市场份额又往往与经理阶层的收入挂钩，这也就更容易使这一目标成为企业追求的现实目标。

无论怎样，即使厂商的经营有多种目标，但无论从哪个方面来说利润最大化目标假设都是一个企业最佳选择。这不仅因为在利润最大化假设之下，经济学家可以建立较为完美的理论模型来研究微观经济的各种问题，而且，长期来看，一个不以利润最大化为目标的企业终将被市场竞争所淘汰，所以，实现利润最大化是一个企业竞争生存的基本准则。因此，在以后分析中，我们依然将利润最大化作为厂商行为的一个基本假设，当然在现实中具体分析某个厂商时，可以参考别的目标。

三、企业的本质

传统的微观经济学多把企业看作一个黑箱，所关心的仅仅是企业将投入转化为产出的功能，而完全不涉及企业内部的运作。然而这种分析方法在近年来受到越来越大的挑战。当从经济制度的角度对企业进行分析的时候，就会发现企业的功能并不如此简单。1937年，美国经济学家科斯（R. H. Coase）发表了"企业的性质"这篇被称作新制度经济学开山之作的文章。在"企业的性质"一文中，科斯石破天惊的一问——企业为什么存在，企业的边界在哪儿？打开了经济学通向真实世界的途径。科斯的回答：企业为什么存在，是因为市场交易有成本。经典的微观经济理论有一个隐含的基本假定，这一假定就是，市场的交易是没有成本的，也就是说交易费用为零，但科斯认为市场交易存在着交易费用。

什么是交易成本呢？任何一笔市场交易都可以看成一项合约（买卖合约、雇佣合约等）。所谓交易成本可以看成围绕交易合约所产生的成本。任何一项经济交易的达成都需要在市场上搜寻信息、讨价还价、签订合约、执行合约及监督合约的履行、制裁违约行为的过程，这一过程会带来一系列的费用，有时甚至会高到导致合约无法达成。当市场交易成本太高时，以企业形式去配置资源就有效率了。

企业作为生产的一种组织形式，在一定程度上是对市场的一种替代。同一笔交易，既可以通过市场的组织形式来进行，也可以通过企业的组织形式来进行。企业和市场之所以同时并存，是因为有的交易在企业内部进行成本更小，而有的交易在市场进行成本更小。设想两种极端，一种极端是每一种生产都由一个单独的人来完成，如一个人制造一辆汽车，这个人就要和很多中间产品的供应商进行交易，而且，还要和产品的需求者进行交易。在这种情况下，所有的交易都要通过市场在很多的个人之间进行。另一种极端是经济中所有的生产都在一个庞大的企业内部进行，如完整的汽车在这个企业内部被生产出来，不需要通过市场进行任何中间产品的交易。尽管企业的内部交易会降低市场交易成本，但是，企业也不是免费的午餐，企业内部配置资源需要组织协调。当企业组织协调成本高于市场交易成本时，用市场去配置资源更有效率。企业的边界是市场交易成本等于企业组织协调的成本。科斯认为，市场与企业都是资源的配置机构。市场交易是以价格为信号的横向交易去配置资源，而企业是运用指挥命令的纵向方式去配置资源。

第二节 生产函数

企业的生产首先表现为投入与产出之间的技术关系，本节阐述用来表示技术关系的生产函数概念。

一、生产和生产函数

"生产"在经济学中是一个具有普遍意义的概念。经济学意义上的"生产"不仅意味着制造一台机床或是纺织一匹布，它还包含了其他各种各样的经济活动。例如，经营一家商店或证券公司，为他人打官司，剧团的演出，为病人看病，出租车的客运服务，等等。这些活动都涉及为某个人或经济实体提供产品或服务，并得到他们的认可。所以，"生产"并不仅限于物质产品的生产，还包括金融、贸易、运输、家庭服务等各类服务性活动。一般来说，生产就是创造财富的过程。现实的企业不仅组织形式各不相同，而且生产不同产品的企业所采用的生产技术迥异，但是它们却有一个共同特征，那就是，只要从事生产，就必须有投入并能将这些投入转化为产出。

企业生产要讲求效率，既要讲求技术效率，又要讲求经济效率。所谓技术效率，是指既定投入下产出最大，或既定产出所耗费的投入最小。生产函数就是研究这一问题的。任何一个社会都面临着资源稀缺的问题，即一个社会所能生产的商品和服务的总量总受制于社会可利用的资源总量和技术状况。同样，对于任何一个厂商（指以营利为目的，进行生产性活动的个人或组织）来说也面临同样的约束，不管厂商从事什么样的生产活动。由于它投入的生产要素有限，在它所能掌握的生产技术条件下，其能够提供的产量肯定不会超过某个上限，这样一种约束关系可以用生产函数来表达。

生产函数反映了生产过程中生产要素的投入量和产出量之间的关系。生产函数表示在一定时期内，在技术水平不变的情况下，生产中所使用的各种生产要素数量与所能生产的最大产量之间的关系，生产函数本身并不涉及价格或成本问题。任何生产函数都以一定时期的技术水平为前提条件，一旦生产技术水平发生变化，原有的生产函数就会发生变化，从而形成新的生产函数。新的生产函数可能以相同的要素投入量生产出更多或更少的产量，也可能以变化了的生产要素的投入量进行生产。

生产产品所需投入的生产资源很多，这些资源一旦被投入生产过程中就被称为生产要素。生产要素是指生产过程中一切必不可少的东西。生产要素一般被划分为劳动（L）、资本（K）、土地（N）、企业家才能（E）这四种类型。劳动是人类在生产过程中提供的体力和智力的总和。土地不仅指土地本身，还包括地上和地下的一切自然资源，如森林、江河湖泊、海洋和矿藏等。以上两种要素又称原始要素。资本是指由劳动与土地两种原始要素生产出来，再用于生产过程的中间产品，可以是实物形态或货币形态。资本的实物形态又称资本品或投资品，如厂房、机器设备、动力燃料、原材料等，资本的货币形态通常称为货币资本。企业家才能是指企业家组织建立和经营管理企业的才能。则生产函数的一般形式为

$$Q = f(L, K, N, E) \tag{4-1}$$

式中，Q 代表产量。值得注意的是，这里的 Q 表示在既定的生产技术水平下一定数量的生产要素所能产出的最大产量。也就是说，投入要素的使用是有效率的，因此，如果某一种投入要素的组合带来了生产函数所要求的产量，我们就称这样的生产在技术上是有效率的。在对生产者行为的分析中，我们假定所有厂商都能达到技术上有效率的产量。这是因为，一方面以营利为目的的企业总是寻找达到最高可能产量的途径；另一方面，不能达到这一点的厂商难免在市场竞争中遭到淘汰。

式（4-1）还表明，最大可能产量取决于劳动、资本、自然资源、技术状况等因素。显然，如果技术条件改变了，那么同样的劳动、资本、土地、企业家才能的组合可能会达到新的产量，为了分析方便，在本章中我们暂且假定技术状况是既定的。同样为了分析的方便，在下面的讨论中，我们假定生产一种产品，只使用两种投入要素：劳动（L）和资本（K），则生产函数可写成以下形式：

$$Q = f(L, K) \tag{4-2}$$

这是简化了的一般形式的生产函数。

生产函数有以下两个特征。

第一，若生产要素的投入量不同，则商品的产出量也不同，一般来讲，更多的投入一定会得到更多的产出。

第二，厂商采用的生产技术决定厂商生产函数的具体形式，生产技术与生产函数之间存在对应关系。生产函数反映了生产的技术水平，我们常常用不同的生产函数来表示不同的生产技术，也用生产函数的改变来反映生产技术的改变。为了生产某种商品，厂商通常可以选择不同的生产技术，因此厂商面临的生产函数总是有好几种。但是不论厂商选择哪一种生产函数，一旦采用，就确定了厂商产量的可能最大限度。在任何时候，如果厂商希望增加产出，它就必须进行更多的要素投入。

二、一些具体的生产函数

生产函数的具体形式是多种多样的，在此介绍常见的几种生产函数形式。

（一）固定替代比例生产函数

固定替代比例生产函数也称线性生产函数，它是指在每一产量水平上任何两种生产要素之间的替代比例都是固定的。其形式为

$$Q = aL + bK \tag{4-3}$$

式中，Q 为产量；L 和 K 分别表示劳动和资本的投入量；常数 a 和 b 大于 0。与这一线

性生产函数相对应的等产量曲线是一条直线。假定劳动和资本之间的固定替代比例为 2：1，则相应的产量曲线如图 4-1 所示。

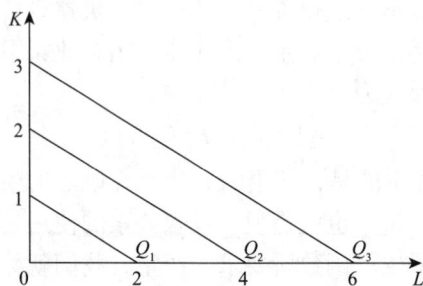

图 4-1 固定替代比例的生产函数

（二）固定投入比例生产函数

固定投入比例生产函数也称里昂惕夫生产函数，它是指在每一产量水平上任何一对要素投入量之间的比例都是固定的。如果要增加产出，那么要素投入必须按照这同一比例增加。例如，服装厂生产服装所需要投入的比例是一人一台缝纫机，增加一台缝纫机就要相应增加缝纫机操作人员，其形式为

$$Q = \min\left\{\frac{L}{u}, \frac{K}{v}\right\} \tag{4-4}$$

式中，Q 为产量；L 和 K 分别为劳动和资本投入量；常数 u 和 v 大于 0，分别为固定的劳动和资本的生产技术系数；式中的 min 表示括号内两个比例中的最小者，即产量取决于 L/u 和 K/v。这两个比值中较小的那一个即使其中一个比例数值较大，也不会提高产量。在该生产函数中，一般又通常假定生产要素投入量 L、K 都满足最小的要素投入组合要求，所以有

$$Q = \frac{L}{u} = \frac{K}{v} \tag{4-5}$$

进一步的，可以有

$$\frac{K}{L} = \frac{v}{u} \tag{4-6}$$

对于一个固定投入比例生产函数来说，当产量发生变化时，各要素的投入量将以相同的比例发生变化，所以各要素的投入量之间的比例维持不变。关于固定投入比例生产函数的这一性质，可以用几何图形加以说明，如图 4-2 所示。a、b、c 点分别是生产 Q_1、Q_2、Q_3 产量最小要素投入组合。两要素投入量以相同比例增减，两要素投入比例保持不变，即

$$\frac{K}{L_1} = \frac{K_2}{L_2} = \frac{K_3}{L_3} = \frac{v}{u} \tag{4-7}$$

在任何一条等产量曲线的直角点上，即射线 OR 表示这一固定比例生产函数的所有产量水平的最小要素投入量组合。

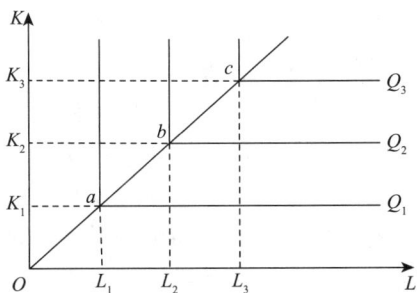

图 4-2 固定投入比例的生产函数

（三）柯布–道格拉斯生产函数

柯布–道格拉斯（Cobb-Douglas）生产函数是由数学家柯布和经济学家道格拉斯于20世纪30年代初提出来的。柯布–道格拉斯生产函数被认为是一种很有用的生产函数，因为该函数以简单的形式描述了经济学家所关心的一些性质，它在经济理论的分析和实证研究中都具有一定意义。该生产函数的一般形式为

$$Q = AL^{\alpha}K^{\beta} \tag{4-8}$$

式中，Q 为产量；L 和 K 分别为劳动和资本投入量；A、α、β 为三个参数，$0<\alpha$，$\beta<1$。

柯布–道格拉斯生产函数中的参数 α 和 β 的经济含义是：当 $\alpha+\beta=1$ 时，α 和 β 分别表示劳动和资本所得在生产过程中的相对重要性，α 为劳动所得在总产量（total product，TP）中所占的份额，β 为资本所得在总产量中所占份额。根据柯布和道格拉斯两人对美国 1899~1922 年有关经济资料的分析和估算，α 值约为 0.75，β 值约为 0.25。它说明，在这一期间的总产量中，劳动所得的相对份额为 75%，资本所得的相对份额为 25%。

此外根据柯布–道格拉斯生产函数中的参数 α 和 β 之和，还可以判断规模报酬的情况。若 $\alpha+\beta>1$，则规模报酬递增；若 $\alpha+\beta=1$，则规模报酬不变；若 $\alpha+\beta<1$，则规模报酬递减。

第三节 一种可变生产要素的生产函数

生产函数给定了生产者为了达到某个产量可采取的各种生产要素投入的组合。但是，有些时候，并不是所有这些组合都可供生产者自由选择。例如，某个服装厂商突然订单激增，需要在下个月将产量翻一番，此时多半厂商只能采取增雇工人、加班加点的方法，而要在一个月内增建一座厂房并增添一倍机器是不太现实的。所以，我们在经济学中区分厂商的短期决策和长期决策。

一、短期和长期的含义

所谓短期指的是生产者来不及调整全部生产要素的数量，至少有一种生产要素的

数量是固定不变的时间周期。相应的，短期生产要素投入可以区分为固定投入和可变投入。其中，无法改变投入量的那些要素被称为固定投入。它们的投入之所以在短期固定，并不是因为这种改变完全没有可能，而是因为做出改变的成本实在太高，以至于在短期内没有人愿意这样做。在上面的例子中，厂房、机器设备就是固定投入，厂商不会轻易增加这些投入，因为一方面增加这些投入需要时间和成本，另一方面他不知道订单的增加是暂时现象还是长久现象。而可变投入则是指劳动、原材料、易耗品等那些容易改变的投入。农业生产中，土地是固定投入，而种子、化肥等投入在一定时期内是可变的。

所谓长期是指生产者可以调整全部生产要素数量的时间周期。例如，旧的机器设备可能已经折旧完毕，旧的厂房可能已经破损，生产者根据企业的经营状况，增添新的机器设备和厂房，可以缩小或扩大生产规模，甚至还可以加入或退出一个行业的生产。在长期中，不存在固定收入，厂商的一切投入要素都可以改变，也就没有固定收入和可变投入的区别，因此，固定收入和可变投入的区别仅限于短期。

从上述定义来看，短期和长期不是单纯的时间概念。两者的划分是以生产者能否变动全部要素投入的数量作为标准的，对于不同产品生产，短期与长期的界限是不同的。在一些情况下，一年可以作为短期，而在另一些情况下，一年可以作为长期。对于一个企业来说，全部生产要素都要调整，即变动生产规模要多长时间呢？答案应取决于企业。例如，变动一个水果店的规模可能仅需几个月或更短的时间，而变动一个大型制造企业的规模，可能需要一年或更长的时间。对于汽车制造、钢铁冶炼、发电等行业来说，"短期"的时间很长。而对于一般轻工业来说，"长期"的时间却很短。

二、总产量、平均产量和边际产量

由生产函数 $Q = f(L, K)$ 出发，假定资本 K 不变，劳动 L 可变，此时，生产函数就是短期生产函数；而如果两个要素同时可变，那么生产函数就是长期生产函数。由于厂商的生产技术在很大程度上是由所使用的机器设备决定的，因此厂商在短期内也就很难改变其生产技术。厂商的生产技术的改变主要与其长期决策相联系。我们首先考虑短期生产函数。在短期生产函数中，假设资本为固定投入，其既定的数量为 $\overline{K}$，劳动为可变投入，因此短期生产函数可表示为

$$Q = f(L, \overline{K})$$

或

$$Q = f(L) \tag{4-9}$$

也就是说，在短期生产函数中，只有劳动一种要素可以变动，其他要素均为既定的。

短期生产函数表示在资本投入量固定时，由劳动投入量变化所带来的最大产量变化。由此，我们可以得到劳动的总产量、劳动的平均产量（average product）和劳动的边际产量这三个概念。它们的英文简写顺次是 TP_L、AP_L、MP_L。

（一）总产量、平均产量和边际产量概念

劳动的总产量是指与一定的可变要素劳动的投入量相对应的最大产量。可写为

$$\mathrm{TP}_L = f\left(L, \overline{K}\right) \tag{4-10}$$

劳动的平均产量是指每单位劳动的平均产出，等于总产量除以劳动量，其公式为

$$\mathrm{AP}_L = \frac{\mathrm{TP}_L\left(L, \overline{K}\right)}{L} \tag{4-11}$$

劳动的边际产量是指增加一个单位劳动所带来的总产量的增量。它的公式为

$$\mathrm{MP}_L = \frac{\Delta \mathrm{TP}_L\left(L, \overline{K}\right)}{\Delta L} \tag{4-12}$$

或

$$\mathrm{MP}_L = \lim_{\Delta L \to 0} \frac{\Delta \mathrm{TP}_L\left(L, \overline{K}\right)}{\Delta L} = \frac{\mathrm{dTP}_L\left(L, \overline{K}\right)}{\mathrm{d}L} \tag{4-13}$$

类似的，对于生产函数 $Q = f\left(\overline{L}, K\right)$ 来说，它表示在劳动投入量固定时，由资本投入量变化所带来的最大产量的变化，由该生产函数可以得到相应的资本总产量、资本的平均产量和资本的边际产量，它们的定义公式分别是

$$\mathrm{TP}_K = f\left(\overline{L}, K\right) \tag{4-14}$$

$$\mathrm{AP}_K = \frac{\mathrm{TP}_k\left(\overline{L}, K\right)}{K} \tag{4-15}$$

$$\mathrm{MP}_K = \frac{\Delta \mathrm{TP}_k\left(\overline{L}, K\right)}{\Delta K} \tag{4-16}$$

或

$$\mathrm{MP}_K = \lim_{\Delta K \to 0} \frac{\Delta \mathrm{TP}_k\left(\overline{L}, K\right)}{\Delta K} = \frac{\mathrm{dTP}_k\left(\overline{L}, K\right)}{\mathrm{d}K} \tag{4-17}$$

根据以上的定义公式，可以编制一张关于一种可变要素的生产函数的总产量、平均产量和边际产量的列表，如表 4-1 所示，表中 $Q = f\left(L, \overline{K}\right)$。

表 4-1 总产量、平均产量和边际产量

劳动投入量（L）	劳动的总产量（TP_L）	劳动的平均产量（AP_L）	劳动的边际产量（MP_L）
0	0	—	—
1	10	10	10
2	30	15	20
3	60	20	30
4	80	20	20
5	95	19	15
6	108	18	13
7	112	16	4

续表

劳动投入量（L）	劳动的总产量（TP_L）	劳动的平均产量（AP_L）	劳动的边际产量（MP_L）
8	112	14	0
9	108	12	−4
10	100	10	−8

（二）总产量曲线、平均产量曲线和边际产量曲线

图 4-3 是根据表 4-1 绘制的产量曲线图，图中的横轴表示可变要素劳动的投入数量 L，纵轴表示产量 Q，从投入第 1 个工人开始到第 8 个工人，总产量都不断增加。在工人人数达到 3 以前，总产量以递增速度上升，也就是说，劳动的边际产量在不断增加；当工人人数达到 3 以后，总产量以递减的速度上升，说明劳动的边际产量在下降，最后达到 112 单位的最高产量，此后，当劳动的投入量超过 8 时，进一步增加劳动投入反而减少了总产量，劳动的边际产量为负。图 4-3 中，TP_L、AP_L 和 MP_L 三条曲线顺次表示劳动的总产量曲线、劳动的平均产量曲线和劳动的边际曲线。图 4-3 中显示的三条曲线都是先呈上升趋势，而后达到各自的最高点以后，再呈下降趋势，而且三条产量曲线之间存在着密切的联系。

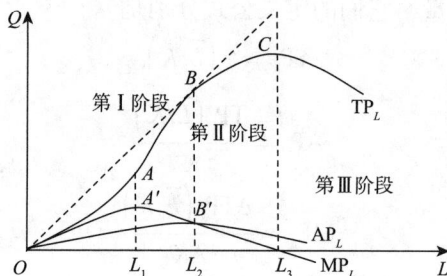

图 4-3　一种可变生产要素的生产函数的产量曲线

三、边际报酬递减规律

由表 4-1 和图 4-3 可以看到，在厂商厂房、机器设备等资本投入不变的情况下，随着可变投入的增加，劳动边际产量一开始是递增的，但当劳动投入量增加到一定程度后，其边际产量就会递减，直到出现负数，表现为产量曲线先上升而最终下降的特征，这不是一个偶然现象，而是一个普遍规律。这就是边际报酬递减规律，也称为边际收益递减规律。

边际报酬递减规律是指在技术水平不变的条件下，在连续等量地把某一种可变生产要素增加到其他一种或几种数量不变的生产要素上去的过程中，当这种可变生产要素投入量小于某一特定值时，增加该要素投入所带来的边际产量是递增的；当这种可变生产要素的投入量连续增加并超过这个特定值时，增加该要素投入所带来的边际产量是递减的。边际报酬递减规律是短期生产的一条基本规律。例如，我们在厂房固定和机器设备有限的条件下投入一个工人生产，这个工人要从头到尾完成相关工作，其效率不会太

高。如果增加一名工人，两人可以进行有效分工协作，提高工作效率，使产量上升超过一倍。如果再增加工人，还可以进一步分工协作，边际产量仍然可以提高。但不断地增加工人，使在固定厂房和有限机器设备下的劳动显得过剩，工作效率降低，边际产量开始下降。最后工人实在太多，挤在一间厂房中无事可干，互相聊天扯皮，边际产量成了负数。我们也可以举这样一个反例：如果边际报酬递减规律不成立，只要无限制地增加劳动投入而不增加其他投入，全世界所需要的粮食可以在一个花盆里栽种出来，那才是不可思议的。

边际报酬递减规律成立的原因：对于任何产品的短期来说，可变要素投入和固定要素投入之间都存在着一个最佳的数量组合比例。随着可变投入的不断增加，不变投入和可变投入的组合比例变得越来越不合理。当可变投入较少的时候，不变投入显得相对较多，此时增加可变投入可以使要素组合比例趋向合理从而提高产量的增量；而当可变投入与不变投入的组合达到最有效率的那一点以后，再增加可变投入，就使可变投入相对于不变投入来说显得太多，从而使产量的增加递减。

关于边际报酬递减规律，有几点需要注意：第一，边际报酬递减规律以技术不变为前提，如果生产技术在要素投入变动的同时也发生了变化，这一规律也就会发生变化；第二，它以其他生产要素固定不变，只有一种生产要素的变动为前提；第三，它在可变要素增加到一定程度之后才出现；第四，它假定所有可变投入要素是同质的，即所有劳动者在操作技术、劳动积极性等各个方面都没有差异。

四、总产量、平均产量和边际产量相互之间的关系

西方经济学通常将总产量曲线、平均产量曲线和边际产量曲线置于同一张坐标图中，来分析这三个产量概念之间的相互关系。图 4-3 就是标准的一种可变要素的生产函数的产量曲线图，它反映了短期生产的有关产量曲线相互之间的关系。

我们利用图 4-3 从以下三个方面来分析总产量、平均产量和边际产量相互之间的关系。

（一）关于总产量和边际产量之间的关系

根据边际产量的定义公式 $MP_L = dTP_L(L,K)/dL$ 可以推知，边际产量是总产量的一阶导数值，过 TP_L 曲线任何一点的切线的斜率就是相应的 MP_L 值。每一个劳动投入量上的边际产量 MP_L 值就是用过相应的总产量 TP_L 曲线某一点的斜率计算的，所以，在图 4-3 中，MP_L 曲线和 TP_L 曲线之间存在着这样的对应关系：当总产量以递增的速度上升，相应的，边际产量曲线是上升的，表明增加劳动能增加总产量的增量（总产量对劳动的二次导数为正）。当总产量以递减的速率上升，此时边际产量曲线下降，表明增加劳动量能增加总产量但总产量的增量减少，边际报酬递减规律出现（总产量对劳动的二次导数为负）。当再增加劳动后总产量减少，说明劳动的边际产量为负，边际产量曲线延伸到横轴以下。在图 4-3 中可以发现总产量曲线上切线斜率最大的点为 A 点，也是总产量由递增转为递减的拐点，此时边际产量最大（图 4-3 中 A' 点）。而当总产量曲线达到最高点 C，此时边际产量曲线与横轴相交，边际产量为零，总产量达到最大。

（二）关于总产量和平均产量之间的关系

由于 $\mathrm{AP}_L = \mathrm{TP}_L\left(L, \overline{K}\right)\big/L$，可以推知，任一要素投入量的平均产量都可以用连接总产量曲线上任何一点和坐标原点的线段的斜率来计算。当 TP_L 曲线上的某一点与原点的连线恰好是总产量曲线的切线时，斜率达到最大（如果以原点为始点，向总产量曲线上的每一点做射线，那么曲线上任一点射线都位于射线 OB 的下方），相应的劳动投入量为 4，此时平均产量达到最大（图 4-3 中 B' 点）。

（三）关于边际产量和平均产量之间的关系

在图 4-3 中，我们可以看到 MP_L 曲线和 AP_L 曲线之间存在着这样的关系：当边际产量大于平均产量（边际产量曲线在平均产量曲线上方），平均产量上升；当边际产量小于平均产量（边际产量曲线在平均产量曲线下方），平均产量下降；而当边际产量等于平均产量（两条曲线相交），平均产量达到最大。也就是说，边际产量曲线穿过平均产量曲线的最高点。

边际产量和平均产量之间的这种关系是不难理解的，事实上，边际产量是指增加一个人增加的产量，平均产量是指人均产量。当增加一个人增加的产量大于人均产量时，人均产量就会提高；而当增加一个人增加的产量小于人均产量时，人均产量就会降低。举一个简单的实际例子：假定一个篮球队员的平均身高为 1.90 米。如果新加入一名队员的身高为 1.95 米（边际身高），大于原篮球队平均身高的话，新队员会使篮球队的平均身高提高；如果新加入的队员的身高为 1.85 米，小于原来的平均身高，新队员加入会使篮球队平均身高降低。而由于边际报酬递减规律作用下的 MP_L 先递增然后转为递减，所以当边际产量等于平均产量时，平均产量正好由上升转为下降，从而平均产量达到最大。

关于这一点，可以用数学方法证明。

就上述 $\mathrm{AP}_L = \mathrm{TP}_L / L$ 对变动要素 L 求一阶导数，得到

$$\frac{\mathrm{d}\left(\mathrm{TP}_L / L\right)}{\mathrm{d}L} = \frac{\left(\mathrm{dTP}_L / \mathrm{d}L\right)L - \mathrm{TP}_L}{L^2} = \frac{\mathrm{dTP}_L / \mathrm{d}L - \mathrm{TP}_L / L}{L} = \frac{\mathrm{MP}_L - \mathrm{AP}_L}{L}$$

由于 $L>0$，所以，当 $\mathrm{MP}_L > \mathrm{AP}_L$ 时，AP_L 曲线斜率为正，即 AP_L 曲线是上升的；当 $\mathrm{MP}_L < \mathrm{AP}_L$ 时，AP_L 曲线斜率为负，即 AP_L 曲线是下降的；当 $\mathrm{MP}_L = \mathrm{AP}_L$ 时，AP_L 曲线的斜率为零，即 AP_L 曲线达到极值点（在此为极大值点）。

五、短期生产的三个阶段

边际报酬递减规律告诉我们，在其他条件不变的情况下，高投入未必带来高产出，因此要注意投入的合理限度，寻找最佳的投入数量。根据可变投入的多少，可以把生产分成三个阶段，如图 4-3 所示。

第 I 阶段，劳动投入量从 0 到 L_2。在这一阶段中，边际产量先递增，达到最大，然后递减，但边际产量始终大于平均产量，从而总产量和平均产量都是递增的。这说明：在这一阶段，不变要素资本的投入量相对过多，生产者增加可变要素劳动的投入量

是有利的。或者说，生产者只要增加可变要素劳动的投入量，就可以较大幅度地增加总产量。因此，任何理性的生产者都不会在这一阶段停止生产，而是连续增加可变要素劳动的投入量，以增加总产量，并将生产扩大到第Ⅱ阶段。

第Ⅱ阶段，劳动投入量从 L_2 到 L_3。此阶段中边际产量是递减的，但仍大于零，而且边际产量小于平均产量，使平均产量下降，但总产量还在继续上升。

第Ⅲ阶段，在 L_3 之后。在该阶段的起始点上，总产量达到最大值，而边际产量为零；在该阶段中，边际产量小于零且继续下降，平均产量和总产量也不断下降。

那么，厂商会选择多少劳动投入来进行生产呢？

在第Ⅰ阶段，增加劳动投入能增加平均产量，从而增加劳动能带来产量更大比例的增长，所以厂商不会停留在第Ⅰ阶段。而在第Ⅲ阶段，增加劳动反而减少总产量，显然厂商不会发展到第Ⅲ阶段。因此，第Ⅱ阶段是生产者进行短期生产的决策区间。在第Ⅱ阶段的起点处，劳动的平均产量曲线和劳动的边际产量曲线相交，即劳动的平均产量达到最高点。在第Ⅱ阶段的终点处，劳动的边际产量曲线与水平轴相交，即劳动的边际产量等于零。所以，在其他生产要素不变的情况下，一种生产要素的合理投入只能在第Ⅱ阶段区域内进行选择。至于应选择该区域的哪一点，则要视厂商的目标而定：①如果厂商的目标是使平均产量达到最大，那么，劳动量增加到 $L=L_2$ 就可以了。②如果厂商的目标是使总产量达到最大，那么，劳动量就可以增加到 $L=L_3$。③如果厂商以利润最大化为目标，那就要考虑成本、产品价格等因素。因为平均产量为最大时，利润并不一定最大；总产量为最大时，利润也不一定最大。劳动量增加到哪一点所达到的产量能实现利润最大化，这一问题还有待于结合成本、收益和利润进行深入的分析。

第四节 两种可变生产要素的生产函数

本节介绍长期生产理论。假定投入生产的所有要素都发生变化，产出的变化将呈现什么样的特征呢？我们以两种可变生产要素的生产函数来讨论长期生产中可变生产要素的投入组合和产量之间的关系。我们假定生产某种产品只投入两种要素，即资本 K 和劳动 L，则两种可变生产要素的长期生产函数可以写为 $Q = f(L, K)$。

一、等产量曲线

与短期生产函数不同，在长期中，生产函数中的各种生产要素都是可变的，所以同一数量的产出往往可以由各种要素的多种不同组合来得到。生产函数的这一特征可以用等产量曲线来描述。

等产量曲线是指在技术水平不变的条件下，生产同一产量的两种生产要素投入量的所有不同组合的轨迹。假定某一种商品的生产需要投入劳动和资本两种要素，两种要素都是可变的，并且两者之间可以相互替代，那么，等产量曲线就是一条由用技术上有效的方法生产一定产量的所有劳动和资本可能组合点所组成的一条曲线。例如，用资本和劳动两种生产要素生产某种产品，如生产家具时可以用资本购买电动工具，也可以多用工人。多用资本就少用劳动，多用劳动就少用资本，但无论用资本还是用工人都能生产出家具来。这就是生产家具的两种不同生产函数。

在图 4-4 中，有三条等产量曲线，它们分别表示可以生产出 100 单位、150 单位和 200 单位产量的各种生产要素的组合。以代表产量为 100 单位等产量曲线为例进行分析，要生产 100 个单位的产量（用等产量曲线 Q_1 表示），既可以用 3 个单位劳动和 2 个单位资本，也可以用 1 个单位劳动和 5 个单位资本。前者是一种多使用劳动少使用资本的生产方法，也称为劳动密集型生产技术，后者是一种多用资本少使用劳动的生产方法，也称为资本密集型生产技术。但是，两者从技术角度来讲都是高效率的，因为 3 个单位劳动和 2 个单位资本或 1 个单位劳动和 5 个单位资本的组合最多都只能生产 100 个单位的产量。事实上，为了生产 100 单位的产量，劳动和资本还会有不同的组合。在图 4-4 中，等产量曲线 Q_1 上的任何一点都表示一定量的劳动和一定量的资本组合。任何一种组合都能得到 100 个单位的产出。

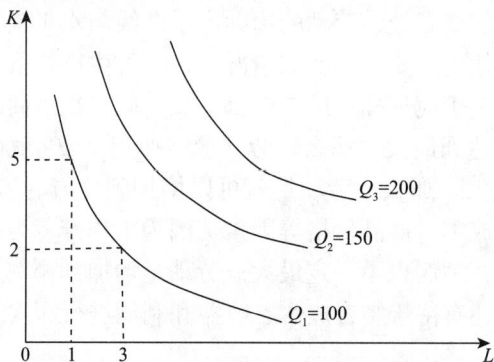

图 4-4　等产量曲线

从图 4-4 中，我们可以发现等产量曲线具有以下几个明显的性质。

（1）可以在同一坐标图中画出无数条等产量曲线，每一条等产量曲线分别代表所有劳动和资本的可能组合所能产出的一定产量。等产量曲线与坐标原点的距离的大小表示产量水平的高低：离原点越近的等产量曲线代表的产量水平越低；离原点越远的等产量曲线代表的产量水平越高。这是因为，在其他条件不变的情况下，投入较多的要素，厂商就一定能够得到更多的产出。

（2）等产量曲线向右下方倾斜，其斜率为负。因为等产量曲线上的每一点都代表能生产一定产量的各种要素的有效组合，也就是说，要增加某种要素的投入并保持产量不变，就必须相应地减少另一种要素的投入量。如果生产一定的产量，需要同时增加劳动和资本的投入，或者在不减少劳动（或资本）的同时增加资本（或劳动）的数量，那么，原先的生产组合就是无效的。

（3）同一平面坐标上的任意两条等产量曲线不会相交。因为交点代表两种投入要素的同一组合，而同一组合的投入要素不可能生产出两个不同的最大产量。

（4）等产量曲线凸向原点。随着劳动的增加，等产量曲线的斜率越来越平坦，表明斜率的绝对值沿横轴方向递减，这一特征是由边际技术替代率递减规律决定的。

生产论中的等产量曲线和效用理论中的无差异曲线是很相似的。无差异曲线代表消费者对两种消费品的主观评价，而等产量曲线却代表两种生产要素的不同组合与产量之间的技术联系。

二、边际技术替代率

（一）边际技术替代率的含义

假定资本和劳动是可以互相替代的，多用资本就少用劳动，多用劳动就少用资本。这意味着，生产者可以通过对两要素之间的相互替代，来维持一个既定的产量水平。例如，为了生产 100 单位的某种产品，生产者可以使用较多的劳动和较少的资本，也可以使用较少的劳动和较多的资本。前者可以看成劳动对资本的替代，后者可以看成资本对劳动的替代。由两要素之间这种相互替代的关系，可以得到边际技术替代率（marginal rate of technical substitution）的概念。在维持产量水平不变的条件下，增加一单位某种生产要素投入量时所减少的另一种生产要素的投入数量，被称为边际技术替代率，其英文缩写为 MRTS。

如果把增加每一单位劳动所能够替代的资本数量称为劳动对资本的边际技术替代率，记为 MRTS_{LK}。那么劳动对资本的边际技术替代率用公式可表示为

$$\mathrm{MRTS}_{LK} = -\frac{\Delta K}{\Delta L} \tag{4-18}$$

或当 $\Delta L \to 0$ 时，有

$$\mathrm{MRTS}_{LK} = \lim_{\Delta L \to 0} -\frac{\Delta K}{\Delta L} = -\frac{\mathrm{d}K}{\mathrm{d}L} \tag{4-19}$$

其经济含义为：为了保持总产量不变，增加一单位某种投入要素（如劳动）可以相应减少的另一种投入要素（如资本）的数量，等产量曲线使我们清楚地看出在产量不变的条件下，增加一种要素来替代另一种要素的情况。公式前加负号是对边际技术替代率取绝对值，以便于比较。

显然，从几何意义上讲，边际技术替代率是等产量线上各点切线的斜率的绝对值。

实际上，边际技术替代率还可以表示为两要素的边际产量之比。由于同一条等产量线上产量不变，当用劳动投入替代资本投入时，由增加劳动投入量所带来的总产量的增加量和由减少资本量所带来的总产量的减少量必定是相等的，即必有

$$\left| \Delta L \cdot \mathrm{MP}_L \right| = \left| \Delta K \cdot \mathrm{MP}_K \right|$$

整理得

$$-\frac{\Delta K}{\Delta L} = \frac{\mathrm{MP}_L}{\mathrm{MP}_K} \tag{4-20}$$

由边际技术替代率的定义公式得

$$\mathrm{MPTS}_{LK} = -\frac{\Delta K}{\Delta L} = \frac{\mathrm{MP}_L}{\mathrm{MP}_K} \tag{4-21}$$

或者有

$$\mathrm{MPTS}_{LK} = -\frac{\mathrm{d}K}{\mathrm{d}L} = \frac{\mathrm{MP}_L}{\mathrm{MP}_K} \tag{4-22}$$

可见，边际技术替代率还可以表示为两要素的边际产量之比。

（二）边际技术替代率递减规律

在两种生产要素相互替代的过程中，普遍地存在这么一种现象：在维持产量不变的前提下，当一种生产要素的投入量不断增加时，每一单位的这种生产要素所能替代的另一种生产要素的数量是递减的，这一现象被称为边际技术替代率递减规律。

以图4-5为例，在两要素的投入组合沿着既定的等产量曲线Q由a点顺次运动到$b\sim d$点的过程中，劳动投入量等量地由L_1增加到L_2，再增加到L_3和L_4，即有$OL_2-OL_1=OL_3-OL_2=OL_4-OL_3$。而相应的资本投入量的减少量为$OK_1-OK_2 > OK_2-OK_3 > OK_3-OK_4$。这表示：为了使产量维持不变，当劳动投入不断增加时，每单位劳动能替代的资本数量不断减少，也就是说，劳动的边际技术替代率是递减的。

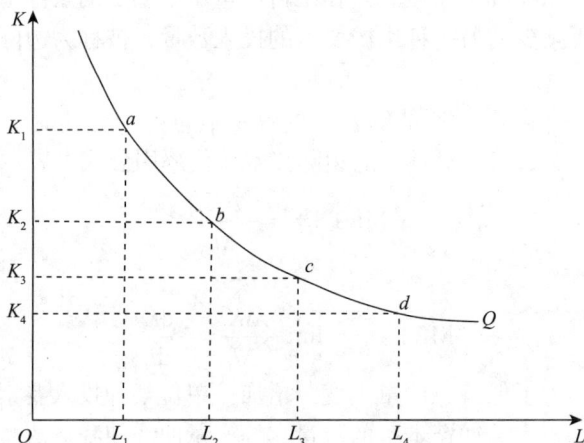

图4-5　边际技术替代率递减规律

边际技术替代率递减的主要原因在于：任何一种产品的生产技术都要求各要素投入之间有适当的比例，这意味着要素之间的替代是有限制的。在两种生产要素同时可以变动而产量不变的情况下，边际生产率递减规律就表现为边际技术替代率递减规律。在这里，当劳动投入不断增加时，其边际产量不断减少，劳动的效率降低，从而需要更多的劳动来替代资本才能保持产量不变。而当资本投入量不断减少时其边际产量不断增加，资本的效率提高，从而仅需要较少的资本来替代劳动就能使总产量不变。因此，边际技术替代率递减反映边际产量递减规律。这说明两者在意义上有所区别，但实际上它们又有着密切的联系。

由边际技术替代率的定义公式（4-18）可知等产量曲线上某一点的边际技术替代率就是等产量曲线在该点切线的斜率的绝对值，又由于边际技术替代率是递减的，所以等产量曲线的斜率的绝对值是递减的，即等产量曲线是凸向原点的。所以，等产量曲线一般具有凸向原点的特征，这一特征是由边际技术替代率递减规律所决定的。

第五节　两种可变生产要素的最优组合

一、等成本线

等产量曲线说明，一定量产出可以由要素投入的许多种组合来实现，仅仅依靠等产量曲线，厂商还不足以确定究竟采用哪一种组合来进行生产是最有效率的。为了确定这一点，还须考虑到投入要素的成本。在生产要素市场上，厂商对购买生产要素所支付的金额，构成厂商的生产成本。成本问题是追求利润最大化的厂商必须要考虑的一个经济问题。

生产论中的等成本线是一个和效用论中的预算线非常相似的分析工具。它说明厂商对两种要素的购买不能超出它的总成本支出的限制。等成本线是在既定成本和既定生产要素价格条件下生产者可以购买到的两种生产要素的各种最大数量组合的轨迹。假定要素市场上既定的劳动的价格即工资率为 w，既定的资本的价格即利息率为 r，厂商既定的成本支出为 C，其成本构成就由式（4-23）表示：

$$C = w \cdot L + r \cdot K \tag{4-23}$$

或

$$K = -\frac{w}{r} L + \frac{c}{r} \tag{4-24}$$

式（4-23）中：$w \cdot L$ 表示劳动的成本；$r \cdot K$ 表示资本的成本。这个等式也叫等成本方程，与该方程相对应的曲线，称为等成本线，如图 4-6 所示。

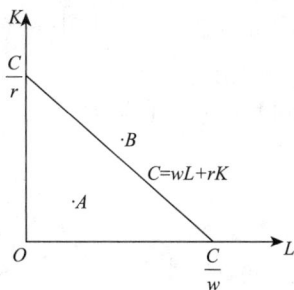

图 4-6　等成本线

由于式（4-24）的成本方程式是线性的，所以，等成本线必定是一条直线。与等产量线类似，等成本线上的每一点也表示劳动与资本的一种组合。图 4-6 中横轴上的点 C/w 表示既定的全部成本都购买劳动时的数量，纵轴上的点 C/r 表示既定的全部成本都购买资本时的数量，连接这两点的线段就是等成本线。等成本线上的每一点都代表厂商购买到的不同的要素组合比例，但成本相同。

根据式（4-24），等成本线的纵截距为 C/r，横轴截距为 C/w。等成本线斜率为 $-w/r$，在要素价格给定的条件下，等成本线的斜率是一个常数，其绝对值为 w/r，即两种投入要素的价格之比。在图 4-6 中，等成本线区域以内的任何一点，如 A 点，表示既定的全部成本都用来购买该点的劳动和资本的组合以后还有剩余。等成本线以外的区域中的任何一点，如 B 点，表示用既定的全部成本购买该点的劳动和资本的组合是不够的。唯有等成本线上的任何一点，才表示用既定的全部成本刚好购买到的劳动和资本的组合。

在成本固定和要素价格已知的条件下，便可以得到一条等成本线。所以任何关于成本和要素价格的变动，都会使等成本线发生变化。关于这种变动的具体情况，与第三章第三节对预算线的分析是类似的，读者可以自己参照进行分析。

二、最优的生产要素组合

在长期，所有的生产要素数量都是可变动的，任何一个理性的生产者都会选择最优的生产要素组合进行生产，所谓最优是指经济上最优。在现实生产经营决策中，生产要素的最优组合又具体表现为这样两种情况：一是在成本既定条件下，产量最大的要素组合；二是在产量既定条件下，成本最低的要素组合。为实现生产要素最优组合，应同时考虑等成本线和等产量线，把二者结合起来分析。

（一）关于既定成本条件下的产量最大化

假定在一定的技术条件下，厂商用两种可变生产要素劳动和资本生产一种产品且劳动的价格和资本的价格是已知的，厂商用于购买这两种要素的全部成本是既定的，由此可以确定一条既定等成本线 AB。因为 AB 的位置和斜率取决于既定的成本和两要素的价格。由于在同一个平面坐标图中等产量线有很多条，为了分析方便，在图 4-7 中我们绘出三条等产量曲线，我们可以将厂商的等产量曲线和相应的等成本线画在同一个平面坐标系中。由图 4-7 可见，唯一的等成本线 AB 与其中一条等产量曲线 Q_2 相切于 E 点，该点就是生产的均衡点。它表示：在既定成本条件下，厂商应该按照 E 点的生产要素组合进行生产，即劳动投入量和资本投入量分别为 OL_1 和 OK_1，这样，厂商就会获得最大的产量。

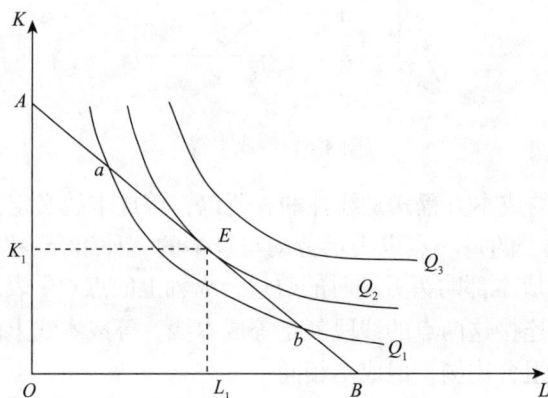

图 4-7　既定成本条件下产量最大要素组合

为什么 E 点就是最优的生产要素组合点呢？从图 4-7 中可以看出，等产量曲线 Q_3 代表的产量虽然高于其他等产量曲线，但唯一的等成本线 AB 与等产量曲线 Q_3 既无交点又无切点，这表明等产量曲线 Q_3 所代表的产量是企业在既定成本下无法实现的产量，因为厂商利用既定成本只能购买到位于等成本线 AB 上或等成本线 AB 以内区域的要素组合。等产量曲线 Q_1 虽然与唯一的等成本线 AB 相交于 a、b 两点，但等产量曲线 Q_1 所代表的产量是比较低的，因为此时厂商在不增加成本情况下，只需由 a 点出发向右或由 b 点出发向左沿着既定的等成本线 AB 改变要素组合，就可以增加产量。所以，只有在唯一的等成本曲线 AB 和等产量曲线 Q_2 的相切点 E，才是实现既定成本条件下的最大产量的要素组合。任何更高的产量在既定成本条件下都是无法实现的，任何更低的产量都是低效率的。

那么，两条曲线的切点又代表什么意义呢？两条曲线相切代表它们的斜率相等，我们知道，等产量曲线的斜率为边际技术替代率，等于两种投入要素的边际产量之比，即 $\mathrm{MRTS}_{LK}=\mathrm{MP}_L/\mathrm{MP}_K$；等成本线的斜率等于两种投入要素的价格之比 w/r，所以在 E 点有

$$\mathrm{MRTS}_{LK}=\frac{\mathrm{MP}_L}{\mathrm{MP}_K}=\frac{w}{r} \qquad (4\text{-}25)$$

$$\frac{\mathrm{MP}_L}{w}=\frac{\mathrm{MP}_K}{r} \qquad (4\text{-}26)$$

它表示：为了实现既定成本条件下的最大产量，厂商必须选择最优的生产要素组合，使两种要素边际产量之比等于两种要素的价格之比或者每一种要素的边际产量与它的价格之比都相等时，从而实现既定成本条件下的最大产量。这个结论也可以这样说明，边际产量之比是对两种要素的技术评价，而要素价格之比则是对它们的经济评价，所以，当两种要素的技术评价与经济评价相等时，厂商达到最优要素组合。

式（4-26）可进一步解释为每投入一元钱能带来的边际产量，其经济意义在于厂商要实现最优要素组合，就必须使投在劳动 1 元钱的边际产量正好等于投在资本 1 元钱的边际产量，或者说，使投在不同要素的最后 1 元钱所带来的边际产量都相等，可以设想，如果不满足式（4-26），如 $\mathrm{MP}_K/r>\mathrm{MP}_L/w$，那就说明投入 1 元钱资本的边际产量要大于投入 1 元钱劳动的边际产量。例如，如果厂商增加资本的投入而相应减少劳动的投入，那么增加资本所增加的产量要大于减少劳动所减少的产量，这样在成本不变的情况下，总产量将会上升，直到两者相等为止。同样当 $\mathrm{MP}_L/w>\mathrm{MP}_K/r$ 时，厂商会增加劳动的投入量而相应减少资本的投入，直到达到均衡。因此只有在两者相等的情况下，厂商任何要素组合的调整都不可能在成本不变的情况下增加产量，生产者选择也就达到了最优。上述办法可推广到几种投入要素的情况。

（二）关于既定产量条件下的成本最小化

下面我们将考虑厂商如何将投入要素组合调整到成本最低，也就是在产量既定的情况下，所耗费的成本最小，还可以用图 4-8 来说明。

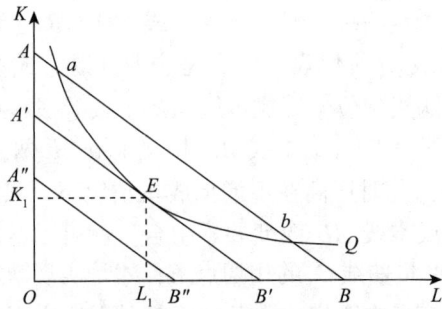

图 4-8　既定产量条件下成本最小的要素组合

由于厂商可以调整成本，因此，等成本线有很多条，为了分析方便，在图 4-8 中我们给出三条等成本线，离原点较近的等成本线代表较低的成本。从图 4-8 中可以看出，等成本线 $A''B''$ 代表更低的成本，但是在产量为 Q 的情况下，厂商不可能使成本降到 $A''B''$ 的水平。厂商按照 a 点或 b 点所代表的要素组合能够生产 Q 数量的产品，但是 a、b 两点在等成本线 AB 上，AB 代表的成本显然大于 $A'B'$，没有达到最低成本组合。因此，a、b 点不是最佳选择。我们可以看到，等产量曲线 Q 可以碰到的最低水平的等成本线是 $A'B'$，两者正好相切于 E 点。在 E 点生产者的选择达到了最优，生产者不再改变自己的选择，此时，劳动的使用量为 L_1，资本的使用量为 K_1。所以等产量曲线与等成本线相切之点就代表了为了达到既定产量所需的最低成本，也代表生产要素投入的最优成本组合。

两条曲线相切代表它们的斜率相等。我们知道，等产量曲线的斜率为边际技术替代率，等于两种投入要素的边际产量之比，等成本线的斜率等于两种投入要素的价格之比 w/r，所以在 E 点有

$$\text{MRTS}_{LK} = \frac{w}{r} \qquad (4\text{-}27)$$

$$\text{MRTS}_{LK} = \frac{\text{MP}_L}{\text{MP}_K} = \frac{w}{r} \qquad (4\text{-}28)$$

$$\frac{\text{MP}_L}{w} = \frac{\text{MP}_K}{r} \qquad (4\text{-}29)$$

它表示：为了实现既定产量条件下的最小成本，厂商应该通过对两要素投入量的不断调整，使花费在每一种要素上的最后一元钱的成本支出所带来的边际产量相等。可以设想，如果不满足式（4-29），如 $\text{MP}_L/w > \text{MP}_K/r$，那就说明投入一元钱资本的边际产量要大于投入一元钱劳动的边际产量，此时，如果厂商增加资本的投入而相应减少劳动的投入，那么增加资本所增加的产量要大于减少劳动所减少的产量，在生产过程中厂商就可以不断地用资本去替代劳动，从而在维持产量不变的情况下还可以使成本进一步减少，直到两者相等为止，此时，成本达到最低。同样，当 $\text{MP}_L/w > \text{MP}_K/r$ 时，厂商会增加劳动的投入而相应减少资本投入，同样可以在产量不变的情况下降低成本，直至达到均衡，因此，只有在两者相等的情况下，厂商任何要素组合的调整都不可能在产量不变的情况下降低成本，生产者实现了最优组合。所以，式（4-29）就是厂商在既定产量条件下实现最小成本的两要素最优组合原则。同样，上述结论可推广到几种投入要素的情况。

该原则与厂商在既定成本条件下实现最大产量的两要素的最优组合原则是相同的，见式（4-26）。

数学证明可以得到最优的生产要素组合。了解了生产函数与成本方程以后，很容易求解最优要素投入组合的均衡点，达到最优要素投入组合均衡的必要条件是资本与劳动两种要素的边际产量之比等于这两种要素的价格比率，即

$$\text{MRTS}_{LK} = \frac{\text{MP}_L}{\text{MP}_K} = \frac{w}{r}$$

我们可以用两种方法证明这一必要条件：一是在既定的产出下求成本最小，二是在既定的成本下求产出最大。这里我们只使用第一种方法证明，在既定产出水平的限制下，即 $Q^0 = f(L,K)$，求使成本 $C = wL + rK$ 具有最小值的最优生产要素组合解。

该问题是求条件极值，比较简便的方法是构造拉格朗日方程求解。

以上问题的拉格朗日函数为

$$M(L,K,\lambda) = wL + rK - \lambda\left[Q^0 - f(L,K)\right] \tag{4-30}$$

式中，λ 为拉格朗日乘数。就式（4-30）对 K，L，λ 三个变量分别求偏导数，得到最小化的三个必要条件：

$$\frac{\partial M}{\partial L} = w - \lambda\frac{\partial f}{\partial l} = 0 \tag{4-31}$$

$$\frac{\partial M}{\partial K} = r - \lambda\frac{\partial f}{\partial k} = 0 \tag{4-32}$$

$$\frac{\partial M}{\partial \lambda} = Q^0 - f(L,K) = 0 \tag{4-33}$$

由式（4-32）与式（4-33）得

$$w = \lambda\frac{\partial f}{\partial L} = \lambda\text{MP}_L \tag{4-34}$$

$$r = \lambda\frac{\partial f}{\partial K} = \lambda\text{MP}_K \tag{4-35}$$

用式（4-34）比式（4-35），得

$$\frac{w}{r} = \frac{\text{MP}_L}{\text{MP}_K} = \text{MRTS}_{LK} \tag{4-36}$$

式（4-36）说明，数学方法也可以求证既定产量条件下实现最小成本的两要素组合原则，结论是一样的。

三、扩展线

在其他条件不变时，当生产的产量或成本发生变化时，企业会重新选择最优的生产要素的组合，在变化了产量的条件下实现最小成本，或在变化了成本的条件下实现最大产量。扩展线涉及的就是这方面的问题。

（一）等斜线

在图 4-9 中，有三条等产量曲线 Q_1、Q_2、Q_3，它们分别有三条切线 T_1、T_2、T_3，

而且这三条切线是相互平行的。这意味着，这三条等产量曲线各自在切点 *A*、*B*、*C* 三点上的两要素的边际技术替代率 MRST_{LK} 是相等的。连接这些点及原点的曲线 *OS* 被称为等斜线。等斜线是一组等产量曲线中两要素的边际技术替代率相等的轨迹。

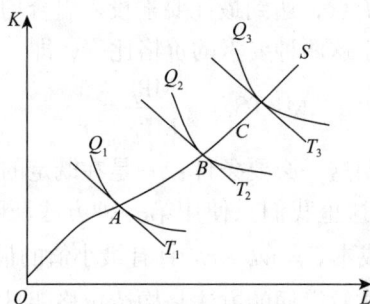

图 4-9　等斜线

（二）扩展线

扩展线是指在生产要素的价格、生产技术和其他条件不变时，对应厂商每个可能的产出量的要素最优成本组合的轨迹。

扩展线是指如果企业改变成本，等成本线就会发生平移；如果企业改变产量，等产量曲线就会发生平移。这些不同的等产量曲线将与不同的等成本线相切，形成一系列不同的生产均衡点，这些生产均衡点形成的轨迹就是扩展线。

扩展线是指当生产要素价格不变时，产量沿着该线扩张的一条特别的等斜线。

扩展线表示：在生产要素价格、生产技术和其他条件不变的情况下，当生产的成本或产量发生变化时，厂商必然会沿着扩展线来选择最优的生产要素组合，从而实现既定成本条件下的最大产量，或实现既定产量条件下的最小成本。扩展线是企业进行长期生产计划时所必须遵循的路线，见图 4-10。

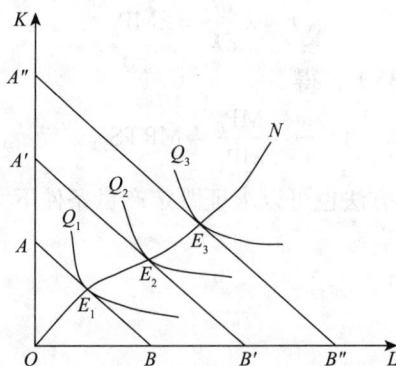

图 4-10　扩展线

第六节　规模报酬

在短期内由于其他一些要素无法增加，某一种可变要素投入的增加必然带来边际报酬递减现象，而在长期内假定产量不变，某一种要素投入增加必然带来边际技术替代率递减现象。而现在我们考虑的问题是，在长期内当所有要素投入和产量都能改变时，投入变化和产量变化存在什么关系？这就是规模报酬问题。

在生产理论中，通常是以全部生产要素都以相同的比例发生变化来定义企业的生产规模变化的，相应的，规模报酬变化是指在其他条件不变的情况下，生产要素按相同的比例变动时所引起的产量变动。规模报酬分析涉及的是企业的生产规模变化与所引起的产量变化关系。企业只有在长期内才可能变动全部生产要素，进而改变生产规模，因此，企业的规模报酬分析属于长期生产理论问题。

从长期考虑，企业规模报酬的一般变化规律如下：随着企业规模从小到大，最初企业处于规模报酬递增阶段；当达到一定规模后，企业在较长时期处于规模报酬不变阶段；在这之后，再扩大规模，出现规模报酬递减。

投入-产出的规模报酬存在三种可能性：首先，如果所有要素投入按同比例增加会带来产出更大比例的增加，即产量增加的比例大于各种生产要素增加的比例，称之为规模报酬递增；其次，如果所有要素投入按同比例增加也带来产出的同比例增加，即产量增加的比例等于各种生产要素增加的比例，称之为规模报酬不变；最后，如果所有要素投入按同比例增加却带来产出更小比例的增加，即产量的增加比例小于各种生产要素增加的比例，称之为规模报酬递减。企业的规模报酬变化可以分为规模报酬递增、规模报酬不变和规模报酬递减三种情况。

对于规模报酬递增的生产函数来讲，投入扩大一个很小的倍数就可以导致产出扩大很大的倍数。当劳动与资本投入分别为 2 个单位时，产出为 100 个单位；但是生产 200 个单位的产量所需的劳动与资本投入分别少于 4 个单位。产出是原来的 2 倍，投入却不到原来的 2 倍。产生规模报酬递增的主要原因是企业生产规模扩大所带来的生产效率的提高。企业生产规模扩大以后，可以利用更先进的技术和机器设备等，这是规模小的企业无法达到的。企业内部还可以实现专业化分工。另外，企业的大规模化会给它带来筹措资金、购买原材料和半成品、销售等方面的好处。

对于规模报酬不变的生产函数来讲，投入扩大某一倍数，产出也扩大相应的倍数。当劳动与资本投入分别为 2 个单位时，产出为 100 个单位；当劳动与资本投入分别为 4 个单位时，产出为 200 个单位。产出与投入扩大了相同的倍数。

对于规模报酬递减的生产函数来讲，投入扩大一个很大的倍数只能导致产出扩大很小的倍数。当劳动与资本投入分别为 2 个单位时，产出为 100 个单位。投入是原来的 2 倍，但是产出却不及原来的 2 倍。产生规模报酬递减的主要原因是过大规模的生产带来管理上的低效率。生产规模过大，管理层次越多，企业内的协调和控制也愈加困难，信息在上下传递过程中容易丢失或扭曲，造成生产决策失误，使生产成本上升。

规模报酬的变化也可以通过对生产函数的分析表现出来。假设生产函数采取 $Q = f(L, K)$ 的形式，一般来说，如果劳动 L 和资本 K 分别增加到 λL、λK，其中 $\lambda > 1$，那么，产出将由 $f(L, K)$ 增加到 $f(\lambda L, \lambda K)$，因此，会出现以下三种情况。

第一，如果 $f(\lambda L, \lambda K) > \lambda f(L, K)$，表明产量增加的速度大于要素增加的速度，生

产函数为规模报酬递增。

第二，如果 $f(\lambda L,\lambda K)=\lambda f(L,K)$，表明产量增加的速度等于要素增加的速度，生产函数为规模报酬递增。

第三，如果 $f(\lambda L,\lambda K)<\lambda f(L,K)$，表明产量增加的速度小于要素增加的速度，生产函数为规模报酬递减。

如果生产函数 $Q=f(L,K)$ 满足 $f(\lambda L,\lambda K)=\lambda^n f(L,K)$，则当 $n>1$ 时，$Q=f(L,K)$ 具有规模报酬递增的性质。当 $n=1$ 时，$Q=f(L,K)$ 具有规模报酬不变的性质。当 $n<1$ 时，$Q=f(L,K)$ 具有规模报酬递减的性质。举例说明，设一函数为 $Q=AL^\alpha K^\beta$，当 L 和 K 分别增加 λ 倍时，生产函数为

$$A(\lambda L)^\alpha \cdot (\lambda K)^\beta = \lambda^{\alpha+\beta} AL^\alpha K^\beta \qquad (4\text{-}37)$$

当 $\alpha+\beta=1$ 时，规模报酬不变；当 $\alpha+\beta>1$ 时，规模报酬递增；当 $\alpha+\beta<1$ 时，规模报酬递减。

一般说来，企业扩大生产规模所带来的好处，在经济学上称为"大规模生产的经济"，也称规模经济，即某种产品的生产只有达到一定规模时，才能取得较好的效益。由以上的分析来看，一个厂商和一个行业的生产规模不能过小，也不能过大，即要实现适度规模。对于一个厂商来说，就是两种生产要素的增加应该适度。适度规模就是使各种生产要素的增加，即生产规模的扩大正好使收益递增达到最大。当收益递增达到最大时就不再增加生产要素，并使这一生产规模维持下去。对于不同行业的厂商来说，适度规模的大小是不同的，并没有一个统一的标准。

本 章 案 例

案例 4-1：边际收益递减规律的故事

我们儿时都听过三个和尚的故事，"一个和尚挑水吃，两个和尚抬水吃，三个和尚没水吃……"。这个故事被人们津津乐道的原因不仅在于其情节趣味横生，而且还在于其蕴含深远的哲理。从边际收益变化的角度来看，由一个和尚挑水吃到两个和尚抬水吃，说明边际收益已经递减，当发展到三个和尚时，已经递减到没有水吃了。这应该是对边际收益递减规律最生动的写照。

当边际收益递减规律这一学说在 18 世纪被提出之后，引发了两种观点的争论。一种观点从递减性出发，引申出了企业的利润趋于下降的趋势，从李嘉图以后的众多西方学者据此对资本主义生产方式报以同情心理；另一种观点通过强调技术进步的作用，而强烈批判了这一规律，认为它抹杀了技术进步对收益递减的反作用。

根据边际收益递减规律，边际产量先递增后递减，递增是暂时的，而递减则是必然的。边际产量递增是生产要素潜力发挥，生产效率提高的结果，而到一定程度之后边际产量递减，则是生产要素潜力耗尽，生产效率下降所致。边际收益递减规律在短期内是不能违背的，人们只能遵守它，而别无选择。

但是，在一个充分长的时期内考察某种产品的生产，边际收益递减规律是否可以超

越呢？从长期来看，通过发挥人的主观能动性，技术创新和制度创新就是突破边际收益递减的两个途径。

我国自1949年以来，一方面人口翻了一番还多，而另一方面可耕地的面积却一直在减少，按照边际收益递减规律，在有限的土地上连续追加投入，得到的产出的增加将越来越少，这似乎很可怕。然而自改革开放以来，不可思议的是我国再没有出现所谓的"粮食危机"。这不能不归功于技术创新和制度创新对边际收益递减规律制约的突破。首先是农业科技进步这一技术创新所发挥的作用。袁隆平是我国著名的农业科学家，也是享誉世界的"杂交水稻之父"，杂交水稻这项技术因大幅度地提高了水稻的亩产量，使粮食单产不断取得突破。尤其值得一提的是，这项技术不仅对我国今后大幅度提高水稻亩产量提供了美好的前景，而且对全球的水稻供应产生了革命性的影响。其次是农业用地政策这一制度创新发挥的作用，在农业生产方面，1979年我国实行了一项土地制度创新，即家庭联产承包责任制，这一土地制度创新极大地激励了农民的生产积极性，农业收益不但没有减少，反而大大增加。今天，在我国经济与世界接轨，国内外竞争更加激烈和产业化要求更加严格的新形势下，我国农业生产告别小农经济，走向规模化经营势在必行，新的土地制度创新又开始了。2002年我国通过的《农村土地承包法》在强调农村土地承包制度长期不变的同时，在农民自愿的前提下，土地使用权可以流转、转包、转让、出租、入股和交换。这一土地制度创新将对我国农业收益的增加发挥积极作用。

因此，技术创新和制度创新可以改变边际收益递减规律，但不论是技术创新还是制度创新，都需要一个长期艰苦探索的过程。在技术创新和制度创新尚未完成，其他条件不变或仍然成立的情况下，我们应当认识到边际收益递减依然是作为一条规律而存在的。在短期，我们必须尊重边际收益递减规律，确定合理的投入限度；但在长期，通过积极地实施技术创新和制度创新战略，打破边际收益递减规律的制约，可为企业谋取更大的利润，从而获得更大的发展。

在三个和尚的故事中，因考虑了这个因素，故事也有了新的进展。随着时间的推移，三个和尚渐渐地引入了技术创新和制度创新。三个和尚的制度创新的故事：一个和尚挑水吃，总比两个和尚抬水吃或三个和尚没水吃要好，寺庙里的方丈从长计议，决定立下个规矩，鼓励三个和尚都能抢着去挑水。为了奖勤罚懒，方丈规定，三个和尚各自挑水，到吃晚饭的时候，谁挑的水多就奖给谁一盘炒豆腐，谁挑的水少就吃白饭。于是三个和尚就拼命抢着挑水，展开了挑水竞赛。通过这项制度创新，尽管寺庙里的和尚不断增多，但再也没有缺过水了。

三个和尚的技术创新的故事：由于和尚住的寺庙离河边比较远，一个和尚挑一趟水下来，疲惫不堪，挑的水还不够多，于是三个和尚协作起来，想出一个新办法。三个和尚合作挖了一条渠，还装了一个辘轳，第一个和尚负责摇辘轳，第二个和尚负责把水倒入渠中，第三个和尚休息，彼此轮换，通过这种安排，三个和尚既轻松又有吃不完的水，这是技术创新给和尚们带来的福利。

资料来源：李仁军《经济学家茶座》

案例4-2：全球每四个微波炉就有一台格兰仕

面临着越来越广阔的市场，每个企业都有两种战略选择：一是多产业、小规模，低市场占有率；二是少产业、大规模，高市场占有率。格兰仕选择的是后者。格兰仕的微波炉，在国内已达到 70% 的市场占有率，在国外已达到 35% 的市场占有率。

格兰仕的成功就运用了规模经济的理论，即某种产品的生产，只有达到一定的规模时，才能取得较好的效益。微波炉生产的最小经济规模为 100 万台。早在 1996 年和 1997 年，格兰仕就达到了这一规模。随后，规模每上一个台阶，生产成本就下降一个台阶。这就为企业的产品降价提供了条件。格兰仕的做法是，当生产规模达到 100 万台时，将出厂价定在规模为 80 万台企业的成本价以下；当规模达到 400 万台时，将出厂价又调到规模为 200 万台的企业的成本价以下；而在规模达到 1 000 万台以上时，又把出厂价降到规模为 500 万台企业的成本价以下。这种在成本下降的基础上所进行的降价，是一种合理的降价。降价的结果是将价格平衡点以下的企业一次又一次大规模淘汰，使行业的集中度和行业的规模经济水平不断提高，由此带动整个行业的社会必要劳动时间不断下降，进而带来整个行业的成本不断下降。

成本低价格必然就低，降价最大的受益者是广大消费者。从 1993 年格兰仕进入微波炉行业到 2003 年的 10 年之内，微波炉的价格由每台 3 000 元以上降到每台 300 元左右，下降了 90% 以上，这不能不说是格兰仕的功劳，不能不说是格兰仕对中国广大消费者的巨大贡献。

当一个企业的产量达到平均成本最低时，就充分利用了规模收益递减的优势，或者说实现了最适规模。应该说，不同行业中最适规模的大小是不同的。一般而言，重工业、石化、电力、汽车等行业的最适规模都很大。这是因为在这些行业中所用设备先进、复杂，最初投资大、技术创新和市场垄断程度都特别重要。近年来，全世界掀起一股企业合并之风。企业合并无非是为了扩大规模，实现最适规模。合并之风最强劲的是汽车、化工、电子、电信这些产量越多，收益增加越多的行业。世界 500 强企业也以这些行业居多。对于这些行业的企业而言，"大的就是好的"，但"大有大的难处"。一个企业大固然有许多好处，但也会引起一些问题。这主要是因为随着企业规模扩大，管理效率下降，管理成本增加，一个大企业也像政府机构一样会滋生官僚主义。同时，企业规模大也会缺乏灵活性，难以适应千变万化的市场。所以，"大就是好"并不适用于一切企业。当企业规模过大引起成本增加和效益递减时就导致内在不经济现象，发生规模收益递减。对于那些大才好的企业来说，要特别注意企业规模大引起的种种问题，对于那些未必一定要大的轻工、服务之类行业的企业来说，"小的也是美好的"。船小好调头，这些设备、技术重要性较低，而适应市场的能力强的企业，就不应盲目追求大规模。甚至有些大企业因管理效率差而分成几个小企业，如美国 IBM 公司就曾一分为三。

其实企业并不是一味求大或求小，而是以效益为标准的。那种为了进世界 500 强盲目合并企业的做法往往会事与愿违。绑在一起的小舢板绝不是航空母舰。

资料来源：西安建筑科技大学《微观经济学》教学案例汇总

本 章 小 结

（1）企业生产有短期和长期之分。

（2）在短期内某些投入是固定的，随着我们对某种投入使用量的增加，这种投入的边际产量递减。这被称为边际收益递减规律，短期由于存在边际收益递减规律，意味着高投入未必带来高产出。

（3）一种可变生产要素的合理投入区域是生产的第Ⅱ阶段。等产量线给出了所有能够生产出既定产量水平的投入组合。

（4）厂商可以通过生产要素的相互替代实现生产要素的最优组合。生产者均衡的条件是投入要素的边际产量之比等于要素的价格之比。

（5）规模报酬指的是当我们改变生产规模时产量变动的方式，规模报酬理论说明企业生产要选择适度规模。

复习与思考

1. 下面是一张一种可变生产要素的短期生产函数的产量表。

可变要素的数量	可变要素的总产量	可变要素的平均产量	可变要素的边际产量
1		2	
2			10
3	24		
4		12	
5	60		
6			6
7	70		
8			0
9	63		

（1）在表中填空。

（2）该生产函数是否表现出边际报酬递减？如果是，是从第几单位的可变要素投入量开始的？

2. 用图说明短期生产函数 $Q = f(L, \bar{k})$ 的 TP_L 曲线、AP_L 曲线和 MP_L 曲线的特征及其相互之间的关系。

3. 已知生产函数 $Q = KL - 0.5L^2 - 0.32K^2$，若 $K = 10$，求：

（1）劳动的平均产量函数和边际产量函数。

（2）分别计算当总产量、平均产量和边际产量达到极大值时，劳动的投入量。

（3）证明当 AP_L 达到极大值时，$\text{AP}_L = \text{MP}_L$。

4. 已知生产函数为 $Q = \min(L, 4K)$。求：

（1）当产量 $Q = 32$ 时，L 与 K 值分别是多少？

（2）如果生产要素的价格分别为 $P_L = 2, P_K = 5$，则生产 100 单位产量时最小成本是多少？

5. 已知生产函数为 $Q = AL^{1/3}K^{2/3}$。判断：

（1）在长期生产中，该生产函数的规模报酬属于哪一种类型？

（2）在短期生产中，该生产函数是否受边际报酬递减规律的支配？

6. 已知某企业的生产函数为 $Q = L^{2/3}K^{1/3}$，劳动的价格 $w = 2$，资本的价格 $r = 1$。

（1）当成本 $C = 3\,000$ 时，企业实现最大产量时的 L、K 和 Q 的均衡值。

（2）当产量 $Q = 800$ 时，企业实现最小成本时的 L、K 和 C 的均衡值。

7. 在短期内生产的三个阶段中，为什么厂商的理性决策应在第 Ⅱ 阶段？

8. 一个企业主在考虑再雇佣一名工人时，在劳动的平均产量和边际产量中他更关心哪一个？为什么？

9. 用图说明厂商在既定成本条件下是如何实现最大产量的最优要素组合的。

10. 用图说明厂商在既定产量条件下是如何实现最小成本的最优要素组合的。

11. 在世界经济中，发达国家多采用资本密集型方式生产，发展中国家多采用劳动密集型方式生产，试运用经济学原理对这种现象进行解释。

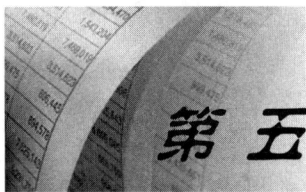

第五章

成 本 论

学习目的与要求

1. 了解经济学中使用的成本及利润概念。
2. 了解短期成本和短期产量的关系。
3. 掌握短期各类成本变动规律。
4. 掌握长期成本变动的规律。

　　成本是企业、政府乃至消费者个人进行经济决策需要考虑的重要因素。厂商要想实现利润的最大化,政府要想实现资源在全社会范围内的有效配置,个人要想实现资产的有效组合,都必须进行成本与收益的分析。厂商的利润最大化理论、政府公共工程的评价等,主要建立在成本分析的基础之上。本章我们将从厂商决策的角度讨论成本理论,考察厂商成本与产量之间的关系。

第一节　成本与利润

　　成本分析是建立在生产理论基础上的。在此,首先要介绍经济学分析中所使用的成本及利润的概念。

　　通常,企业的生产成本被看成企业对所购买的投入要素的货币支出。大到汽车公司,小至街头熟食店,工商业组织一般都使用精细的会计系统来记录它们的成本。然而,在经济学分析中,对企业的生产成本这样理解是不够的。企业成本的定义和经济学家对成本的定义有些不同,企业生产成本包括它经营生产产品和劳务的所有机会成本。本节我们将简单介绍企业会计成本并且指出其与经济学成本的异同之处。

一、成本的概念

(一)机会成本

西方经济学家认为,经济学是研究一个社会如何对稀缺的经济资源进行合理配置的问题。从经济资源的稀缺性这一前提出发，意味着我们每次采用一种方法使用资源时，就放弃了用其他方法利用该资源的机会。做出决定实际上使我们失去了做其他事的机会。失去的选择被称为机会成本。做决定具有机会成本，因为在一个稀缺的世界中选择一个东西意味着放弃其他的一些东西。机会成本是被错过的商品和服务的价格。例如，当一个社会或一个企业用一定的经济资源生产一定数量的一种或者几种产品时，这些经济资源就不能同时被使用在其他用途方面。这就是说，这个社会或这个企业所获得的一定数量的产品收入，是以放弃同样的经济资源来生产其他产品时所能获得的收入作为代价的。由此，便产生了机会成本的概念。例如，当一个厂商用 5 万元生产服装获利 3 万元，这 5 万元如果不用来生产服装的话，可以用来投资房地产获利 2 万元，开餐厅获利 1.5 万元，炒股票获利 1 万元，存银行获利 3 千元，等等。那么，这个厂商用 5 万元进行服装生产而放弃的机会成本就是用来投资房地产而获利的 2 万元。一般的，用于某种用途生产要素的机会成本是指这种生产要素在其他各种可供选择的用途中最好用途的收益。在西方经济学中，企业的生产成本都是从机会成本的角度来理解的。

（二）显成本和隐成本

经济学家的成本定义比会计的成本定义要宽泛得多。经济成本不仅包括明显的从口袋里拿钱的购买和支出，而且还包括比较隐蔽的机会成本，如企业所有者所提供的劳动报酬。企业的生产成本可分为显成本和隐成本两个部分。

企业的显成本又称"会计成本"或历史成本，是指厂商在生产要素市场上购买或租用他人所拥有生产要素的实际支出，是体现在厂商会计账目上的实际货币支出。例如，某厂商雇用了一定数量的工人，从银行取得一定数量的贷款，并租用了一定数量的土地，为此，这个厂商就需要向工人支付工资，向银行支付利息，向土地出租者支付地租，这些支出便构成了该厂商的生产的显成本。从机会成本的角度讲，这笔支出的总价格必须等于这些生产要素的所有者将相同的生产要素使用在其他用途时所能得到的最高收入。否则，这个企业就不能购买或租用到这些生产要素，并保持对它们的使用权。

企业生产的隐成本是指厂商本身所拥有的且被用于该企业生产过程的那些生产要素的总价格。例如，为了进行生产，一个厂商除了要雇佣一定数量的工人，从银行取得一定数量的贷款和租用一定数量的土地外（这些均属于显成本支出），还要动用自己的资金和土地，并亲自管理企业。西方经济学家指出，既然借用他人的资本需付利息，租用他人的土地需付地租，聘用他人来管理企业需付薪金，那么，同样的道理，在这个例子中，当厂商使用了自有的生产要素时也应该得到报酬。所不同的是，现在厂商是自己向自己支付利息、地租和薪金。所以，这笔支出就应该计入成本之中。由于这笔成本支出不如显成本那么明显，故被称为隐成本。隐成本也必须从机会成本的角度按照企业自有生产要素在其他用途所能得到的最高收入来支付，否则，厂商会把自有生产要素转移出企业，以获得更高的报酬。

显成本与隐成本的区别强调了经济学家与会计师分析经营活动之间的重要不同。当老板放弃了作为电脑程序员可以赚钱的机会时，他的会计师并没有把这一点计为他经营的成本。因为企业并没有为支付这种成本花钱，它绝不会出现在会计师的财务报表上，但是，一个经济学家将把放弃的收入作为成本。因为它会影响一个企业在经营中做出决策。例如，当这个老板作为电脑程序员的工资从每小时 100 美元增加到 500 美元时，他就会认为经营成本太高了，并决定选择关掉工厂，以便成为电脑程序员。总之，在经济学分析中，我们应该了解生产成本不仅是指货币支出，而且是指做出一种选择而牺牲的其他选择。也就是说，即使厂商投入的某些要素并不是花钱买来的，经济成本仍然存在。因为，厂商牺牲了这些要素若用于别的用途可能带来的收益。

（三）可回收成本与沉没成本

可回收成本是指在已经发生的会计成本中，通过出售或出租（如办公楼、汽车、计算机等）方式在很大程度上可以收回的那部分成本。

沉没成本是指一旦付出就无法收回的成本，如因失误造成的不可回收的投资，具有理性的人在决策时只能忽略、忘记，因为无论我们做什么样的选择都无法将其收回。美国经济学家斯蒂格列茨运用一个生活中的例子来说明什么是沉没成本。他说："假如你花 7 美元买了一张电影票，你怀疑这个电影是否值 7 美元。看了半小时后，你最担心的事被证实了，影片糟透了。你应该离开影院吗？在做这个决策时，你应当忽视那 7 美元。这是沉没成本，无论你离开影院与否，钱都不会再收回。"面对这种无法收回的沉没成本，最明智的选择就是视其没有发生，也就是说，不应该考虑以前做过什么，而应该考虑以后怎么样做才能取得最佳效益。生活中有很多沉没成本，不断追问和不断埋怨是不理性的。沉没成本的精髓在于它不是成本，决策时不考虑。

（四）社会成本和私人成本

社会成本是指从社会角度来看待的成本，是整个社会为某项活动所付出的代价。社会成本也是指从机会成本角度考虑，即把社会的经济资源用于某一种用途而放弃的该经济资源最有利可图的其他机会。

私人成本是由经济主体（如企业）本人负担的成本。私人经济活动往往对社会造成影响，从而产生社会成本。如果市场是一个完全竞争的市场，并且私人经济活动不产生外部性，则私人成本与社会成本就完全一致；若市场不完善和存在外部性，则私人成本与社会成本就不一致了。本章我们要讨论的成本是指厂商的私人成本。

二、利润

一般来讲，厂商利润等于厂商收益减去成本，但由于成本概念不同，使用不同成本概念就会得到不同的利润概念。

经济利润是指企业的总收益和总成本（机会成本=显成本+隐成本）之间的差额。企业所追求的最大利润指的就是最大的经济利润。经济利润也称为超额利润。

正常利润是指厂商对自己所提供的企业家才能的报酬支付。正常利润是厂商生产成本的一部分，它是以隐成本计入成本的。由于正常利润属于成本，因此，经济利润中不包含正常利润。又由于厂商的经济利润等于总收益减去总成本，所以，当厂商的经济利润为零时，厂商仍然得到了全部的正常利润。

会计利润是指会计师衡量的企业的会计利润，即企业的总收益仅仅减去企业的显性成本。由于会计师忽略了隐性成本，所以，会计利润通常大于经济利润。会计利润等于正常利润，厂商利润为零；会计利润大于正常利润，厂商获得超额利润；会计利润小于正常利润，厂商在经济学意义上就是亏损的。从经济学家的角度看，要使企业有利可图，总收益必须弥补全部机会成本，包括显性成本与隐性成本。

成本理论是建立在生产理论基础上的。二者好比是同一枚硬币的相反两面。生产理论分为短期生产理论和长期生产理论，则成本理论也分为短期成本理论和长期成本理论。由于在短期内企业根据其所要达到的产量，只能调整部分生产要素的数量而不能调整全部生产要素的数量，所以，短期成本有不变成本和可变成本之分。由于在长期内企业根据其所要达到的产量，可以调整全部生产要素的数量，所以，长期内所有的要素成本都是可变的，长期成本没有不变成本和可变成本之分。

■ 第二节　短期成本曲线

在第四章生产论的有关内容和分析工具的基础上，本节将推导和阐述短期总成本（short term total cost，STC）的概念。其目的在于说明短期成本理论是以短期生产理论为基础的。二者是同一问题的两个方面。

一、从短期生产函数到短期成本函数

在前文，我们分析了生产既定产量的成本最小化问题，找到生产既定产量的最小的投入组合及其最低成本。本节我们将分析随产量变化的最低成本的变化，即把成本表示为产量的函数。成本函数表示一定产量与生产该产量的最低成本之间的关系。成本函数用来表示成本与产量之间的函数关系。成本函数主要取决于企业的生产函数和生产要素的价格，所以，已知生产要素的价格，短期成本函数就可以从短期生产函数中推导出来。

假定厂商在短期内使用劳动和资本这两种要素生产一种产品，其中劳动投入量是可变的，资本投入量是固定的，则短期生产函数为

$$Q = f\left(L, \overline{K}\right) \tag{5-1}$$

式（5-1）表示：在资本投入量固定的前提下，可变要素劳动投入量 L 和产量 Q 之间存在着相互依存的对应关系。这种关系可以理解为厂商可以通过对劳动投入量的调整来实现不同的产量水平。也可以反过来理解为厂商根据不同的产量水平的要求，来确定相应的劳动投入量。根据后一种理解，且假定要素市场上劳动的价格 w 和资本的价格 r 是给定的，则可以用式（5-2）来表示厂商在每一产量水平上的短期总成本：

$$\mathrm{STC}(Q) = w \cdot L(Q) + r \cdot \overline{K} \tag{5-2}$$

式中，$w \cdot L(Q)$ 为可变成本部分；$r \cdot \overline{K}$ 为固定成本部分，两部分之和构成厂商的短期总成本，STC 是短期总成本的英文缩写。如果以 $\varPhi(Q)$ 表示厂商在每一产量水平的短期总成本 $w \cdot L(Q)$，以 b 表示固定成本 $r \cdot \overline{K}$，则短期总成本函数可以写成以下形式：

$$STC = \varPhi(Q) + b \qquad (5\text{-}3)$$

至此，我们由式（5-1）的短期生产函数，写出了相应的短期总成本函数。显然，短期总成本是产量的函数。

二、短期成本分类

在短期，厂商的成本有不变成本部分和可变成本部分之分。具体地讲，厂商的短期成本有以下七种：总不变成本（total fixed cost，TFC）、总可变成本（total variable cost，TVC）、总成本（total cost，TC）、平均不变成本（average fixed cost，AFC）、平均可变成本（average variable cost，AVC）、平均总成本（average cost，AC）和边际成本（marginal cost，MC），如图 5-1 所示。

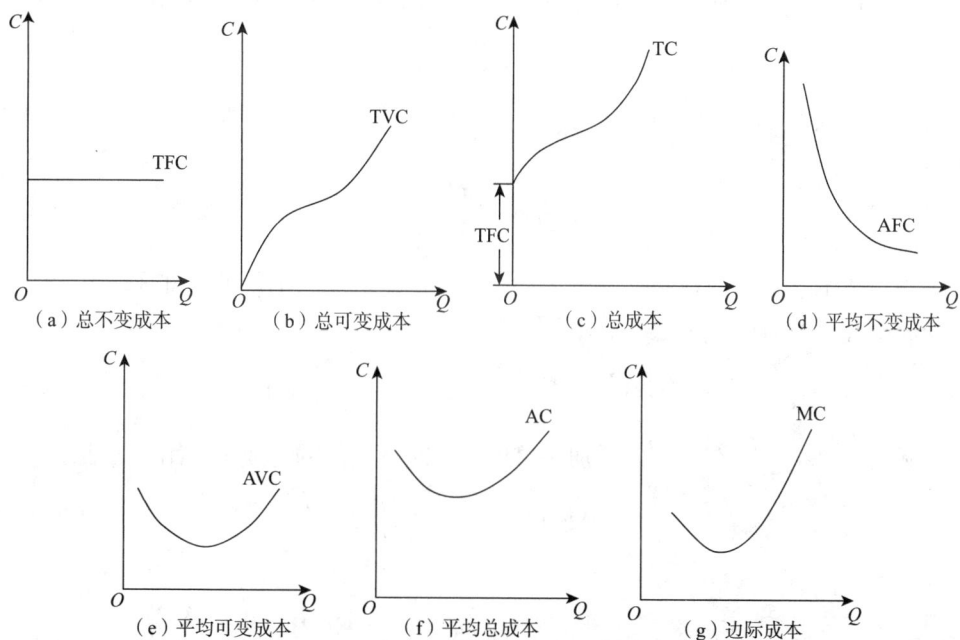

图 5-1　各类短期成本曲线

总不变成本是指厂商在短期内为生产一定数量的产品对不变生产要素所支付的总成本，如建筑物和机器设备的折旧费等。由于在短期内不管企业的产量为多少，这部分不变要素的投入量都是不变的，所以，总不变成本是一个常数，它不随产量的变化而变化。即使产量为零，总不变成本也仍然存在。如图 5-1（a）所示，图中的横轴 Q 表示产量，纵轴 C 表示成本，总不变成本曲线是一条水平线。它表示在短期内，无论产量如何变化，总不变成本是固定不变的。

总可变成本是指厂商在短期内生产一定数量的产品对可变生产要素支付的总成本。例如，厂商对原材料、燃料动力和工人工资的支付等。总可变成本曲线如图 5-1（b）所示，它是一条由原点出发向右上方倾斜的曲线，该曲线表示：由于在短期内厂商是根据产量的变化不断调整可变要素的投入量的，所以，总可变成本随产量的变动而变动。当

产量为零时，总可变成本也为零。在这之后，总可变成本随着产量的增加而增加。总可变成本的函数形式为

$$TVC = TVC(Q) \qquad (5-4)$$

总成本是指厂商在短期内为生产一定数量的产品对全部生产要素所支付的总成本。它是总不变成本和总可变成本之和。总成本曲线如图 5-1（c）所示，它是从纵轴上相当于总不变成本高度的点出发的一条向右上方倾斜的曲线。在每一个产量上的总成本由总不变成本和总可变成本共同构成。总成本公式表示为

$$TC(Q) = TFC + TVC(Q) \qquad (5-5)$$

平均不变成本是指厂商在短期内平均每生产一单位产品所消耗的不变成本。平均不变成本曲线如图 5-1（d）所示，它是一条向两轴渐进的双曲线，表示在总不变成本固定的前提下，随着产量的增加，平均不变成本是越来越小的。平均不变成本用公式表示为

$$AFC(Q) = \frac{TFC}{Q} \qquad (5-6)$$

平均可变成本是指厂商在短期内平均每生产一单位产品所消耗的可变成本，用公式表示为

$$AVC(Q) = \frac{TVC(Q)}{Q} \qquad (5-7)$$

平均总成本是指厂商在短期内平均每生产一单位产品所消耗的全部成本。它等于平均不变成本和平均可变成本之和。用公式表示为

$$AC(Q) = \frac{TC(Q)}{Q} = AFC(Q) + AVC(Q) \qquad (5-8)$$

边际成本是指厂商在短期内增加一单位产量时所增加的总成本。用公式表示为

$$MC(Q) = \frac{\Delta TC(Q)}{\Delta Q} \qquad (5-9)$$

或

$$MC(Q) = \lim_{\Delta Q \to 0} \frac{\Delta TC(Q)}{\Delta Q} = \frac{dTC(Q)}{dQ} \qquad (5-10)$$

例如，对于一个民航公司来说，用于飞机的折旧维修费、工作人员的工资是不变成本，用于汽油等的费用是可变成本。这两者之和为短期成本。分摊到每位顾客的成本为平均成本，包括平均不变成本与平均可变成本。增加一个旅客而增加的成本是边际成本。

由式（5-10）可知，在每一个产量水平上的边际成本值就是相应的总成本曲线的斜率。

平均可变成本曲线、平均总成本曲线和边际成本曲线顺次如图 5-1（e）~图 5-1（g）所示。这三条曲线都呈现出 U 形的特征。它们表示：随着产量的增加，平均可变成本、平均总成本和边际成本都是先递减，各自达到本身的最低点之后再递增。

最后，需要指出的是，从以上各种短期成本的定义公式中可知，由一定产量水平上

的总成本（包括总不变成本、总可变成本和总成本）出发，是可以得到相应的平均成本（包括平均不变成本、平均可变成本和平均总成本）和边际成本的。关于这一点，将在本节最后部分的内容中得到进一步的体现。

三、短期成本曲线之间的相互关系

（一）各种短期成本变动规律

在图 5-1 中，分别画出了七条不同类型的短期成本曲线。我们可以将这些不同类型的短期成本曲线置于同一张图中（图 5-2），以分析不同类型的短期成本曲线相互之间的关系。

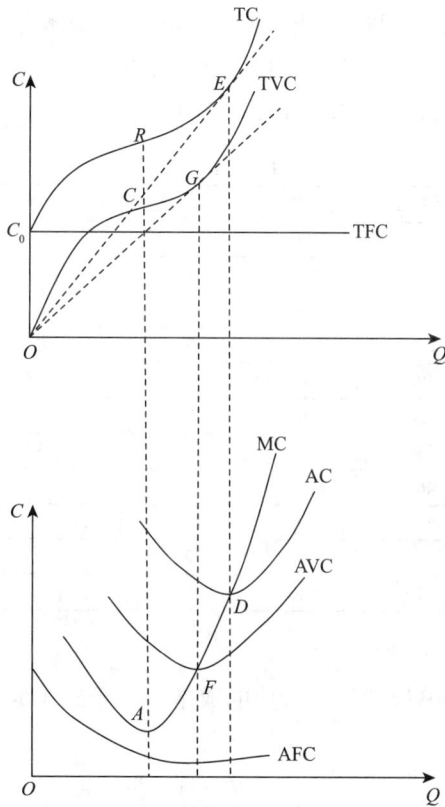

图 5-2　短期成本曲线

1. 短期总成本

我们曾经指出短期成本函数可以从短期生产函数导出。短期总成本函数如式（5-3）所示。现在我们假设短期总成本可以简单表示为 C，其一般形式为

$$C = \Phi(Q) + b \tag{5-11}$$

式中，$\Phi(Q)$ 为可变成本；b 为不变成本。不变成本不随产量的变化而变化，可变成本随产量变化而变化。假定成本函数为式（5-12）表达的三次成本函数，即

$$C = aQ^3 + \beta Q^2 + \lambda Q + \delta \tag{5-12}$$

我们可以画出短期总成本、总不变成本、总可变成本图形，见图5-2。图5-2中，横坐标表示产出水平 Q，纵坐标表示成本 C。总不变成本是一条与横坐标相平行的直线，表示不管产出水平多高，这笔成本支出不变，为 C_0。总可变成本随产出的变化而变化。总可变成本曲线在产出的不同阶段呈现不同的变化特征，先以递减的速率增加，后以递增的速率增加。这种变化的特征与生产函数理论中具有一种变动投入的总产量曲线呈现出对偶性。在那里，随着变动要素投入量的增加，产出水平先以递增的速率增加，后以递减的速率增加，造成这两种曲线变化呈现对偶特征的原因是同一个，即边际报酬递减规律的作用。短期总成本曲线由总不变成本曲线与总可变成本曲线的垂直距离相加而得到。短期总成本曲线的变化与总可变成本曲线的变化呈现相同的特征。图 5-2 是根据表 5-1 绘制的短期成本曲线图，它是一张典型的短期成本曲线综合图。表 5-1 是一张某厂商的短期成本列表，表中的平均成本和边际成本的各栏均可以分别由相应的总成本的各栏推算出来。该表体现了各种短期成本之间的相互关系。

表 5-1　短期成本表

产量 Q	总不变成本	总可变成本	总成本	平均不变成本	平均可变成本	平均总成本	边际成本
0	200	0	200	—	—	—	—
1	200	100	300	200	100	300	100
2	200	180	380	100	90	190	80
3	200	240	440	67	80	147	60
4	200	280	480	50	70	120	40
5	200	320	520	40	64	104	40
6	200	380	580	33	63	96	60
7	200	460	660	29	66	95	80
8	200	560	760	25	70	95	100
9	200	680	880	22	76	98	120
10	200	820	1 020	20	82	102	140

2. 短期平均成本与短期边际成本

平均成本是平均每一单位产量所分摊的成本。对于式（5-12）的成本函数而言，短期平均成本表示为

$$SAC = \frac{\Phi(Q)}{Q} + \frac{b}{Q} \tag{5-13}$$

对于式（5-12）的三次总成本函数而言，短期平均成本表示为

$$SAC = aQ^2 + \beta Q + \gamma + \frac{\delta}{Q} \tag{5-14}$$

短期平均成本由两部分构成，一部分是平均可变成本，另一部分是平均不变成本。就式（5-14）来讲，平均不变成本为

$$AFC = \frac{\delta}{Q} \tag{5-15}$$

平均可变成本为

$$\text{AVC} = aQ^2 + \beta Q + \gamma \qquad (5\text{-}16)$$

不管是平均不变成本还是平均可变成本，它们都随着产量的变化而变化。平均不变成本是一条直角双曲线，其图形如图 5-2 所示。以式（5-16）表示的平均可变成本曲线是一条二次成本曲线，其图形如图 5-2 所示。图 5-2 中的短期平均成本曲线由平均不变成本曲线与平均可变成本曲线垂直相加得到。短期平均成本曲线先下降后上升，这一特征正好与第四章所讨论的平均产量曲线呈对偶的特征。平均产量曲线先上升后下降。平均成本曲线的变化特征可以从平均产量曲线的变化特征导出。由式（5-2）得知 $\text{TVC} = w \cdot L(Q)$，在劳动要素价格不变的假定下，平均可变成本表示为

$$\text{AVC} = \frac{\text{TVC}}{Q} = w\frac{L}{Q} = w \cdot \frac{1}{\text{AP}_L} \qquad (5\text{-}17)$$

式中，w 为劳动的价格；L 为劳动投入量；Q 为产量；AP 为要素的平均产量。显然，平均可变成本与平均产量两者的变动方向是相反的。前者呈递增趋势时，后者呈递减趋势；前者呈递减趋势时，后者呈递增趋势；前者的最高点对应后者的最低点。由于平均不变成本随产量的增加而一直下降，因此短期平均成本曲线与平均可变成本曲线一样先下降后上升。

短期边际成本是产量的增量所引起的总成本的增量。由于短期边际成本随产出的变化而变化，它与不变成本无关。所以短期边际成本又可以表示为

$$\text{SMC} = \frac{\Delta\text{TVC}}{\Delta Q} \quad (\text{在函数不连续、不可求导的情况下})$$

或

$$\text{SMC} = \frac{\mathrm{d}\text{TVC}}{\mathrm{d}Q} \quad (\text{在函数连续、可求导的情况下}) \qquad (5\text{-}18)$$

如果短期总成本函数是如同式（5-12）的三次成本函数，那么短期边际成本为二次成本函数。由式（5-12）我们可以得到

$$\text{SMC} = 3aQ^2 + 2\beta Q + \gamma \qquad (5\text{-}19)$$

与式（5-19）相对应的短期边际成本曲线如图 5-2 所示。

三次总成本函数所对应的边际成本曲线呈现先下降后上升的特征。这一特征正好与第四章所讨论的边际产量曲线先上升后下降呈对偶的特征。如同平均成本曲线的变化特征可以从平均产量曲线的变化特征导出一样，边际成本曲线的变化特征也可以从边际产量曲线的变化特征导出。在要素价格不变的假定下，由式（5-2）得知 $\text{TVC} = w \cdot L(Q)$，短期边际成本表示为

$$\text{MC} = \frac{\mathrm{d}\text{TC}}{\mathrm{d}Q} = w\frac{\mathrm{d}L}{\mathrm{d}Q} = w \cdot \frac{1}{\text{MP}_L} \qquad (5\text{-}20)$$

式中，w 为劳动的价格；L 为劳动投入量；Q 为产量；MP_L 为劳动要素的边际产量。显然，边际成本与边际产量两者的变动方向是相反的。从几何图形上看，如果边际产量先上升后下降，那么边际成本就先下降后上升。

正如生产理论中边际产量与平均产量存在密切关系一样，在成本理论中边际成本与平均成本也存在密切关系。而且边际成本与平均成本的关系同边际产量与平均产量的关系也呈现出对偶的特征。边际产量在平均产量达到最大值时与平均产量相等；边际成本则是在平均成本达到最小值时与平均成本相等。从几何图形上看，短期边际成本分别过平均可变成本曲线与短期平均成本曲线的最低点，如图 5-2 所示。

边际成本分别在平均可变成本和短期平均成本达到最小值以后二者相等，要证明这一点是不困难的。按照求极值的必要条件，我们分别就平均可变成本与短期平均成本对产量求一阶导数，并令导数值等于 0，便可以证明这一结果。

平均总成本曲线和边际成本曲线之间的关系用数学证明如下：

$$\frac{\mathrm{d}}{\mathrm{d}Q}\mathrm{AC} = \frac{\mathrm{d}}{\mathrm{d}Q}\left(\frac{TC}{Q}\right) = \frac{\mathrm{TC}' \cdot Q - \mathrm{TC}}{Q^2} = \frac{1}{Q}\left(\mathrm{TC}' - \frac{\mathrm{TC}}{Q}\right) = \frac{1}{Q}(\mathrm{MC} - \mathrm{AC}) \qquad (5\text{-}21)$$

由于 $Q > 0$，所以，当边际成本小于平均总成本时，平均总成本曲线的斜率为负，该曲线是下降的；当边际成本大于平均总成本时，平均总成本曲线的斜率为正，该曲线是上升的；当边际成本等于平均总成本时，平均总成本曲线的斜率为 0，该曲线达极值点（在此为极小值点）。

类似的，平均可变成本曲线和边际成本曲线之间的关系用数学证明同上。

短期成本曲线所体现的这些特征的原因，可以运用边际报酬递减规律进行深入的解释。

（二）短期成本变动的决定因素：边际报酬递减规律

边际报酬递减规律是短期生产的一条基本规律，因此，它也决定了短期成本曲线的特征。边际报酬递减规律是指在短期生产过程中，在其他条件不变的情况下，随着一种可变要素投入量的增加，它所带来的边际产量先是递增的，达到最大的值以后再递减。关于这一规律，我们也可以从产量变化所引起的边际成本变化的角度来解释：假定生产要素的价格是固定不变的，在开始时的边际报酬递增阶段，增加一单位可变要素投入所产生的边际产量递增，则意味着也可以反过来说：在这一阶段增加一单位产量所需要的边际成本是递减的。在以后的边际报酬递减阶段，增加一单位可变要素投入所产生的边际产量递减，则意味着也可以反过来说：在这一阶段增加一单位产量所需要的边际成本是递增的。显然，边际报酬递减规律作用下的短期边际产量和短期边际成本之间存在着一定的对应关系。这种对应关系可以简单地表述如下：在短期生产中，边际产量的递增阶段对应的是边际成本的递减阶段，边际产量的递减阶段对应的是边际成本的递增阶段，与边际产量最大值相对应的是边际成本的最小值。正因为如此，在边际报酬递减规律作用下的边际成本曲线表现出先降后升的 U 形特征。

从 U 形的边际成本曲线出发，可以解释其他的短期成本曲线的特征及短期成本曲线相互之间的关系。

第一，关于短期总成本曲线、总可变成本曲线和短期边际成本曲线之间的关系。由于在每一个产量水平上的边际成本值就是相应的总成本曲线的斜率，又由于在每一产量上的总成本曲线和总可变成本曲线斜率是相等的，所以，在每一产量水平的边际成本值同时就是相应的总成本曲线和总可变成本曲线的斜率。于是，在图 5-2 中的总成本曲线、总可变成本曲线和边际成本曲线之间表现出这样的相互关系：与边际报酬递减规律作用的边际成本曲线的先降后升的特征相对应，总成本曲线和总可变成本曲线的斜率也由递减变为递增。而且，边际成本曲线的最低点 A 与总成本曲线的拐点 B 和总可变成本曲线的拐点 C 相对应。

第二，关于短期平均成本曲线、平均可变成本曲线和短期边际成本曲线之间的关系。我们已经知道，对于任何一对边际量和平均量，只要边际量小于平均量，边际量把平均量拉下；只要边际量大于平均量，就把平均量拉上；当边际量等于平均量时，平均量必达本身的极值点。将这种关系具体到平均总成本曲线、平均可变成本曲线和边际成本曲线的相互关系上，可以推知，由于在边际报酬递减规律作用下的边际成本曲线有先降后升的 U 形特征，所以，平均总成本曲线和平均可变成本曲线也必定是先降后升的 U 形的特征。而且，边际成本曲线必定会分别与平均总成本曲线相交于平均总成本曲线的最低点，与平均可变成本曲线相交于平均可变成本曲线的最低点。正如图 5-2 所示；U 形的边际成本曲线分别与 U 形的平均总成本曲线相交于平均总成本曲线的最低点 D，与 U 形的平均可变成本曲线相交于平均可变成本曲线的最低点 F。在平均总成本曲线的下降段，边际成本曲线低于平均总成本曲线；在平均总成本曲线的上升段，边际成本曲线高于平均总成本曲线。相类似的，在平均可变成本曲线的下降段，边际成本曲线低于平均可变成本曲线；在平均可变成本曲线的上升段，边际成本曲线高于平均可变成本曲线。

第三，关于总不变成本曲线和平均不变成本曲线之间的关系。因为 $AFC(Q)=TFC/Q$，所以任何产量水平上的平均不变成本值都可以由连接原点到总不变成本曲线上的相应的点的线段的斜率给出。显然，平均不变成本曲线是一条单调下降的曲线。从平均不变成本的公式看出，分子 TFC 是固定不变的，随着分母 Q 的不断增加，其结果必然是不断减少的。

第四，关于总可变成本曲线和平均可变成本曲线之间的关系。由于 $AVC(Q)=TVC(Q)/Q$，所以，在任何产量水平上的平均可变成本值都可以由连接原点到总可变成本曲线上的相应的点的线段的斜率给出。在原点与总可变成本曲线上的点的所有连线中，与总可变成本曲线相切的线段斜率最小。在图 5-2 中，一条直线与总可变成本曲线相切于 G 点。在切点 G 之前连接原点到总可变成本曲线上的相应的点的线段的斜率是递减的，在切点后是递增的。

第五，关于短期总成本曲线和短期平均成本曲线之间的关系。由于 $SAC(Q)=STC(Q)/Q$，所以，任何产量水平上的短期平均成本都可以由连接原点到短期总成本曲线上的相应产量点的线段的斜率给出。当从原点到总成本曲线上相应产量点的连线恰好与总成本曲线相切时，连线的斜率最小，平均成本曲线达到最低点。需要指出的是，厂商总是先达到平均可变成本最低点后再达到平均成本最低点。这是因为平均成本等于平均可变成本加上平均不变成本，当平均可变成本达到最低点时，平均不变成本仍在下降，因此平均成本必然呈下降趋势，从而要落后于平均可变成本达到最低点。

（三）短期产量曲线与短期成本曲线之间的关系

前面我们已经指出，短期生产的边际报酬递减规律决定了短期成本曲线的特征。在此，我们将进一步分析短期生产条件下的生产函数和成本函数之间的对应关系，或者说，分析短期产量曲线和短期成本曲线之间的关系。

假定短期生产函数为
$$Q = f\left(L, \overline{K}\right)$$

短期成本函数为

$$TC(Q) = TVC(Q) + TFC \tag{5-22}$$

$$TVC(Q) = w \cdot L(Q) \tag{5-23}$$

并且假定生产要素劳动的价格 w 是给定的。

1. 边际产量和边际成本之间的关系

根据式（5-22）和式（5-23），有 $TC(Q) = TVC(Q) + TFC = w \cdot L(Q) + TFC$。式中，TFC 为常数。由该式可得

$$MC = \frac{dTC}{dQ} = w\frac{dL}{dQ} + 0$$

即

$$MC = w \cdot \frac{1}{MP_L} \tag{5-24}$$

由此可得以下两点结论。

第一，式（5-24）表明边际成本和边际产量两者的变动方向是相反的。具体地讲，由于边际报酬递减规律的作用，可变要素的边际产量先上升，达到一个最高点以后再下降，所以，边际成本先下降，达到一个最低点以后再上升。

第二，由以上的边际产量和边际成本的对应关系可以推知，总产量和总成本之间也存在着对应关系。当总产量曲线下凸时，总成本曲线和总可变成本曲线是下凹的；当总产量曲线下凹时，总成本曲线和总可变成本曲线是下凸的；当总产量曲线存在一个拐点时，总成本曲线和总可变成本曲线也各存在一个拐点。

2. 平均产量和平均可变成本之间的关系

根据式（5-23）有

$$AVC = \frac{TVC}{Q} = w\frac{L}{Q} = w \cdot \frac{1}{AP_L} \tag{5-25}$$

由此可得以下两点结论。

第一，式（5-23）表明平均可变成本和平均产量的变动方向是相反的。前者呈递增趋势时，后者呈递减趋势；前者呈递减趋势时，后者呈递增趋势；前者的最高点对应后者的最低点。

第二，由于边际成本曲线与平均可变成本曲线交于平均可变成本曲线的最低点，MP_L 曲线与 AP_L 曲线交于 AP_L 曲线的最高点，所以，边际成本曲线和平均可变成本曲线的交点与 MP_L 曲线和 AP_L 曲线的交点相对应。

第三节 长期成本曲线

本节我们将顺次对长期总成本（long run total cost）、长期平均成本（long term average cost）和长期边际成本（long term marginal test）进行分析，并进一步考察这三条长期成本曲线之间的相互关系。

在长期内，厂商可以根据产量的要求调整全部的生产要素投入量，甚至进入或退出一个行业，因此，厂商所有的成本都是可变的。由于长期中不再存在不变成本，所以只有三条长期成本曲线，厂商的长期成本可以分为长期总成本、长期平均成本和长期边际成本。它们的英文缩写顺次为 LTC、LAC 和 LMC。为了区分短期成本和长期成本，从本节开始，在短期总成本、短期平均成本和短期边际成本前都冠之于"S"，如短期总成本写为 STC 等；在长期成本前都冠之于"L"，如长期总成本写为 LTC 等。

一、长期总成本函数和长期总成本曲线

（一）长期总成本函数

长期总成本是指厂商在长期中的每一个产量水平上通过选择最优的生产规模所能达到的最低总成本。长期总成本函数可写为

$$LTC = LTC(Q) \tag{5-26}$$

（二）长期总成本曲线的推导

长期总成本曲线的推导有两种方法。

方法一：由短期总成本曲线推导。在图 5-3 中，有三条短期总成本曲线——$STC_1 \sim STC_3$，它们分别代表三个不同的生产规模。由短期总成本曲线的纵截距表示相应的总不变成本的数量，因此，从图 5-3 中三条短期总成本曲线的纵截距可知，它们分别代表三个生产规模，STC_1 曲线代表规模最小，STC_2 曲线代表规模居中，STC_3 曲线代表规模最大。假定厂商生产的产量为 Q_2，在短期内，厂商可能面临 STC_1 曲线所代表的过小的生产规模或 STC_3 所代表的过大的生产规模，于是，厂商只能按较高的总成本来生产产量 Q_2，即在 STC_1 曲线或 STC_3 曲线上某点进行生产。但在长期，厂商可以变动全部的要素投入量，选择最优的生产规模 STC_2 曲线所代表的生产规模进行生产，从而将总成本降低到所能达到的最低水平（图5-3中的 b 点）。类似的，在长期内，厂商会选择 STC_1 曲线所代表的生产规模，在 a 点上生产 Q_1 的产量；选择 STC_3 曲线所代表的生产规模，在 c 点上生产 Q_3 的产量。这样，厂商就在每一个既定的产量水平实现了最低的总成本。

虽然在图 5-3 中只有三条短期总成本曲线，但在理论分析上可以假定有无数条短期总成本曲线。这样一来，厂商可以在任何一个产量水平上，都找到相应的一个最优的生产规模，都可以把总成本降到最低水平。也就是说，可以找到无数个类似于 $a \sim c$ 的点，这些点的轨迹就形成了图中的长期总成本曲线。显然，长期总成本曲线是无数条短期总成本曲线的包络线。在这条包络线上，在连续变化的每一个产量水平上，都存在着

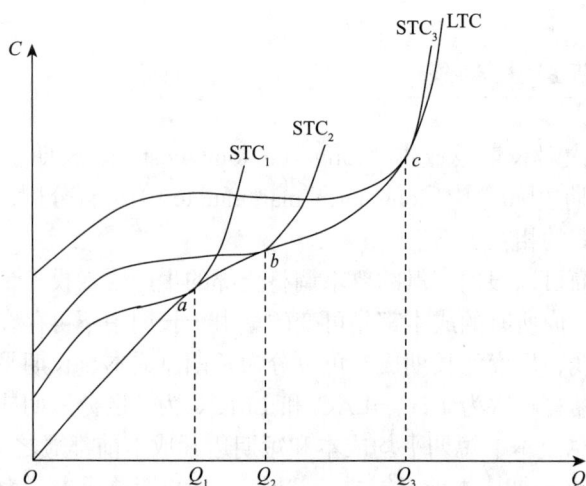

图 5-3 长期总成本曲线

长期总成本和一条短期总成本曲线的相切点。该短期总成本曲线所代表的生产规模就是生产该产量的最优生产规模，该切点所对应的总成本，就是生产该产量的最低总成本。因为企业在长期中有更大的灵活性。因此，在长期中，企业可以选择它想用的任何一条短期成本曲线。但在短期中，它不得不用过去选择的那条短期成本曲线。长期总成本曲线从原点出发，先是以递减速度增加，后又以递增速度增加。其斜率先递减，经拐点之后，又变为递增。

方法二：可由扩展线图形推导。扩展线上的每一个均衡点都表示企业通过选择最优的生产要素组合生产每一个既定产量时的最小总成本。可由扩展线上得到每一产量水平上的最小总成本。将所有这些产量与相应的最小总成本和组合描绘在图 5-3 中，便得到长期总成本曲线。可见长期总成本曲线上每一点的产量和成本组合同扩展线上的每一点的产量和成本组合是对应的。

二、长期平均成本函数和长期平均成本曲线

（一）长期平均成本函数

长期平均成本曲线表示厂商在长期内按产量平均计算的最低总成本。长期平均成本函数可以写为

$$\text{LAC}(Q) = \frac{\text{LTC}(Q)}{Q} \qquad （5-27）$$

（二）长期平均成本曲线的推导

长期平均成本曲线的推导有两种方法。

方法一：由长期总成本曲线求得。在分析长期总成本曲线时，我们曾强调，理性的厂商在长期总是选择在每一个产量水平的最小成本的生产规模上进行生产。因此，根据长期平均成本的公式可以推知：厂商在长期实现每一产量水平的最小总成本的同时，也就必然实现了相应的最小平均成本。所以，长期平均成本曲线可以根据长期总成本曲线

画出。具体的做法是：用长期总成本曲线上每一点的长期总成本值除以相应的产量，便得到这一产量上的长期平均成本。将每一个产量和相应的长期平均成本值描绘在产量和成本的平面坐标中，便可得到长期平均成本曲线。

方法二：由短期平均成本曲线求得。如图 5-4 所示，有三条短期平均成本曲线 $SAC_1 \sim SAC_3$，它们各自代表了三个不同的生产规模。在长期，厂商可以根据产量要求，选择最优的生产规模进行生产。假定厂商生产产量小于 Q_1，则厂商会选择 SAC_1 曲线所代表的生产规模，因为这时 SAC_1 低于其他任何规模；而对于 Q_1 和 Q_2 之间的产量，厂商会选择 SAC_2 曲线所代表的生产规模；当产量大于 Q_2 时，厂商会选择 SAC_3 曲线所代表的生产规模。对于每两条短期平均成本曲线的交点，如 Q_1 的产量，这时两个生产规模都以相同的最低平均成本生产同一产量。厂商若从规模较小、投资较少来考虑可选择 SAC_1 曲线所代表的生产规模。

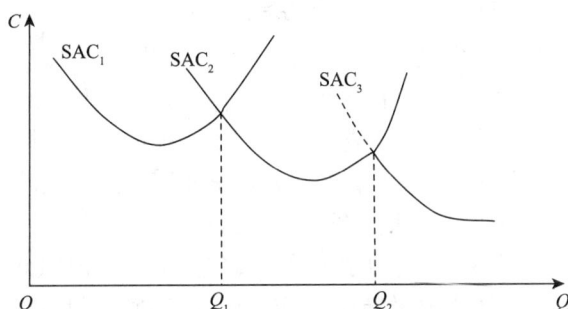

图 5-4 最优生产规模的选择

由以上分析可见，沿着图 5-4 中所有短期平均成本曲线的实线部分，厂商总是可以找到长期内生产某一产量的最低平均成本。由于在长期内可供厂商选择的生产规模是很多的，所以，在理论分析中，假定生产规模可以无限细分，从而可以有无数条短期平均成本曲线，于是便得到图 5-5 中的长期平均成本曲线。长期平均成本曲线是无数条短期平均成本曲线的包络线。在这条包络线上，在连续变化的每一个产量水平，都存在长期平均成本曲线和某一条短期平均成本曲线的相切点，该切点所对应的平均成本就是相应的最低平均成本，该短期平均成本曲线所代表的生产规模就是生产该产量的最优生产规模。

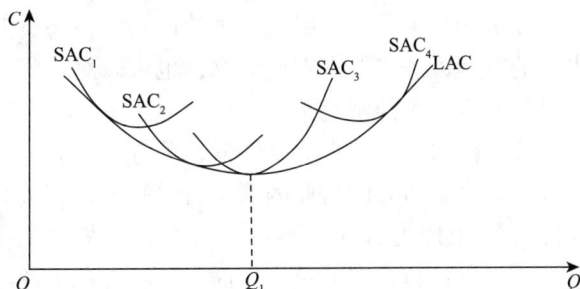

图 5-5 长期平均成本曲线

此外，从图 5-5 中还可以看到，长期平均成本曲线呈 U 形。与短期成本曲线相比，长期平均总成本曲线是比短期平均总成本曲线平坦得多的U形曲线。举一个简单例子：福特公司想把每天生产汽车的产量从1 000辆增加到1 200辆时，在短期中除了在现有的中等规模工厂中多雇工人之外别无选择。由于边际产量递减，平均每辆汽车的成本从1万美元增加到1.2万美元。但是，在长期中福特公司可以扩大工厂和车间的规模，从而使平均成本仍保持在1万美元的水平上。

从以上分析我们知道，长期平均成本曲线虽然是短期平均成本曲线的包络线。但是，长期平均成本曲线上的点并不都是对应规模的短期平均成本曲线的最低点。在长期平均成本曲线的下降段，长期平均成本曲线相切于所有相应的短期平均成本曲线最低点的左边；在长期平均成本曲线的上升段，长期平均成本曲线相切于所有相应的短期平均成本曲线最低点的右边；只有在长期平均成本曲线的最低点上，长期平均成本曲线才相切于相应的短期平均成本曲线的最低点。

（三）长期平均成本曲线呈U形特征的原因

在生产理论分析中，我们已经讨论过，厂商长期生产技术表现出规模报酬先后递增、不变和递减的规律。规模报酬的这种变化规律，是造成长期平均成本曲线表现出先降后升的特征的一个重要原因。长期成本分析与前面长期生产规模报酬理论是同一个问题的相反两面。厂商的长期生产技术更多地表现出规模经济和规模不经济的过程。

规模经济是指在企业生产扩张的开始阶段，厂商由于扩大生产规模而导致长期平均成本下降的情况。规模不经济是指当生产扩张达到一定规模以后，厂商继续扩大生产规模而导致长期平均成本上升的情况。或者说，厂商产量增加的倍数大于成本增加的倍数为规模经济。在规模经济阶段，对应的是企业长期生产内的规模报酬递增阶段。相反，厂商产量增加的倍数小于成本增加的倍数，为规模不经济，这里对应的是企业长期生产内的规模报酬递减阶段。这里讨论的规模经济和规模不经济都是由厂商变动自身企业生产规模所引起的，一般来说，在企业的生产规模由小到大的扩张过程中，会先后出现规模经济和规模不经济。内在经济和内在不经济是就一条给定的长期平均成本曲线而言的，决定了长期平均成本曲线形状表现出先下降后上升的U形特征。至于长期平均成本曲线位置的变化原因，则需要用企业的外在经济和外在不经济的概念来解释。

内在经济是指一个厂商在生产规模扩大的时候，由自身所引起的产量增加、效益提高的现象。例如，应用先进的技术，同时引入先进的设备，提高员工素质，实行专业化生产，引进具有高水平的管理人才，提高管理效率，也可以对一些副产品充分利用，变废为宝，创新思维，等等。内在不经济是指一个厂商由于本身生产规模过大而引起产量或收益减少。例如，企业规模过大，管理效率降低，等等。企业的外在经济和外在不经济是由企业以外的因素（如企业所处的行业因素）所引起的，它影响厂商的长期平均成本曲线的位置。外在经济是由于厂商的生产活动所依赖的外界环境得到改善而产生的。例如，整个行业的发展，可以使行业内的单个厂商受益。外在不经济是指如果厂商的生产活动所依赖的外在环境恶化了，如整个行业发展，使生产要素的价格上升，交通运输紧张，从而给行业内单个厂商的生产带来困难。企业的外在经济使长期平均成本曲线向下移；相反，企业的外在不经济可以使长期平均成本曲线向上移。所以，内在经济和内在不经济决定了长期平均成本曲线的 U 形特征，而外在经济与外在不经济则决定了长期平均成本曲线的位置。从长期平均成本曲线呈 U 形的特征出发，不仅可以解释下面将要分析的长期边际成本曲线的特征，还可以进一步解释前面所分析的长期总成本曲线的特征。

（四）关于长期平均成本曲线的其他形状

由于不同的行业在产量水平提高的过程中，规模报酬递增、规模报酬不变和规模报酬递减三种情况出现的区域并不一致，所以长期平均成本曲线还可能有其他的形状。这里简单介绍两种。

经济学家近些年的经验性研究结果表明，在不少行业的生产过程中，企业在得到规模经济的全部好处之后，规模不经济的情况往往要在很高的产量水平上才出现，换句话说，下降的长期平均成本曲线需经历很大范围的产量变化以后才会转变成上升的长期平均成本曲线，所以长期平均成本曲线呈 L 形（如垄断行业的长期平均成本曲线）。

一些企业往往有这样的现象，当厂商得到规模经济的全部好处时，工厂的生产规模必定达到了长期平均成本曲线的最低点，所以，这些企业在长期将把这一现状维持下去，使得企业的长期平均成本曲线呈水平形。

三、长期边际成本函数及长期边际成本曲线的推导

（一）长期边际成本函数

长期边际成本表示厂商在长期内增加一单位产量所引起的最低总成本的增量。长期边际成本函数可以写为

$$\mathrm{LMC}(Q)=\frac{\Delta\mathrm{LTC}(Q)}{\Delta Q} \tag{5-28}$$

或

$$\mathrm{LMC}(Q)=\lim_{\Delta Q\to 0}\frac{\Delta\mathrm{LTC}(Q)}{\Delta Q}=\frac{\mathrm{dLTC}(Q)}{\mathrm{d}Q} \tag{5-29}$$

（二）长期边际成本曲线的推导

长期边际曲线同样有两种推导方法。

方法一：由长期总成本曲线得到。每一产量水平上的长期边际成本值都是由相应的长期总成本曲线的斜率给出的。所以，只要把每一个产量水平上的长期总成本曲线的斜率值描绘在产量和成本的平面坐标图中，便可得到长期边际成本曲线。

方法二：可以由短期边际成本曲线得到。从推导长期总成本曲线的图 5-3 中可见，长期总成本曲线是无数条短期总成本曲线的包络线。在长期的每一个产量水平，长期总成本曲线都与一条代表最优生产规模的短期总成本曲线相切，说明这两条曲线斜率相等。由于长期总成本曲线的斜率是相应的长期边际成本值，短期总成本曲线的斜率是相应的短期边际成本值，因此可推知，在长期内的每一产量水平，长期边际成本值都与代

表最优生产规模的短期边际成本值相等。根据这种关系，便可以由短期边际成本曲线推导长期边际成本曲线。不过，与长期总成本曲线和长期平均成本曲线的推导不同，长期边际成本曲线不是短期边际成本曲线的包络线。它的推导如图 5-6 所示。

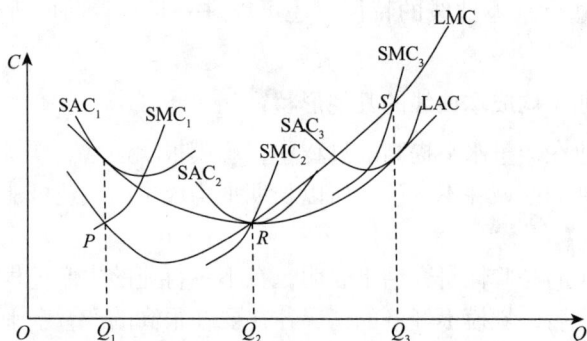

图 5-6　长期边际成本曲线

在图 5-6 中，在每个产量水平，代表最优生产规模的短期平均成本曲线都有一条相应的短期边际成本曲线，每一条短期边际成本曲线都过相应的短期平均成本曲线最低点。在 Q_1 的产量上，生产该产量的最优生产规模由 SAC$_1$ 曲线和 SMC$_1$ 曲线所代表，相应的短期成本由 P 点给出，PQ_1 既是最优的短期边际成本，又是长期边际成本，即有 LMC = SMC$_1$ = PQ_1。或者说，在 Q_1 的产量上长期边际成本等于最优生产规模的短期边际成本 SMC$_1$，它们都等于 PQ_1 的高度。同理，在 Q_2 的产量上，有 LMC = SMC$_2$ = RQ_2。在 Q_3 的产量上，有 LMC = SMC$_3$ = SQ_3。在生产规模可以无限细分的条件下，可以得到无数个类似 P、R 和 S 的点，将这些点连接起来便得到一条光滑的长期边际成本曲线。

（三）长期边际成本曲线的形状

长期边际成本曲线呈U形，它与长期平均成本曲线相交于长期平均成本曲线的最低点。其原因在于：根据边际量和平均量之间的关系，当长期平均成本曲线处于下降段时，长期边际成本曲线一定处于长期平均成本曲线的下方，也就是说，此时长期边际成本小于长期平均成本，长期边际成本将长期平均成本拉下；相反，长期平均成本曲线处于上升段时，长期边际成本曲线一定位于长期平均成本曲线的上方，也就是说，此时长期边际成本大于长期平均成本，长期边际成本将长期平均成本拉上。由于长期平均成本曲线在规模经济和规模不经济的作用下先降后升，呈U形的特征，所以，两条曲线必然相交于长期平均成本曲线的最低点。

本 章 案 例

案例 5-1：福特公司产量的安排

对于许多企业来说，总成本分为不变成本和可变成本取决于时间框架。例如，考虑一个全机车公司，如福特汽车公司。在只有几个月的时期内，福特公司不能调整其汽车工厂的数量与规模。它可以生产额外一辆汽车的唯一方法是，在已有的工厂中多雇佣工人。因此，这些工厂的成本在短期中是不变成本。与此相比，在几年的时期中，福特公司可以扩大其工厂规模，建立新工厂和关闭旧工厂。因此，其工厂的成本在长期中是可变成本。

由于许多成本在短期中是不变的，但在长期中是可变的，所以，企业的长期成本曲线不同于其短期成本曲线。长期平均总成本曲线是比短期平均总成本曲线平坦得多的 U 形曲线。此外，所有短期成本曲线在长期成本曲线上。这些特点的产生，是因为企业在长期中有更大的灵活性。实际上，在长期中，企业可以选择它想用的任一条短期成本曲线。但在短期中，它不得不用它过去选择的任何一条短期成本曲线。

当福特公司想把每天的产量从 1 000 辆汽车增加到 1 200 辆时，在短期中除了在现有的中等规模工厂中多雇工人之外别无选择。由于边际产量递减，每辆汽车的平均总成本从 1 万美元增加到 1.2 万美元。但是，在长期中，福特公司可以扩大工厂和车间的规模，而使平均总成本仍保持在 1 万美元的水平上。

对于一个企业来说，进入长期要多长时间呢？回答取决于企业。对一个大型制造企业，如汽车公司，可能需要一年或更长时间。与此相比，一个人经营的柠檬水店可以在一小时甚至更短的时间内更换一个水罐。

资料来源：曼昆《经济学原理》上册

案例 5-2：生意冷清的餐馆和淡季旅行社的经营

斯蒂格列茨在其《经济学》一书中，认为经济学家与普通人的区别之一在于，经济学家计算机会成本，而普通人不计算机会成本。其实，他认为经济学家与普通人的区别还有一个，即经济学家不计算沉没成本，而普通人计算沉没成本。机会成本是决策相关成本，需要在决策时予以考虑，而沉没成本是决策非相关成本，应该排除在决策之外。为了说明机会成本和沉没成本，我们来看下面的例子。

你是否曾经走进一家餐馆吃午饭，发现里面几乎没人？你会问为什么这种餐馆还要开门呢？几个顾客的收入是不可能弥补餐馆的经营成本的。在做出是否经营的决策时，餐馆老板必须记住固定与可变成本的区分。餐馆的许多成本——租金、厨房设备、桌子、盘子、餐具等都是固定的。在午餐时停止营业并不能减少这些成本。换句话说，在短期中这些成本是沉没的。当老板决定是否提供午餐时，只有可变成本——增加的食物价格和额外的侍者工资是相关的。只有在午餐时从顾客得到的收入少到不能弥补餐馆的可变成本时，老板才会在午餐时间关门。

某旅行社在旅游淡季推出从天津到北京世界公园一日游 38 元（包括车费和门票）的套餐。你可能不相信，认为这是旅行社的促销手段，因为 38 元连世界公园的门票都不够。不过这是真的。因为旅行社在淡季游客不足，而旅行社的大客车、工作人员这些生产要素是不变的。就算一个游客都没有，汽车的折旧费、工作人员的工资等固定费用也要支出。任何一个企业的生产经营都有长期与短期之分，从长期看如果收益大于成本就可以生产。更何况 38 元的价格旅行社也还是有钱赚的。我们可以给它算一笔账，如果一个旅行社的大客车载客 50 人，共 1 900 元。高速公路费和汽油费假定是 500 元。门票价格 10

元，共 500 元。旅行社净赚 900 元。在短期，不经营也要有不变成本的支出，因此只要收益能弥补可变成本，就可以维持经营。

另外，公园在淡季时门票和团体票也会打折同样是这个道理。例如，夏季度假区小型高尔夫球场的经营者也面临着类似的决策。由于不同的季节收入变动很大，企业必须决定什么时候开门和什么时候关门。不变成本——购买土地和建球场的成本和企业的决策又是无关的。只要在一年的这些时间，收入大于可变成本，小型高尔夫球场就要开业经营。

资料来源：海南大学《微观经济学》教学案例汇总

本 章 小 结

（1）经济学家的成本定义比会计师的成本定义更加广泛。经济成本不仅包括显成本而且还包括比较隐蔽的机会成本。

（2）经济利润是总收益减去经济成本（包括显成本和隐成本）。厂商的利润最大化是指经济利润最大化。

（3）成本函数度量的是按既定要素价格生产既定产量的最小成本。

（4）决定短期平均成本曲线呈 U 形特征的因素是边际收益递减规律。

（5）在由技术显示的规模报酬和成本函数的变化之间存在着密切的联系，规模报酬递增意味着平均成本递减，规模报酬递减意味着平均成本递增，规模报酬不变意味着平均成本不变。所以决定长期成本曲线呈 U 形的原因是规模经济与规模不经济。

复 习 与 思 考

1. 成本方程和成本函数是否是相同的概念？

2. 说明成本函数是怎样从生产函数求得的。

3. 短期平均成本曲线和长期平均成本曲线都呈 U 形，请解释它们呈 U 形的原因有何不同？

4. 假定某企业的短期成本函数是 $TC = Q^3 - 10Q^2 + 17Q + 66$，求：

（1）指出该成本函数中的可变成本部分和不变成本部分。

（2）写出下列函数：TVC、AC、AVC、AFC、MC。

5. 假设某厂商的边际成本函数 $MC = 3Q^2 - 30Q + 100$，且生产 10 单位产量时的总成本为 1 000，求：

（1）不变成本的值。

（2）总成本函数、总可变成本函数、平均成本函数及平均可变成本函数。

6. 某公司用两个工厂生产一种产品，其总成本函数为 $C = 2Q_1^2 - Q_2^2 + Q_1Q_2$，其中 Q_1 表示第一个工厂生产的产量，Q_2 表示第二个工厂生产的产量。

求：当公司生产的产量为 40 时能够使公司生产成本最小的两工厂的产量组合。

7. 厂商的生产函数为 $Q=24L^{1/2}K^{2/3}$,生产要素 L 和 K 的价格分别为 $P_L=1$ 和 $P_K=2$,试求：

（1）厂商的生产要素最优组合。

（2）如果资本的数量 K=27，厂商的短期成本函数。

（3）厂商的长期成本函数。

8. 已知某厂商的生产函数为 $Q=0.5L^{1/3}K^{2/3}$ ；当资本投入量 K=50 时资本的总价格为 500，劳动的价格 $P_L=5$ ，求：

（1）劳动的投入函数 $L=L(Q)$ 。

（2）总成本函数、平均成本函数和边际成本函数。

（3）当产品的价格 P=100 时，厂商获得最大利润的产量和利润各是多少。

9. 试用图说明短期各类成本曲线之间的相互关系。

10. 试述规模经济产生的原因。

11. 试用图从短期平均成本曲线推导长期平均成本曲线，并说明长期平均成本曲线的经济含义。

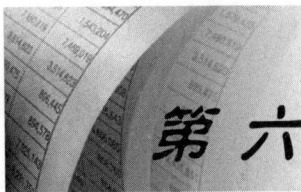

第 六 章

完全竞争市场

学习目的与要求

1. 了解完全竞争市场的特征。

2. 掌握完全竞争厂商的需求曲线与收益曲线。

3. 明确厂商利润最大化的条件。

4. 掌握完全竞争厂商的短期均衡与长期均衡。

5. 掌握完全竞争厂商的短期供给曲线。

6. 了解完全竞争行业的短期供给曲线与长期供给曲线。

第四章和第五章从厂商的角度分别讨论了生产要素的投入与产出，以及产出与成本之间的相互关系。尤其是在学习了成本论内容之后，我们知道了生产过程中产量与成本之间的相互关系，这不仅为本教材后续章节的学习奠定了基础，同时也提出了市场论学习的必要性。事实上，除成本因素外很多源于厂商之外的其他因素也在影响着厂商的生产和决策。不同的市场结构中厂商的生产和决策是明显不同的。从本章开始，我们研究的内容就是在不同市场结构中厂商的生产和决策行为。

第一节 厂商与市场结构

一、厂商、市场与行业

在西方经济学的各类教材和著作中，关于厂商和企业这两个概念之间的关系有着不同的看法。一部分学者认为，厂商和企业是同一个概念，意指能够做出统一生产决策的单个经济单位；而另一部分学者认为，厂商和企业是两个不同的概念，尤其是自美国经济学家科斯于1937年发表"企业的性质"之后，企业和厂商两个概念的分化也越来越显著。一般认为，通过企业这种组织形式可以对市场进行一种替代，将生产者与市场之间的交易转化成生产者内部的交易，这样可以将交易成本控制得更低。例如，生产者在生产过程中需要很多的中间投入产品，而要取得这些中间产品，生产者往往要成立专门的采购部门，委派专业的人员，寻找合适的中间产品供应商，而这一切都需要生产者付出相对较高的交易成本。相反，如果生产者能够扩大自己的生产活动范围，将中间产品的生产变成自己生产活动的一部分，生产者将不再关注以往这些中间产品对生产活动的影响，而是更关注于自己生产中所需要的各种"要素"，那么生产者不仅可以节省原先中间商品在市场交易时所产生的费用，而且对生产的整体过程也有了更加主动的把握，有利于生产的顺利进行。因此对于一个企业来说，其生产过程涵盖着一个或者多个不同的"环节"，而每一个"环节"的生产过程都可能是一种（中间）产品产生的过程。知道了这点，我们就对现实经济世界中既存在着力量单薄的各种小企业，同时又存在着许多跨产品、跨行业的大企业这种现象不足为奇了。

关于厂商的概念，更多地出现在经济学的各种理论分析当中。经济学认为，厂商是指出于一定目的而从事某种生产活动的独立经营单位。这种生产活动具有针对性，强调的是通过有效地对生产要素进行组合而得到特定的产品。从这个角度上说，厂商是一个抽象的概念，它的界定是为了分析生产者的各种经济行为，从而揭示经济学中的一些基本原理，为企业复杂的生产决策提供基本的理论支持。作为一本介绍经济学理论的基础性教材，本教材在涉及市场论研究时倾向的是厂商这一抽象概念。

如前所述，很多源于厂商之外的因素在影响着厂商的生产和决策，不同市场结构中厂商的生产和决策是明显不同的。那么，什么是市场？怎样去理解市场呢？一般认为，市场是指所有买者与所有卖者进行交易，相互决定产品价格和产品数量的场所。从本质上讲，市场是一种组织形式或制度安排，这种组织形式或制度安排为商品的交换提供了可能。交易商品的种类与性质决定着市场的种类和性质。有些商品的交易是在有形的场所进行的，而有些商品的交易是在无形的场所进行的。前者决定了买卖双方的有形市场，如一般的商品市场，后者决定了买卖双方的无形市场，如目前较为流行的网络购物。按照商品交易的方式不同，市场也可以分为现货市场和期货市场。前者的交易方式是商品和货币的即期交换，而后者的交易方式则是商品交割与货款在付给时间上的分离。此外，在商品交易的过程中，商品供给者与商品需求者的数量也对市场产生着重要的影响。当某种商品交易的供给者和需求者众多，彼此之间无法影响时，往往会形成完全竞争市场；而当某种交易商品的供给者很少或者仅仅是一家供给者，那么这样的商品市场往往会成为卖方的寡头垄断或完全垄断市场。同样，商品需求者的数量对市场也产生着重要影响。总而言之，每一种交易商品都决定着一个市场的存在，而每一种商品交易的性质和特征也决定着该种商品交易市场的性质和特征。

与市场概念较为相近的一个概念是行业。行业是生产和提供同一种商品的所有厂商的集合。行业与市场是一对既有关联又有区别的概念。相关联的是，行业与市场是一一对应的，每一个市场就对应着一个行业。例如，家用轿车市场就必然对应着一个家用轿车的生产行业。市场与行业的区别也是显著的，市场体现的是供给者和需求者的相互作用，换句话说，在市场的范畴内既有厂商也有消费者；而行业是生产类似商品厂商的集合，在行业这个概念中是不包含消费者群体的。

通过对厂商、行业、市场三个概念的界定，我们可以总结出这样的一个脉络，即同一种商品的所有生产厂商的集合构成了该种商品的行业，而在行业的基础上，如果再考虑到对这种商品的需求群体的经济行为，那么对行业的研究就开始变成对市场的研究。

二、决定市场结构的因素

几乎没有人能够具体说出此时此刻我们的身边到底有多少种商品在进行着交易，但是每种商品都在买方和卖方集聚的市场中进行着交易。这些数不尽的市场当中有着共同之处，即每一个买方都希望以最低的价格买到自己满意的商品，而每一个卖方都希望以最高的价格出售自己的产品，买卖双方在博弈的过程中均以自愿为交易的前提条件。然而，这些市场的相似之处却也仅此而已。当我们开始注意观察每种商品的交易行为时，会发现不同的商品是以截然不同的方式在进行着销售的。例如，我们每天都在漫天的商品广告中，寻找自己最为满意的商品，然而当我们每天在打开水龙头时会突然意识到，我们从没有看到过自来水这种商品的广告；当毫无预示的断电给我们造成一些意外损失之后，我们却发现自己手里持有的货币对"电"这种商品丝毫没有选择的权利。此外，与中小企业的千方百计谋生相反，石化、电力这样的大型企业却相对清闲并且异常阔绰，我们不禁也要思考是什么原因造成了企业间如此之大的利润差异。不同商品之间销售方式的差别是如此之大，以至于我们不得不进一步考虑这些差别背后的原因——市场结构。

所谓市场结构，是指影响某种商品买卖双方交易行为的各种市场特征。买卖双方在不同的市场结构中，他们的交易行为是截然不同的。我们在上面关于市场的分析中已经知道，商品交易的性质和特征决定着该种商品交易市场的性质和特征。因此，讨论市场结构仍要从商品交易的性质和特征开始。

决定商品市场结构的因素有如下四种。

（1）商品市场中厂商的数量。厂商数量的多少决定着厂商对这种商品的控制能力。由于任何市场交易行为必须在自愿的前提下进行，因此如果某种商品的厂商越少，那么这些厂商对商品的价格、成交数量就有越大的主动权，而消费者在交易过程中的话语权就越弱。

（2）商品的差别程度。如果某厂商所生产出来的商品能够更好地满足消费者的消费需求，那么这个厂商就具有相对于其他同类生产厂商的比较优势，这种比较优势可以为这个厂商带来一定的市场主动权。这种差别程度越大，这个厂商对商品的价格、成交数量就有越大的控制能力。

（3）厂商进入或者退出一个行业的难易程度，换句话说就是资源是否可以自由流动。如果一个行业的进入壁垒很高，那么市场中现有的厂商由于缺乏潜在的竞争对手而对市场具有了一定程度的垄断能力。无疑，这种垄断能力会导致市场的交易价格和交易数量朝着有利于现有生产厂商的方向发展。而如果一个行业的退出壁垒很高，一方面会使潜在生产厂商顾虑竞争失败后会产生的巨额沉淀成本而放弃进入这个行业，另一方面无法对低效率的生产厂商进行淘汰，也使市场机制失去了对资源进行优化配置的能力。

（4）厂商对价格的控制能力。实际上，从上面的分析中我们也可以得出这样的结论：较少的生产厂商数量以及较大的产品差异程度都可以增加生产厂商对商品价格的控制能力，生产厂商对价格的控制能力是第一和第二因素的必然结果。然而，之所以仍要把这种价格控制能力单独作为影响市场结构的一个重要因素，是因为市场价格控制能力产生的原因不仅仅是上述第一和第二因素，很多其他因素也会对厂商的价格控制能力产生影响，如政府的管制、行业工会等。

三、市场结构的类型

影响市场结构的因素在现实经济世界中所起的作用是不同的，相互之间既有联系又有区别。根据影响因素作用的不同，经济学中将市场结构分为四种类型，分别为完全竞争市场、垄断竞争市场、寡头垄断市场、完全垄断市场。其中，完全竞争市场是一种极端形式，其厂商和消费者数目很多，产品没有任何差异，进入或退出行业没有任何限制，厂商对商品价格没有丝毫的控制能力；而完全垄断市场则是另一个极端，市场中只有一家厂商生产和销售该种商品，没有替代产品，行业的进入或退出壁垒很高，厂商对商品的价格具有完全的控制能力；在完全竞争和完全垄断两种极端市场结构之间，则是垄断竞争和寡头垄断两种市场结构。本章随后的内容就是针对完全竞争市场结构进行厂商均衡价格和均衡产量的分析，而在第七章和第八章则将分别分析完全垄断市场结构下的厂商行为，以及垄断竞争和寡头垄断市场结构下的厂商行为。

■ 第二节 完全竞争厂商的需求曲线和收益曲线

"竞争"一词对于我们来说并不陌生，其本义是指通过各种措施的运用来使己方获得更多的利益。在日常生活中我们经常会遇到各种相似产品之间为获得市场份额和利润而进行"残酷"的竞争。然而，经济学中所说的"完全竞争"却是另一番景象，那么在完全竞争的市场结构当中，"竞争"又具有什么样的特征呢？

一、完全竞争市场的特征

第一，市场上有大量的买者和卖者。"大量"这一词并不能说明企业的具体数量，那么怎样理解"大量"所包含的经济信息呢？实际上，完全竞争市场所体现的公平是指任何一个买者或者任何一个卖者都不能对市场价格进行控制，而只能是价格的被动接受者（price taker）。要做到这一点，就必须保证每一个厂商的规模相对于整个行业的规模而言是微不足道的，此时单个厂商产量的增减对整个行业产量的影响可以忽略不计。同样，对买者来说，任何一个买者的购买数量相对于消费数量整体而言也是微不足道的，任何一个买者是否购买以及购买多少的决定对商品的市场价格没有丝毫作用。在这样的市场当中，每一个买方和每一个卖方都失去了对价格的控制力量，只能被动地接受既定的市场价格。从这个角度上我们可以认为，当任何一家厂商或者任何一位消费者相对于整个市场而言规模都很小，以至于没有哪个厂商或消费者能够影响市场价格时，"大量"这个标准就得到了满足。也正因为如此，在完全竞争市场中看不到激烈的市场竞争现象，相邻的卖者之间不存在直接的对抗和影响。

第二，市场上每一个厂商提供的产品都是同质的（homogeneity）。在完全竞争市场中，所有厂商生产和销售的产品是同质的。无论买方多么精明，他也无法区别一个生产者和另一个生产者所提供的产品之间存在怎样的差别。这意味着，买方无法从获得的商品中得到生产者的任何信息。产品同质性的条件进一步加强了完全竞争市场中买卖双方为价格接受者的含义。由于商品是完全同质的，因此任何一家厂商试图涨价的销售行为都会使其面临产品的零销售状态，因为厂商根本无法说出自己所提供的产品与其他厂商所提供产品的区别，涨价行为不可能得到消费者的认可；同样，产品同质性的假设与买卖双方众多的假设也使厂商不会采取降价出售的行为，虽然降价可以使厂商迅速地将产品售出（得益于商品的同质性），但是相对于整个市场而言，由于买卖双方众多，厂商即便不降价也可以使自己的产品顺利售出，因此降价行为就成为厂商的非理性行为，这违背了经济学的理性假设。

第三，资源的完全流动性。在完全竞争市场中，所有资源在各厂商之间、各行业之间可以完全流动，不存在任何障碍。任何潜在的厂商都能够迅速取得与市场中现有厂商相同的经营条件，市场中现有厂商不会长时间拥有相对于新进入厂商的经营优势。同样，如果市场中现有的厂商认为存在其他更好的生产选择，那么它可以自由地释放现有的生产要素并能够迅速地转向其他的行业。完全竞争市场中资源的完全流动性假设，不仅可以使价格机制能够真正发挥作用，同时也可以保证市场中存在的厂商都是具有效率的，而那些缺乏效率的企业可以被及时淘汰。

第四，信息的完全性。在完全竞争市场上，所有与产品有关的信息都是完全公开的，生产者和消费者可以无偿并迅速地利用这些信息做出最有利于自己的决策。如果一家厂商无法知道其他行业有更好的利润机会，那么它就不会轻易地离开现在的行业。类似的，消费者也没有动机从一个高价产品转向一个同质的低价产品，如果他们不知道后者存在的话。

满足上述四个特征的市场，我们称为完全竞争市场。然而，要在现实经济世界中同时满足这四个特征是有很大限制性的。既然在现实经济生活中并不存在真正意义上的完全竞争市场，为什么我们还要建立和分析完全竞争市场理论呢？完全竞争是一个模型，是对现实经济世界的抽象再现。通过完全竞争模型，我们可以运用较为成熟的技术对市场中的厂商和消费者的各种经济行为进行有价值的预测，并可以了解如政策、技术等因素变化对市场的影响。

虽然现实经济世界异常复杂，主观与客观交互作用，几乎没有哪个模型能够包括真实世界中全部的市场细节，但是经济学发展的本质就是其理论向现实经济世界不断还原的一个过程，通过对经济理论模型的各种限制条件予以谨慎的放松，我们可以不断逼近现实的经济世界。我们可以借助于物理学中的一些知识来说明这个问题。我们知道，如果在没有摩擦的平面上对一个物体施力则会使这个物体获得一个与其质量成反比的速率加速。然而在现实世界中，我们却无法找到这样一个没有摩擦的平面来证实这个理论，因此在实践中我们只能组织各种试验，通过不断减小摩擦来逐渐逼近理论真值。所幸的是，当我们采用冰球和干燥的冰面来验证这个理论时，得到的实际数值已经基本趋向了理论预测。虽然我们现实中遇到的摩擦力很少会像干燥的冰面与冰球那样小，但是正是因为知道了摩擦力理论，我们才会在洒满了细沙的路面上更加小心，否则一旦滑倒，将会比在干净的地面上滑出更远。实际上经济学中完全竞争模型的情况也是类似的，我们不能因为理论成立的条件过于苛刻而放弃对这个理论的探讨。通过对完全竞争市场模型的分析，我们可以得到关于市场机制及其配置的一些基本原理。不仅如此，该模型也可以为其他类型市场的经济效率分析和评价提供一个参照对比。

二、完全竞争厂商的需求曲线

厂商要做出正确的决策，必须了解自己所面对的产品需求状况。市场对某一个厂商的产品需求状况，可以用该厂商面临的需求曲线来表示。厂商需求曲线反映的是在一定的价格水平下厂商所可以销售的产品数量。在完全竞争市场条件下，厂商所面临的需求曲线是一条由既定的市场价格出发的水平直线，如图6-1所示。图6-1（a）表示的是某一个完全竞争市场的供求曲线。在这个市场当中，市场供给和市场需求在 E 点处达到均衡，此时市场价格为 P_0。图 6-1（b）表示的是在这个完全竞争市场中某一个厂商所面临的需求曲线，当市场价格为 P_0 时，该厂商面临的需求曲线就是出发于市场价格 P_0 的一条水平直线，如 d 所示。在这里要注意的是，图 6-1（a）和图 6-1（b）两图中虽然坐标变量相同，但是横坐标的度量单位是不一样的。因为完全竞争市场中任何一个厂商所生产的产量相对于整个市场的产量来说是微不足道的，因此两个坐标系中的度量单位也不应该相同。在图 6-1 中为说明简单，分别为两图赋予千克和吨两种不同的度量标准。那么，为什么完全竞争市场中厂商面临的需求曲线是一条出发于既定市场价格的水平直线呢？这是因为在完全竞争市场中由于单个厂商的规模相对于整体市场规模而言很小，因此任何一个厂商只是既定的价格接受者。在这种情况下，无论市场价格是多少，单个厂商都必须接受而不能改变。一方面，如果厂商试图提高自己产品的售价，哪怕只提高一分钱，那么也没有买方愿意购买它的产品，因为买方可以很容易地从其他厂商那里买到同质低价的产品。另一方面，厂商也不会将产品价格设在市场价格之下，因为相对于整体市场规模而言，单个厂商的规模是如此之小，这足以保证厂商能够在既定的市场价格下销售它想要达到的任意产量，制定低于市场价格的销售价格只会减少企业的收益。因此，在完全竞争市场中，厂商的需求曲线是一条水平的直线，这条需求曲线是完全弹性的。

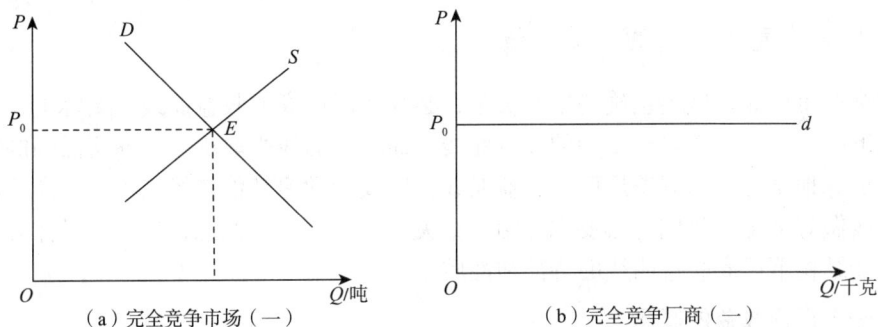

（a）完全竞争市场（一）　　　　　（b）完全竞争厂商（一）

图 6-1　完全竞争厂商的需求曲线

当然，完全竞争市场中厂商所面临的需求曲线也不是一成不变的。我们知道，完全竞争厂商面临的需求曲线是出发于市场均衡价格的一条直线。市场均衡价格的变动，自然会使完全竞争厂商的需求曲线发生变动。从宏观上说，当消费者的购买能力随着收入水平的普遍提高而不断增强，当技术进步导致所有生产厂商的供给能力不断增加，以及当各种国家政策对生产和消费分别产生影响时，此时市场的供给曲线和需求曲线都会发生变动，而供求变化的结果是市场均衡价格的变动，完全竞争厂商的需求曲线也因此而发生变化，产生平行移动的效果，如图 6-2 所示。在图 6-2（a）中市场需求曲线 D_1 和市场供给曲线 S_1 确定了市场的初始均衡价格 P_0，而此时完全竞争厂商的需求曲线则是出发于这个市场价格 P_0 的一条水平直线 d_1。当市场的需求和供给分别受到影响，相应的需求曲线从 D_1 移动至 D_2，供给曲线从 S_1 移动至 S_2 时，新的均衡价格则从 P_0 提高到 P_1，此时完全竞争厂商的需求曲线则是出发于 P_1 的一条水平直线 d_2。

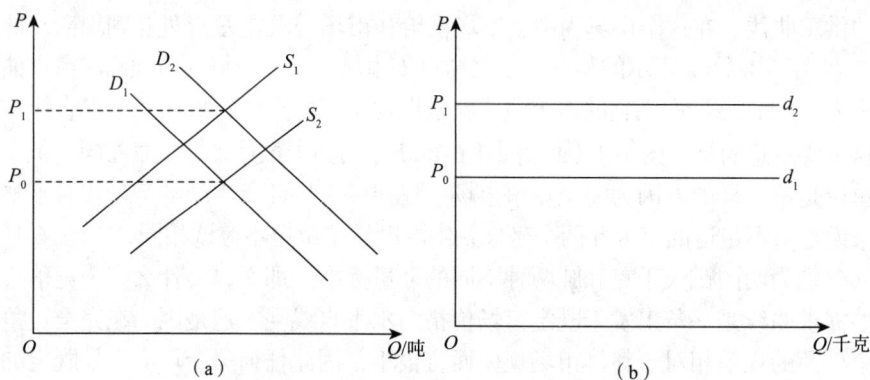

图 6-2   均衡价格变动与厂商的需求曲线

完全竞争厂商的需求曲线表明，在完全竞争市场条件下，生产厂商总是能够在既定的市场价格下售出其所有愿意出售的产品，那么现在唯一需要厂商做的决策就是决定自己到底应该销售多少，或者更严格地说，是完全竞争厂商应该生产多少数量的产品。而要做出这个决策，完全竞争厂商还必须知道自己所面临的收益曲线，并对其特征加以综合分析。

三、完全竞争厂商的收益曲线

完全竞争厂商要做出正确的生产决策，必须考虑厂商的收益曲线。实际上，任何市场结构下的厂商都有着自己不同的收益曲线，而收益曲线则取决于厂商所面临的需求曲线。为更好地学习完全竞争厂商的收益曲线，以及为学习其他市场结构下厂商所面临的收益曲线做好铺垫，我们有必要先介绍一组关于收益的基本概念，然后再具体分析完全竞争市场结构下厂商收益曲线的特征和性质。

（一）厂商收益的概念

（1）总收益（total revenue，TR）。总收益是指在规定的时期内厂商按照一定的市场价格出售一定数量产品时所获得的全部收入。一般情况下，我们用 P 表示市场价格，用 Q 表示销售总量。如果市场价格是既定不变的，那么总收益就等于单位产品的售价与销售数量的乘积，定义公式为

$$TR = P \times Q \qquad （6-1）$$

如果市场价格 P 是随着销售量 Q 变化的，那么此时总收益的定义公式为

$$TR = \int_0^Q PQdQ \qquad （6-2）$$

（2）平均收益（average revenue，AR）。平均收益是指厂商按照一定的市场价格销售一定数量产品后，平均每一单位产品所获得的收入。平均收益的定义公式为

$$AR(Q) = \frac{TR(Q)}{Q} \qquad （6-3）$$

（3）边际收益（marginal revenue，MR）。边际收益是指厂商额外销售一单位产品时所获得的收入的增加量。边际收益等于总收益变化量与产量变化量的比率，定义公式为

$$MR(Q) = \frac{\Delta TR(Q)}{\Delta Q} \qquad （6-4）$$

如果产量的变化趋近于 0，则边际收益可以看作总收益的一阶导数，即总收益曲线的斜率，其公式表述为

$$MR(Q) = \lim_{\Delta Q \to 0} \frac{\Delta TR(Q)}{\Delta Q} = \frac{dTR(Q)}{dQ} \qquad （6-5）$$

从三种收益的定义及公式中，我们可以看出，厂商的平均收益和边际收益取决于总收益，总收益则取决于市场价格与厂商产量，而反映市场价格与厂商产量之间关系的则正是厂商的需求曲线。因此，我们说厂商收益曲线是取决于厂商需求曲线的。

（二）完全竞争厂商的收益曲线

1. 完全竞争厂商的总收益

完全竞争厂商是市场价格的接受者，厂商产品的市场销售价格不会因厂商产量的变化而发生变动。因此根据总收益的定义公式（6-1），我们很容易就可以得到完全竞争厂商总收益曲线的形状，如图 6-3 所示。

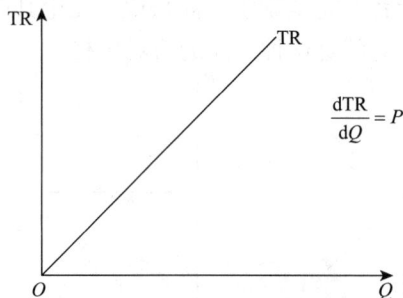

图 6-3 完全竞争厂商的总收益曲线

2. 完全竞争厂商的平均收益曲线

由于完全竞争厂商面临的需求曲线是出发于既定市场价格的一条水平直线，无论完

全竞争厂商生产多少产量，市场价格都不会发生改变，因此完全竞争厂商的平均收益曲线 $AR(Q) = TR(Q)/Q = (P \times Q)/Q = P$，仍然等于市场价格。换句话说，无论完全竞争厂商生产多少产量，如果市场价格在此期间没有变化，那么完全竞争厂商的平均收益就是市场价格，其平均收益曲线也是出发于既定市场价格的一条水平直线，正好与完全竞争厂商的需求曲线相重合，如图 6-4 所示。图 6-4（a）表示的是完全竞争市场均衡价格的决定过程，而图 6-4（b）表示的则是在市场价格既定时完全竞争厂商的需求曲线和平均收益曲线。

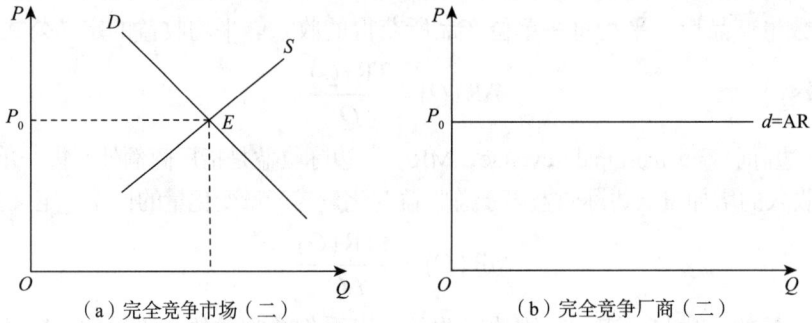

(a) 完全竞争市场（二）   （b）完全竞争厂商（二）

图 6-4   完全竞争厂商的平均收益曲线

3. 完全竞争厂商的边际收益曲线

在完全竞争市场条件下，市场均衡价格是不变的，因此运用式（6-1）和式（6-5）我们可以直接推导出完全竞争厂商的边际收益为

$$MR(Q) = \frac{dTR(Q)}{dQ} = \frac{d(PQ)}{dQ} = P$$

从结论上看，完全竞争厂商的边际收益不随产量的变化而变动，始终等于市场价格。从图形上看，完全竞争厂商的需求曲线、平均收益曲线及边际收益曲线，这三条曲线是相互重合的，都表现为同一条出发于既定市场价格的水平直线，如图 6-5 所示。在完全竞争市场中，厂商的边际收益曲线是一条等于市场价格的水平线，这并不难懂。实际上，边际收益的概念告诉我们，边际收益是厂商额外增加一单位产量时所增加的收入量，因此对于作为价格接受者的完全竞争厂商来说，无论其已经售出多少单位的产品，这额外一单位产量带来的收益就是这种产品的市场价格。

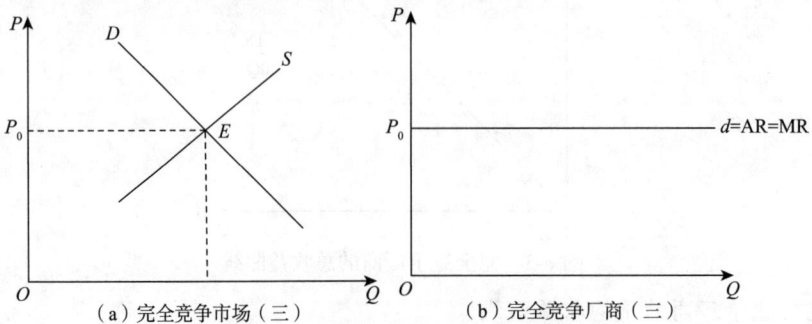

(a) 完全竞争市场（三）   （b）完全竞争厂商（三）

图 6-5   完全竞争厂商的边际收益曲线

第三节　厂商利润最大化的条件

正如我们在本章第二节中所说的，在完全竞争市场条件下，厂商总是能够在既定的市场价格下售出其所有愿意出售的产品，厂商唯一需要做的决策就是决定自己到底应该生产多少数量的产品才能使其实现利润最大化的目标。现在的问题是，厂商应该根据什么原则来确定它所愿意生产或出售的产品数量呢？

一般来说，我们通常用 $\pi(Q)$ 来表示厂商的利润，其中，利润 π 是产量 Q 的函数。显而易见，我们可以推导出厂商的利润等式：

$$\pi(Q) = \mathrm{TR}(Q) - \mathrm{TC}(Q) \qquad (6\text{-}6)$$

现在我们求利润等式的极值。满足式（6-6）极值的一阶条件为

$$\frac{\mathrm{d}\pi(Q)}{\mathrm{d}Q} = \frac{\mathrm{dTR}(Q)}{\mathrm{d}Q} - \frac{\mathrm{dTC}(Q)}{\mathrm{d}Q} = 0$$

$$\frac{\mathrm{d}\pi(Q)}{\mathrm{d}Q} = \mathrm{MR}(Q) - \mathrm{MC}(Q) = 0$$

即

$$\mathrm{MR}(Q) = \mathrm{MC}(Q) \qquad (6\text{-}7)$$

应该注意的是，$\mathrm{MR}(Q) = \mathrm{MC}(Q)$ 仅仅是实现利润极值的一阶必要条件，它不能确定这个极值是最大值还是最小值，因此我们仍须讨论利润极值的二阶条件，进而确定利润最大值的条件。

$$\frac{\mathrm{d}^2\pi(Q)}{\mathrm{d}Q^2} = \mathrm{MR}'(Q) - \mathrm{MC}'(Q) < 0$$

即

$$\mathrm{MR}'(Q) < \mathrm{MC}'(Q) \qquad (6\text{-}8)$$

至此，我们得出了这样的结论：厂商为获得最大的利润，应该选择最优的产量使边际收益等于边际成本，且边际收益曲线的斜率小于边际成本曲线的斜率。由于我们在上述推导过程中并没有附加任何条件使其仅仅针对完全竞争市场，因此上面的推导过程以及得出的结论同样适合于其他市场结构下厂商利润最大化条件的推导。

我们可以利用成本曲线和收益曲线进一步说明完全竞争厂商利润最大化的这个条件，如图 6-6 所示。

在图 6-6 中，短期边际成本曲线与边际收益曲线分别相交于 E_1 和 E_2 两点。其中，E_1 点处短期边际成本的斜率小于零，而边际收益曲线此时的斜率为零，边际收益曲线的斜率大于边际成本曲线的斜率，因此 E_1 点不符合利润最大化的二阶条件，实际上，E_1 点对应的产量是厂商利润最小化时的产量；而 E_2 点处，边际收益与边际成本相等，且边际收益的斜率小于边际成本的斜率，这同时符合厂商利润最大化的一阶和二阶条件，因此 E_2 点对应的产量是完全竞争厂商获取最大利润时的产量，在短期中厂商应该把产量确定为 Q_1。

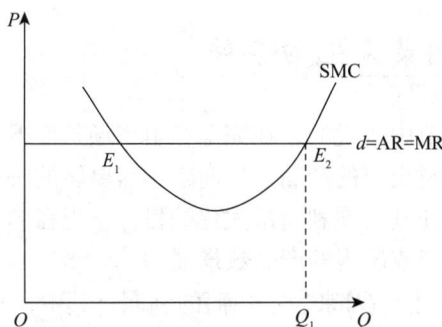

图 6-6　厂商利润最大化的条件（一）

厂商利润最大的条件是边际成本等于边际收益。这是很好理解的，如果厂商把产量定在小于边际成本等于边际收益所确定的 Q_1 产量时，边际收益是大于边际成本的，即 $MR > SMC$，因此如果此时额外增加一单位产量的生产，那么这单位产量带来的额外收益将大于生产这单位产量时所花费的成本，也就是说，厂商此时增加产量是可以增加厂商总收益的。随着产量的增加，厂商的边际收益仍保持不变，而厂商的短期边际成本是不断增加的，这种状况一直持续到短期边际成本等于边际收益为止。在这一过程中，厂商获得了扩大产量所带来的收益，最终获得了最大利润。相反，如果厂商把产量确定为大于 Q_1 时，厂商的边际收益小于边际成本，即 $MR < SMC$。这表明，此时如果厂商额外增加一单位产量的生产，这单位产品所获得的额外收益要小于为生产这单位产品而付出的额外成本，企业生产这单位产品是损失利润的。因此，厂商在这一阶段，不仅不会继续增加产量，反而会减少产量从而减少利润损失。在产量的减少过程中，厂商的边际收益仍然保持不变，而厂商的边际成本是不断下降的，最后边际收益小于边际成本的状况会逐渐改变，直到边际收益等于边际成本时厂商获得最大的利润。值得注意的是，一般情况下我们将厂商利润最大化条件简单地说成边际收益等于边际成本，而省去二阶条件，但是在具体的研究过程中，我们必须要充分考虑 $MR'(Q) < MC'(Q)$ 这个利润最大化的二阶条件，否则会在极大值和极小值之间产生错误判断。

除了可以用边际收益曲线和边际成本曲线来验证完全竞争厂商利润最大的条件之外，我们还可以用总收益曲线及总成本曲线来得出相同的验证结论，如图 6-7 所示。

图 6-7 上边显示的是短期总成本曲线和总收益曲线，下边则表示的是根据总收益曲线和总成本曲线之间的差额所画出的利润曲线 π。从图 6-7 中我们可以看出，厂商如果希望获得最大的利润，则必须要把产量定在总收益曲线与短期总成本曲线距离最大时所确定的产量，并且这个距离必须是正的距离。

从几何关系上讲，要想保证某点产量是总收益曲线与短期总成本曲线距离最大时的产量，则必须保证在此产量时，总收益曲线的斜率与短期总成本曲线的斜率相同。由于总收益曲线为线性的，它的斜率是固定的，因此只要在总成本曲线上找到与总收益曲线斜率相同的点即可。在图 6-7 中，我们可以分别找到 E_1 和 E_2 两点，在这两点上分别满足总成本曲线斜率与总收益曲线斜率相同。通过和图 6-7 下半部分对比，我们可以知道 E_1 点所确定的产量 Q_1 对应着厂商利润最大，而 E_2 点所确定的产量 Q_2 对应着厂商利润最

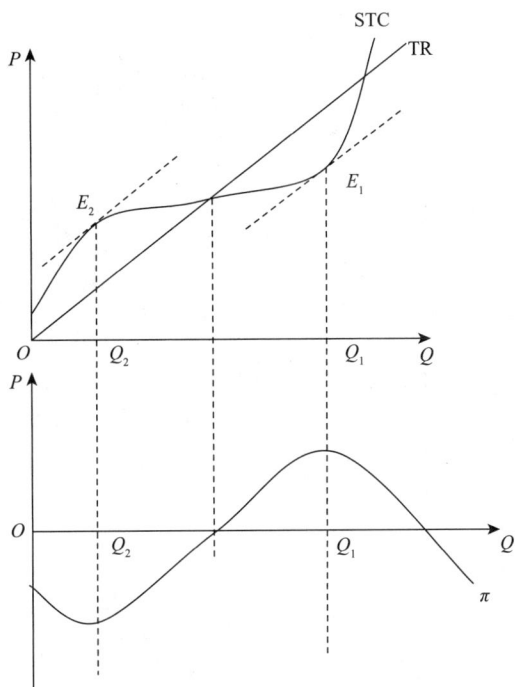

图 6-7 厂商利润最大化的条件（二）

小。实际上，从第二节关于边际成本与总成本，以及边际收益与总收益相互之间关系的论述中可知，总成本曲线的斜率就是我们上面所说到的短期边际成本，而总收益曲线的斜率就是厂商的边际收益。因此，从总成本曲线和总收益曲线所得到的关于利润最大化的条件，本质上也是短期边际成本等于边际收益，即 SMC = MR 。

至此，我们论证了完全竞争厂商短期利润最大化的条件，即短期边际成本等于边际收益。虽然我们运用厂商的短期边际成本来推导利润最大化的条件，但是我们的证明原理与过程也同样适用于长期时厂商利润最大化条件的证明。证明过程及其结论是一样的，即长期中完全竞争厂商利润最大化的条件是长期边际成本等于边际收益，即 LMC = MR 。

值得注意的是，经济学在提及边际成本等于边际收益时，往往认为其是厂商利润最大化或者亏损最小化的条件。为什么这么说呢？实际上我们可以从图 6-8 中的分析中得到答案。

图 6-8 上半部分显示了一个比较特殊的情况，即短期总成本曲线在任意产量水平时都要高于总收益曲线，也就是说无论在哪个产量上，企业的利润都是负数。在短期中，这种情况是很可能发生的，由于短期内厂商的规模不能改变，厂房、设备等固定成本是影响企业经营的重要因素，因此厂商的短期总成本曲线很可能在每一个产量上都高于收益曲线。如果这种情况发生，那么对于企业来说最好的办法是尽可能减少损失。根据图 6-8 提示，我们不难找到企业损失最小的产量水平 Q_1，而这个 Q_1 也仍是根据总收益曲线与总成本曲线斜率相等，即 MR = MC 来确定的。因此我们可以说，边际成本等于边

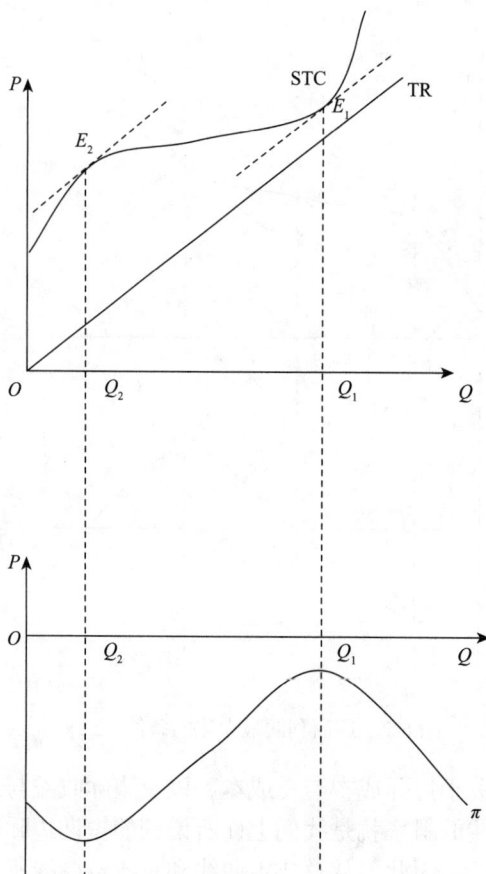

图 6-8 厂商利润最大化的条件（三）

际收益，即 $MC = MR$ 是厂商利润最大化或者亏损最小化的条件。

第四节 完全竞争厂商的短期均衡

边际成本等于边际收益只能告诉我们完全竞争厂商此时获得的利润最大或者亏损最小，却并不能告诉我们厂商到底获得了多少利润或者亏损了多少。即便我们可以通过总收益曲线和总成本曲线来获得一些企业盈利或亏损的信息，但是它们给出的信息很模糊，以至于我们不得不通过其他途径来获取完全竞争厂商短期均衡时的经营状态。

一、存在经济利润的短期均衡

在完全竞争市场条件下，市场价格是给定的，厂商只是被动的价格接受者，因此完全竞争厂商的边际收益、平均收益和需求曲线都是出发于市场价格的一条水平直线。同时，在短期中由于生产中的不变要素投入量是固定的，生产规模是不变的，因此厂商的各种成本曲线也是既定的。在短期中，完全竞争厂商只能通过边际成本等于边际收益来确定对自己最有利的均衡产量。如果厂商根据边际成本等于边际收益确定了均衡产量，并且平均成本低于市场价格（平均收益），那么完全竞争厂商此时的短期均衡则存在着经济利润，如图 6-9 所示。

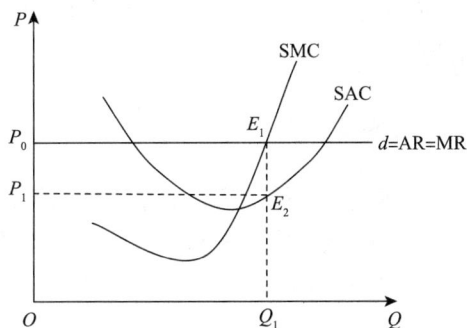

图 6-9　经济利润与短期均衡

在图 6-9 中，完全竞争厂商的边际成本曲线与厂商的边际收益曲线相交于 E_1 点。当均衡产量是 Q_1 时，市场价格（平均收益）P_0 大于厂商为生产均衡产量 Q_1 而对每一单位产品所支付的平均成本，即 P_1，厂商获得了经济利润。此时，每单位产品的经济利润为市场价格与平均成本的差额，即 P_0 到 P_1 的距离，厂商从总产量 Q_1 中得到的经济利润就是 $(P_0 - P_1)Q_1$，在图 6-9 中体现为矩形 $P_0 P_1 E_2 E_1$ 的面积。这里需要注意的是，在短期内完全竞争厂商是可以获得经济利润的，但是这种经济利润存在的时期很短，很快会由于（大量新厂商带来的）竞争而消失，因此，在长期内完全竞争厂商不会存在经济利润。

二、盈亏平衡的短期均衡

完全竞争厂商获得经济利润是因为边际收益曲线（市场价格）与厂商的短期边际成本曲线相交于厂商短期平均成本曲线的上方。完全竞争厂商无法控制市场价格（边际收益），厂商只能根据边际成本等于边际收益，即 MC = MR 确定均衡产量。如果市场价格下降，厂商的均衡产量正好对应着短期平均成本曲线的最低点，那么完全竞争厂商就不会再有经济利润，如图 6-10 所示。

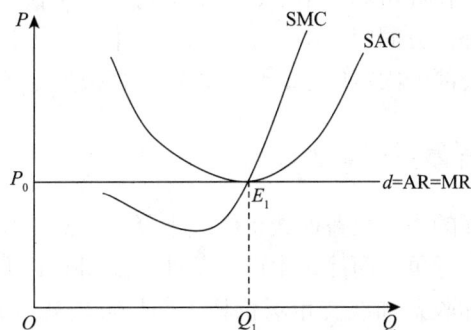

图 6-10　盈亏平衡的短期均衡

　　在图 6-10 中，市场价格 P_0 确定的边际收益曲线与厂商的短期边际成本曲线相交于 E_1 点，均衡产量确定为 Q_1。由于 E_1 点也正是厂商短期平均成本曲线的最低点，因此在均衡产量 Q_1 时，厂商的平均收益（市场价格）正好与平均成本相等，企业没有经济利润。注意，尽管此时厂商没有获得经济利润，但是厂商仍实现了正常利润，所以该均衡点也被称为厂商的收支相抵点。

三、短期亏损最小的均衡

　　如果市场价格（边际收益曲线）继续下降，低于厂商的短期平均成本曲线，尽管厂商仍会坚持以边际成本等于边际收益为原则来确定自己的均衡产量，但此时厂商已经无利可盈，甚至面临着亏损，如图 6-11 所示。

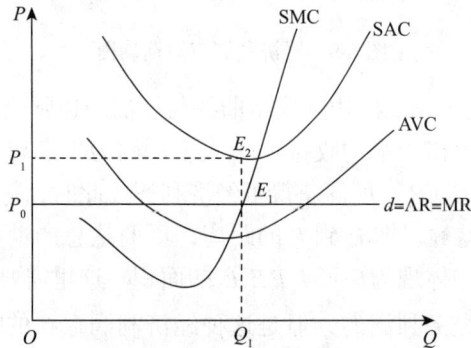

图 6-11　亏损最小的短期均衡

　　图 6-11 中，边际收益曲线（市场价格）与厂商的边际成本曲线相交于 E_1 点，均衡产量为 Q_1。此时均衡产量所对应的短期平均成本要高于厂商的平均收益（市场价格），因此厂商的亏损在所难免。厂商每一单位产量的平均成本为 P_1，每一单位产量的价格是 P_0，这样每出售一单位产品厂商亏损为 $P_1 - P_0$，生产均衡产量 Q_1 时亏损的总量为 $Q_1(P_1 - P_0)$，在图 6-11 中体现为矩形 $P_1P_0E_1E_2$ 的面积。尽管此时厂商生产的结果是亏损，但是厂商仍会继续生产，原因在于此时的市场价格虽然低于平均成本，但是仍高于平均可变成本。这表明，在此市场价格下，厂商进行生产不仅可以收回全部可变成本，而且剩余部分还可以弥补部分固定成本。由于固定成本不会因为厂商的停产而消失，此时厂商继续生产只是损失部分固定成本，而如果停产将损失全部固定成本。

四、完全竞争厂商停产的条件

　　如果市场价格（厂商的边际收益曲线）继续下降，达到了平均可变成本曲线的最低点，我们就可以得到完全竞争厂商停止生产的条件，如图 6-12 所示。

　　在图 6-12 中，边际收益曲线（市场价格）与厂商的短期边际成本曲线相交于 E_1 点，均衡产量为 Q_1。此时边际收益曲线正好与平均可变成本曲线相切于其最低点。在

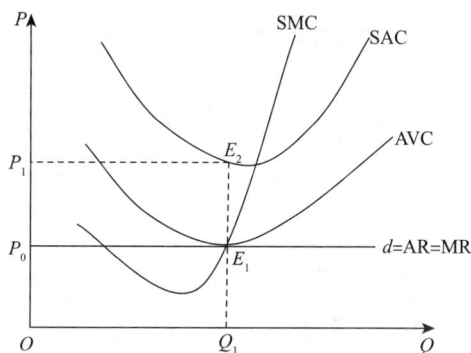

图 6-12　完全竞争厂商的停产条件

均衡产量 Q_1 上，厂商是亏损的，其亏损为图 6-12 中矩形 $P_1 P_0 E_1 E_2$ 的面积。此时厂商的平均收益（市场价格）等于平均可变成本，厂商可以继续生产，也可以不生产。这是因为，如果厂商生产，那么全部收益只能弥补全部的可变成本，不变成本得不到任何的弥补；而如果厂商不生产，那么厂商损失的也同样只是全部不变成本。因此，在这种情况下厂商生产与不生产的决策是没有区别的。平均可变成本曲线的最低点也被叫作厂商的停止生产点。如果市场价格继续下降，低于平均可变成本曲线的最低点，那么厂商将停止生产。因为如果继续生产的话，厂商不仅损失了全部的不变成本，而且连可变成本也难以弥补，厂商生产带来的损失要比停止生产所面对的损失大得多。

　　值得注意的是，尽管平均可变成本曲线的最低点是停止生产点，从理论上讲，厂商此时生产与不生产都是一样的。但是从现实经济上看，即便市场价格已经达到了停止生产点，多数厂商一般也不会选择停止生产，而是继续生产。这是因为，一方面，如果厂商选择了停止生产，那么企业已经占有的市场份额就会丧失，而等生产再次继续时，要恢复以往的市场份额往往难度很大；另一方面，短期市场价格并不能代表长期的市场价格走向，因此为了保持企业的市场份额和良好的经营信用，厂商往往会继续生产，甚至在市场价格略低于停止生产点时，也会选择短期内的谨慎生产。

第五节　完全竞争厂商的短期供给曲线与短期行业供给曲线

　　在效用论的学习中，我们知道了需求曲线上每一个价格水平的需求量都是能够给消费者带来最大效用的需求量。之后，从生产论开始，经过成本论及本章市场论的学习，我们将从厂商利润最大化的角度来讨论厂商的供给曲线。

一、完全竞争厂商的短期供给曲线

　　讨论完全竞争厂商的短期供给曲线，我们需要首先回顾一下供给曲线的定义。在第二章中，我们已经知道了供给曲线的定义，即在每一个价格水平上厂商愿意而且能够提供的产品的数量。那么，完全竞争厂商短期供给曲线表示短期中在完全竞争市场条件下，在每一个价格水平上完全竞争厂商愿意而且能够提供的产品数量。现在，我们就从定义出发来寻找完全竞争厂商的短期供给曲线，分析过程如图 6-13 所示。

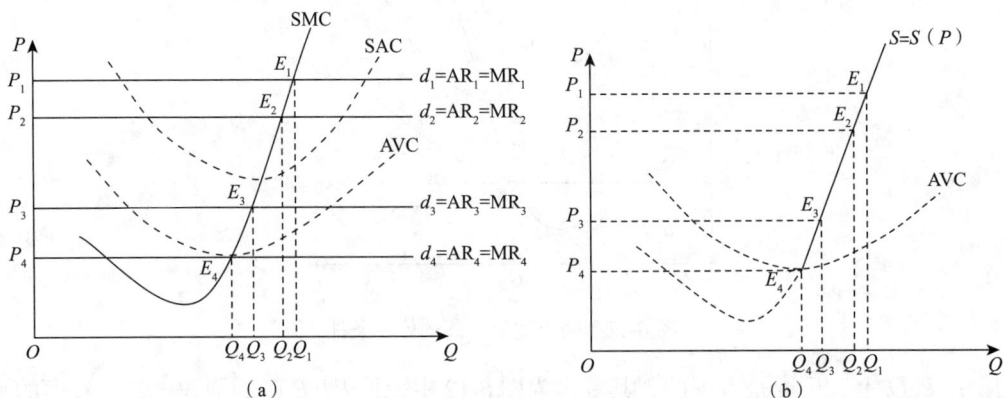

图 6-13　完全竞争厂商的短期供给曲线

完全竞争市场条件下，价格是由市场供求决定的，厂商只是被动的价格接受者，只能根据市场价格来做出是否生产以及生产多少的决策。在图 6-13（a）中，当市场价格（完全竞争厂商的边际收益）为 P_1 时，根据厂商利润最大化的条件，即边际成本等于边际收益（$MC = MR$），厂商确定了由均衡点 E_1 决定的均衡产量 Q_1。也就是说，当市场价格是 P_1 时，厂商愿意而且能够提供的产量是 Q_1，因此 E_1 是完全竞争厂商短期供给曲线上的第一个点。为了能够单独突出完全竞争厂商的短期供给曲线，我们在图 6-13（a）的右侧建立了一个完全相同的坐标系，把均衡点 E_1 移到了图 6-13（b）中相同的位置上，并标明价格 P_1 和均衡产量 Q_1。同样，当市场价格（完全竞争厂商的边际收益）分别为 P_2 和 P_3 时，厂商根据利润最大化的条件，即边际成本等于边际收益（$MC = MR$），可以分别确定均衡点 E_2 和 E_3，均衡产量也相应的是 Q_2 和 Q_3。也就是说，当市场价格是 P_2 时，厂商愿意而且能够提供的产量是 Q_2；当市场价格是 P_3 时，厂商愿意而且能够提供的产量是 Q_3。E_2 和 E_3 是完全竞争厂商短期供给曲线上的另外两个点。我们继续把 E_2 和 E_3 移动到图 6-13（b）中相同的位置上，并标明价格 P_2 和均衡产量 Q_2，以及价格 P_3 和均衡产量 Q_3。以同样的方式，我们可以找到其他所有针对不同市场价格下，完全竞争厂商愿意而且能够提供的产品数量。将所有的这些价格和数量组合点连在一起，我们就得到了完全竞争厂商短期供给曲线，如图 6-13（b）中的 $S(P)$ 所示。

对比图 6-13（a）和图 6-13（b），我们可以发现，实际上图 6-13（b）中完全竞争厂商短期供给曲线 $S(P)$ 与图 6-13（a）中完全竞争厂商的短期边际成本曲线是同一条曲线。这是因为，在完全竞争市场条件下，市场价格就是厂商的边际收益，即 $P = MR$。利润最大化条件短期边际成本等于边际收益，即 $SMC = MR$ 可以写作 $P = SMC(Q)$。因此，在每一个价格水平下完全竞争厂商是根据 $P = SMC(Q)$ 选择均衡产量从而确定完全竞争厂商的短期供给关系的，这就导致厂商的短期边际成本曲线可以准确地表明这种价格和厂商的短期供给之间的关系。

因为当市场价格低于完全竞争厂商的短期平均可变成本时，厂商是要停止生产的。

所以厂商的短期供给曲线并不是完整的短期边际成本曲线，而是短期边际成本曲线上大于或等于短期平均可变成本曲线最低点的部分，即在图 6-13（b）中所显示的 $S(P)$ 的实线部分。

综上所述，完全竞争厂商的短期供给曲线是向右上方倾斜的，它反映的是在每一个价格水平下厂商愿意而且能够提供的产品数量，在这个供给数量下厂商可以获得的利润最大或者亏损最小。

二、完全竞争行业的短期供给曲线

一个行业的短期供给曲线是该行业内所有厂商的短期供给曲线的水平加总。借助图 6-14，我们看看如何通过完全竞争厂商的短期供给曲线来推导完全竞争行业的短期供给曲线。

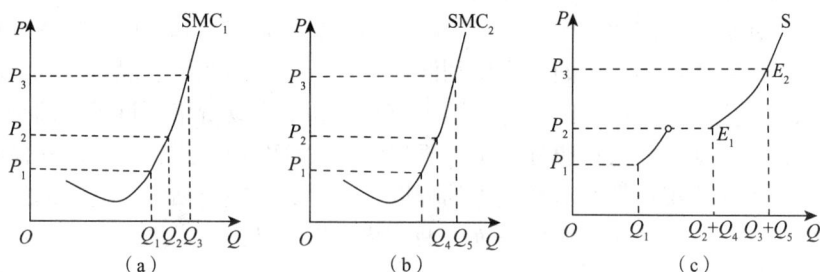

图 6-14　完全竞争行业的短期供给曲线

在图 6-14 中，假设市场中只有两家完全竞争厂商，分别用图 6-14（a）和图 6-14（b）表示它们各自的短期供给曲线。图 6-14（c）则是两家完全竞争厂商所构成的完全竞争行业。当价格是 P_1 时，只有厂商 a 愿意提供数量为 Q_1 的产品，厂商 b 则因市场价格低于它的停止生产点而不提供任何产品，此时图 6-14（c）中整个行业的供给也是 Q_1。只要市场价格低于 P_2，该市场的短期行业供给曲线与厂商 a 的短期供给曲线就是相同的。当市场价格为 P_2 时，除了厂商 a 提供数量为 Q_2 的产品外，厂商 b 也因为市场价格达到了其停止生产点而开始提供数量为 Q_4 的产品，此时整个行业的供给量是两个厂商的供给量之和，体现在图 6-14（c）中就是 E_1 点，价格是 P_2 时，行业的供给数量是 Q_2+Q_4。当市场价格继续上升为 P_3 时，厂商 a 和厂商 b 分别提供数量为 Q_3 和 Q_5 的产品，此时整个行业在市场价格 P_3 时的供给量是 Q_3+Q_5。以此类推，我们可以得到所有市场价格对应的整个行业的供给量，将所有这些反映价格和数量对应关系的点连在一起，就得到了整个行业的供给曲线。

虽然我们假设只有两家完全竞争厂商，但是无论市场中存在多少厂商，我们都可以用同样的方法推导出行业的供给曲线。如果行业内所有的厂商都是一样的，那么由单个厂商的短期供给曲线推导行业的短期供给曲线就有一个较为特殊的形式。假设市场中有 n 家厂商并且每家厂商的供给曲线都是 $P=c+\mathrm{d}Q_i$。方便起见，我们换算成供给函数的形式为

$$Q_i = -\frac{c}{d} + \frac{1}{d}P$$

所以行业内 n 家厂商的总供给就是

$$Q = nQ_i = n\left(-\frac{c}{d} + \frac{1}{d}P\right)$$

经过处理，我们可以得到行业内的供给曲线为

$$P = c + \frac{d}{n}Q$$

三、生产者剩余

第三章我们曾通过消费者剩余来计算消费者参加市场交换而得到的收益，类似的方法现在也可以应用于生产者，我们称之为生产者剩余（producer surplus，PS）。生产者剩余是指厂商在提供一定数量的某种产品时实际接受的总支付和它愿意接受的最小总支付之间的差额，它衡量的是厂商在提供利润最大化产量时的经济状况。一家代表性厂商在短期内如果不生产，它损失的就等于固定成本，如果市场价格超过了厂商平均可变成本的最小值，厂商就可以根据边际成本等于边际收益这个原则进行生产从而使自己的经济状况得到最大的改善。那么这种改善的程度是多少呢？换句话说，此时的厂商在生产过程中得到了多少生产者剩余呢？下面，我们借助图 6-15 来详细介绍完全竞争厂商生产者剩余的计算过程。

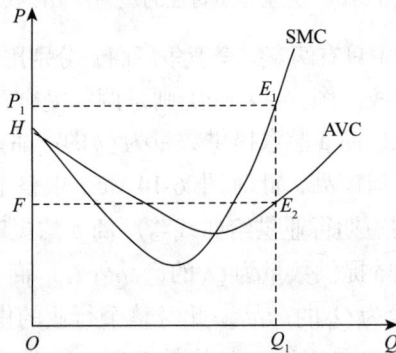

图 6-15　生产者剩余

在生产中，如果厂商不进行生产，厂商将会损失全部的不变成本，因此只要产品的市场价格高于厂商为生产额外一单位产品而付出的边际成本，那么厂商增加这一单位产品的生产就可以使自己的经济状况得到改善。市场价格与边际成本之间的差额，就是厂商生产这单位产品时获得的生产者剩余。当厂商根据利润最大（或者亏损最小）原则确定了自己的最优产量时，这些产品各自获得的市场价格与边际成本之差的总额，就构成了生产者剩余的全部。图 6-15 就说明了这点。在图 6-15 中，市场价格 P_1 高于厂商的平均可变成本的最低点，根据短期边际成本等于边际收益原则，厂商将 Q_1 确定为均衡产量。此时，短期边际成本曲线之上，市场价格线之下的部分就是厂商获得的全部生产者

剩余。其中，价格线以下的矩形 $P_1OQ_1E_1$ 的面积表示的是厂商实际接受的总支付，短期边际成本曲线以下 HOQ_1E_1 的面积是厂商愿意接受的最小总支付，这两部分之间的差异就是我们所说的生产者剩余。如果设短期边际成本的函数为 $P = f(Q)$，则图 6-15 中的生产者剩余为

$$PS = P_1Q_1 - \int_0^{Q_1} f(Q)\mathrm{d}Q \qquad （6-9）$$

由于短期内厂商的不变成本是无法变化的，边际成本的来源只能是可变成本。因此，短期内厂商在生产一定产量的产品时，边际成本的总额必然要等于可变成本的总额。知道了这一点，我们也就可以从可变成本的角度来确定厂商的生产者剩余。在图 6-15 中，当均衡产量为 Q_1 时，平均可变成本在 E_2 点，即平均每一单位产品所消耗的可变成本是 OF，可变成本总额为矩形 FOQ_1E_2 的面积。所以，厂商的生产者剩余是厂商实际得到的总支付矩形面积 $P_1OQ_1E_1$ 与厂商愿意接受的最小总支付矩形 FOQ_1E_2 面积的差额，即矩形 $P_1FE_2E_1$ 所表示的面积。从这个角度看，我们可以清晰地分辨出生产者剩余和厂商的经济利润之间的不同。经济利润 π 是总收益和总成本之差，而总成本减去总可变成本即为固定的不变成本，因此生产者剩余在短期内要大于经济利润，它们之间的差额是固定的不变成本。

虽然我们是以短期内完全竞争厂商为例来对生产者剩余进行探讨，但是我们所用的分析方法和结论同样适用于其他市场的生产者剩余。

四、完全竞争市场的短期均衡

结合效用论推导出的需求曲线，我们可以从供给和需求两个角度进一步完整地考察完全竞争市场的短期均衡问题，如图 6-16 所示。

在图 6-16 的左上部，根据效用论，消费者在追求自身效用最大化的过程中确立了个人需求曲线。消费者个人需求曲线上的每一个价格和需求数量组合都表示，在某商品的一定价格水平上消费者为获得最大效用而对该种商品需求的数量。当我们把所有消费者的个人需求曲线进行水平加总后，就得到了市场的需求曲线。市场需求曲线上的每一个价格和需求数量的组合都意味着在商品的该价格水平下所有消费者都获得最大效用时对该种商品需求的总量。在图 6-16 的右上部，根据生产论、成本论及市场论中所学的知识，我们可以确定单个完全竞争厂商的短期供给曲线，它是完全竞争厂商短期边际成本曲线上等于和大于停止生产点的部分。完全竞争厂商的短期供给曲线上的每一个价格和生产数量组合都意味着，在该价格水平下，厂商为获得最大利润所应该确定的均衡产量。当我们把所有竞争厂商的短期供给曲线水平加总之后，就得到了市场的短期供给曲线。市场短期供给曲线上的每一个价格和生产数量的组合同样意味着，在该价格水平下生产该数量的产品可以给行业中每一个厂商都带来最大利润。市场的需求曲线和市场的短期供给曲线相交，就确定了市场的一个短期均衡。在市场均衡价格的指导下，每个消费者都会在市场的均衡价格下选择一个需求量从而使自身的效用达到最大，而每一个厂商也都会在市场的均衡价格下生产出使自身利润最大的产量。

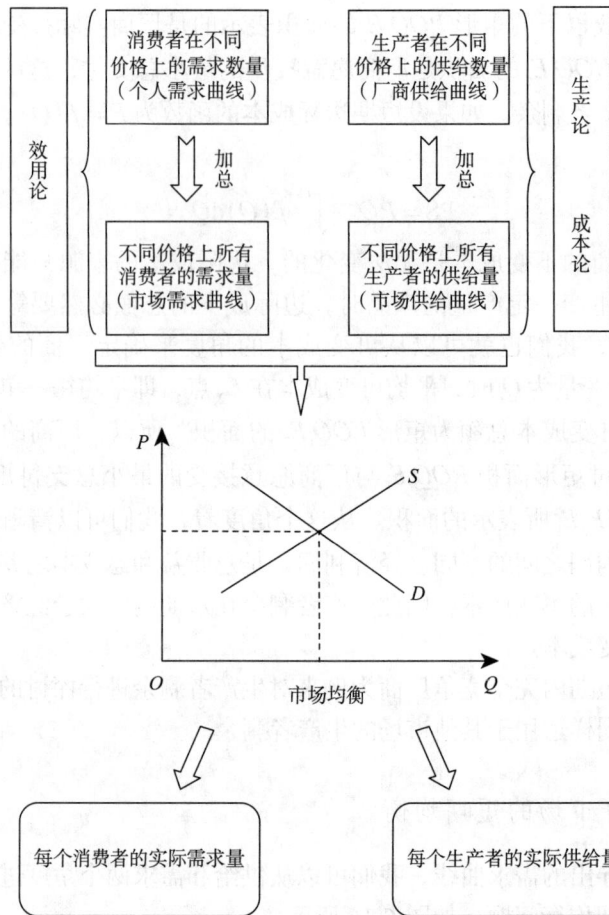

图 6-16 完全竞争市场的短期均衡

■ 第六节 完全竞争厂商的长期均衡和行业的长期供给曲线

在短期中，完全竞争厂商既无法控制市场价格又无法调整生产规模，所能做出的仅仅是生产多少以及是否要停止生产这样的决策。然而在长期内，情况就有所不同了。首先，如果是长期生产，厂商能够根据需要调整一切生产要素的投入量，甚至包括那些短期内固定不变的厂房设备等不变要素，从而更好追求企业的利润最大化目标。其次，在短期内即使厂商遭受经济损失，但是它有时仍会继续生产，然而在长期内，如果厂商不能在现有的行业内至少实现一个正常利润，那么厂商就会选择退出市场。

一、完全竞争厂商长期中最优规模的选择

在长期内，完全竞争厂商可以通过调整生产规模来实现自己的利润最大化目标。假设厂商在初始的短期内拥有一个固定生产规模，在这个生产规模基础上企业有相应的短期平均成本曲线 SAC_1 和短期边际成本曲线 SMC_1 ，如图 6-17 所示。当市场价格是 P_1

时，短期内厂商无法调整自己的生产规模，在现有的规模下依据厂商的边际成本等于边际收益这个利润最大化原则，厂商确定均衡产量 Q_1，在此产量上厂商实现了最大利润。由于均衡点 E_1 高于厂商的平均成本曲线 SAC_1，因此厂商此时获得了经济利润。显然，完全竞争厂商获得的经济利润总额为矩形 $P_1P_2E_2E_1$ 的面积。但是，如果完全竞争厂商预期这种市场价格会长期持续时，那么它可以通过调整自己的生产规模来获得更多的利润。其原因在于，在长期内，厂商有足够的时间来调整自己的生产规模，此时厂商考虑的不再是边际收益等于短期边际成本，而是开始考虑新的利润最大化条件，即边际收益等于长期边际成本。根据这个新的条件，厂商确定了新的均衡点 E_3，均衡产量为 Q_2，以及在这个均衡产量时的厂商长期平均成本为 P_3。这里要说明的是，当厂商确定了长期均衡产量，并知道了与该产量相对应的长期平均成本时，厂商在此市场价格下的最优规模也同时确定了。我们知道，长期平均成本曲线 LAC 是无数条短期平均成本曲线 SAC_i 的包络线，在这个包络线上的每一个点都代表着一个特定的生产规模。当我们确定了在长期平均成本曲线 LAC 上的 E_4 点时，我们就已经找到了生产均衡产量 Q_2 的最优规模，并且能够确定这个最优规模的短期平均成本曲线 SAC_2。

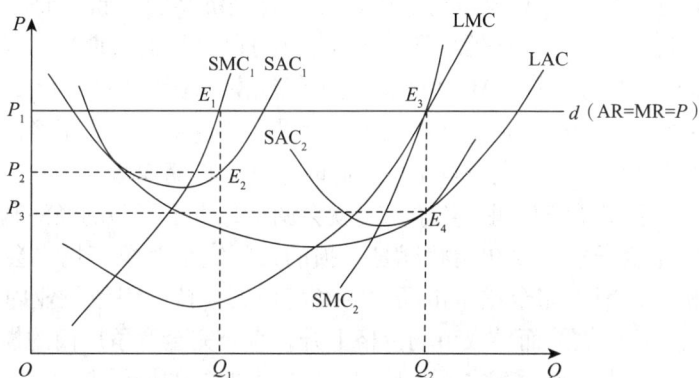

图 6-17　完全竞争厂商长期最优规模

在最优生产规模下，厂商获得了更多的经济利润。经济利润总额在图 6-17 中显示为矩形 $P_1P_3E_4E_3$ 的面积。显然，相对于 SAC_1 代表的初始生产规模而言，SAC_2 代表的新的生产规模所能获得的经济利润要多很多。

二、完全竞争厂商的长期均衡

在长期内，厂商通过边际收益等于长期边际成本确定最优的生产规模可以获得经济利润。但是，如果这种状况预期会持续下去的话，那么渴望获得经济利润的其他潜在厂商就会大量进入这个行业，最终完全竞争厂商的经济利润会消失，如图 6-18 所示。

在图 6-18 中，SAC_1 代表的是厂商根据市场价格 P_1 确定的最优规模，此时生产厂商可以获得高于正常利润的经济利润。由于经济利润的存在，其他潜在厂商开始不断进入行业进行生产追逐经济利润，因此市场产品的供给开始增加，此时如果市场需求没有

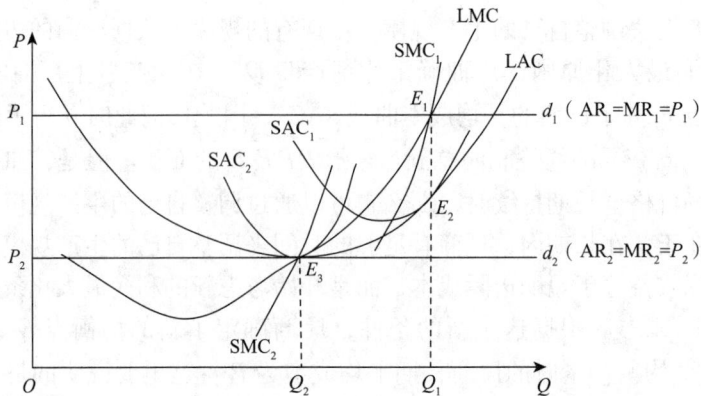

图 6-18　完全竞争厂商的长期均衡

变化,那么产品的市场价格将会下降。在新的市场价格下,厂商必须依据新的边际收益
等于长期边际成本,重新确定均衡产量及最优规模,以便获得最大的利润。在最优规模
的选择过程中,随着市场价格的下降,最优规模一定是沿着长期平均成本曲线从 E_2 向
下变动的。值得注意的是,只要该行业中仍存在着经济利润,新厂商的进入就不会停
止。显然,这种调整过程会一直延续到市场价格正好降到厂商长期平均成本曲线最低点
时方才停止。此时,厂商选择 SAC_2 所代表的最优规模,均衡产量为 Q_2,这时经济利润
已经消失,行业内厂商获得的是正常利润,其他潜在厂商由于失去了经济利润的吸引也
就失去了进入该行业的动机,完全竞争厂商此时达到了长期均衡。

完全竞争厂商存在经济利润,竞争市场就会调整,直至厂商的经济利润全部消失为
止。同样,如果完全竞争厂商初始状况是亏损的话,完全竞争市场也会发生同样的调
整,只是方向相反,因为完全竞争市场中的经济损失会持续引致行业内现有厂商的退
出,从而通过减少行业供给而导致市场价格上升,直至完全竞争厂商的损失减少至零,
最终实现正常利润为止。总而言之,在长期平均成本曲线的最低点,完全竞争厂商实现
了长期均衡。此时,完全竞争厂商只实现了正常利润而没有经济利润,市场价格也正好
等于这个最低成本。

完全竞争厂商的长期均衡条件可以写为

$$P = MR = SMC = SAC = LAC = LMC \qquad (6-10)$$

三、完全竞争行业的长期供给曲线

追求利润的动机促使着大量的完全竞争厂商进入和退出一个行业,行业内的完全竞
争厂商必须不断地调整其规模及均衡产量,最终在长期内达到均衡。在完全竞争厂商长
期均衡的实现过程中,我们并没有考虑行业内由于生产厂商数量的变化所可能导致的对
生产要素的影响。原因在于,即便行业内厂商的增减对生产要素有影响,从而改变了完
全竞争厂商的成本曲线,但是长期均衡的实现条件并不会发生改变,完全竞争厂商仍然
是在长期平均成本曲线最低点实现长期均衡。但是,当我们开始考虑完全竞争行业供给
曲线的时候,行业产量变化所引起的生产要素价格的变化就必须成为我们关注的重点,

因为生产要素价格的变化直接会导致厂商成本曲线的变化。

（一）成本不变行业的长期供给曲线

图 6-19 描述的是一个成本不变行业的长期供给曲线。所谓成本不变行业是指，该行业产品数量变化所引起的生产要素需求量的变化不会对生产要素的价格产生任何影响。假设初始状态时，完全竞争市场以及市场中的所有厂商都达到了稳态均衡，即图 6-19（b）中，在需求曲线 D_1 和短期供给曲线 SS_1 的共同作用下，市场均衡点是 E_1，此时的市场均衡价格为 P_1，均衡供给量为 Q_3；在市场均衡价格 P_1 的条件下，图 6-19（a）中的代表性厂商实现了长期均衡，均衡产量是 Q_1，市场价格正好位于厂商长期平均成本曲线的最低点。其中，所有厂商的均衡产量之和构成整个行业的均衡产量，如果用 n 表示代表性厂商的数量，则

$$Q_3 = \sum_{i=1}^{n} Q_i$$

此时，行业内的厂商只获得了正常利润，潜在厂商也没有进入行业的动机。

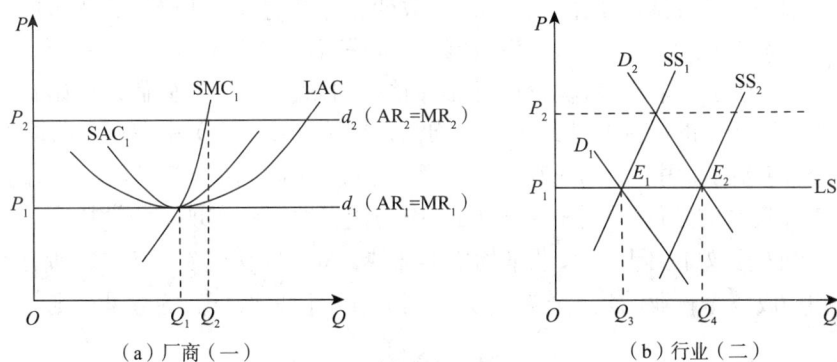

图 6-19　成本不变行业的长期供给曲线

假设由于外在的原因，市场需求突然增加，需求曲线从 D_1 移动到新的 D_2 位置，在新的需求曲线和市场供给曲线的共同作用下市场价格从 P_1 上升至 P_2，行业内厂商的均衡将受到影响。在新的市场价格 P_2 下，短期内完全竞争厂商会根据边际收益等于边际成本，即 $MR_2 = SMC_1$ 来重新确定均衡产量为 Q_2，由于新的市场价格 P_2 在厂商短期平均成本曲线 SAC_1 之上，厂商此时获得经济利润。由于行业内出现经济利润，行业外的其他潜在厂商在经济利润的驱动下开始进入行业，行业内的厂商数量因此开始增加，行业供给也同时开始增加，供给曲线表现为向右方移动，在新的供给曲线和需求曲线的作用下产品的市场价格逐渐下降。尽管产量的提高增加了对生产要素的需求，但是在该行业中，这种变化不会对生产要素的价格产生任何影响，行业内厂商的长期平均成本曲线保持不变。这样，市场价格随着潜在厂商的进入而不断下降时，行业内厂商的经济利润也逐渐减少，厂商的均衡产量开始逐渐减少。我们知道，完全竞争厂商的长期均衡条件是 $P = SMC = SAC = LAC = LMC$，也就是说市场价格在下降过程中如果达到厂商长期平均成本曲线最低点时，市场和厂商就会又一次实现均衡。因此，最终市场价格会回到

初始的价格水平 P_1，市场在 E_2 点也会达到新的均衡。此时，行业内厂商的产量也恢复到初始状态 Q_1 水平，厂商的经济利润为零，行业外的潜在厂商也停止进入，厂商又一次回到了初始的长期均衡状态。要注意的是，在这次调整过程中，由于新进厂商的原因，整个行业的供给曲线从 SS_1 移动到 SS_2。虽然市场均衡价格仍然为 P_1，但是市场的均衡产量却是 Q_4。Q_4 与先前的市场均衡 Q_3 的差额，是新进厂商带来的产量增加。连接 E_1 和 E_2 这两个行业内的长期均衡点，直线 LS 就是行业的长期供给曲线。成本不变行业的长期供给曲线是一条水平直线。它反映的是成本不变行业可以在一个不变的价格水平上提供任意的产量，市场需求的变化只会引起行业长期均衡产量的变化，而不会影响行业的长期均衡价格。

（二）成本递增行业的长期供给曲线

成本递增行业是指，该行业产量增加所引起的生产要素需求的增加会导致生产要素价格的上升。当某行业所使用的一些生产要素是该行业专用的，或者说，行业内厂商是某些生产要素的主要使用者时，当该行业的生产量增加导致对这些生产要素的需求也同时增加时，如果生产要素的供给能力不发生改变，那么这种对生产要素需求的增加必然会导致生产要素价格的上涨，进而使厂商的成本提高。

图 6-20 描述了一个成本递增行业供给曲线的形成过程。首先假设初始状态时，完全竞争市场及市场中的厂商都达到了稳态均衡，即图 6-20（b）中在需求曲线 D_1 和短期供给曲线 SS_1 的共同作用下，市场在 E_1 点处于均衡，均衡价格为 P_1，均衡供给量为 Q_3；在市场均衡价格 P_1 的条件下，图 6-20（a）中的代表性厂商实现了长期均衡，均衡产量是 Q_1，市场价格正好位于厂商长期平均成本曲线 LAC_1 的最低点。其中，所有厂商的均衡产量之和构成整个行业的均衡产量，如果用 n 表示代表性厂商的数量，则

$$Q_3 = \sum_{i=1}^{n} Q_i$$

此时，行业内的厂商获得了正常利润，潜在厂商没有进入行业的动机。

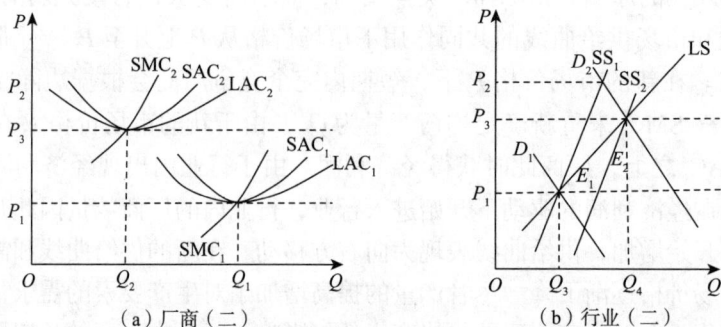

图 6-20 成本递增行业的长期供给曲线

假设由于外在的原因，市场需求突然增加，图 6-20（b）中需求曲线从 D_1 移动到新的 D_2 位置，在新的需求曲线和市场供给曲线的共同作用下市场价格从 P_1 上升至 P_2，行业内厂商的均衡将受到影响。在新的市场价格 P_2 下，短期内竞争厂商会根据新的边际

收益等于边际成本的原则来重新确定均衡产量，由于新的市场价格 P_2 在厂商短期平均成本曲线 SAC_1 之上，因此厂商获得经济利润。此时，有两个方面的趋势需要注意，一方面是潜在厂商在追逐经济利润的动机下开始大量涌入行业，并导致行业的短期供给曲线由于供给能力增加而向右方平行移动，市场价格因此出现下降趋势。另一方面，由于行业产量的增加，生产要素的价格也出现了上涨，因此完全竞争厂商的生产成本也同时发生了变化，厂商的长期平均成本曲线开始向上移动。

我们知道，完全竞争厂商的长期均衡条件是 $P = SMC = SAC = LAC = LMC$ ，也就是说市场价格在下降过程中如果达到厂商长期平均成本曲线最低点时，市场和厂商就会又一次实现长期均衡。最终，在两种趋势的共同作用下，完全竞争市场在 E_2 点实现了新的均衡。在新的均衡点 E_2 决定的市场价格下，完全竞争厂商的长期平均成本曲线与市场价格相切于长期平均成本曲线的最低点，即 $P_3 = SMC_2 = SAC_2 = LAC_2 = LMC_2$ ，此时完全竞争厂商也实现了长期均衡状态。由于行业内厂商没有经济利润的存在，因此行业外潜在的其他厂商也停止进入行业，最终市场的均衡产量是 Q_4 ，并且高于初始的均衡产量。市场均衡产量的增加是由新进厂商的产量带来的。值得注意的是，从图 6-20 （ a ）中我们可以看到，厂商新的均衡数量 Q_2 要比厂商初始的均衡数量 Q_1 小，这是生产要素价格的变化所导致的厂商边际成本曲线的上升造成的。之后，我们连接 E_1 和 E_2 这两个行业内的长期均衡点，直线 LS 就是行业的长期供给曲线。成本递增行业的长期供给曲线是一条向右上方倾斜的直线。它表明，市场需求的变化会引起行业长期均衡产量及行业长期均衡价格的同方向变动。

（三）成本递减行业的长期供给曲线

成本递减行业是指，该行业产量增加所引起的生产要素需求的增加会导致生产要素价格的下降。成本递减往往存在于一些新兴的行业，或者是某些朝阳行业。在这些行业当中，由于成长的初期阶段行业总产量很小，对生产要素的需求量不高，生产要素市场没有提高效率的外在需求刺激，生产要素的生产过程也就往往不会使用那些具有规模产量的高效设备。而如果行业产量增加，对生产要素有了大量的需求，要素生产厂商就会使用某些高效率的生产设备，使生产要素的价格下降，进而使产品行业内厂商的成本下降，成本曲线向下移动。我们可以借助图 6-21 来分析成本递减行业的长期供给曲线。在图 6-21 中，首先假设初始状态时，完全竞争市场及市场中的厂商都达到了稳态均衡，即图 6-21 （ b ）中在需求曲线 D_1 和短期供给曲线 SS_1 的共同作用下，市场在 E_1 点处于均衡，均衡价格为 P_1 ，均衡供给量为 Q_3 ；在市场均衡价格 P_1 的条件下，图 6-21 （ a ）中的代表性厂商也实现了长期均衡，均衡产量是 Q_1 ，市场价格正好位于厂商长期平均成本曲线 LAC_1 的最低点。此时，行业内的厂商获得了正常利润，潜在厂商没有进入行业的动机。

假设由于外在的原因，市场需求突然增加，图 6-21 （ b ）中的需求曲线从 D_1 移动到新的 D_2 位置，在新的需求曲线和供给曲线的作用下市场价格从 P_1 上升至 P_2 。在新的市场价格 P_2 下，短期内竞争厂商会根据新的边际收益等于边际成本的原则来重新确定均

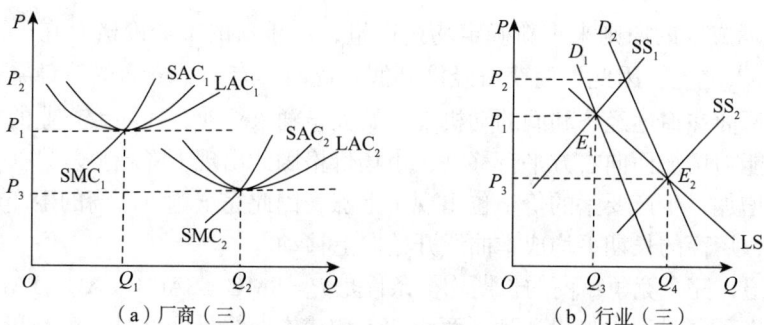

图 6-21　成本递减行业的长期供给曲线

衡产量，由于新的市场价格 P_2 在厂商短期平均成本曲线 $\mathrm{SAC_1}$ 之上，厂商获得经济利润。同样，我们此时也必须同时注意两个方面的趋势：一方面，潜在厂商在追逐经济利润的动机下开始大量涌入行业，并导致行业的短期供给曲线由于供给能力增加而向右方平行移动，市场价格出现下降的趋势。另一方面，由于行业产量的增加，行业内生产对生产要素的需求大量增加，这最终会导致成本递减行业中生产要素价格的下降趋势，表现为图 6-21（a）中完全竞争厂商长期平均成本曲线开始向下移动。正如我们知道的那样，完全竞争厂商的长期均衡条件是 $P = \mathrm{SMC} = \mathrm{SAC} = \mathrm{LAC} = \mathrm{LMC}$，即当市场价格在下降的过程中如果达到厂商长期平均成本曲线最低点时，市场和厂商就会又一次实现长期均衡。最终，在两种趋势的共同作用下，完全竞争市场在 E_2 点实现了新的均衡。在新的均衡点 E_2 决定的市场价格下，完全竞争厂商的长期平均成本曲线与市场价格相切于长期平均成本曲线的最低点，即 $P_3 = \mathrm{SMC_2} = \mathrm{SAC_2} = \mathrm{LAC_2} = \mathrm{LMC_2}$，此时完全竞争厂商也实现了长期均衡状态。由于行业内厂商没有经济利润的存在，因此行业外潜在的其他厂商也停止进入行业。在新的均衡点 E_2 上，均衡价格为 P_3，低于初始的均衡价格；均衡产量是 Q_4，高于初始的均衡产量。我们连接 E_1 和 E_2 这两个行业内的长期均衡点，直线 LS 就是行业的长期供给曲线。成本递减行业的长期供给曲线是一条向右下方倾斜的直线。它表明，市场需求的变化会引起行业长期均衡产量的同方向变化，却会引起行业长期均衡价格的反方向变动。

本 章 案 例

案例 6-1：大型养鸡场为什么赔钱？

为了实现"菜篮子"工程，许多大城市都由政府投资修建了大型养鸡场，结果这些大型养鸡场反而竞争不过农民养鸡专业户甚至老太太，往往赔钱很多。这是为什么呢？

从经济学的角度看，这首先在于鸡蛋市场的市场结构。鸡蛋市场有三个显著的特点。第一，市场上买者和卖者都很多。没有一个买者和卖者可以影响市场价格。即使是一个大型养鸡场，其在市场上占的份额也微不足道，难以通过产量来控制市场价格。用经济学术语说，每家企业都是市场接受者，只能接受整个市场供求决定的价格。第二，鸡蛋是无差别产品，企业也不能以产品差别形成垄断力量。大型养鸡场的鸡蛋与老太太养的鸡蛋没什么不同，消费者也不会为大型养鸡场的蛋多付钱。第三，自由进入与退出，任何一个农民都可以自由养鸡或不养鸡。第四，买者与卖者都了解相关信息。这些特点决定了鸡蛋市场是一个完全竞争市场，即没有任何垄断因素的市场。

在鸡蛋这样的完全竞争市场上，短期中如果供大于求，整个市场价格低，养鸡可能亏本。如果供小于求，整个市场价格高，养鸡可以赚钱。

但在长期中，养鸡企业（包括农民养鸡户和大型养鸡场）则要对供求做出反应，决定产量多少和进入还是退出。假如人们受胆固醇不利于健康这种宣传的影响而减少鸡蛋的消费，鸡蛋价格下降，这时养鸡企业就要做出减少产量或退出养鸡业的决策。假如由于发生鸡瘟，供给减少，价格上升，原有养鸡企业就会扩大规模，其他人也会进入该行业。在长期中通过供求的这种调节，鸡蛋市场实现了均衡，市场需求得到满足，生产者也变得满意。这时，各养鸡企业实现成本（包括机会成本在内的经济成本）与收益相等，没有经济利润。

在完全竞争市场上，企业完全受市场支配。由于竞争激烈，成本被压得相当低。生产者要对市场供求变动做出及时的反应。换言之，在企业无法控制的市场上，成本压不下来或调解能力弱，都难以生存下去。大型养鸡场的不利正在于其压低成本和适应市场的调解能力远远不如农民养鸡者。在北京鸡蛋市场上，大型养鸡场就比不过北京郊区和河北的农民养鸡户。

大型养鸡场的成本要高于农民养鸡户。在短期中，养鸡的成本包括固定成本（鸡舍、蛋鸡等）和可变成本（鸡饲料人员工资等），远远高于农民养鸡户（农民养鸡的固定成本除蛋鸡外其他很少）。甚至农民的可变成本也低（用剩饭菜等代替部分外购饲料，自己的劳动也可以忽略不计）。这样，当价格低时，大型养鸡场难以维持或要靠政府财政补贴，而农民养鸡户却可以顽强地生存下来。长期中，大型养鸡场每个鸡蛋的平均成本也高于农民养鸡户，因为现代化大量养鸡带来的好处并不足以弥补巨额投资和管理队伍的支出。农民养鸡户则以低成本和低价格占领了鸡蛋市场。

大型养鸡场的市场适应能力也不如农民养鸡户。当供大于求，价格低时，农民养鸡户可以迅速退出市场，没有多大损失，大型养鸡场停产则很困难。现代化养鸡设备闲置下来比不用鸡窝的损失大得多。当供小于求，价格高时，大型养鸡场的产量要受设备能力的限制，但却几乎没有什么能限制农民养鸡户多养鸡。

在鸡蛋市场上需要的是"造小船成本低"和"船小好调头"。庞大的大型养鸡场反而失去了规模经济的好处。而且，即使将来农民养鸡也现代化了，也仍然是农民养鸡业的进步，难以有大型企业的地位。这是行业生产技术特点决定的。你听说过美国500强企业中有养鸡公司吗？或者说，你听到过什么有名的养鸡场吗？这类企业本来就应该是"小的而美好的"。

资料来源：符晓燕主编《微观经济学》

案例6-2：谁承担了政府对企业的征税？

很多人认为，由于征税客体的不同，对企业征税和对消费者征税具有不同的征税效果，至少相对于消费者来说，企业更有实力来承担税收的压力。但是，通过本章内容的学习，我们将在本案例中证明，加诸在产品上的税收至少是部分地转嫁给了消费者。

我们首先假设存在一个完全竞争市场，市场中所有的厂商都具有相同的长期成本曲线。为分析简便，我们同样假设该完全竞争市场是一个成本不变的行业，即该行业产品数量变化所引起的生产要素需求量的变化不会对生产要素的价格产生任何影响。因此在成本不变行业中，行业的长期供给曲线是出发于厂商长期平均成本曲线最低点的一条水平直线，反映的是成本不变行业可以在一个不变的价格水平上提供任意的产量，市场需求的变化只会引起行业长期均衡产量的变化而不会影响行业的长期均衡价格。在图 6-22(a)中所示的初始状态时，代表性厂商在长期平均成本曲线 LAC_1 的最低点取得了长期均衡，均衡产量为 Q_1，均衡价格为 P_1，代表性厂商在长期均衡时经济利润为零；行业的长期供给曲线如图 6-22（b）中所示的 LS_1，在市场需求曲线 D 不变的情况下，行业在产量 Q_4，市场价格 P_1 的水平下实现了均衡。

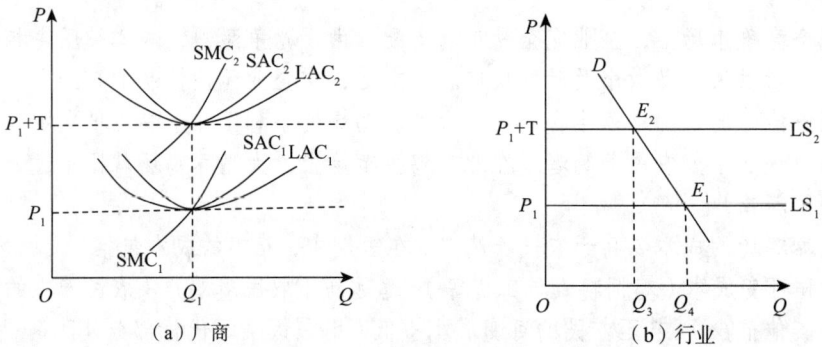

图 6-22　税收与厂商均衡

现在我们讨论，如果政府决定从量税的方式对厂商征税，即政府现在对厂商生产的每一单位产品征收额外的税收，税额为 T 时，这种政策对市场及代表性厂商均衡的影响。由于政府是针对产品征税的，因此征税的后果表现为代表性厂商的长期平均成本曲线 LAC_1，长期边际成本曲线 LMC_1，以及代表最优规模的 SAC_1 曲线同时向上移动，移动的距离为 T。由于上移后新的成本曲线高于原先的市场均衡价格 P_1，行业内厂商出现亏损状态，行业内部分厂商开始退出该行业转而寻求其他行业的盈利机会。显然，由于行业内部分厂商的退出，行业内的市场供给开始减少，产品的市场价格会慢慢上升。通过之前内容的学习，新的市场均衡价格应该出现在厂商新的长期平均成本曲线 LAC_2 的最低点，此时代表性厂商的均衡产量仍然是 Q_1，而均衡价格为 P_1+T，厂商的经济利润仍然为零；新的行业长期供给曲线 LS_2 将会与长期平均成本曲线 LAC_2 最低点相切，由于需求曲线 D 不变，因此行业新的供求均衡点为 E_2，行业均衡产量为 Q_3，行业的均衡市场价格为 P_1+T。从这一过程来看，无论是政府征税之前还是政府征税之后，长期均衡后的厂商既没有经济利润的存在，也不存在亏损状态。相反，厂商所生产产品的市场价格却提高到了 P_1+T，增幅正好是从量税的额度 T。可见，政府对厂商征收的从量税全部转移到了消费者的身上。

　　值得注意的是，虽然政府对厂商征收的税收全部转嫁到了消费者的身上，但是在现实经济中，行业内的厂商仍然会积极反对政府的征税措施。原因在于，政府征税会加剧完全竞争行业内的竞争程度，并最终导致部分厂商退出行业生产。从图 6-22（b）中我们可以清楚地看出，行业初始时的均衡产量为 Q_4，而征税之后的行业均衡产量为 Q_3，行业均衡产量减少了。而此时，由于代表性厂商的均衡产量在征税前后并没有发生变化，都是 Q_1，因此，行业内总产量的减少是通过一些厂商的退出来实现的。

本 章 小 结

　　（1）完全竞争厂商的需求曲线、平均收益曲线、边际收益曲线都是一条出发于市场价格的水平直线；厂商的利润最大化或者亏损最小化的条件为边际收益等于边际成本。

　　（2）短期生产中完全竞争厂商只能通过对产量的调整实现边际收益等于边际成本的利润最大化要求。短期均衡时完全竞争厂商可能获得超额利润，也可能亏损。长期均衡时只能获得正常利润。

　　（3）完全竞争厂商的短期供给曲线可以用短期边际成本曲线上大于或等于平均可变成本曲线最低点的部分表示。

　　（4）成本不变行业的长期供给曲线是一条水平直线，成本递增行业的长期供给曲线是一条向右上方倾斜的直线，成本递减行业的长期供给曲线是一条向右下方倾斜的直线。

复 习 与 思 考

　　1. 用图说明完全竞争厂商短期均衡的形成及其条件。

　　2. 解释完全竞争厂商的短期供给曲线是短期边际成本曲线上等于和高于平均可变成本曲线最低点部分的原因。

　　3. 图示并说明完全竞争厂商长期均衡的形成及其条件。

　　4. 图示并推导完全竞争条件下成本不变行业、成本递增行业和成本递减行业的长期供给曲线。

　　5. 已知某完全竞争市场的需求函数为 $D = 6\,300 - 400P$，短期市场供给函数为 $SS = 3\,000 + 150P$；单个企业在长期平均成本曲线最低点的价格为 6，产量为 50；单个企业的成本规模不变。

　　（1）求市场短期均衡价格和均衡产量。

　　（2）判断（1）中的市场是否同时处于长期均衡，并求行业内的厂商数量。

　　（3）如果市场的需求函数变为 $D = 8\,000 - 400P$，短期供给函数为 $S = 4\,700 - 150P$，试求市场短期均衡价格和均衡产量。

　　（4）判断（3）中的市场是否同时处于长期均衡，并求行业内厂商数量。

　　（5）需要新加入多少企业，才能提供由（1）到（3）所增加的行业总产量。

　　6. 在一个完全竞争的成本不变行业中单个厂商的长期成本函数为 $LTC = Q^3 -$

$40Q^2 + 600Q$，该市场的需求函数为 $Q^d = 13\,000 - 5P$，试求：

（1）该行业的长期供给曲线。

（2）该行业实现长期均衡时的厂商数量。

7. 完全竞争厂商的短期成本函数为 $STC = 0.04Q^3 - 0.8Q^2 + 10Q + 5$，试求厂商的短期供给函数。

8. 某完全竞争厂商的短期边际成本函数 $SMC = 0.6Q - 10$，总收益函数 $TR = 38Q$，且已知产量 $Q = 20$ 时总成本 $STC = 260$。求该厂商利润最大化时的产量和利润。

9. 已知完全竞争市场上单个厂商的长期成本函数为 $LTC = Q^3 - 20Q^2 + 200Q$，市场的产品价格为 $P = 600$。求：

（1）该厂商实现利润最大化时的产量、平均成本和利润各是多少？

（2）该行业是否处于长期均衡，为什么？

（3）该行业处于长期均衡时每个厂商的产量、平均成本和利润各是多少？

（4）判断（1）中的厂商是处于规模经济阶段，还是处于规模不经济阶段？

10. 若很多相同厂商长期成本函数都是 $LTC = Q^3 - 4Q^2 + 8Q$，如果正常利润是正的，厂商将进入行业；如果正常利润是负的，厂家将退出行业。试求：

（1）描述行业的长期供给函数。

（2）假设行业的需求函数为 $Q^d = 2\,000 - 100P$，试求行业均衡价格、均衡产量和厂商的人数。

11. 假设某完全竞争行业有 1 000 个相同的厂商，它们都具有相同的边际成本函数 $MC = 2Q + 2$，固定成本为 100，又已知整个行业的需求函数 $Q = 8\,000 - 500P$，试求：

（1）厂商的短期供给曲线及整个行业的供给曲线。

（2）厂商短期均衡时的产量。

（3）当企业获得正常利润时的产量及总成本。

12. 如果企业面临的生产函数为 $f(x_1, x_2) = \left[\min(x_1, 2x_2) \right]^{1/2}$，并且 w_1 和 w_2 是投入品 x_1 和 x_2 的价格，试求：

（1）企业的成本函数。

（2）如果两个投入品的价格都是 1，生产 y 单位产品的边际成本是多少？当产品的价格是 p 时，这个企业将会生产多少个单位的产品？每个单位产品的成本是多少？

（3）如果市场是充分竞争的，且 $p = 48$，两个投入品的价格均是 1，这个企业将会生产多少个单位的产品？这个企业的经济利润是多少？

（4）企业的边际成本函数和供给函数。

13. 已知某完全竞争的成本递增行业的长期供给函数 $LS = 5\,500 + 300P$。试求：

（1）当市场需求函数为 $D = 8\,000 - 200P$ 时，市场的长期均衡价格和均衡产量。

（2）当市场需求增加，市场需求函数为 $D = 10\,000 - 200P$ 时，市场长期均衡价格和均衡产量。

（3）比较（1）和（2），说明市场需求变动对成本递增行业的长期均衡价格和均衡产量的影响。

14. 某家灯商的广告对其需求的影响为 $P = 88 - 2Q + 2\sqrt{A}$，对其成本的影响为 $C = 3Q^2 + 8Q + A$，其中 A 为广告费用。试求：

（1）无广告情况下，利润最大化时的产量、价格和利润。

（2）有广告情况下，利润最大化时的产量、价格和利润。

（3）比较（1）和（2）的结果。

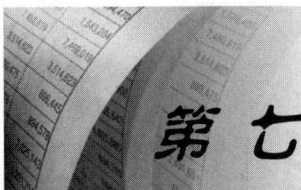

第七章

完全垄断市场

学习目的与要求

1. 了解完全垄断市场的含义及成因。
2. 掌握垄断厂商的需求曲线和收益曲线。
3. 掌握垄断厂商的短期均衡与垄断厂商的长期均衡。
4. 了解完全垄断厂商实行价格歧视的条件及其市场效果。

与完全竞争市场差异最大的一种市场结构是完全垄断市场。完全垄断市场和完全竞争市场分别是市场结构中的两种极端，虽然可以运用相同的分析工具分析两种市场结构，但是得出的结论却大相径庭。本章的主要内容就是研究完全垄断市场的形成、特征，以及在这种结构下厂商的各种经济行为。

第一节　完全垄断市场的含义及成因

一、完全垄断市场的含义

完全垄断市场是指市场上只有一家厂商生产和销售某一种商品，并且这种商品不存在任何相近的替代品。尽管我们对完全垄断市场所下的定义很简单，但是在现实中要想真正地运用这个定义却是非常难的。在完全垄断市场概念中，"市场中只有一家厂商生产和销售某一种产品"是很好界定的，这是没有疑问的，关键是如何理解不存在任何"相近的替代品"。

那么，什么是替代品？"如果两种商品之间可以互相替代以满足消费者的某一种需求，则称这两种商品之间存在着替代关系，这两种商品互为替代品。"可见，是否为替代品的关键问题是如何清晰地表明消费者的"需求"。如果市场中所有消费者的需求都能够清晰地予以明确，那么替代品就能很好地界定了，完全垄断市场的定义也就会非常清晰。

事实上，由于每个消费者都具有不同的品位和个性，消费者的"需求"是一个很难一致的概念，不同的消费者对"什么是"或者"什么不是"替代品有着不同的看法。例如，对于一家影院来说，我们就很难确定它的"垄断"抑或"非垄断"。一家影院往往会与一部好的影片签订独家放映的协议，从而在这段时间内仅由这家影院独家首映。对于消费者来说，要想第一时间看到这部电影，就必须到这家影院去看。影院与影片发行商的这种放映协议，与我们所说的"垄断"或者"非垄断"有什么关系呢？事实上，如果这家影院独家放映的影片是《星际迷航》，那么它的替代品就会很多，因为每年会有相当多类似的科幻电影在不断上映。试想，如果消费者对这家影院的环境、放映时间或者服务等不满意的话，那么同一时间内消费者还可以选择到其他的影院去观赏《地心引力》或者《终结者2018》等科幻电影。这样一来，与《星际迷航》签约的影院就不会对消费者产生任何垄断影响。而《变形金刚》是一部集结了最新电脑科技而设计的科幻电影，在它的放映期内，几乎没有使用相同技术拍摄的影片。对于一个仅仅想休闲，或对科幻影片没有过多要求的人来说，也许《变形金刚》和《地心引力》没有什么本质的区别，它们之间完全可以进行替代，放映《变形金刚》或者《地心引力》的影院对于这类消费者来说，毫无垄断因素而言；而对于一个怀有童年记忆，或者追求视觉冲击的观众来说，《变形金刚》可能就是唯一能满足其需求的影片了。因此，铁杆的"金刚迷"就不得不接受这家影院规定的价格，不得不按照这家影院规定的时间来观看这部电影，甚至要在凌晨准时到达影院观看首场放映。对于"金刚迷"来说，这家影院就是一个完完全全的垄断者，因为只有这家影院能满足他们的"需求"；而对于其他观众来说，由于其他影院也能满足他们的"需求"，因此这些人并不把这家影院看作一个垄断者。可见，同样的一家影院，仅仅是因为消费者"需求"偏好的不同，对其是否具有垄断地位进行界定就有截然不同的两个结论。又如，一个经典的案例，杜邦（DuPont）公司曾经被指控在玻璃纸的销售上有垄断行为。尽管杜邦公司当时在玻璃纸市场上占有80%以上的份额，但是该公司在为自己的辩护中坚持认为，其所生产的玻璃纸产品旨在满足消费者"食品包装"这个"需求"，而在满足这种需求的市场中，玻璃纸并不是唯一的产品，同样可以满足这种要求的还有石蜡纸与铝箔等产品，在这种重新界定的"需求"下，杜邦公司只占市场份额的20%不到。尽管法院最终没有裁定杜邦公司的垄断行为，但是如何界定"需求"与垄断的关系却开始受到了经济学家更多的关注。

实际上，尽管对于有些商品，我们不能找到可以实现其全部用途的替代品，但是却总可以找到另外的一些商品来替代其部分功能。因此，确定一个市场是否为完全垄断的关键，就是确定这个市场中的厂商所生产或销售的产品是否能唯一地满足消费者某一具体的"需求"。从这个角度上说，判断一个市场是否为完全垄断市场，更像是一门艺术，而不是科学。这也是为什么我们常说，完全竞争和完全垄断是市场结构中的两个极端，在现实世界中是几乎不会存在的。

二、完全垄断市场形成的原因

在完全竞争市场中，行业外潜在的厂商在进入该行业时是没有进入壁垒的。相反，垄断的产生就是因为存在很高的进入壁垒，正是这种进入壁垒造成了市场的完全垄断。

下面，我们主要学习潜在厂商进入市场时可能面临的几种壁垒。

（一）规模经济

在成本论中我们知道，生产的规模经济导致了厂商长期平均成本曲线的向下倾斜，厂商可以通过大规模的生产，以此促使长期平均成本下降。这意味着，当厂商变得更大时，其单位产量的成本要比小厂商的生产成本低，这种成本优势迫使小厂商退出行业。当一家厂商能够比两家或更多厂商以更低的单位成本满足市场需求时，经济学中将这种由于规模经济所导致的垄断，称为自然垄断。我们可以借助图 7-1 进一步分析。

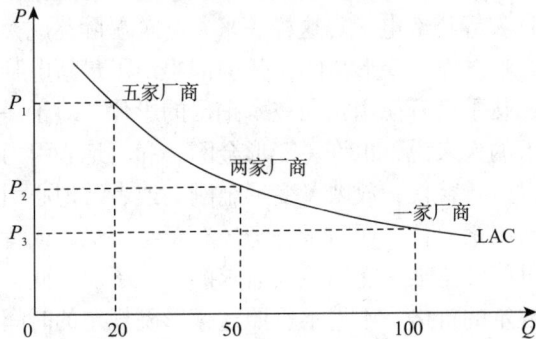

图 7-1　规模经济与垄断市场

图 7-1 中的长期平均成本曲线可以清晰地说明，为生产 100 单位的产品，如果是五家相同的厂商共同生产，则每家厂商生产的数量是 20 个单位，而每一单位产品的成本是 P_1；如果是两家厂商生产，则每家厂商生产的数量是 50 个单位，此时每一单位产品的成本是 P_2；如果是一家厂商生产，则这家厂商在满足同样的产量时，每一单位产品的成本仅是 P_3。显然，由一家厂商生产这 100 单位产品所消耗的成本最低。如果市场容量恰好也是 100 的话，那么仅存在一家厂商是最有效率的，它的成本低于行业内同时有两家或更多家厂商共同生产时的成本。因此在市场需求并不是很大的行业中，率先进入行业并取得优势规模的厂商将成为唯一的厂商，成为自然垄断，它的成本优势足以使潜在的厂商敬而远之。

（二）对重要生产资源的所有权

厂商通过控制生产一种产品所需要的重要生产资源就可以阻断潜在厂商的进入，从而形成垄断地位。例如，从 1893 年到 20 世纪 40 年代，美国铝业公司一直垄断着美国铝业市场。因为它实际上拥有整个美国的钒土矿，而这种矿是制铝所需的一种自然原料。借助于垄断生产的重要资源，美国铝业公司就成了行业的独家垄断厂商。又如，南非的德比尔斯联合矿业（DeBeers Union），从 19 世纪 80 年代起，这家公司就通过几乎控制了全世界的钻石矿而垄断了整个世界的钻石市场。

值得注意的是，对生产重要资源进行的独家控制并不能永远保证厂商的垄断力量。随着科技的发展，现有的由资源独家控制所形成的垄断有可能很快就会被打破。例如，科技的发展使人工钻石越来越逼近天然钻石的质地，如果有一天人工钻石和天然钻石可以完全一样时，德比尔斯联合矿业就不会再对钻石市场拥有垄断的力量了。另外，如果消费者的消费习惯发生了变化，那么现有的行业垄断也可能因为丧失市场而不再存在。

（三）知识产权的保护

知识产权的客体包括文学作品、艺术作品、音乐作品以及各种科学发明。某个厂商拥有了某种知识产权就等于其是唯一的使用权拥有者。保护知识产权的两种最重要的形式是专利和版权。一项专利会赋予其拥有者独占所有相关交易收益的权利，因为虽然有一些发明是偶然得到的，但绝大多数发明是经过长期的艰苦努力并且投入了巨大的资金而获得的。如果一家厂商不能通过高价出售其产品而弥补之前研发阶段的各种投入，那么厂商的研发活动将失去经济动因，科技创新将会大大减少，而这对于整个社会和人类经济来说都是一种巨大的损失。文学、音乐、艺术作品常常是通过版权形式得到保护的。版权保证所有者至少在一段时期内具有排他的权利，未经授权，其他任何人不能随意窃取。有了这样的排他性保护，各种作品的作者就可以放心地将自己的作品公之于众，让整个社会享受自己的成果。

（四）政府的特许经营

现实经济生活中很多行业内的垄断，多数都是通过政府的特许经营而形成的，如公用事业、有线电视等。政府特许经营是对某种产品排他性使用的一种授权，任何没有经营许可的厂商是不能进入这个行业的，否则会面临政府的处罚。从这个角度上讲，特许经营是政府进行市场干预的一种手段。政府一般会在两种情况下使用特许经营权来进行市场干预。第一，当政府预测出某个行业会形成自然垄断市场时，政府通常会授予特许经营权。在政府特许经营权的控制下，单个厂商的成本会低于行业内同时有两家或更多家厂商共同生产时的成本，这样一来所有的消费者就都会享受到低价格的好处。当然，这种特许经营的方式也有很多如低效率及贪腐等弊端，至于这些弊端我们将在后面的内容中予以阐述。第二，当某一行业在国家经济安全或社会稳定方面有着重要的作用时，政府往往会使用特许经营权来进行市场干预，如邮政、广播电视、军工等行业往往都是政府特许经营的范围。当然也有出于其他目的的，政府使用特许经营权的情况。例如，英国女皇在1600年特许设立了英国东印度公司，垄断了当时英国对印度的所有贸易，而一直到1858年由于政府取消了这种特许经营，东印度公司对印度贸易的垄断才被打破。

虽然从现实的角度，我们总结了垄断形成的四个原因，但是通过分析我们可以看出，在垄断形成的四个原因中最能解释垄断形成的还是规模经济这一原因。因为，对重要生产资源的独家控制只能保证厂商暂时的垄断地位，而这种垄断能力会随着技术的发展和消费者偏好的变化而很快丧失；知识产权的保护本身就是一种时效性的垄断，当保护期限结束时，垄断也就自然不会存在了；至于政府的特许经营，很大程度上就是由于存在规模经济，政府为防止过度竞争而采取的一种对市场的干预行为。

第二节　垄断厂商的需求曲线和收益曲线

任何厂商的目标都是获取最大的利润，完全垄断厂商也是如此。尽管与完全竞争市场不同，完全垄断市场中只有一家厂商，但是垄断厂商仍然面临着制约因素，这种制约因素就是垄断厂商的需求曲线。

一、垄断厂商的需求曲线

厂商要做出正确的决策，就必须了解自己所面对的产品需求状况。市场对某一个厂商的产品需求状况，可以用该厂商面临的需求曲线来表示，因为它反映的是在一定的价格水平下厂商可以销售出的产品数量。垄断厂商的需求曲线，就是在一定的市场价格水平下垄断厂商可以销售出的产品数量。为了更好地了解垄断厂商的需求曲线，我们借助于图 7-2 来进一步说明。

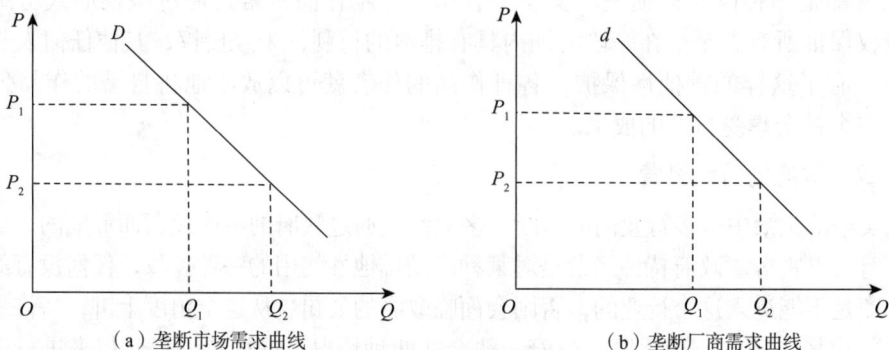

图 7-2 垄断厂商的需求曲线

图 7-2（a）反映的是垄断市场需求曲线，图 7-2（b）反映的是垄断厂商需求曲线。首先，我们关注一下垄断市场需求曲线。实际上，通过效用论的学习，我们知道无论是哪种市场结构，其市场需求曲线都是由消费者决定的，市场需求曲线上的每一点都意味着在一定价格水平下所有消费者都获得最大效用时所需要的商品总量，它与市场结构无关。因此，垄断市场需求曲线的每一点也都表示着这样的一个价格和产品数量的组合，即每一个价格水平都对应着消费者对市场的需求总量。当市场价格是 P_1 时，所有消费者对市场的总需求是 Q_1；当市场价格是 P_2 时，所有消费者对市场产量的总需求是 Q_2，依此类推我们可以得到图 7-2（a）中市场需求曲线上其他所有的价格和数量的组合点。再看图 7-2（b）中垄断厂商需求曲线。我们知道，在完全垄断市场中，只有垄断厂商一家生产和销售产品。因此，垄断厂商的产量就是"市场"的产量。对照图 7-2（a）我们可以自然推出，当市场价格是 P_1 时，所有消费者对市场的总需求 Q_1，就是所有消费者对垄断厂商的总需求；当市场价格是 P_2 时，所有消费者对市场的总需求 Q_2，也就是所有消费者对垄断厂商的总需求。至此，我们得出结论：完全垄断厂商的需求曲线就是市场的需求曲线，它是一条向右下方倾斜的曲线。

二、垄断厂商的收益曲线

完全竞争厂商和完全垄断厂商的主要差异在于其面对的需求曲线不同。完全竞争厂商是价格的接受者，因此其面临的需求曲线是水平的；而垄断厂商面临的是市场需求曲线，垄断厂商可以用减少总产量的方法来提高市场价格，也可以通过增加总产量的方法促使价格下降，因此垄断厂商能够在一定程度上选择产品的市场价格。但是，产量变动所引起的市场价格的变动是针对所有产品的，所以厂商的每一单位产品都是在（总产量确定的）市场价格下出售的，因此厂商的平均收益 AR 总是等于产品的市场价格 P，平均收益曲线 AR 与厂商的需求曲线 d 重叠，如图 7-3 上半部分所示。

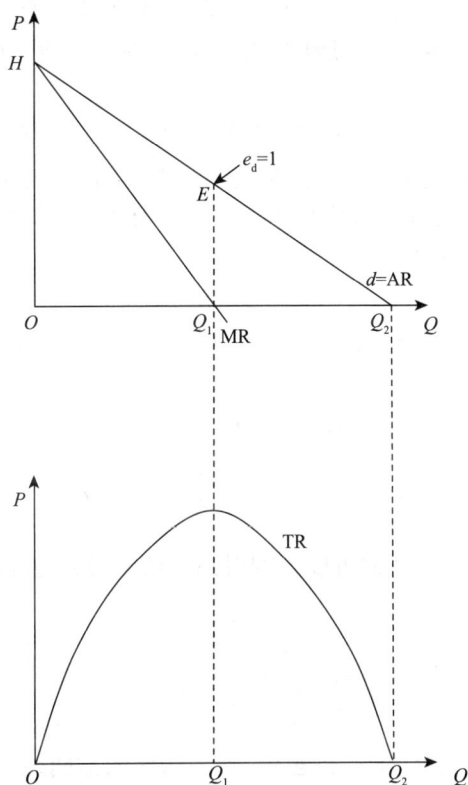

图 7-3 垄断厂商的收益曲线

　　从边际收益的定义中我们知道，边际收益是厂商额外销售一单位产品时所获得的收入的增加量。垄断厂商面临的需求曲线向右下方倾斜，意味着厂商如果有额外的一单位产量增加，产品的市场价格就会下降，这个下降的价格不仅针对最后这一单位产品，而且针对以前的全部产品。因此，额外增加一单位产品所获得的收入增量要小于这单位产品生产出来后的市场价格，即垄断厂商的边际收益小于平均收益。在图 7-3 上半部分表现为垄断厂商的边际收益曲线要在垄断厂商的平均收益曲线的下方。

　　边际收益等于总收益变化量与产量变化量的比率，即边际收益是总收益的斜率。我们知道了垄断厂商的边际收益曲线，就可以得到垄断厂商总收益曲线的一些基本特征，如图 7-3 下半部分所示。当垄断厂商产量为 $0 \sim Q_1$ 时，垄断厂商的边际收益大于零。因为边际收益是总收益的斜率，也是总收益曲线的一阶导数，所以当边际收益大于零时，总收益曲线必定是递增的，总收益在此产量区间随着产量的增加而递增。同时，在此产量区间内，边际收益是下降的，即边际收益曲线的一阶导数 $\mathrm{MR}' < 0$。因为边际收益是总收益的一阶导数，即 $\mathrm{MR} = \mathrm{TR}'$，所以边际收益的一阶导数就是总收益的二阶导数，即 $\mathrm{MR}' = \mathrm{TR}''$。由上述分析可知，在此产量区间内 $\mathrm{TR}'' < 0$。因此，总收益曲线在 $0 \sim Q_1$ 是上凸的递增曲线。同样的道理，在 $Q_1 \sim Q_2$，边际收益小于零，意味着总收益曲线是递减的；而在 $Q_1 \sim Q_2$，边际收益曲线仍然是递减的，一阶导数 $\mathrm{MR}' < 0$，即在此产量区间内总收益曲线的二阶导数 $\mathrm{TR}'' < 0$，总收益曲线仍是上凸的，总收益曲线在 Q_1 点取得最大值。同时，根据第六章中关于平均收益与总收益的关系的讨论，我们知道，当平均收益为零时，总收益必然也同样为零，所以总收益曲线在 Q_2 点处与横轴相交，总收益取得零值。

需要注意的是，垄断厂商面对的需求曲线 d 并不一定是直线型的，也可能是曲线。这取决于我们研究的需要。但是如果垄断厂商面对的需求曲线是本节中所假设的线性的话，那么平均收益曲线和边际收益曲线还有一些较为特殊的关系。我们可以证明如下。

假设线性的反需求函数为

$$P = \alpha - \beta Q \tag{7-1}$$

式中，α、β 为常数，并且 $\alpha > 0, \beta > 0$。由反需求函数，我们可以得到总收益函数和边际收益函数分别为

$$\mathrm{TR}(Q) = PQ = \alpha Q - \beta Q^2 \tag{7-2}$$

$$\mathrm{MR}(Q) = \frac{\mathrm{dTR}(Q)}{\mathrm{d}Q} = \alpha - 2\beta Q \tag{7-3}$$

由式（7-1）和式（7-3）我们可以分别得到需求曲线和边际收益曲线的斜率为

$$\frac{\mathrm{d}P}{\mathrm{d}Q} = -\beta \tag{7-4}$$

$$\frac{\mathrm{dMR}}{\mathrm{d}Q} = -2\beta \tag{7-5}$$

因此，当垄断厂商的需求曲线 d 是线性时，边际收益曲线和平均收益曲线有相同的纵截距，并且边际收益曲线平分由纵轴到平均收益曲线的任何一条水平线。

三、需求价格弹性域垄断厂商的生产可能性区间

如图 7-3 所示，假定反需求函数为 $P = P(Q)$，则总收益 $\mathrm{TR}(Q) = P(Q) \cdot Q$，相应的，我们可以得到边际收益为

$$\mathrm{MR}(Q) = \frac{\mathrm{dTR}Q}{\mathrm{d}Q} = P + Q\frac{\mathrm{d}P}{\mathrm{d}Q} = P\left(1 + \frac{\mathrm{d}P}{\mathrm{d}Q}\frac{Q}{P}\right) = P\left(1 - \frac{1}{e_\mathrm{d}}\right) \tag{7-6}$$

通过式（7-1），我们可以得到需求价格弹性与垄断厂商生产可能区间的关系。

当 $e_\mathrm{d} > 1$ 时，边际收益大于零，此时边际收益曲线位于横轴上面，总收益曲线处于上升阶段。这表明，降低价格增加产量可以使垄断厂商的总收益增加。

当 $e_\mathrm{d} = 1$ 时，边际收益等于零，此时边际收益曲线与横轴相交，总收益曲线处于最大值。这时，需求量变动的百分比等于价格变动的百分比，当价格降低时，产量增加，

但总收益并不会发生变化。

当 $e_d < 1$ 时，边际收益小于零，此时边际收益曲线位于横轴下面，总收益曲线处于下降阶段。这表明，降低价格增加产量会使垄断厂商的总收益减少。

根据需求价格弹性与边际收益相互关系的上述分析，我们可以总结出这样的结论：垄断厂商不会在其需求曲线缺乏弹性的区域进行生产，因为这里对应着负的边际收益，如果厂商此时减少产量，总收益就会增加。垄断厂商利润最大化时的均衡产量必然会在其需求曲线富有弹性的区域，即总收益曲线处于上升的阶段。

第三节 垄断厂商的短期均衡和供给曲线

一、垄断厂商的短期均衡

在垄断市场结构下分析均衡并不像在完全竞争市场中那样要分别对待厂商的均衡和行业的均衡。垄断厂商是市场上唯一的产品供给者，因此垄断厂商的均衡就是行业或市场的均衡。也正是因为如此，在垄断市场中均衡价格和均衡产量的确定不是两个分离的过程，而是在一个决策过程中同时确定的。一旦垄断厂商决定了其产出水平，那么根据市场需求曲线，市场的价格也就同时确定了。类似地，一旦厂商决定了其价格水平，根据市场需求曲线，（在该价格下）市场（厂商）所能销售的最大产量也就同时确定了。

与完全竞争厂商一样，垄断厂商获得最大利润的条件也是边际成本等于边际收益。在短期内，垄断厂商无法改变其固定要素的投入，因此垄断厂商只能在既定的生产规模下通过对产量或价格的调整来实现利润最大，如图 7-4 所示。

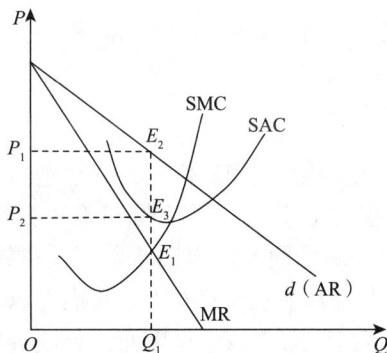

图 7-4 完全垄断厂商的短期均衡（一）

在图 7-4 中，短期平均成本曲线 SAC 和短期边际成本曲线 SMC 是垄断厂商在既定生产规模下的成本曲线。垄断厂商面临的需求曲线为 d，它也同样是垄断厂商的平均收益曲线 AR，并且垄断厂商的边际收益曲线 MR 在其下方。到此为止，所有的这些曲线都是垄断厂商无法改变的，垄断厂商在此条件下能够做出的决策就是：生产还是不生产；如果生产，均衡产量又是多少。在边际成本等于边际收益的原则下，垄断厂商确定均衡产量为 Q_1。当均衡产量确定为 Q_1 后，根据垄断厂商的需求曲线，市场价格自然为 P_1。在这种均衡下，厂商的平均收益（市场价格）为 P_1，垄断厂商的短期平均成本为 P_2，垄断厂商获得了经济利润，经济利润总量为矩形 $P_1P_2E_3E_2$ 的面积。

显然，在图 7-4 中的情况下，垄断厂商会获得经济利润。但是，正如我们在上面提到的，短期中代表着生产规模的成本曲线以及垄断厂商面临的需求曲线都不是垄断厂商所能够控制的，如果需求曲线和各种成本曲线并不在图 7-4 中所示的位置，垄断厂商的经营状态就不一定很乐观。垄断厂商短期均衡时也可能面临着亏损，如图 7-5 所示。在图 7-5 中，根据边际成本等于边际收益，垄断厂商的均衡点为 E_1，即均衡产量为 Q_1，市场价格为 P_1。但是此时的市场价格要低于垄断厂商的平均成本 P_2，因此垄断厂商是亏损状态，亏损总量为矩形 $P_2P_1E_3E_2$ 的面积。垄断厂商之所以仍要继续生产，是因为此时的市场价格（平均收益）仍高于平均可变成本，垄断厂商在实现了全部可变成本之外，仍可以弥补一部分不变成本，否则垄断厂商停产将造成全部不变成本的损失。

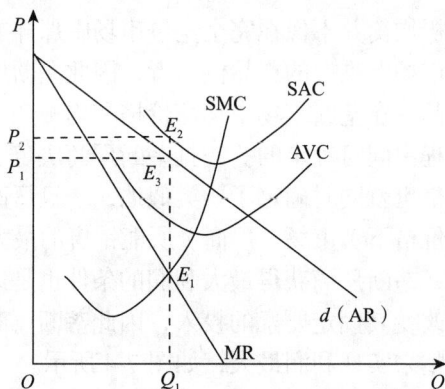

图 7-5 完全垄断厂商的短期均衡（二）

二、垄断厂商停产的条件

尽管垄断厂商可以通过产量来决定产品价格，但是垄断厂商和完全竞争厂商一样，仍然面临着停产的可能，如图 7-6 所示。当垄断厂商根据边际成本等于边际收益的原则，确定均衡产量 Q_1，并由垄断厂商的需求曲线确定了市场价格 P_1，此时垄断厂商的平均收益为 P_1，平均可变成本为 P_2。从图 7-6 中，我们可以看到，垄断厂商在均衡时平均收益小于平均可变成本，垄断厂商应该停止生产，否则垄断厂商在损失了全部不变成本外，还会额外损失可变成本。这就是垄断厂商停止生产的条件，与完全竞争厂商的停产条件一样，都是通过边际收益等于边际成本先来确定均衡产量，然后通过平均收益与可变成本进行比较来确定是否停止生产。然而除此之外，垄断厂商的停产条件还可以用另外一种方式来描述：无论在哪个产量下，如果垄断厂商的需求曲线 d 总是位于其平均可变成本曲线 AVC 的下方，那么垄断厂商只能选择停止生产。利用这种标准来判断垄断厂商是否应该停产，就没有必要再事先通过边际收益等于边际成本来确定均衡产量，在一些较为复杂的情况下，这种判断标准更加简洁易用。因为这种停产条件的表述避开了利用边际收益等于边际成本来确定厂商的最大利润，因此也就回避了边际收益等于边际成本是厂商利润最大化的必要条件而不是充要条件的限制。

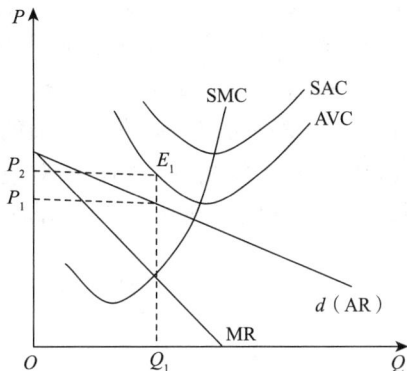

图 7-6　完全垄断厂商的停产条件

三、垄断厂商的供给曲线

在一个完全竞争的市场中，价格与供给数量之间具有明显的稳定关系，这种稳定关系体现在完全竞争厂商的供给曲线以及完全竞争行业的供给曲线上。在完全垄断市场中，并不存在垄断厂商的供给曲线。供给曲线表示的是在每一个价格水平上厂商愿意而且能够提供的产品数量，它表现的是产量和价格之间的一一对应关系。这对于完全竞争厂商来说是有意义的，因为完全竞争厂商是价格的接受者，它无法决定市场的价格。完全竞争厂商的任何决策以及所有的经济行为都是在市场价格被确定的条件下才能够进行的。因此，针对每一个价格水平，完全竞争厂商会有不同的经济行为，会根据利润最大（或者亏损最小）的原则来确定自己能够提供的产品数量。

不同的价格水平上，完全竞争厂商会有不同的供给数量，这就是完全竞争厂商供给曲线存在的原因。相反，垄断厂商不是价格的接受者，通过自身生产的产量，垄断厂商完全可以控制市场价格。在给定一个市场需求曲线时，垄断厂商要做的决策就是根据这个需求曲线所唯一确定的边际收益曲线来确定自己的均衡产量，而均衡产量一旦确定，由市场需求曲线就可以直接确定市场价格了。从这个角度上说，在完全垄断市场中，不是每一个价格水平都针对一个垄断厂商的供给数量。确切地说，一旦市场需求曲线确定了，垄断厂商的供给数量及市场此时的均衡价格就是唯一确定的。因此，供给曲线这个概念并不适合垄断厂商。

垄断厂商的均衡数量和均衡价格组合也并不是永远固定不变的，当市场需求变动时垄断厂商的均衡数量也会发生变化，进而市场的均衡价格也会发生变化。但是，市场需求曲线变动所导致的垄断厂商的均衡产量和市场均衡价格之间的变动没有规律而言，更不是一一对应的。随着市场需求曲线的变动，一个均衡的市场价格可能对应着两个或更多的垄断厂商的均衡产量，如图 7-7 所示。短期中垄断厂商的边际成本曲线为 SMC。初始状态时，垄断厂商面临的需求曲线（市场需求曲线）为 d_1，相应的边际收益曲线为 MR_1。在此条件下，垄断厂商根据边际收益等于边际成本确定了均衡产量 Q_1。当均衡

产量确定为 Q_1 后，根据垄断厂商的需求曲线 d_1，此时市场价格为 P_1。假设由于市场波动，垄断厂商面临的需求曲线（市场需求曲线）发生了移动，从 d_1 移动到了 d_2，相应的边际收益曲线为 MR_2。此时垄断厂商为获得最大利润开始进行调整，根据边际收益等于边际成本，垄断厂商确定了新的均衡产量 Q_2，同时根据需求曲线 d_2，恰巧市场均衡价格仍然是 P_1。因此，需求曲线变动可以导致垄断厂商的均衡产量和市场均衡价格变动，但是最终的结果可能会出现一个均衡的市场价格对应着多个垄断厂商的均衡产量。这样的结果进一步说明，供给曲线的概念并不适合垄断厂商。

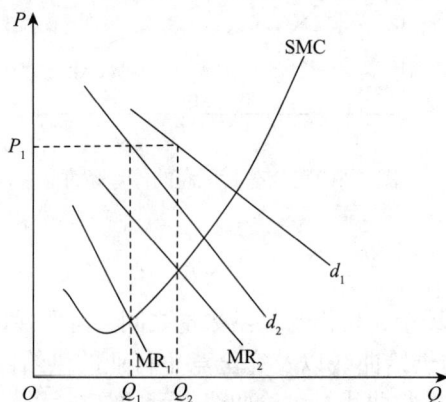

图 7-7　垄断厂商的供给曲线（一）

此外，随着市场需求曲线的变动，一个垄断厂商的均衡产量也可能对应着两个或更多的市场均衡价格，如图 7-8 所示。短期中，垄断厂商的边际成本曲线为 SMC。假设初始状态时，垄断厂商面临的需求曲线（市场需求曲线）为 d_1，相应的边际收益曲线为 MR_1。在此条件下，垄断厂商根据边际收益等于边际成本确定了均衡产量 Q_1。当均衡产量确定为 Q_1 后，根据垄断厂商的需求曲线 d_1，此时市场价格为 P_1。假设由于市场波动，垄断厂商面临的需求曲线（市场需求曲线）发生了移动，从 d_1 移动到了 d_2，相应的边际收益曲线为 MR_2。此时垄断厂商为获得最大利润开始进行调整，根据新的边际收益等于边际成本，垄断厂商的均衡产量恰巧仍然是 Q_2，同时根据需求曲线 d_2，市场均衡价格是 P_2。因此，需求曲线变动可以导致垄断厂商的均衡产量和市场均衡价格变动，但是最终的结果也可能会出现一个垄断厂商的均衡产量对应着多个市场均衡价格的结果。

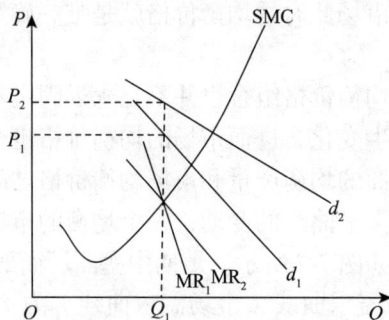

图 7-8　垄断厂商的供给曲线（二）

第四节 垄断厂商的长期均衡

市场的需求和垄断厂商的生产规模是短期内垄断厂商决定均衡产量的两个决定性因素，在短期内这两个因素都不能由垄断厂商决定。然而在长期中，垄断厂商可以自由地调整所有的要素投入，垄断厂商的生产规模是可变的。为获得更多利润，垄断厂商会根据边际收益等于长期边际成本来确定自己的最优生产规模，进而确定厂商的均衡产量和市场的均衡价格，如图 7-9 所示。

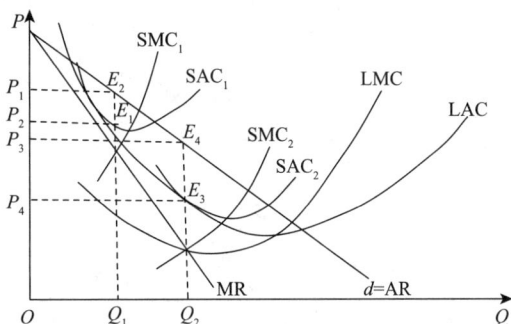

图 7-9 垄断厂商的长期均衡

在图 7-9 中，垄断厂商的需求曲线为 d，垄断厂商的边际收益曲线是 MR。由于这两条曲线取决于市场消费者，因此对于垄断厂商来说，无论是短期还是长期，这两种曲线并不会发生变化。假设短期内厂商拥有一个初始的固定生产规模，在这个生产规模上企业有相应的短期平均成本曲线 SAC_1 和短期边际成本曲线 SMC_1。在短期内厂商无法调整自己的生产规模，在现有的规模下依据厂商的边际收益等于短期边际成本（$MR = SMC_1$）原则，厂商确定均衡产量为 Q_1，并根据垄断厂商的需求曲线，市场价格为 P_1，此时垄断厂商的平均收益（市场价格）为 P_1，垄断厂商的平均成本 SAC_1 为 P_2。由于平均收益 P_1 高于厂商的平均成本 P_2，垄断厂商此时获得了经济利润。显然，完全垄断厂商获得的经济利润总额为矩形 $P_1P_2E_1E_2$ 的面积。但是，如果垄断厂商预期这种市场需求会长期持续时，垄断厂商可以通过调整自己的生产规模来获得更多的利润。其原因在于，在长期内厂商可以有足够的时间来调整自己的生产规模，此时厂商考虑的不再是边际收益等于短期边际成本，而是开始考虑边际收益等于长期边际成本。根据这个新的条件，厂商确定在长期平均成本 E_3 点处进行生产，生产规模采用短期平均成本曲线 SAC_2 代表的最优规模，平均成本为 P_4，此时均衡产量为 Q_2，并根据垄断厂商的需求曲线，市场价格为 P_3。显然，垄断厂商此时会获得更大的经济利润，利润总量为矩形 $P_3P_4E_3E_4$ 的面积。因此，长期内垄断厂商通过调整生产规模可以获得更多的利润，而确定最优规模的条件是边际收益等于长期边际成本。

我们曾经提到过，垄断厂商短期内有可能面临亏损，并且当垄断厂商均衡时平均收益小于平均可变成本，垄断厂商将会停止生产，否则垄断厂商在损失了全部不变成本外，还会额外损失可变成本。同样，在长期中也并不是所有行业的垄断厂商在长期内都能获得利润。有时，垄断厂商经过调整生产规模后仍然面临着亏损，这取决于长期平均成本曲线 LAC 和垄断厂商需求曲线 d 的位置，如图 7-10 所示。当垄断厂商的长期平均成本曲线 LAC 始终高于垄断厂商需求曲线 d 时，无论垄断厂商定为哪个产量，其都是面临亏损的。值得注意的是，当垄断厂商短期内的平均收益大于平均可变成本时，垄断厂商会继续生产，因为此时的垄断厂商在实现了全部可变成本之外，仍可以弥补一部分不变成本，否则垄断厂商停产将造成全部不变成本的损失。但是在长期内，即便垄断厂商平均收益大于平均可变成本，垄断厂商也会停止生产。因为垄断厂商在追求利润的动机下，是不会在一个行业中忍受长期亏损状态的。

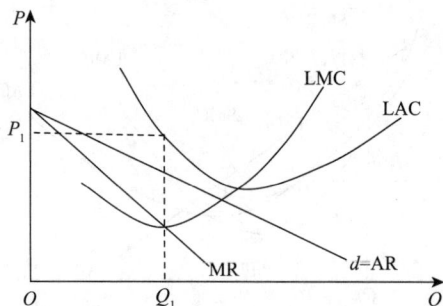

图 7-10　垄断厂商长期的停产条件

最后，由于在完全垄断市场中垄断厂商所面临的需求曲线就是市场的需求曲线，垄断厂商的供给量就是整个行业的供给量，因此我们现在分析的垄断厂商的长期均衡价格与均衡产量，实际上就是垄断市场的长期均衡价格与均衡产量。这是与完全竞争市场相区别的一个地方。

第五节　价格歧视

到目前为止，我们研究完全垄断厂商的各种经济行为时，一直假定垄断厂商是以单一的价格出售其产品的，即完全垄断厂商所销售的每一单位产品都收取同样的价格。然而在现实中，并不是所有的垄断厂商都是按单一价格出售其产品的。例如，电影院针对学生和成人制定的不同票价，以及航空公司对提前订票的顾客给予相当优惠的折扣。相同的产品或服务却收取不同的价格，这其中的原因有很多。在一些情况下，产品价格的不同可能是成本不同所导致的，如产品运送到不同地区时运费差异所导致的产品价格差异。然而在另外一些情况下，价格的不同并非是成本的差异导致的，而是厂商意识到一些消费者愿意比其他人支付更多的货币。由于成本之外的原因，厂商以不同的价格销售同一种商品，经济学称之为价格歧视。

一、价格歧视的必要条件

并不是每个垄断厂商都能进行价格歧视。垄断厂商实行价格歧视必须具备三个条件。
（1）垄断厂商必须是价格的制定者，换句话说，厂商面临的是一条向右下方倾斜的需求曲线，厂商可以通过对产量的控制，进而决定产品的市场价格。在完全竞争市场中，厂商面临的需求曲线是一条水平的直线，需求曲线是完全弹性的，这意味着如果厂商将其产品价格稍微提高一点，厂商就会面临着零销售。在垄断市场中，即便垄断厂商提高产品的售价，产品的销售也仅是减少而已，不会面临零销售的窘境。因此，实施价格歧视的第一个必要条件就是厂商对价格的控制能力。

（2）垄断厂商必须能够清晰地区分哪些消费者愿意支付更高的价格，从而据此划分市场。价格歧视是指针对不同消费者制定不同的销售价格，所以清晰地界定消费者的偏好是价格歧视的前提。但是在现实中，要明确消费者的偏好是非常困难的。一般来说，如果某厂商试图采取价格歧视，对某些具有特殊偏好的消费者采用较高的产品价格，那么这部分具有特殊偏好的消费者绝不会主动承认自己的偏好，因为没有人会愿意承认自己的特殊偏好从而支付更高的价格。因此厂商必须通过更加间接的方法来识别消费者的偏好。例如，肯德基通过发放优惠券的方式就可以区别消费者的消费实力，因为那些对价格并不敏感的消费者并不会为了节省花费而费心地通过网络下载优惠券，或排队领取优惠券；相反，凭借发放优惠券，肯德基就能刺激那些价格弹性较高的低收入群体增加消费。因此发放优惠券实际上就是试图将消费者的偏好显示出来。垄断厂商进行歧视定价，为的是获得更多的利润，而辨别消费者不同的偏好往往会有一定的成本支出。因此，垄断厂商在进行歧视定价时要考虑辨别的成本，如果辨别成本很高，接近或超过歧视定价所带来的额外利润，那么垄断厂商也就没有必要再进行歧视定价了。

（3）垄断厂商必须能够阻止产品被消费者低价位购买然后再高价位进行转售，或者说，垄断厂商必须确保消费者不可能进行套利行为。有些服务性的商品是不容易转售的，如外科医生对相同疾病的病人可以收取不同的价格而没有必要担心病人之间的转售。有一些商品的转售是比较容易的。例如，书店在售书过程中曾针对不同的购书对象而制定不同的价格，但是这种差别定价很快就无法继续了，因为很多可以用较低价格获得图书的人马上发现，他们可以在低价买进再高价卖出的转售过程中得到那些本属于书店的利润。结果书店期望通过对不同购书对象制定不同价格来获取额外利润的行为很快就无法为继。

二、一级价格歧视

所谓一级价格歧视，是指垄断厂商对它所销售的每一单位产品都按消费者所愿意支付的最高价格出售。通过效用论的学习，我们知道需求曲线可以表示为消费者对不同数量商品所愿意支付的最高价格，如图 7-11 所示。

图 7-11 表明，当消费者消费第一单位商品时，这单位商品给消费者带来的效用是最大的，消费者因此愿意支付的最高价格也为 P_1；当消费者消费第二单位这种商品时，第二单位商品给消费者带来的效用比第一单位这种商品带来的效用要少，因此消费者愿意支付的最高价格为 P_2；依此类推，当消费者消费到第 n 单位这种商品时，由于商品带来的效用较小，消费者愿意支付的最高价格为 P_n。在没有价格歧视时，垄断厂商一般执行的是单一价格策略，即按最后一单位商品的价格来出售所有的商品。当销售量为

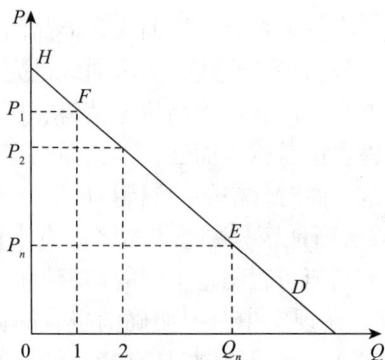

图 7-11 一级价格歧视（一）

Q_n 时，市场价格为 P_n，厂商获得的收益是矩形 P_nOQ_nE 的面积。如果垄断厂商执行一级价格歧视策略，那么每一单位商品，垄断厂商都按消费者愿意支付的最高价格出售，第一单位商品收取 P_1，第二单位商品收取 P_2……，第 n 单位产品收取 P_n，最终垄断厂商额外获取的收益为三角形 HP_nE 的面积。可见，执行一级价格歧视后垄断厂商会获得更多的收益，将所有的消费者剩余转变成垄断者的收益。

相对于单一价格策略，执行一级价格歧视的垄断厂商可以获得更多的收益，因此垄断厂商的均衡也会重新进行调整，如图 7-12 所示。在图 7-12（a）中，垄断厂商的需求曲线为 d，边际收益曲线为 MR，边际成本曲线为 LMC，在单一价格策略下，垄断厂商的均衡产量为 Q_1，均衡价格为 P_1，垄断厂商的经济利润为矩形 P_1GFE_1 的面积。当垄断厂商有能力执行一级价格歧视时，垄断厂商的边际收益曲线就不再是原先的那条直线了，而是厂商的需求曲线，即 d 是垄断厂商新的边际收益曲线，如图 7-12（b）所示。需求曲线 d 成为垄断厂商新的边际收益曲线是因为垄断厂商可以进行一级价格歧视，因此在降低价格售出额外产品的时候，原先售出产品的价格不会发生变化，垄断厂商获得的收益的增加额正好等于新增销售的价格。因此，垄断厂商此时的边际收益曲线就是它的需求曲线。根据边际收益等于边际成本，执行一级价格歧视的垄断厂商均衡产量为 Q_2，均衡时垄断厂商获得的经济利润为四边形 $HP_2E_3E_2$ 的面积，远远大于单一价格策略时所获得的经济利润。

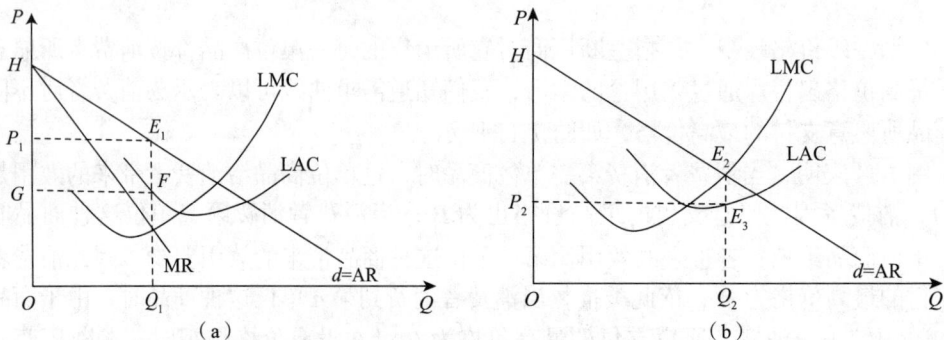

图 7-12 一级价格歧视（二）

执行一级价格歧视的垄断厂商比单一定价时获得了更多的利润，而且对比之后我们还发现，执行一级价格歧视的垄断厂商生产的产量也更多，因为它在无须对先前消费者顾虑更多的情况下，又为那些原本不愿意购买的消费者提供了较低的价格，从而增加了消费者数量。然而，在现实中一级价格歧视这种价格策略是很难实现的，因为清晰地分辨出消费者的偏好对于垄断厂商来说是很难的。

三、二级价格歧视

所谓二级价格歧视，是指垄断厂商对不同的消费数量段规定不同的价格。二级价格歧视经常出现在公用事业中，典型的例子是电力公司实行的分段定价，如图 7-13 所示。电力公司往往规定：当消费者的耗电量在 Q_1 以内，每度电的价格为 P_1；当消费者的耗电量超过 Q_1 但不足 Q_2 时，Q_1 以内的用电仍按每度 P_1 的价格收取，但超过 Q_1 部分的电费按每度 P_2 的价格收取；当耗电量超过 Q_2 时，超过部分按每度电 P_3 的价格收取。如果垄断电力公司没有执行二级价格歧视而仍使用单一定价策略，那么电力公司在消费者使用总量为 Q_3 的电时，每度电售价为 P_3，电力公司总收益为矩形 $P_3OQ_3E_3$ 的面积。而如果执行二级价格歧视的话，电力公司获得的总收益为三个矩形的面积之和，分别为 $P_1OQ_1E_1$、$E_4Q_1Q_2E_2$、$E_5Q_2Q_3E_3$。新的收益要远远大于没有执行二级价格歧视前的总收益。

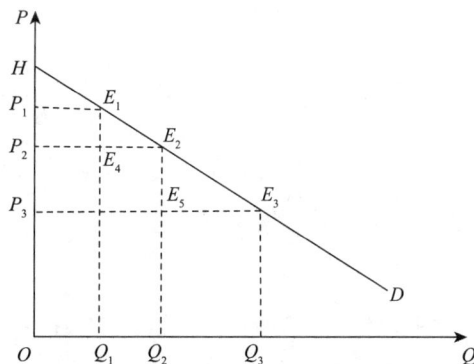

图 7-13 完全垄断厂商的二级价格歧视

与一级价格歧视一样，通过二级价格歧视，垄断厂商从消费者那里获得了更多的消费者剩余。但是二级价格歧视和一级价格歧视仍有所不同。首先，一级价格歧视的前提是垄断厂商能够清晰地确定消费者的偏好，据此方能执行一级价格歧视；而二级价格歧视下，消费者的偏好就不再是前提条件，无论消费者是什么样的偏好，他们面对的都是相同的价格结构，即都是根据不同的消费数量支付不同的单位价格。其次，一级价格歧视中，垄断厂商获得了全部的消费者剩余，而由于二级价格歧视是根据数量段制定价格，而不是根据每个产品单独制定价格，因此二级价格歧视只获得部分消费者剩余。

四、三级价格歧视

垄断厂商将其产品市场分割成若干子市场，并对其产品在不同的子市场中制定不同的销售价格，这时垄断厂商执行的就是三级价格歧视策略。三级价格歧视是运用最多，也是最为常见的一种差别定价方法。例如，具有中国传统特色的青花瓷在国际候机厅中的价格要远远高于数公里之外古玩市场中的价格。这种价格差异，虽然有部分可能是销售场所成本差异带来的，但是更多的却是由于卖方将市场分为了国内市场和国外市场，而对国内消费者青花瓷的价格较低，对国外消费者则价格较高。区别于一个完整的市场，此时垄断厂商面对的是不止一个的销售市场，那么在分割的市场中垄断厂商会采取什么样的经济行为呢？

实际上，无论面对多少个子市场，垄断厂商完全可以将它们都看成一个整体的市场。将每一个子市场中的消费者集合在一起，就是垄断厂商面对的所有消费者。从这个角度上说，每一个子市场需求曲线的水平加总，就是垄断厂商所面对的需求曲线。假设垄断厂商面对着两个子市场，市场 A 和市场 B，如图 7-14（a）、（b）所示。其中，d_A 和 d_B 分别是 A 市场和 B 市场中厂商各自面临的需求曲线，MR_A 和 MR_B 分别是 A 市场和 B 市场中厂商各自的边际收益曲线。将市场 A 和市场 B 中厂商面临的需求曲线水平加总，就得到了图 7-14（c）中垄断厂商面临的总需求曲线 d_{A+B}，相应的 MR_{A+B} 是垄断厂商的总边际收益曲线。在图 7-14（c）中，垄断厂商的边际成本曲线为 MC。垄断厂商根据利润最大条件，即边际收益等于边际成本，确定了均衡产量 $Q_A + Q_B$。也就是说，垄断厂商在面临市场 A 和市场 B 两个子市场时，如果将产量定为 $Q_A + Q_B$，则可以获得最大利润。

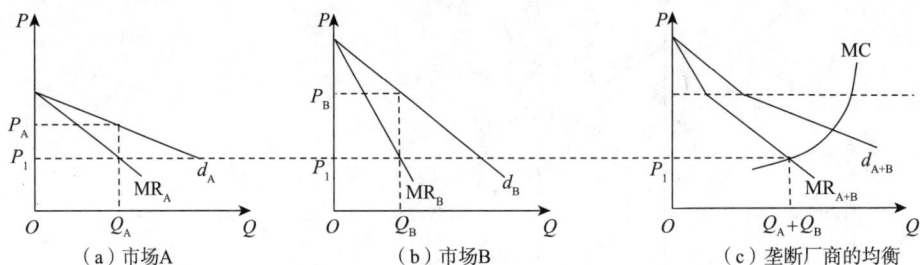

图 7-14　完全垄断厂商的三级价格歧视

垄断厂商生产出产量 $Q_A + Q_B$ 后，如何在两个市场中进行分配呢？我们很容易能得出结论，垄断厂商在两个市场分配的原则是使市场 A 和市场 B 各自的边际收益 MR_A 和 MR_B 都等于垄断厂商均衡时的边际成本，即 $MC = P_1$。首先，两个市场中的边际收益必须相等，即 $MR_A = MR_B$，否则，只要两个市场之间的边际收益不相等，那么厂商就会通过在两个市场中进行销量调整而获得更大的收益。例如，当 $MR_A > MR_B$ 时，厂商就会减少市场 B 中的销量而增加市场 A 中的销量，以获得更高的收益。这种调整过程一直持续到 $MR_A = MR_B$ 为止。其次，垄断厂商必须保证其生产的边际成本等于各子市场的边际收益，否则厂商就会通过增加或减少产量来获得更高的收益。所以，垄断厂商在两个市场分配的原则是 $MR_A = MR_B = MC = P_1$。在市场 A 中，根据 $MR_A = MC = P_1$，市场 A 中的销售量应该为 Q_A，根据厂商的收益曲线，此时市场 A 中的市场价格为 P_A；同样的道理，市场 B 中的销售量应该为 Q_B，市场价格为 P_B。之所以市场 A 中的价格 P_A 要低于市场 B 中的价格 P_B，是因为市场 A 的需求弹性比市场 B 的需求弹性大。对此，我们可以证明如下。

根据式（7-6），在市场 A 中有

$$MR_A = P_A\left(1 - \frac{1}{e_{dA}}\right)$$

在市场 B 中有

$$MR_B = P_B\left(1 - \frac{1}{e_{dB}}\right)$$

根据 $MR_A = MR_B$，则

$$P_A\left(1 - \frac{1}{e_{dA}}\right) = P_B\left(1 - \frac{1}{e_{dB}}\right)$$

整理得

$$\frac{P_A}{P_B} = \frac{\left(1 - \dfrac{1}{e_{dB}}\right)}{\left(1 - \dfrac{1}{e_{dA}}\right)} \tag{7-7}$$

所以垄断厂商在需求价格弹性小的市场上需要制定较高的产品价格，而在需求价格弹性大的市场中需要制定较低的产品价格。

五、价格歧视对消费者的影响

当垄断厂商能够对不同的消费者采用不同的价格实行价格歧视时，垄断厂商获得了更多的利润。但是价格歧视对消费者的影响则是两种截然不同的情况，某些价格歧视是损害消费者利益的，而另一些价格歧视则可能对消费者是有好处的。

（1）损害消费者利益的价格歧视。对于某些消费者来说，如果垄断厂商通过价格歧视使这些消费者要支付比垄断厂商先前单一定价时更高的价格，那么垄断厂商的价格歧视对这些消费者是有损害的。消费者在支出中的额外损失就是垄断厂商额外增加的利润。我们可以举例说明这种情况。假设图 7-15（a）中反映的是一家航空公司的长期均衡。均衡时的机票数量是 Q_1，均衡时的市场价格是 P_1。航空公司此时获得经济利润，利润总额为矩形 $P_1HE_2E_1$ 的面积。如果此时航空公司发现，在机票总需求量 Q_1 中，有 $Q_2(Q_2 < Q_1)$ 张机票是由商务旅行者购买的，于是在辨别了这些商务旅行者的身份后，航空公司对这些商务旅行者执行了价格歧视，以价格 P_2 出售机票，而对其他乘客仍依据原先的价格 P_1 销售机票。如图 7-15（b）所示，通过价格歧视，航空公司现在的经济利润除了原先的矩形 $P_1HE_2E_1$ 面积外，又额外增加了矩形 $P_2P_1E_4E_3$ 的面积。对于消费者来说，虽然那些旅行观光乘客没有受到什么影响，仍旧支付 P_1 价格，但是那些商务旅行者支付的价格却从 P_1 增加到 P_2。显然，垄断厂商通过价格歧视使这些商务旅行者要支付比垄断厂商先前单一定价时更高的价格，对于这些旅行者来说，垄断厂商的价格歧视是有损害的。

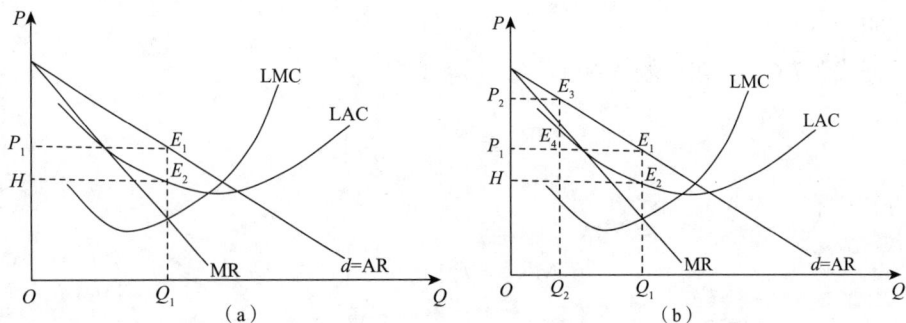

图 7-15　价格歧视对消费者的影响（一）

（2）并不是所有的价格歧视对消费者都是不利的，有一些价格歧视对消费者是有好处的。仍以这家航空公司的初始状态为例，在图 7-16 中，航空公司均衡时的机票数量仍然是 Q_1，均衡时的市场价格仍然是 P_1。但是这次，航空公司并不是要对商务旅行者提高价格，而是经过考察发现，如果将机票价格定为 H 的话，将有一部分学生能够购买数量为 $d(d=Q_2-Q_1)$ 的机票。于是这家航空公司制定并执行了新的定价策略，如果能够出具学生证明就能够享受价格为 H 的特价机票，否则仍按市场价格 P_1 出售机票。执行这样的价格策略后，对原先的乘客没有任何影响，而航空公司在数量为 d 的学生机票中却获得了额外的利润。因为，航空公司每卖给学生一张机票，收益就增加 H，而每一张多售出的机票增加的成本则由垄断厂商长期边际成本 LMC 表示，这部分额外的利润总额体现在图形中为三边形 $E_2E_3E_4$ 的面积。可见，在这种情况下，价格歧视不仅使垄断厂商获得了更多的利润，而且使一部分（学生）消费者也能够消费起乘坐飞机带来的便利。因此，这种价格歧视不仅对垄断厂商是有利的，而且对消费者也是有利的，因为消费者可以比垄断厂商实行单一价格策略时支付更低的价格。

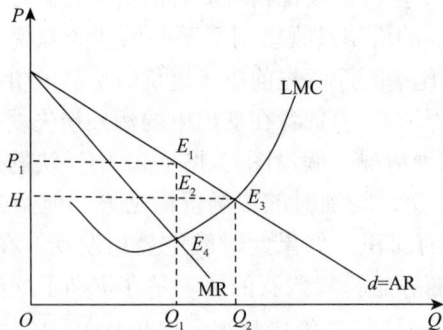

图 7-16　价格歧视对消费者的影响（二）

本 章 案 例

案例 7-1：经济适用房政策的出路何在？

《中国经济报》曾有这样一篇报道：北京市正在全面检查违规购买经济适用房的情

况，对违规购买经济适用房以及对其进行豪华装修后通过出租或出售获取利益的，一定要进行"倒清算"。所谓"倒清算"，是指针对违规购买经济适用房的人，采取勒令补地价款、征收个人所得税等措施。政府建设经济适用房的初衷是解决中低收入群体的住房问题，为了维持低价，在土地、税收方面，政府给予优惠及补贴。然而，现实的情况是，由于经济适用房价格低廉，购买这种住房就成为一项有利的投资。最终的结果是，真正需要经济适用房的中低收入者买不到或买不起经济适用房(豪华经济适用房)，某些人却利用经济适用房谋利。北京市住房和城乡建设委员会表示，为了保证经济适用房"住房保障体系"的重要功能，北京的经济适用房政策存在修改的可能性。

这篇报道中讲到同样的房子有两种价格，一种是由政府补贴的低价房，即经济适用房价格，另一种是随行就市的高价格，即商品房价格。这就是"价格歧视"。在本书对价格歧视的分析中，已经明确实施价格歧视的条件之一就是商品不可转售。然而，政府的经济适用房政策中并没有明确规定不能转售。另外，政策虽然规定经济适用房是定向销售给家庭年收入在 6 万元以下的中低收入家庭的，然而，却没有足够的精力对所有购买者的资格进行识别、审核、监管。因此，在目前的状况下，实施价格歧视就一定会引起投机套利活动，即低价购进、高价转售。由此可见，政府在住房定价中不能实施价格歧视。或许，政府把投入经济适用房的资金用来直接对中低收入者进行货币补贴，从而提高这些家庭购买力的办法更为公正、有效。

资料来源：符晓燕主编《微观经济学》

案例 7-2：微软与反垄断

2001 年 11 月 2 日本是一个平平常常的日子，但对于美国司法部、微软及其竞争对手来说，却是一个有苦有甜的日子。这天，司法部和微软达成的结案协议书送达联邦法院后，联邦法官科林·科特利迅速批准了该解决方案，微软和司法部握手言和，长达几年的微软反垄断案总算尘埃落定。尽管多数分析家认为，11 月 2 日的结案协议书代表着微软的一大胜利，微软终于逃过被分割的一劫；但是，也有学者指出，事情看来并非如此简单，透过微软反垄断案，后面还有很多更深层次的问题有待进一步解决。

微软虽然逃脱了被一分为二的命运，但它从此是否真能高枕无忧？

本次反垄断案，是美国政府五十多年来掀起的最大一起针对企业的反托拉斯案。1998年 5 月，联邦政府司法部协同包括美国最大的州——加利福尼亚州和首都华盛顿在内的18 州 1 市，以微软违反反托拉斯法为由，将世界上最有权势的公司推上了法庭。然而，在 11 月 2 日联邦法官科林·科特利批准了微软和司法部达成的反垄断解决方案后，和美国联邦政府共同状告微软的 18 州 1 市却出现分裂，其中包括加利福尼亚州和华盛顿市在内的 9 州 1 市，认为司法部和微软的协议不足以抑制微软的垄断倾向，难以保护消费者的利益，决定继续和微软较量下去；而其他 9 个州则认可了微软案的协议，打算从此偃旗息鼓。

尽管如此，微软的竞争对象、电脑制造商 Sun 系统公司却表示，它将不会就此罢休，虽然在反对微软实施垄断行为时遇到了法律挫折，它还是将力劝各州对该案提起上诉。

现在看来，即使 9 个州和 Sun 系统公司上诉，微软被拆分的可能性也是微乎其微。

但即便这样，微软也不能像过去一样无视竞争对手和消费者的警告而为所欲为了，也就是说，微软从今以后并不能高枕无忧。为什么这么说呢？首先，2001 年美国上诉法院7 位法官对微软做出的不正当竞争行为的司法判决还存在，这就像一把达摩克利斯剑一样，随时悬在微软的头顶上，只要微软以后重犯前科，这把达摩克利斯剑就会刺向它。其次，也是最重要的，为防止微软的垄断行为，司法部在和微软达成的协议中，对它设置了多方面的限制：一是微软得向其他公司公开其部分计算机代码，使这些公司能设计和视窗兼容的软件，其中包括为服务器设计软件的公司，这一协议条款将防止微软利用视窗对服务器市场进行垄断。二是协议要求微软不得干涉计算机制造商选择什么样的软件，除非这些软件和视窗有技术上的冲突。三是为了保证反垄断措施的实施，司法部有权检查微软的代码、企业内部文件、账户及相关的记录等。四是司法部还将在微软总部设立一个 3 人专家委员会，专门监督微软对协议的执行情况。专家由微软和政府各选一名，另一名由双方协商挑选，委员会的费用由微软全部支付。司法部和微软还商定，这一协议有效期为 5 年，届时视情况可延长两年。

正因为有这些紧箍圈，美国司法部长阿什克罗夫特才会在法院判决后信心十足地表示，司法部将"强烈保证"微软遵守解决方案，密切关注微软对各条款的执行情况。

但是，微软毕竟成功地逃脱了被分割的命运。所以，人们也就自然要问个为什么。其实，从 1990 年联邦贸易委员会开始对有关微软垄断市场的指控展开调查算起，美国政府对微软的反垄断行动已历时 10 年多，其间白宫两易其主。根据司法部的指控，杰克逊法官曾于 1997 年底裁定，禁止微软将其网络浏览器与"视窗"捆绑在一起销售，但第二年 5 月上诉法院驳回了杰克逊的裁决。于是，司法部和 18 个州 1 市于 1998 年 5 月再次将微软拖上被告席，这一次微软险些被分拆为两家公司。2001 年 6 月 28 日，美国哥伦比亚特区联邦上诉法院做出裁决，驳回地方法院法官杰克逊去年 6 月做出的将微软一分为二的判决，但维持有关微软从事违反反垄断法的反竞争商业行为的裁决。上诉法院要求地方法院指定一位新法官重新审理这一历史性的反垄断案。

微软的命运之所以能够发生如此戏剧性的转折，客观地说，有两个原因：一是与大企业有密切关系的共和党总统布什在 2001 年入主白宫及阿什克罗夫特掌管司法部；二是微软有强大的律师团和顾问团，因此，也就有向国会和法院进行游说的能力。但是，除此之外，专家们认为，更主要的是美国的反垄断法发生了变化，即从过去的维护价格竞争转向新经济时代的促进创新。

美国的反垄断工作可追溯到 19 世纪末。1890 年，美国通过了第一部反垄断法——《谢尔曼法》。在此后的 100 多年间，美国国会又通过了一系列补充性法案来加强反垄断工作，这些法律构成了美国政府反垄断的基础。美国的反垄断法几乎适用于所有行业和公司。反垄断法禁止 3 类违法行为：阻碍交易的行为；有可能大幅降低某一特定市场竞争程度的企业兼并；旨在获得或维持垄断地位的反竞争行为。美国政府实施反垄断法的最终目的是"通过促进市场竞争来保护经济自由和机会"。

从美国的反垄断法来看，虽然通过"不正当行为"维持或获得垄断地位是违法的，但一家公司拥有垄断地位或企图获得垄断地位并不一定违法。所以，垄断行为如果不是通过不正当的方式进行的，就构不成拆分的理由。这实际上就等于说，在新经济时代，用拆分来破除垄断已经落伍。因为在新经济时代，网络科技具有高竞争性及快速更新换代的特点，任何领先的技术都将被更加先进的技术所代替，在高速增长的科技领域，垄断往往是一时的事情。

在法官们的眼里，微软是新经济的代表，新经济的生命力在于不断的技术创新。微软也是以创新为武器来为自己辩护的，比尔·盖茨在法庭上说，美国的反垄断法是为了保护竞争机制而不是保护竞争对手，反垄断法不反对通过正常竞争获得的垄断地位，而是反对运用不正当的竞争手段来获得或者巩固垄断地位。AT&T（美国电话电报公司）的拆分是由于它的垄断地位是通过美国政府的特殊政策确立的，而微软在操作系统上的地位是通过市场竞争获得的。

有关专家指出，与美国历史上一些重大反垄断案相比，微软案具有显著的特点。首先，微软基本上是靠自我发展起来的垄断公司；而在 1911 年和 1984 年分别被分拆的美孚石油公司和美国电话电报公司则都是靠并吞竞争对手成为各自行业的"巨无霸"的。其次，微软的发展是以知识产权和知识创新为基础的。如果"视窗"软件多年一贯制，可能早就被市场淘汰了。最后，微软虽然对个人电脑操作系统市场拥有绝对垄断权，但并没有利用这一垄断优势无理地抬高价格，其网络浏览器开始时还是免费赠送的。此外，这是美国进入新经济时代以来最具代表性的反垄断案件，其结局很可能成为今后高技术领域反垄断案件的一个判例。

因此，针对这样一个具有里程碑意义的案件，美国司法部打出了"推动创新"的旗号。在杰克逊 2001 年做出分割微软的判决前夕，当时的司法部长雷诺表示，对微软采取反垄断行动是为了创造竞争环境，以增加消费者的选择。这种观点得到不少反垄断问题专家的赞同。美国布鲁金斯学会反垄断问题专家罗伯特·利坦认为，在美国的绝大部分行业中，创新是最重要的推动力，因此，微软一案必须具有开创先例的价值。美国著名经济学家、"新增长理论"的创立者保罗·罗默同样支持对微软采取反垄断行动。他认为，创新是决定消费者福利的最重要因素，而竞争比垄断更有可能带来创新。

保持创新的活力是美国经济能否继续领先于世界的关键，近几年来，美国以反垄断为核心的竞争政策重点转向促进创新。可以说，正是为了重振信息产业，促进科技发展，美国政府最终放弃分拆微软。

不过，在美国经济学界，质疑反托拉斯法的声音渐渐多了起来。一些学者认为，目前的反垄断措施经常是对取得市场支配地位的企业不利的，哪怕企业的支配地位是通过高效和低价取得的；而在现实中，企业垄断与否，企业到底是推动了竞争还是抑制了竞争很难判断。例如，著名的自由派经济学家弗里德曼指出，"多年来，我对反垄断法的认识发生了重大的变化。刚入行的时候，作为一个竞争的支持者，我非常支持反垄断法，我认为政府能够通过实施反垄断法来推动竞争。但多年的观察告诉我，反垄断法的实施并没有推动竞争，反而抑制了竞争，因为官僚总舍不得放弃调控的大权。我得出结论，反垄断法的害处远远大于好处，所以最好干脆废除它"。的确，对于当年曾困惑经济学家马歇尔的垄断与竞争的关系问题，甚至对于微软的捆绑销售究竟是垄断还是竞争行为的问题，至今没有一个能令人信服的答案。但可以肯定的是，不管微软案结果如何，它必然对美国反垄断政策的走向产生影响。

总之，随着自由放任的经济理论卷土重来，在新经济时代，被奉为自由竞争市场经济守护神的反垄断法也在寻求改变。微软案正集中反映了经济学家对此问题的反思。

本 章 小 结

（1）当市场上只有一家厂商生产和销售某一种商品，并且这种商品不存在任何相近的替代品时，就产生了完全垄断市场。最能解释垄断形成的是规模经济这一原因。

（2）完全垄断厂商的需求曲线就是市场的需求曲线，平均收益曲线与垄断厂商的需求曲线重叠。在给定一个市场需求曲线时，垄断厂商要做的决策就是根据这个需求曲线所唯一确定的边际收益曲线来确定自己的均衡产量，而均衡产量一旦确定，由市场需求曲线就可以直接确定市场价格了。

（3）由于成本之外的原因，垄断厂商可以通过不同的价格销售同一种商品，经济学称之为价格歧视。价格歧视有三种类型，分别为一级价格歧视、二级价格歧视、三级价格歧视。当垄断厂商能够对不同的消费者采用不同的价格实行价格歧视时，垄断厂商获得了更多的利润。价格歧视对消费者的影响是不同的。

复 习 与 思 考

1. 说明垄断者利润最大化的产量决定原则是边际收益等于边际成本。

2. 成为垄断者的厂商是否可以任意定价？请做出你的判断并说明理由。

3. 依据西方经济的观点，"产品差别程度越大，则产品价格差别越大"是否正确？

4. 为什么垄断厂商不会在其需求曲线的需求价格点弹性小于1的部分生产？

5. 为什么说垄断市场相比于完全竞争市场缺乏效率？

6. 完全垄断厂商的成本函数为 $TC = Q^2 - 3Q$，需求函数为 $P = 12 - 4Q$，试求：

（1）利润最大化时的产量和价格。

（2）若政府限价，使其与完全竞争时的产量水平一样，限价应为多少？

（3）若政府对每单位产品征产品税3单位，新的均衡点如何？

7. 某垄断厂商的短期总成本函数为 $STC = 0.1Q^3 - 6Q^2 + 140Q + 3\,000$，反需求函数为 $P = 150 - 3.25Q$，求该厂商的短期均衡产量和均衡价格。

8. 已知某垄断厂商的成本函数为 $TC = 0.6Q^2 + 3Q + 2$，反需求函数为 $P = 8 - 0.4Q$，求：

（1）利润最大化时的产量、价格、收益、利润。

（2）厂商收益最大化时的产量、价格、收益、利润。

（3）比较（1）和（2）的结果。

9. 某垄断厂商的反需求函数为 $P = 100 - 2Q + 2\sqrt{A}$，成本函数为 $TC = 3Q^2 + 20Q + A$，A 表示厂商的广告支出。求实现利润最大化时 Q、P、A 的值。

10. 已知某垄断厂商利用一个厂生产一种产品，两地出售，成本函数为 $TC = Q^2 + 40Q$，需求函数分别为 $Q_1 = 12 - 0.1P_1$，$Q_2 = 20 - 0.4P_2$。求：

（1）当该厂商实行三级价格歧视时，他们追求利润最大化前提下的两个市场各自的销售量、价格，以及厂商的总利润。

（2）当该厂商在两个市场上实行统一的价格时，他们追求利润最大化前提下的两个市场各自的销售量、价格，以及厂商的总利润。

（3）比较（1）和（2）的结果。

11. 假定某垄断厂商可以在两个分割的市场上实行价格歧视，该厂商所面临的需求曲线表示如下。

市场 1 为 $Q_1 = a_1 - b_1 P_1$；市场 2 为 $Q_2 = a_2 - b_2 P_2$。假定厂商的边际成本为常数 C，请证明：垄断者无论是实行价格歧视（在两个市场上收取不同的价格），还是不实行价格歧视（在两个市场上收取相同的价格），这两种定价策略下的产出水平都是相同的。

12. 图示分析政府对自然垄断企业价格管制的方法（边际成本定价法、平均成本定价法及双重定价法）。

13. 垄断厂商一定能保证获得超额利润吗？如果在最优产量处亏损，他们在短期内会继续生产吗？在长期内又会怎样？

14. 武汉黄鹤楼的入场券采取差别价格政策，国内游客的入场票价为 2 元，外国游客的入场券为 5 元，试用经济理论分析：

（1）为什么采用差别价格政策？

（2）在怎样的条件下，施行这种政策才能有效？

15. 简述价格歧视的前提条件及分类。

16. 说明电力、电信等公司采取的分时段收费的经济学原理。

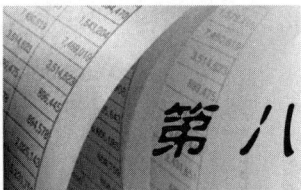

第八章

垄断竞争和寡头市场

学习目的与要求

1. 了解垄断竞争市场的特征。
2. 了解寡头垄断市场的特征。
3. 掌握垄断竞争厂商的短期均衡与长期均衡。
4. 熟悉古诺模型、贝特朗模型及斯塔克伯格模型。
5. 明确不同类型市场经济效率的高低。

完全竞争市场和完全垄断市场是市场结构中的两个极端，现实生活中大量存在的是不完全竞争市场。在不完全竞争市场中有两种基本的类型，一种是垄断竞争市场，另一种是寡头垄断市场。前者接近于完全竞争市场结构，而后者则更接近垄断市场结构。

第一节　垄断竞争市场的特征

一、垄断竞争的条件

所谓垄断竞争市场，是指有许多厂商生产和销售有差别的同类产品的市场结构。在垄断竞争市场中，厂商既有一定的垄断地位，同时又处于一个较为苛刻的竞争环境。垄断竞争厂商的垄断地位来源于其所生产的差异性产品。垄断竞争厂商之间生产的产品是有差别的，这种差别就使每个厂商在其产品上有了一定的控制能力，成为自己产品的垄断者。而每家厂商的产品之间又都很容易被相互替代，这种替代使每个厂商又面临着激烈的竞争，导致厂商的垄断地位并不稳定。"垄断"和"竞争"是这种市场结构下厂商面临的两种常态，因此这种市场结构被称为垄断竞争。

具体地，垄断竞争市场结构具有以下三个条件。

第一，行业内有大量的生产同类产品的厂商，每个厂商所占的市场份额比例都很小。在垄断竞争市场中存在多少厂商才能算"大量"，存在多少厂商才能导致每个厂商所占的市场份额"比例很小"，要想找到这个确切的数量是不可能的。但是，经济学中一般认为，如果每个厂商相对于整个市场来说都非常小，以至于每个厂商都认为自己的定价决策对市场价格的影响可以忽略不计，而且其他厂商的经济行为对自己所产生的影响也可以忽略，那么垄断竞争市场中关于"大量"厂商的这一条件也就满足了。

第二，每一个垄断竞争厂商生产的产品虽然相近但仍有差别，这些产品之间互相可以进行替代。产品之间的差异性可以使消费者之间不同的偏好得到满足，产品差异性所树立起的消费者忠实度可以让厂商对自己的产品形成一定程度的垄断；但是产品之间的相近性又使厂商的这种垄断地位并不稳定，如果一个垄断竞争市场中的厂商对自己生产的产品制定了远远高于其他厂商生产的同类产品的价格，那么消费者对这种产品的忠实度会很快发生变化。

产品的差异性可以来自于同类产品在质量、功能、包装、销售地点、售后服务等方面上客观存在的差别，也可以来自消费者主观上的想象。例如，虽然从成分上说消费者几乎无法分辨各种瓶装纯净水的区别，但是一些消费者还是愿意为其喜欢的品牌支付较高的价格，这种产品的差别就来自于消费者的主观想象。实际上，对产品差异性的判断更多的是一种主观判断，只要消费者认为有差别，并且能够为这种差别支付更高的货币价格，那么这种差别就是存在的。正是由于这一原因，垄断竞争市场中的厂商往往不是通过价格竞争来进行消费者的争夺，而是通过广告、包装、售后服务这些方法，尽力地让消费者"意识"到其产品的与众不同之处。

第三，由于垄断竞争市场中每个厂商的规模很小，因此进出这个行业没有很高的壁垒。垄断竞争市场中，既没有完全垄断市场中那样高的进入壁垒，也并不像完全竞争市场中那样毫无进入壁垒。垄断竞争市场中产品之间的差异性，是潜在厂商进入市场时不得不考虑的因素。例如，对于那些希望进入汽车行业的潜在厂商来说，最大的困难也许并不是如何获得银行贷款、生产技术，或者是国家许可，而是如何在消费者心中建立起良好的品牌信誉。对于大多数汽车消费者来说，品牌早已经成为汽车质量、售后服务、技术水平的代言词了。

二、垄断竞争厂商的需求曲线

在垄断竞争市场结构中，每个厂商生产的产品都是有差别的，所以他们所面对的需求曲线和成本曲线也是各不相同的。但是，考虑到每个厂商彼此之间的影响可以忽略不计，并且产品之间仍有很高的替代性，因此在经济学研究当中常常假设各个厂商的成本曲线和需求曲线是相同的，并通过设定代表性厂商来进行分析。这种假设既简化了分析过程，又对市场结构没有实质性的改变，因此研究垄断竞争市场的各种模型常常会做此假设。本节内容也是在此假设下，研究垄断竞争市场中代表性厂商的需求曲线。

由于垄断竞争市场中产品具有差异性，厂商在一定程度上可以控制产品价格，所以垄断竞争厂商的需求曲线并不像完全竞争市场中那样是完全弹性的，而是向右下方倾斜的；同时，又因为垄断竞争市场中产品之间具有可替代性，所以垄断竞争厂商的需求曲线也并不像完全垄断市场中那样陡峭，而是相对平坦的。在垄断竞争市场中，一家厂商所生产的产品与其他厂家的产品差异性越大，就意味着其他产品对该厂商产品的替代性越小，厂商对自己产品的控制能力就越强，即使厂商将价格上涨更多，消费者也不会转移购买，因此这家厂商面临的需求曲线就越陡峭。

由于垄断竞争市场中的厂商同时具有"垄断"和"竞争"两种状态，因此垄断竞争市场中厂商面临的需求曲线也有两种，我们分别用 d 需求曲线和 D 需求曲线表示。d 需求曲线反映的是，当垄断竞争市场中某个厂商改变产品价格，而其他厂商并不改变价格时，该厂商产品价格与它面临的需求数量之间的关系。对于单个垄断竞争厂商来说，由于它对其产品有一定的价格控制能力，它所面临的需求曲线是一条向右下方倾斜的曲线。正如我们在垄断竞争市场的条件中所说的，每个厂商相对于整个市场来说都非常小，以至于每个厂商都认为自己的定价决策对市场价格的影响可以忽略不计，而且其他厂商的经济行为对自己所产生的影响也可以忽略。所以，单个厂商会认为他的降价行为不会被其他厂商所觉察，当他采取降价行为时，不仅可以扩大现有消费者的销量，而且可以把原本属于其他厂商的消费者吸引过来，进而占有更高的市场份额，并获得更多的收益。

图 8-1 中的 d_1 表示的就是垄断竞争厂商的一条"d 需求曲线"。初始时垄断竞争厂商处于 E_1 点，市场价格是 P_1，厂商的销售量为 Q_1。若其他厂商保持价格不动，则该厂商价格从 P_1 下调至 P_2 时，其产品销量会从 Q_1 增加至 Q_2。然而事实上，垄断竞争厂商的降价行为会很快被其他临近厂商所察觉，进而所有其他厂商也相应地开始进行价格调整，该垄断竞争厂商面临的需求曲线也会发生变化。也就是说，当该垄断竞争厂商实施降价行为，将价格从 P_1 下调至 P_2 时，其销量并不会如预期的那样提高至 Q_2，而是低于 Q_2，仅仅增加到 Q_3 的水平。原因在于，其他厂商也做出了同样的降价决策，所以该厂商根本就没有从其他厂商那里吸引过来新的消费者，而只是在自己原有消费者的基础上增加了销售量，每家厂商的市场份额并没有发生实质性变化。当垄断竞争市场中某个厂商改变产品价格，而其他厂商也进行同样的价格变动时，反映垄断竞争厂商产品价格与其面临的需求数量之间关系的曲线，被称为 D 需求曲线。所以，当厂商调低价格时，实际上厂商的销售数量是沿着 D 需求曲线变化的，即价格从 P_1 下调至 P_2 时，其销量仅仅增加到 Q_3 的水平。

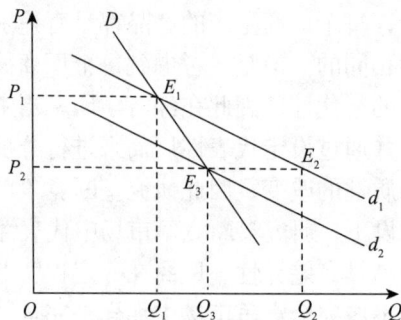

图 8-1　垄断竞争厂商的需求曲线

需要注意的是，当垄断竞争厂商的价格降至 P_2，销售量为 Q_3 时，厂商此时的 d 需求曲线并不再是原先的 d_1 了，而是过 E_3 点与 d_1 平行的 d_2。之所以 d 需求曲线发生变化，原因是在 E_3 点时，厂商会重新考虑在其他生产厂商价格保持 P_2 不变的情况下，它的价格和需求数量之间的关系，即其新的 d 需求曲线。

第二节　垄断竞争厂商的均衡

一、垄断竞争厂商的短期均衡

和其他市场结构中的厂商一样，垄断竞争厂商的目标也是生产由边际收益等于边际成本这一原则所确定的产品，以期达到利润最大化。但是，与完全竞争厂商和完全垄断厂商不同的是，垄断竞争厂商既有垄断的能力又处于竞争的环境，因此垄断竞争厂商的均衡过程有其自身的特点。我们借助图 8-2 来说明垄断竞争厂商的短期均衡过程。

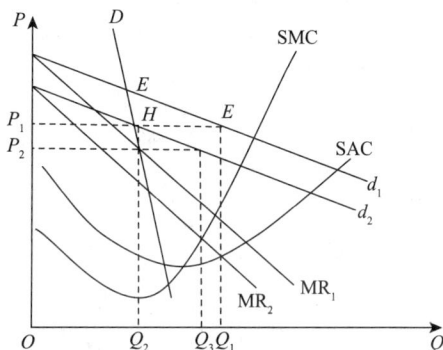

图 8-2　垄断竞争厂商的短期均衡（一）

在图 8-2 中，假设垄断竞争厂商初始状态处于 D 需求曲线上的 E_0 点，此时厂商的 d 需求曲线为 d_1，相对应的边际收益曲线为 MR_1。此时，厂商认为自己的定价决策对市场价格的影响可以忽略不计，其他厂商也不会觉察到自己的经济行为，于是他们根据自己的 d_1 需求曲线进行产量调整便可以获得更多的收益。因此，根据 $MR_1 = MC$，厂商把价格调整为 P_1，产量调整为 Q_1，期望获得最大的利润。然而事实上，该垄断竞争厂商的降价行为会很快被其他临近厂商所察觉，进而所有其他厂商也相应地开始进行价格调整，将价格调整至 P_1。也就是说，当该垄断竞争厂商实施降价行为，将价格调至 P_1 时，其销量并不会如预期的那样提高至 Q_1，而是 Q_2。原因在于，当其他厂商也进行同样的价格变动时，该垄断竞争厂商的产品价格与它面临的需求数量之间的关系应该沿着 D 需求曲线变动。因此当价格为 P_1 时，厂商的销售量为 Q_2。经过这次调整，该垄断竞争厂商处于新的均衡点 H。在上述调节过程中，虽然该垄断竞争厂商最终的市场份额没有发生变化，但是在其率先进行降价的初期内，在其他厂商未及时调整价格时该垄断竞争厂商确实会短暂地把其他厂商的消费者争夺过来，获得了短期利益。因此，当该垄断竞争厂商处于新的均衡点 H 时，它会再次率先进行调整。在新均衡点 H，垄断竞争厂商新的 d 需求曲线为 d_2，其相对应的边际收益曲线为 MR_2，根据 $MR_2 = MC$，该垄断竞争厂商如果把价格调整为 P_2，产量调整为 Q_3，则可期望获得更大的利润。厂商会据此再次进行调整，直至边际收益等于边际成本。

那么，垄断竞争厂商所追求的边际收益等于边际成本会不会发生呢？实际上，在对上述调整过程进行分析时，我们会注意到，厂商根据每一个 d 需求曲线所确定的均衡产量有逐渐向左变动的趋势，同时垄断竞争厂商沿着 D 需求曲线有向右移动的趋势。因此，在垄断竞争厂商不断地追求利润最大的过程中，边际收益与边际成本最终会相等，如图 8-3 所示。当垄断竞争厂商处于均衡点 E_1 时，垄断竞争厂商的 d 需求曲线为 d^*，厂商的边际收益曲线为 MR^*，根据边际收益等于边际成本，即 $MR^* = MC$，厂商的均衡产量为 Q^*，正好位于 D 需求曲线上 E_1 点的正下方，垄断竞争厂商处于均衡状态，并且没有动机进行再次调整。此时垄断竞争厂商获得经济利润，利润总量为矩形 $P^*HE_2E_1$ 的面积。需要说明的是，在短期内，垄断竞争厂商的规模是不能变化的，因此厂商此时有可能获得经济利润，也同样可能面临亏损的状态，这取决于均衡点与平均可变成本曲线 AVC 的位置。当均衡价格高于平均可变成本时，厂商就应该继续生产；而当均衡价格低于平均可变成本时，厂商就应该停止生产。

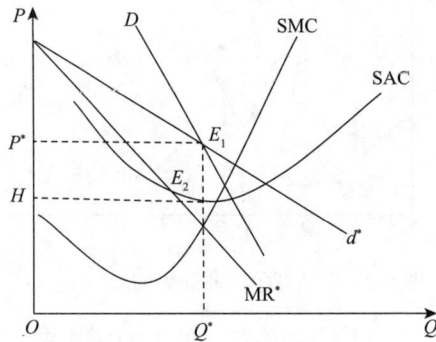

图 8-3 垄断竞争厂商的短期均衡（二）

二、垄断竞争厂商的长期均衡

在长期内，垄断竞争厂商可以调整所有的生产要素，因此厂商的生产规模是可以变化的。垄断竞争厂商需要根据边际收益等于长期边际成本来确定均衡产量。这与垄断市场是一样的。然而与垄断厂商不同的是，虽然垄断竞争厂商短期内有可能获得经济利润，但是在长期内，由于竞争的原因，行业外潜在厂商在追逐经济利润的动机下可以自由进入，因此垄断竞争厂商长期均衡时必定没有经济利润，即在长期均衡点时 d 需求曲线必然和厂商的长期平均成本曲线相切。

可以借助图 8-4 来进一步分析垄断竞争厂商的长期均衡。如果初始时没有行业外潜在厂商的进入，垄断竞争厂商在长期内达到了均衡状态，如图 8-4（a）所示。此时，厂商的边际收益等于长期边际成本，即 $MR_1 = LMC$，垄断竞争厂商在 SAC_1 代表的规模上进行生产，均衡产量是 Q_1，市场价格是 P_1，经济利润为矩形 $P_1HE_2E_1$ 的面积。然而事实上，垄断竞争市场的进入壁垒很低，当行业内厂商长时间保持经济利润时，行业外潜在的厂商就在追逐经济利润的动机下开始不断地进入行业内。随着行业内厂商数目的增加，在市场需求规模不变的情况下，每个厂商所面对的 D 需求曲线开始向左移动。原有垄断竞争厂商的均衡受到破坏，厂商必须再次确定新的均衡。这种调整过程会一直持续下去，直至图 8-4（b）中的条件得到满足。在图 8-4（b）中，新的 d 需求曲线 d^* 所确定的边际收益 MR^* 与厂商的长期边际成本 LAC 相等，均衡产量 Q^* 正好位于 D^* 需求曲线与 d^* 需求曲线的交点 E^*，而此时 E^* 也正在垄断竞争厂商的长期平均成本曲线 LAC 上。垄断竞争厂商处于长期均衡状态，此时厂商没有经济利润，行业外潜在厂商也不会再进入行业内。

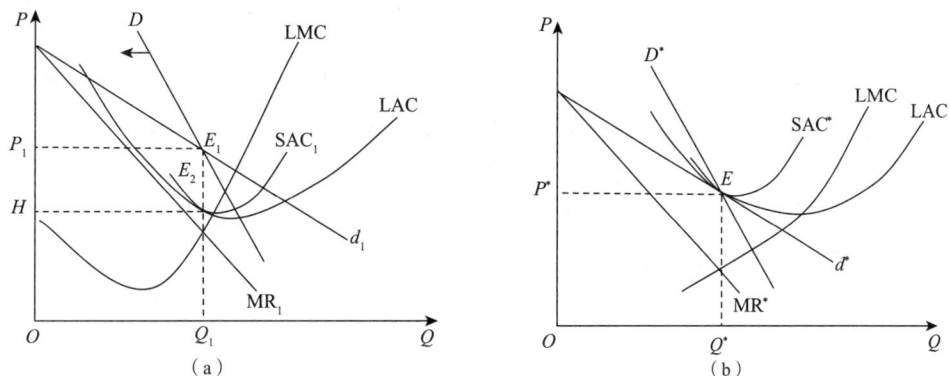

图 8-4　垄断竞争厂商的长期均衡

三、垄断竞争下的过剩生产能力

在垄断竞争厂商的长期均衡分析中，我们可以看到，垄断竞争厂商的 d 需求曲线是向右下方倾斜的，这就注定它与长期平均成本曲线的切点，即长期均衡点，必然处于厂商长期平均成本曲线 LAC 左侧下降阶段。那么相对于完全竞争市场而言，垄断竞争厂商没有在长期平均成本曲线最低点处组织生产。两者比较，如图 8-5 所示。

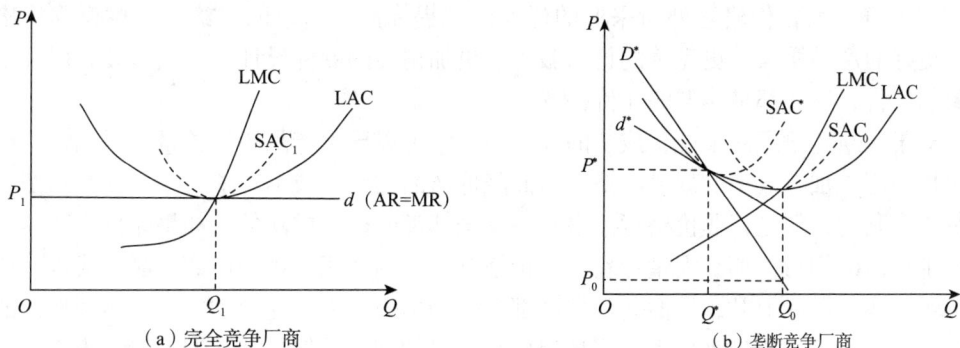

图 8-5　垄断竞争厂商的过剩生产能力

通过图 8-5，我们可以清晰地看出，如果垄断竞争厂商能够用厂商长期平均成本最低点确定的规模 SAC_0 进行生产的话，那么不仅产量可以从 Q^* 提高到 Q_0，而且成本会大幅度下降。经济学中一般将厂商在长期平均成本曲线 LAC 最低点上的产量称为理想产量，并且把实际产量与理想产量之间的差额称为剩余的生产能力。为什么垄断竞争厂商不能使用长期平均成本最低点所确定的规模 SAC_0 进行生产呢？原因在于垄断竞争市场中存在过多的厂商，因此每个厂商面对的需求有限。在图 8-5（b）中，由于厂商面对的是 D^* 需求曲线，因此如果厂商改用 SAC_0 规模生产 Q_0 产量，就会因为市场价格 P_0 远远低于平均成本而陷入亏损。要想让厂商的市场份额增大，使厂商面临的 D^* 需求曲线向右移动，厂商也可以通过兼并竞争对手而做到。这样厂商可以面对新的需求曲线，并可以用更优的规模进行生产，厂商也可以获得更多的利润。虽然短期内，这种假设可以成立，但是长期内由于厂商存在经济利润后会吸引新厂商进入，因此厂商最终还会回到起点。

　　垄断竞争市场中厂商数目过多，造成了垄断竞争厂商不能更好地使用社会资源以扩大生产规模，不能将生产的平均总成本降到最低水平。从这个角度上说，完全竞争确实要优于垄断竞争。需要注意的是，完全竞争市场中的产品是同质的，这很难满足消费者多样化的需求。因此许多经济学家认为，垄断竞争所造成的生产能力过剩也可以被认为是产品多样化所必须付出的代价。

四、非价格竞争

　　垄断竞争市场中，厂商有两种方法可以增加销量。一种方法是通过降低产品的价格从而提高产品销量，这种方法在垄断竞争厂商的短期均衡和长期均衡的分析过程中已经涉及。另一种方法就是通过非价格竞争提高产品的销量。由于垄断竞争厂商的产品具有差异性，因此如果一家厂商能够让现有消费者意识到其所生产的产品与其他厂家的产品差异性很大，那么这家厂商对自己产品的控制能力就越强，厂商面临的需求曲线就越陡峭。另外，如果一家厂商能够让潜在的消费者相信它的产品比其他厂家的产品更好，那么这家厂商就能通过改变潜在消费者的偏好，吸引更多的消费者来增加产品的销量，从而拉动需求曲线向右方移动。显然，促使消费者认同厂商产品差异的方法与价格无关。经济学中将厂商在价格之外所采取的任何能够提高产品需求的经济行为称作非价格竞争。更好的产品质量、更完善的售后服务、更加精美的商标设计和产品包装，以及生动形象的广告，这些都是典型的非价格竞争。

　　对于垄断竞争厂商来说，成功的非价格竞争可以导致产品销售数量的增加，这样厂商可以采用更加有效率的规模经济，从而降低产品的平均成本。这对于厂商和消费者来说都是有利的，但是，非价格竞争也并不是全部都能获得成功的。如果非价格竞争并没有增加厂商的销量，那么大量花费在非价格竞争上的费用将增加厂商产品的成本，使厂商的平均成本曲线上升，厂商和消费者都会受到损失。需要注意的是，虽然短期内的非价格竞争可能给厂商带来更大的市场规模和更多的利润，但是从长期上看，由于厂商之间的效仿以及潜在厂商的进入，每个实行非价格竞争的厂商最终仍是获得零经济利润，就像所有厂商根本没有做过非价格竞争一样。因此，非价格竞争的存在并不影响我们之前关于垄断竞争市场所做出的任何结论。

第三节 寡头垄断市场的特征

一、寡头垄断市场的定义

所谓寡头垄断市场，是指少数几家厂商控制了某种产品的生产和销售，由于每家厂商各自都占有相当大的市场份额，以至于任何一家厂商的决策都依赖于其他厂商的市场行为。寡头垄断市场是比较普遍的一种市场结构。例如，世界上很多国家的汽车市场、石油市场、飞机制造业等都是被少数几家厂商控制的。由于市场被少数几家厂商主宰，因此其中任何一个厂商的行为都会显著地影响到其他厂商，而且其他厂商的反应对该厂商的决策也产生着重要的反作用。这种决策的相互依赖，是寡头垄断市场的一个鲜明特征。由于一家厂商在做出一个决策时，其他厂商可能会有无数种反应，而每一种反应都可能会导致该厂商的这个决策产生不同的效果，因此在寡头垄断市场中并不存在像其他市场结构中所具有的那些合乎逻辑的、公认的价格理论。在寡头垄断市场的研究中，更多的是通过苛刻的假设，对特定的厂商行为进行各种模型研究。

界定寡头垄断市场需要注意两个方面的问题。第一，寡头垄断市场中只有少数几家厂商进行生产和销售，那么多少厂家才算是少数呢？从现有的经济学对寡头市场的研究上看，如果市场上的厂商数量足够少，以至于每一家厂商的决策都会显著地影响到其他厂商，并且其他厂商的反应也直接影响着该厂商决策的效果时，理论上就可以认为这个市场中的厂商数目很少。例如，如果一个国家的汽车市场的 90% 份额被 3 家厂商占有，而且其中每一家厂商的规模都难分伯仲，那么这就是一个寡头垄断市场。第二，如何确定寡头垄断的市场范围？对市场范围划分的不同会直接导致市场结构的不同。例如，如果我们研究的是饮料市场，显然这个市场更应该是垄断竞争市场，而如果我们把市场的范围缩小至碳酸饮料市场，那么这个市场显然又应该被认为是寡头垄断市场。一般而言，随着市场范围的扩大，市场中竞争者的数目也会增加，市场结构也会从垄断市场向寡头垄断市场、垄断竞争市场逐步变化，最终成为完全竞争市场。

二、寡头垄断形成的原因

导致寡头垄断形成的原因很多，主要是规模经济的原因。当厂商在其长期平均成本曲线最低点进行生产时是最有效率的，此时厂商可以选择最优的生产规模以最低的成本进行生产，但是，厂商会在其最低成本规模进行生产还取决于市场需求曲线的位置。我们借助图 8-6 来说明需求曲线与厂商长期平均成本曲线相互之间位置的不同所可能产生的各种市场结构。在图 8-6（a）中，n 是市场中厂商的数目，D 为市场需求曲线，LAC 是代表性厂商的长期平均成本曲线，其最优规模确定的最低生产成本为 P^*，对应的产量为 Q^*/n。当市场价格为 P^* 时[①]，厂商能够供给的数量仅是市场需求数量的 $1/n$，不足

---

① 市场价格 P^* 是代表性厂商长期内没有亏损时所能承担的最低价格，当低于此价格时，将没有厂商在长期内会愿意提供任何产品。

以供应整个市场。若 n 是 2，则表明市场必须有 2 家厂商生产才能满足整个市场的需求；若 n 是 3，市场就必须有 3 家厂商生产才能满足整个市场的需求；依此类推，当 n 越大，市场中的厂商也就越多。这时，我们可以预测出，如果 n 趋向于无穷时，那么这个市场应该是完全竞争市场，因为市场中有无数个厂商存在；如果 n 并不是无穷大，而是比较大，如 100，那么这时的市场则更像是垄断竞争市场；如果 n 较小，如 5，那么市场中有 5 家厂商生产产品，由于每家厂商所占市场份额较大，彼此之间必然相互影响，那么这就符合了寡头垄断市场的定义。图 8-6（b）代表的是完全垄断的情形。市场需求曲线与厂商的长期平均成本曲线相交于其最低点的左侧下降阶段，虽然厂商仍然可以以低于价格 P^* 的成本继续增加产量，但是市场在低于 P^* 时的需求数量开始小于厂商的产量，因此当厂商生产的产量超过 Q^* 时会产生产品无法全部售出的现象。这表明，一家厂商就足以满足整个市场的全部需求，因而形成完全垄断市场。

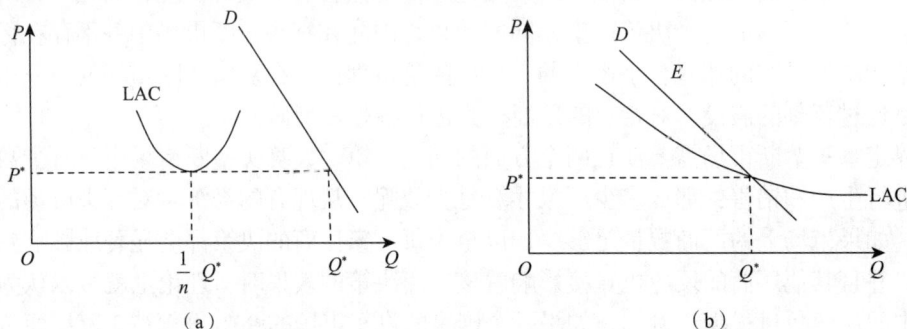

图 8-6　垄断与规模经济

寡头垄断形成的原因还有很多。例如，行业生产中所需要的主要原料被少数几家厂商占有，那么产品市场就会形成寡头垄断。在以自然资源为主要原料的行业中就容易产生这样的寡头垄断，如石油、天然气等市场。此外，政府颁布的政策、产品的专利等因素也可以导致寡头垄断的产生。例如，美国政府曾经通过对进口钢铁征收特别关税来限制竞争，从而保护国内几家钢铁企业的垄断地位。这些情况与完全垄断市场形成的原因有些相似，只不过程度不同而已。

第四节　寡头垄断市场的模型分析

正如我们之前分析的那样，寡头垄断市场中没有合乎逻辑的、公认的价格理论，更多的是在苛刻的假设条件下，对厂商特定行为进行的模型分析。在本节，我们就介绍一些经典的寡头模型。

一、基于产量竞争的古诺模型

1838 年法国经济学家古诺提出了一个关于寡头垄断的较早的模型。虽然古诺模型（Cournot model）可以探讨两家或两家以上的寡头市场，但是由于古诺在提出这个模型时引用的是两家寡头厂商，因此该模型的基本形式也被称为"双头模型"。

古诺模型的前提假定是：市场上只有两家寡头厂商生产和销售产品；两家厂商的产品是完全同质的；厂商生产产品时不考虑成本，即假设厂商的成本为零；两家厂商对市场需求有准确的了解，并清楚对方的产量；两家厂商消极地以自己的产量去适应对方已经确定的产量。

古诺模型的产量决定可以借助图 8-7 来进一步说明。图 8-7 中 D 表示的是一个成本为零行业的市场需求曲线，其线性表达形式为

$$P = a - b(Q_1 + Q_2) \tag{8-1}$$

式中，$a>0$，$b>0$，Q_1 和 Q_2 则分别为厂商 1 和厂商 2 的产量。首先，我们讨论厂商 1 的利润最大化问题。在讨论厂商 1 的问题时，需要假定厂商 2 的产量固定在 Q_2 的水平，此时厂商 1 面临的需求曲线为

$$P = (a - bQ_2) - bQ_1 \tag{8-2}$$

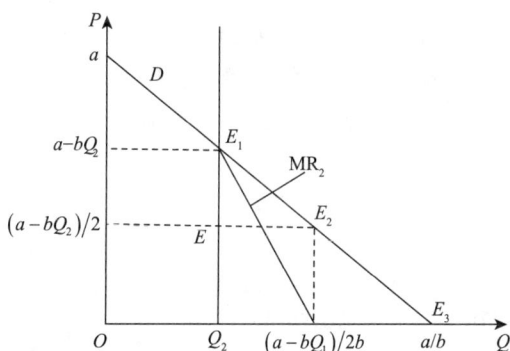

图 8-7 古诺模型与产量决定

由于厂商 2 的产量假定为固定的 Q_2，所以从图 8-7 看，厂商 1 面临的需求曲线为原先 D 曲线的 E_1E_3 部分。换个角度说，厂商 1 面临的需求曲线也可以是将图 8-7 中的纵轴向右平行移动 Q_2 单位后原先市场需求曲线 D 剩余的部分。也正是因为如此，有时它也被称为剩余需求曲线（residual demand curve）。由于此时厂商 1 面临的需求曲线是 E_1E_3（同时这也是厂商 1 面临的平均收益曲线 AR_1），它的边际收益曲线是 MR_1。根据式（7-1）~式（7-5），我们知道边际收益曲线 MR_1 的线性表达式为

$$P = (a - bQ_2) - 2bQ_1 \tag{8-3}$$

厂商实现利润最大化时需要满足边际收益等于边际成本，由于该厂商没有成本，厂商的边际成本为零[①]，因此当厂商实现利润最大时边际收益等于边际成本等于零，即式（8-3）中 $(a - bQ_2) - 2bQ_1 = 0$。此时，厂商的均衡产量为

$$Q_1 = \frac{a - bQ_2}{2b} \tag{8-4}$$

由式（8-4）可以看出，厂商 1 的均衡产量取决于厂商 2 的产量，因此式（8-4）也

① 从推导的过程看，即便厂商的边际成本不是零而是一个固定常数，也不影响所得结论。

通常被称为厂商 1 的反应函数。由于在古诺的双头垄断模型中两个厂商是完全对称的，因此厂商 2 的反应函数具有相同的结构，即

$$Q_2 = \frac{a - bQ_1}{2b} \qquad (8\text{-}5)$$

联立式（8-4）和式（8-5），我们可以得到两个厂商均衡时的产量都是 $a/3b$。从图 8-7 中我们可以看到，市场的总容量为 a/b，所以均衡时每个寡头垄断厂商的产量是总容量的三分之一。我们可以很容易地把这个结论推广到市场中有 n 个厂商的情形，结论如下：

$$每个寡头厂商的均衡产量=市场总容量\times\frac{1}{n+1} \qquad (8\text{-}6)$$

我们还可以借助图 8-8 来进一步说明通过两个寡头垄断厂商的反应函数来确定其各自均衡产量的过程。图 8-8 中画出了两家厂商各自的反应函数。假设厂商 1 初始的产量是 Q_1^0，则厂商 2 根据其反应函数将决定自身的产量 Q_2^0；当厂商 2 确定了自己的产量 Q_2^0 时，厂商 1 将针对厂商 2 的产量再次调整自己的产量，这种调整是根据其反应函数上的相应点来实现的；当厂商 1 确定新的产量后，厂商 2 也会再次进行调整，这种过程将会不断地继续下去，直到各自产量达到双方反应函数的交点才会停止，并处于稳定状态。

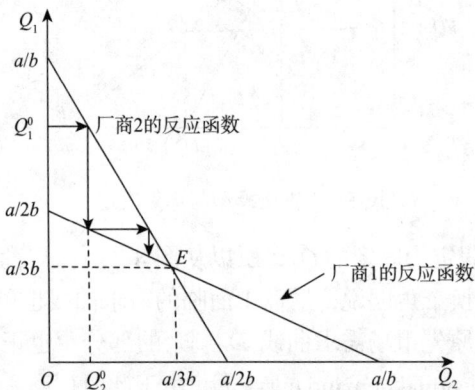

图 8-8　寡头厂商的反应函数

二、基于价格竞争的贝特朗模型

古诺模型是基于产量竞争的模型，假定每个寡头厂商都关注产量。但是，同时期的法国经济学家贝特朗则认为，古诺模型假设寡头厂商双方以对方维持一定的销售量为前提来决定自己的销售量是不合理的，在现实中寡头双方是以对方会维持原来的价格不变为前提而采取价格竞争的。据此假设，贝特朗建立了基于价格竞争的寡头模型，经济学中一般称之为贝特朗模型（Betrand model）。

与古诺模型不同，贝特朗模型中并没有假设各个寡头厂商的生产成本为零，而是假设各个寡头厂商的边际成本都是为正的常数。此外，贝特朗模型假设市场中有 n 家寡头

垄断厂商；寡头垄断厂商之间的信息是完全对称的，每家寡头厂商对其他寡头厂商的定价及成本状况非常清楚；产品是同质的。在这些假设条件下，每家垄断厂商都面临着一个不连续的需求曲线。如果一家垄断厂商制定的价格高于其他任何一家垄断厂商的定价，那么这家垄断厂商就面临着零销量的危险，因为在产品同质的假设下，消费者自然会选择低价位的产品；如果这家垄断厂商制定的价格低于其他所有垄断厂商的定价，那么它将获得全部市场；如果这家垄断厂商与其他几家厂商共同制定了市场最低价格，那么这几家厂商将共同享有市场。代表性厂商面临的需求函数形式为

$$Q_i = \begin{cases} Q_i(p_i) & p_i < \overline{p} \\ \dfrac{Q_i(p_i)}{k} & p_i = \overline{p} \\ 0 & p_i > \overline{p} \end{cases} \quad (8\text{-}7)$$

式中，Q_i 为第 i 个厂商面临的总市场需求函数；$\overline{p} = \min\{p_j | j \neq i\}$，$k$ 为定价为 $\overline{p}$ 的厂商数目。

首先，我们考虑一下当所有寡头垄断厂商的边际成本相同时市场如何达到均衡。假设所有厂商的相同边际成本为 c，那么任何高于这个边际成本的价格都不可能是市场的均衡价格，因为任何一家厂商都会以一个稍微较低的价格来获得更多的市场；另外，任何一个低于边际成本 c 的价格也不可能是市场的均衡价格，因为低于边际成本的市场价格会使厂商面临亏损，而理性的厂商会选择停产来使损失降为最低。所以，如果市场均衡存在，那么必然是各个寡头垄断厂商都以边际成本 c 进行定价，并且共享市场。

如果各个寡头垄断厂商的成本有差异，市场均衡将会复杂一些。为了分析方便，在不失一般性的条件下，假设 n 家厂商的边际成本之间存在着如下的关系[1]：

$$c_1 < c_2 < \cdots < c_n$$

式中，第 i 个厂商的边际成本为 c_i。如果厂商 1 的垄断价格为 P_1[2]，并且 $P_1 > c_2$，那么该厂商将会以 c_2 为最终的均衡价格，并占据整个市场。因为，如果厂商 1 的定价低于 c_2，厂商 $i(i=2,3,\cdots,n)$ 无法以低于自己边际成本的价格进行市场竞争，所以厂商 1 会在不失市场的情况下将价格提高至 c_2 进而增加利润总额；如果厂商 1 的定价高于 c_2，则市场上至少有厂商 1 和厂商 2 共同占有市场，此时各厂商之间为获得更大的市场份额，都有降低价格的趋势，但是当价格降低至 c_2 时，厂商 2 就会退出竞争，厂商 1 则提供所有的市场需求。所以，当厂商 1 的垄断价格大于 c_2 时（即 $P_1 > c_2$），c_2 将成为该厂商的最终价格，此时其他厂商的产量均为零。如果厂商 1 的垄断价格 $P_1 > c_2$，那么该厂商将会以 P_1 为最终的均衡价格，并占据整个市场。从一定意义上说，此时的寡头垄断市场已经蜕变为完全垄断市场。

虽然贝特朗模型指出了古诺模型产量竞争的缺陷，但是其自身也有着不足。实际

---

[1] 方便起见，这里将各家垄断厂商的边际成本之间设为严格不等式。
[2] 这里的垄断价格 P_1 是指，该厂商假设自己为市场中唯一的供给者，根据完全垄断市场的均衡条件确定的均衡价格。

上，现实中各寡头的边际成本不一定是常数，而且厂商的生产过程也往往有固定成本的存在。从上述的分析中我们可以知道，如果存在固定成本，那么边际成本定价就不能成为厂商的定价原则，否则根据边际成本制定的价格就不足以弥补厂商的平均成本。

三、基于先行定产的斯塔克伯格模型

1934 年，德国经济学家斯塔克伯格进一步完善了古诺模型。在古诺模型中，寡头垄断厂商都是根据对方的产量来确定自己的产量，但是它们之间却不知道对方的反应函数。斯塔克伯格研究了基于对方反应函数的寡头垄断模型。斯塔克伯格模型（Stackelberg model）中假定两家寡头垄断厂商中一个是先行定产者，另一个则是跟随者。这种假定实际上是说明，在斯塔克伯格模型中存在两个阶段：第一阶段，厂商 1 选择自己的产量；第二阶段，厂商 2 根据厂商 1 的产量来确定自己的产量。在这两个过程中，双方都清楚对方的反应函数。

在第一阶段中，厂商 1 知道厂商 2 将会根据厂商 1 的产量水平确定其产量，那么这种信息对厂商 1 有什么样的帮助呢？回想古诺模型，我们知道厂商 2 的反应函数是 $Q_2 = (a - bQ_1)/2b$，这表明厂商 2 的产量决策 Q_2 归根到底取决于厂商 1 的产量决策 Q_1，那么式（8-2）中厂商 1 所面对的需求曲线 $P = (a - bQ_2) - bQ_1$ 可以变形为

$$P = \left[a - b \left(\frac{a - bQ_1}{2b} \right) \right] - bQ_1 = \frac{a - bQ_1}{2} \tag{8-8}$$

这时的需求曲线与其相应的边际收益曲线 $P = (a - 2bQ_1)/2$，相当于市场中只存在厂商 1 时的完全垄断情形，此时厂商 1 的经济行为与完全垄断厂商的行为没有差别。根据边际收益等于边际成本，厂商 1 的均衡产量为 $a/2b$。显然，此时厂商 1 的均衡产量要比古诺模型高。因此，当寡头垄断厂商知道彼此的反应函数，并且有厂家可以先行定产时，率先制定产量的厂家将获得更多的市场份额。

第五节 对各种市场的评价

作为本章的结尾，本节将对各种市场结构进行系统的对比和评价。不同市场结构的效率是不同的，而关于不同市场结构效率的评价可以从生产效率和配置效率两个方面进行分析。

生产效率是指厂商使用最节约的方式进行生产，或者说是指用既定数量的资源生产出最大的产量。观察一个市场结构的生产效率水平，可以参考厂商生产的平均成本。平均成本是单位产品生产时所投入的各种生产要素（货币价值）总和，如果要素价格不变，那么平均成本的高低就可以衡量厂商对资源的节约程度。显然，厂商在长期平均成本曲线最低点进行生产时，生产效率就会出现。在完全竞争市场中，由于行业的进出没有壁垒，厂商在追求经济利润的过程中会在长期平均成本曲线最低点实现长期均衡。此时市场价格正好等于最低成本，完全竞争市场是有生产效率的，如图 8-9（a）所示。

完全竞争厂商可以在最低的价格上为消费者提供商品，而在不完全竞争市场中，厂

商面对的需求曲线是向右下方倾斜的。需求曲线的倾斜程度与厂商对其产品的垄断程度是相对应的，如果厂商对其产品的垄断程度越高，则其面临的需求曲线就越陡峭；相反，如果厂商对其产品的垄断程度较弱，那么其面临的需求曲线就越平坦。在垄断竞争厂商的长期均衡中，垄断竞争厂商的 d 需求曲线是向右下方倾斜的，这就注定它与长期平均成本曲线的切点，即长期均衡点必然处于厂商长期平均成本曲线左侧下降阶段。那么相对于完全竞争市场而言，垄断竞争厂商没有在长期平均成本曲线最低点组织生产，垄断竞争市场的生产效率没有达到最大，厂商存在着剩余的生产能力，如图 8-9（b）所示。相对于完全竞争市场，垄断竞争市场中的消费者付出了较高的价格，却消费了较少的产品数量。

　　在完全垄断市场中，垄断厂商在长期内获得经济利润，其向右下方倾斜的需求曲线与长期平均成本曲线相交，市场均衡时的价格最高，远远高于长期平均成本曲线的最低点，因此完全垄断市场中的生产效率是最低的，如图 8-9（c）所示。在完全垄断市场中，消费者支付了更高的产品价格，却消费了更少的产品。至于寡头垄断市场，由于寡头垄断厂商价格和产量决策之间错综复杂的相互影响，因此没有统一的寡头厂商均衡模型可以对生产效率进行一般性的分析。但是经济学家一般认为，寡头垄断市场与垄断市场较为接近，长期均衡时寡头市场的均衡价格也比较高，高于长期成本的最低点，因此寡头市场也是缺乏生产效率的。

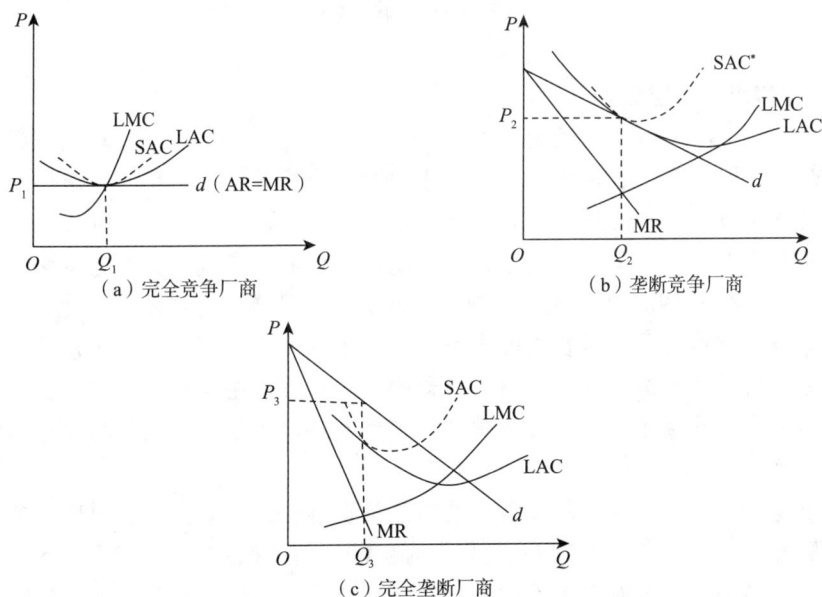

图 8-9　各种市场的效率评价

　　衡量市场结构效率的另一个方面是考察市场的配置效率。经济学家普遍认为，长期内如果生产每一产品的边际社会成本等于消费者从该产品中得到的边际社会利益或边际社会价值，那么就可以说该市场具有配置效率。其中，商品的市场价格往往被看作商品的社会边际价值，商品的长期边际成本通常被看作商品的边际社会成本。因此长期边际成本是否等于市场价格就成为市场配置效率的一个考核标准。

在图 8-9（a）中所示的完全竞争市场中，厂商的长期平均成本等于市场价格，即 $LMC = P$，最后一单位产品的价格正好等于其投入生产中的资源的边际成本。而在长期的垄断竞争或完全垄断市场中，厂商在追逐最大利润的动机下，必然根据边际收益等于长期边际成本来确定均衡产量和均衡价格，确定的均衡价格会远远高于其各自的边际成本。例如，在图 8-9（b）所示的垄断竞争厂商的长期均衡中，根据边际收益等于长期边际成本，垄断竞争厂商将均衡产量确定为 Q_2，此时的市场价格 P_2 远远高于边际成本。这意味着，最后一单位产品所带来的边际社会利益（边际社会价格）要高于为生产这一单位产品所实际支付的边际社会成本，此时的厂商应该使用更多的资源来生产产品以便整个社会的资源配置更有效率。然而可惜的是，在垄断竞争市场中的厂商却严格地把产量定在其利润最大时的产量，这阻碍了社会资源的合理配置，使资源无法得到充分的利用。图 8-9（c）中所示的完全垄断厂商由于获得了经济利润，边际社会利益与边际社会成本相差更为悬殊，因此完全垄断市场的配置效率是最低的。

通过生产效率和配置效率两个方面，我们对不同市场结构的效率进行了分析。分析的结果为，完全竞争市场的效率最高，垄断竞争市场的效率次之，寡头垄断市场的效率较低，而完全垄断市场无论是在生产效率还是配置效率上都是最低的。

本 章 案 例

案例 8-1："雷克"航空公司

1977 年，英国人弗雷迪·雷克开办了一家名为"雷克"的航空公司，经营从伦敦飞往纽约的航班，票价是 135 美元，远远低于当时的最低票价 382 美元。毫无疑问，其票价非常具有竞争力。事实证明，雷克公司成立后，发展非常迅速，到 1981 年，其年营业额达 5 亿美元，甚至连它的竞争对手，一些老牌的世界知名航空公司也感受到了威胁。但是好景不长，到了 1982 年雷克公司破产，从此销声匿迹。究竟发生了什么事？原来包括泛美环球、英航和其他公司在内的竞争对手们采取联合行动，一致大幅降低票价，甚至低于雷克，而且还达成协议，运用各自影响力阻止各大金融机构向雷克公司贷款，使其难以筹措资金，导致了雷克公司的破产。把雷克挤出市场后，它们的票价马上回升到了原来的水平。

但弗雷迪并不甘心，他依照美国反垄断法提出诉讼，指责上述公司联手实施价格垄断，为了驱逐一个不愿接受其"游戏规则"的公司，不惜采用毁灭性价格达到目的。1985 年 8 月，被告各公司以 800 万美元的代价同雷克公司达成庭外和解，雷克随即撤诉。

赔款达成和解不等于认罪。从技术上讲，没有官方的说法来认定雷克公司是被垄断价格驱逐出市场的，但是这个案例已经明显地透露出一个威胁信号，即如果谁企图加入跨越大西洋的航空市场，他必须首先考虑其中可能面临的破产威胁。

航空市场是一个典型的寡头垄断市场，少数几家大航空公司控制着整个市场，新厂商想加入该行业是很困难的。这里我们就看到了一个明显的原有厂商阻挠新厂商加入行业的案例。由于厂商数量较少，厂商之间可以以公开或非公开的方式联合起来，就价格等达成协议，共同对付新加入者。在这个案例中，原有的航空公司不但成功地将雷克公司挤出市场，而且给以后想加入该市场的企业一个有力威胁：雷克公司就是想加入者的下场。

案例 8-2：行业垄断背后弊病多

"机场建设费 50 元钱为什么一收就是 14 年？""春运涨价 6 年了，客流怎么还没被限制住？""国家邮政和民营快递为什么不能平等竞争？"这些都是曾在我国两会上代表委员提出的质疑。2010 年，温家宝总理在政府工作报告中提出，要加快推进垄断行业改革，进一步放宽市场准入，引入竞争机制，实行投资主体和产权多元化。深化电力、邮政、电信、铁路等行业改革，稳步推进供水、供气、供热等市政公用事业改革。虽然文字不多，但都点到了垄断的要害行业和解决问题的关键之处。

2005 年，伴随着《国务院关于鼓励支持和引导个体私营等非公有制经济发展的若干意见》的发布，不少民众看到了进入垄断行业的希望。然而，情况并没有预想的那样乐观，"垄断行业看得着可就是进不去，就是进去了也会碰壁"。全国政协工商联界的委员们如是说。

全国政协委员、全国工商业联合会副主席辜胜阻认为，现在已经出现了民企过度竞争和国企高度垄断的两极分化局面，"一边是民企生产的摩托车论斤卖，一边却是国企利润大增喜气洋洋，而这些国企的背后就是资源垄断及价格上涨"。

一些行业虽然政策上让非公有制企业进入，但操作上设限严格，门槛非常高，甚至高到只有行业原有企业能够维持或少数实力很强的企业才能进入。以石油开采的注册成本为例，身为亿阳集团董事长的邓伟委员表示，本来石油开采 60 亿元的注册资本已经让人议论纷纷了，提高到 100 亿元就几乎没有几个民营企业能承受了。他建议，这些垄断行业的进入门槛要适度，"这两年的实践看来，'非公 36 条'的政策是好的，但执行不太好"。

著名经济学家厉以宁委员认为"政府仍然管了不该管的事"。目前，仍有相当大部分的资源配置权力掌控在政府及其部门手里，市场机制作用的发挥还受到相当程度的抑制。对此，国家发展和改革委员会主任马凯在两会期间表示：与"非公 36 条"相配套的 37 个文件分解落实到各部门，已经出台了 25 个，占三分之二，剩下的 12 个文件今年内有望全部出台。而在地方上，全国 31 个省（自治区、直辖市）也大体出台了 200 多个文件。他还称，下一步国家发展和改革委员会将从"抓配套、抓落实、抓服务、抓监管"四个方面下手开展工作。他相信行业垄断问题不是一些文件就能解决的，但也希望这些文件能早日见到些实效。

来自国家统计局的数据显示：2003 年，全国职工的平均年工资为 14 040 元。其中，非垄断行业的农林牧渔业职工工资为 6 969 元，电力、煤气、水等垄断行业是 18 752 元。行业垄断成为"核心问题"。"现在，电力部门一个抄表人员的年薪竟达到了 10 万元，像这些垄断行业，常享受免费用电、免费贷款、公款旅游等福利，还要动不动就涨价，这破坏了社会的公平"。全国政协委员乐寿长呼吁加强对垄断行业的监管。乐寿长委员说，近年来，水、电、气、油等价格"涨"声不断，这给城镇和农村低收入人群的生活带来了很大影响。涨价的理由是企业成本增加，经营困难，不涨不行。但事实上，这些一口一个"困难"的行业却一直是高工资、高福利。这些垄断行业将自己掌握的国有资源廉价甚至无偿地向本行业的职工和家属提供，在本行业内进行变相的福利分配以规避国家税收。全国政协委员温克刚认为，垄断行业形形色色的福利本质上就是一种腐败。为此，全国人大代表、重庆大学教授黄席樾提交了《关于立法制止"垄断福利"的建议》，试图以法律的力量向"垄断福利"说"不"。

全国人大代表、中国致公党中央副主席王旬章表示："垄断行业造成利润偏高，不能按照正常的市场秩序进行竞争，对其他行业造成了不公平的竞争。我认为，垄断行业在用工上、职工待遇上应该与一般企业一样维持社会平均水平，否则会造成社会的不和谐。"

"构建和谐社会必须打破垄断"来自安徽省霍山县落儿岭镇的全国政协委员文家庭在评价行业垄断时称，"在市场经济中，以'规范'之名，行'垄断经济利益'之实，是典型的掠民夺利，是一种公然的掠夺性腐败，阻碍了市场的发育，造成社会不和谐"。曾令中国移动和中国联通两家电信公司一天内蒸发760亿港元的手机单向收费十年之后终于平稳破冰，但明显偏高的漫游费、初装费还要收多久呢？对于这些现象，文家庭委员认为，各行各业都在竞争激烈的市场经济中拼搏，只有垄断行业旱涝保收，且利益丰厚，如此下去，社会怎能和谐？他还指出，我国的电信行业依靠其垄断地位制定的初装费、月租费、双向收费、漫游费等，都是行业垄断滋生的霸王条款。

考虑到行业垄断所带来的种种问题，代表委员们纷纷呼吁"反垄断法"能够加速出台。事实上，中央已经认识到"遏制垄断"的紧迫性。2006年6月7日，国务院常务会议原则通过了《中华人民共和国反垄断法（草案）》。6月25日，国务院将草案提交全国人民代表大会常务委员会审议，酝酿多年的反垄断法正式进入立法程序。我们期待垄断企业的头上能早日挂上达摩克利斯剑，并能斩断垄断背后的黑手并发出真正耀眼的光芒。

本 章 小 结

（1）垄断竞争市场中厂商面临的需求曲线有两种，分别为d需求曲线和D需求曲线。

（2）与完全竞争厂商和完全垄断厂商不同的是，垄断竞争厂商既有垄断的能力又有竞争的环境，所以垄断竞争厂商的均衡过程有其自身的特点。

（3）相对于完全竞争市场而言，垄断竞争厂商没有在长期平均成本曲线最低点组织生产，因此垄断竞争市场中的厂商存在生产能力的剩余。

（4）导致寡头垄断形成的原因很多，主要是规模经济。由于寡头垄断市场中的厂商存在着决策的相互依赖，因此在寡头垄断市场中并不存在像其他市场结构中所具有的那些合乎逻辑的、公认的价格理论。

（5）经典的寡头模型主要为基于产量竞争的古诺模型，基于价格竞争的贝特朗模型，基于先行定产的斯塔克伯格模型。

复 习 与 思 考

1. 试述贝特朗模型的主要内容。

2. 试述古诺模型的主要内容及结论。

3. 试述斯塔克伯格模型的主要内容及结论。

4. 图示完全竞争厂商与垄断竞争厂商长期均衡的区别。

5. 试述垄断竞争厂商的两条需求曲线的含义及其相互关系。

6. 比较说明不同市场组织的经济效率。

7. 对比分析垄断竞争市场结构与完全竞争市场结构。

8. 为什么需求的价格弹性较高，垄断竞争厂商之间多采取非价格竞争而少进行价格竞争？

9. 简述完全垄断与寡头垄断的区别。

10. 垄断竞争厂商 $LTC = 0.001Q^3 - 0.51Q^2 + 200Q$，如所有厂商都按相同比例调整价格，那么每个厂商的 D 曲线为 $P = 238 - 0.5Q$。求：

（1）长期均衡时的产量与价格。

（2）长期均衡时的主观需求曲线 d 上的需求价格点弹性值（保留整数）。

（3）若 d 是线性的，推导该厂商长期均衡时的 d 曲线函数。

11. 两个寡头垄断厂商的行为遵循古诺模型，它们都生产一同质产品，其市场需求函数为 $Q = 900 - 9P$，试求：

（1）若两厂商的生产成本都为零，均衡时厂商的产量和价格为多少？

（2）若两厂商的生产成本都不为零，成本函数分别为 $TC_1 = 0.1Q_1^2 + 30Q_1$，$TC_2 = 0.2Q_2^2 + 30Q_2$，则均衡时厂商的产量和价格又为多少？

12. 一家垄断厂商生产某产品的总成本函数为 $TC = Q^3/3 - 30Q^2 + 1000Q$，利润最大时的总产量为 48。产品在第一个市场的需求函数为 $P_1 = 1100 - 13Q_1$，第二个市场在均衡价格处的需求弹性为 3，试求该厂商的纯利润。

13. 设一产品的市场需求函数为 $Q = 1000 - 10P$，成本函数为 $C = 40Q$，求：

（1）如果生产者为垄断厂商，当利润极大化时，产量、价格和利润各是多少？

（2）如果要达到帕累托最优，产量和价格应该为多少？

（3）社会纯福利在垄断情况下损失多少？

14. 假定垄断者面临的需求曲线为 $P = 100 - 4Q$，总成本函数为 $TC = 50 + 20Q$。求：

（1）垄断者利润极大化时的产量、价格和利润。

（2）假定垄断者遵循完全竞争法则，厂商的产品、价格和利润分别为多少？

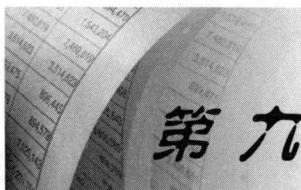

第九章

博弈论初步

学习目的与要求

1. 掌握博弈论的基本要素。
2. 掌握占优策略均衡与纳什均衡。
3. 了解子博弈精炼纳什均衡。
4. 了解贝叶斯纳什均衡。

■ 第一节　博弈论概述

一、什么是博弈论

博弈论（game theory）是描述、分析多人决策行为的一种决策理论，是多个经济主体在相互影响下的多元决策。决策的均衡结果取决于双方或多方的决策，如下棋，最后的结果就是由下棋双方你来我往轮流做出决策，决策又相互影响、相互作用而得出的。

博弈论也叫作对策论，可以理解为游戏理论。博弈论提供了一种研究人类理性行为的通用方法。运用这种方法可以更为清晰完整地分析各种社会力量冲突和合作的形势，具体分析人与人之间在利益相互作用制约下理性主体的策略选择行为及相应结局，其研究对象现在已经扩展到人类生活的各个方面，如政治、经济、军事、外交、国际关系、公共选择、心理、犯罪等领域。

对博弈论的研究开始于 1944 年。冯·诺依曼和摩根斯坦恩合作的《博弈论和经济行为》一书的出版奠定了博弈论的基础。到 20 世纪 50 年代，合作博弈逐渐发展完善，同时非合作博弈也开始创立。在非合作博弈中，主要代表人物是纳什、泽尔腾、海萨尼等。严格来说博弈论是一种方法论，或者说是数学的一个分支，而不是一个经济学分支。博弈论之所以能够和经济学很好地结合，主要是因为两者的研究模式相同，两者一般都假设人的行为是理性的，即在给定约束下，寻求自身利益的最大化。

在现实生活中，经济人在经济活动中要与其他人相互合作，但同时还存在着冲突。在以往的很多经济学研究中，由于总是假设信息是完备的，价格机制在调节经济人之间的各种行为时能够完全发挥作用，因此，市场在配置资源中的作用总是有效率的。然而，现实生活中信息总是不完全的，这使价格机制并不总是实现合作和解决冲突最有效的手段。另外，人们在进行决策时，有一个时序问题，即当某人做出决策时，他必须对其对手之前和之后的决策进行考虑，他的决策受对手之前决策的影响，同时又影响对手随后的决策，于是，时序问题在经济学研究中变得极为重要。博弈论正好为信息问题和时序问题提供了有力的研究工具。当 20 世纪 70 年代经济学家开始将注意力由价格制度转向非价格制度时，博弈论逐渐成为经济学的基石，并被称为"21 世纪微观经济学的语言"。

二、博弈论的基本要素

博弈论中的基本要素包括参与人（players）、策略（strategies）、支付（pay-off）函数。

参与人也称局中人，是指博弈论中选择行动以最大化自身效用的决策主体。参与人可以是自然人，也可以是社会中的各种组织，如企业、政府和社会团体等。在博弈论中至少有两个以上的参与人，并且假设参与人都是理性和机智的。例如，下棋中的双方，以及我国古代著名谋略故事田忌赛马中的田忌和齐王。

策略是指参与人选择行动的规则或者计划，它规定参与人如何对其他人的行动做出反应，在什么时候选择什么行动。策略与行动不同，在给定条件的博弈中，参与人完整的一套行动计划叫作策略。例如，在田忌赛马中，齐王的赛马计划是先出上等马，再出中等马，最后出下等马；田忌的赛马计划是先出下等马，再出上等马，最后出中等马。这里的赛马计划就是一套完整的行动计划，也就是一个策略。行动是指参与人的决策变量，在田忌赛马中，田忌使用上等马、中等马或者下等马是三种行动。策略是行动的规则而不是行动本身。

参与人可以选择的策略的全体就组成了策略空间。例如，在田忌赛马中，共有六种行动方案可供选择：上中下（先出上等马，再出中等马，最后出下等马）、上下中、中上下、中下上、下上中、下中上。决策时田忌可以选择其中任何一个策略，在故事中，因为齐王固定选择了上中下，所以田忌选择了下上中，从而赢得了比赛。任何一人策略的改变都将使结果随之改变。例如，齐王选择了中下上，而田忌选择了下上中，则齐王将赢得比赛。

在博弈论中，可以用数值表示各参与人从博弈中各自获益多少或相应的效用水平，这个数值称为支付，它不仅与该参与人自身所选择的策略有关，而且与全部参与人所确定的一组策略有关。所以，一局博弈结束时每个参与人的"得失"是全体参与人所确定的一组策略的函数，通常称为支付函数。支付函数是所有参与人策略或行动的函数，是每个参与人真正关心的东西。

三、博弈的类型

博弈可以根据合作性、参与人的数目、支付矩阵、博弈的时间结构、策略空间的性质和参与人的信息状况等进行分类。

　　根据博弈者选择的战略，博弈论主要分为两个大类：合作性博弈和非合作性博弈。所谓合作性博弈是指参与人从自己的利益出发与其他参与人经过谈判达成协议或形成联盟，其结果对联盟各方均有利；而非合作性博弈是指参与人在行动选择时无法达成约束性的协议。人们分工与交换的经济活动就是合作性的博弈，而下文将要讲到的囚徒困境就是典型的非合作性博弈。

　　根据支付结构的不同，博弈可以分为常和博弈、零和博弈与变和博弈。常和博弈是指参与人的支付之和为一个常数。在常和博弈中，自己所得并不与他人所失的大小相等，自己的幸福也未必建立在他人的痛苦之上，伤害他人也可能"损人不利己"，博弈双方存在"双赢"的可能，进而选择合作。零和博弈是指参与人的支付之和为零，即参与博弈的各方，在严格竞争下，一方的收益必然意味着另一方的损失，博弈各方的收益和损失相加总和永远为"零"，因此双方不存在合作的可能。变和博弈是指参与人的支付之和不为常数的博弈，也称非常和博弈，是指随着博弈参与人选择的策略不同，各方的得益总和也不同。例如，在同一个股票市场，面对同样的大盘走势，由于投资者的投资策略不同，有可能大部分人赚钱而小部分人亏钱，也有可能小部分人赚钱而大部分人亏钱，甚至还有可能所有人都赚或都亏。变和博弈是最一般的博弈类型，而常和博弈与零和博弈则是它的特例。

　　根据参与人行动的先后顺序，可以将博弈分成静态博弈与动态博弈。静态博弈是指参与人同时采取行动，或者尽管参与人行动的采取有先后顺序，但后采取行动的人不知道先采取行动的人采取的是什么行动。动态博弈是指参与人的行动有先后顺序，并且后采取行动的人可以知道先采取行动的人所采取的行动。

　　根据参与人知识的拥有程度，博弈分为完全信息博弈和不完全信息博弈。信息是博弈论中重要的内容。完全信息博弈是指参与人对所有参与人的策略空间及策略组合下的支付有"完全的了解"，否则是不完全信息博弈。严格地讲，完全信息博弈是指参与人的策略空间及策略组合下的支付，是博弈中所有参与人的"公共知识"的博弈。如果对相关信息了解得不够精确，或者不是对所有的参与人都有精确的了解，即不完全信息博弈。对于不完全信息博弈来说，参与人所做的是努力使自己的期望支付或期望效用最大化。

■ 第二节　完全信息静态博弈

　　当博弈的所有参与人都不想改换策略时所达到的稳定状态叫作均衡，均衡的结果叫作博弈的解。本节我们主要介绍完全信息博弈中的占优策略均衡与纳什均衡。

一、占优策略均衡

　　一般来说，由于每个参与人的支付是博弈中所有参与人的策略函数，因而每个参与人的最优策略选择依赖于所有其他参与人的策略选择。但在一些特殊的博弈中，一个参与人的最优策略可能并不依赖于其他参与人的策略选择。换句话说，无论其他参与人选择什么样的策略，他的最优策略是唯一的，这样的最优策略被称为"占优策略"。

虽然策略的互动影响可能涉及许多参与人和许多策略，但是通常我们的分析却只局限于策略数有限的两个人博弈，这使我们可以容易地使用支付矩阵来表示此类博弈。下面我们以囚徒困境来说明。

囚徒困境是博弈论中的经典案例。假定两个合伙作案的犯罪嫌疑人被抓住了，但是警方手中并没有两人犯案的确切证据，因而对这二人的定罪量刑取决于他们的口供。警方会对二人进行隔离审讯，二人无法订立攻守联盟。同时警方会告知二人"坦白从宽，抗拒从严"的政策，即二人面临以下的后果：如果二人都坦白，那么罪行的严重性将使其各自面临 8 年的徒刑；如果二人都抵赖，则证据不足，二人将各自获刑 2 年；如果其中一个犯罪嫌疑人供认其罪行，而其同伙抵赖，那么坦白的犯罪嫌疑人将被从轻处理，获刑 1 年，而抵赖者将重判，获刑 10 年。

二人所面临的后果可以用表 9-1 来表示。表中数值表示参与人获刑时间的长短。

表 9-1　囚徒困境

囚徒乙 囚徒甲	坦白	抵赖
坦白	−8，−8	−1，−10
抵赖	−10，−1	−2，−2

在表 9-1 中，每个犯罪嫌疑人都有两个可供选择的策略，坦白或者抵赖，但是不论同伙选择了什么策略，每个犯罪嫌疑人的最优策略都是坦白。以犯罪嫌疑人甲为例，当犯罪嫌疑人乙选择坦白时，甲如果选择坦白将被判处 8 年，如果选择抵赖将被判处 10 年，因而甲将会选择坦白；当犯罪嫌疑人乙选择抵赖时，甲如果选择坦白将被判处 1 年，但如果选择抵赖将被判处 2 年，因而甲还是选择坦白。因此，坦白是犯罪嫌疑人甲的占优策略。对于犯罪嫌疑人乙而言，坦白同样也是他的占优策略。

在博弈论中，如果所有的参与人都有占优策略，在所有参与人占优策略基础上达到的均衡就是占优策略均衡。在表 9-1 中，甲与乙都坦白就是占优策略均衡。占优策略均衡是一个理性人的最优选择。

从囚徒困境中可以看出，如果每个犯罪嫌疑人都选择抵赖，则每个人将被判处 2 年，对于两人而言结果显然优于被判处 8 年，但是在理性人的约束下，如果不存在某种制约，则他们不可能在"甲乙一起抵赖"上达到均衡。

据此，传统观点认为囚徒困境反映了一个令人深思的问题：个人理性与集体理性相背离。对于个人来讲是最好的结局，但是对于整体而言却是最差的选择。双方选择坦白是整个博弈中结果最差的一种选择。用经济学的术语来说，个体理性选择的结果并非是帕累托最优的，因而不符合集体理性的要求，其中存在着帕累托改进的机会，因此，传统观点认为市场机制这一看不见的手并不能在人人追求自身利益最大化的过程中实现社会资源的最优配置。

囚徒困境在现实生活中有着广泛的应用。例如，两家寡头企业在选择竞争对策（降价与不降价）时的博弈、公共产品的生产、世界大国之间的军备竞赛等。

二、重复剔除的占优策略均衡

在绝大多数的博弈中，占优策略均衡是不存在的，但是，在有些博弈中我们仍然可以用占优的逻辑找到均衡，下面以智猪博弈（boxed pigs）进行说明。

假定猪圈中有两头猪，一头大猪，一头小猪。猪圈的一端是一个猪食槽，另一端是一个控制猪食供给的按钮，按一下按钮，将有 8 单位的食物进入猪食槽，供两头猪食用。大猪和小猪有两种战略选择：自己按或者等别人按。如果一头猪做出自己去按按钮的决定，它必须付出以下代价：第一，去按按钮，它需要支付相当于 2 单位猪食的成本；第二，由于按钮远离猪食槽，它将成为后到者，从而减少能够吃到的猪食的数量。具体支付见表 9-2。

表 9-2　按按钮对吃到食物的影响

吃到的猪食数量 按按钮的猪	大猪	小猪
大猪	4	4
小猪	7	1
两头猪同时	5	3

表 9-3 中的数字表示在不同情况下每头猪所能吃到的猪食的数量减掉按按钮成本之后的支付水平。

表 9-3　智猪博弈

小猪 大猪	按	等
按	3, 1	2, 4
等	7, −1	0, 0

从表 9-3 可以看到，在这个博弈中，无论大猪选择什么战略，对于小猪而言，最优战略均为等待，选择等待要比去按按钮能获得更高的支付。对于大猪而言，最优战略依赖于小猪的选择。如果小猪必然选择等待，那么大猪的最优选择只能是按按钮。

在这一个模型中，最后的均衡为小猪等，大猪按，最后大猪和小猪的支付分别为 2 单位和 4 单位，这是一个多劳不多得，少劳不少得的均衡。

在寻找智猪博弈的均衡解时，我们所使用的方法可以归纳为：首先，找到某一博弈参与人的严格劣战略，将它剔除，重新构造一个不包含已剔除战略的新的博弈；其次，继续剔除这个新的博弈中某一参与人的严格劣战略，重复进行这一过程，直到剩下唯一的参与人的策略组合为止。这个唯一剩下的参与人的策略组合，就是这个博弈的均衡解，称为"重复剔除的占优策略均衡"。

这里所说的劣战略，是指在其他博弈参与人的策略为既定的条件下，某一参与人可能采取的策略中对自己相对不利的战略。严格劣战略则是指，无论其他博弈参与人采取什么策略，某一参与人可能采取的战略中对自己相对不利的战略。

在智猪博弈中，我们首先剔除了小猪的严格劣战略——"按按钮"。在剔除掉小猪这一选择后的新的博弈中，小猪只有等待一个策略可供选择，而大猪有两个策略可供选择。我们再剔除掉新博弈中大猪的严格劣战略——"等待"，从而达到重复剔除劣战略的占优策略均衡。

现实生活中有很多智猪博弈的例子。例如，在股份公司中，股东承担着监督经理的职能，但不同的股东从监督中得到的收益大小不一样。在监督成本相同的情况下，大股东从监督中得到的收益显然大于小股东。因此，股份公司中监督经理的责任往往由大股东承担，小股东则搭大股东的便车。

与前面讨论的占优策略均衡相比，重复剔除的占优策略均衡不仅要求博弈的所有参与人都是理性的，而且要求每个参与人都要了解所有其他参与人是否是理性的。在智猪博弈中，如果大猪不能排除小猪按按钮的可能性，按按钮就不一定是大猪的最优选择。

三、纳什均衡

在许多博弈中，不存在明显优于其他策略的最优策略，我们无法使用不断排除劣战略的办法找出均衡解。这时，我们就需要引入纳什均衡的概念。

纳什均衡是完全信息静态博弈解的一般概念，它是指只有在知道其他参与人采取的策略后，一个参与人才能选择对自己最有利的策略，即博弈中的每个参与人都确信，在其他参与人策略给定的情况下，他选择了最优策略。也就是说每个人的策略是对其他人策略的最优反应，其中，每一个参与人均不能因为单方面改变自己的策略而获益。在囚徒困境中，（坦白，坦白）是纳什均衡，没有人能因为单方改变自己的策略而获益。

这里有必要简要叙述一下纳什均衡与占优策略均衡之间的关系。

每一个占优策略均衡和严格剔除劣战略均衡都是纳什均衡，但它们是比纳什均衡更强的一个概念。在占优策略均衡中，无论所有其他参与人选择什么策略，一个参与人的占优策略都是他最优的策略，显然，这一占优策略也是所有其他参与人选择某一特定策略时该参与人的最优反应。占优策略均衡要求任何一个参与人选择的策略对于其他参与人选择的任何策略来说都是最优的。因此占优策略一定是纳什均衡，但是，并非每一个纳什均衡都是占优策略均衡或者重复剔除劣战略均衡。纳什均衡只要求任何参与人在其他参与人的策略给定的条件下，其选择的策略是最优的。通常一个博弈中，并不一定有单一的纳什均衡，有时存在好几个纳什均衡。这是纳什均衡的多重性问题。

我们用下面两个例子来进行说明。

假定甲和乙是两个生产麦片的企业，且各自有两种策略，即生产咸麦片和甜麦片。甲和乙两家企业的支付矩阵如表9-4所示。

表9-4　企业生产博弈

企业乙的战略 企业甲的战略	生产咸麦片	生产甜麦片
生产咸麦片	−5, −5	10, 10
生产甜麦片	10, 10	−5, −5

当甲乙之间的博弈属于合作博弈时，双方可以通过协商达成共同瓜分市场的结果，但当甲乙之间的博弈属于非合作博弈时，如何得到均衡呢？如果乙企业得知甲企业将生产咸麦片，那么乙一定会生产甜麦片，因为此时对于乙而言生产甜麦片比咸麦片更有利；反之，如果甲企业知道乙企业将生产咸麦片，这时如果甲企业生产咸麦片会亏损 5 单位，而生产甜麦片将获利 10 单位，故甲将生产甜麦片。

在表 9-4 中，右上角和左下角两组支付，分别对应着知道对手策略后另一方的最优选择，从而达成纳什均衡。一旦达成纳什均衡，甲乙两企业就不会改变其战略，因为一旦偏离了纳什均衡，对于双方而言都是不利的，即各自亏损 5 单位。纳什均衡是一种稳定解。

下面以性别战博弈为例分析纳什均衡。

性别战博弈讲述一对恋人如何安排晚上的娱乐节目，恋人通常不愿意分开活动，但男女各自有自己的偏好。男方喜欢足球，女方喜欢电影。不同选择下男女双方的支付见表 9-5。

表 9-5　性别战博弈

男方 ＼ 女方	足球	电影
足球	3, 1	0, 0
电影	0, 0	1, 3

从表 9-5 中可以看到，此博弈存在两个均衡。男女双方一起看足球或者一起看电影，但是没有进一步的信息，因此我们无法确定男女双方最后的选择。实际生活中，也许这次看电影，下次看足球，从而形成一种默契，或者是谁买了票就听谁的。

第三节　完全信息动态博弈

一、子博弈精炼纳什均衡

前面我们分析了占优策略均衡、纳什均衡，它们都是静态的博弈。实际上，当一个人行动在前，另一个人行动在后，后者自然会根据前者的选择调整自己的选择，前者在做选择时也会理性地考虑到这一点，所以前者不可能不考虑自己的选择对其对手的影响。由于在纳什均衡中不考虑这种影响，事实上便允许了"不可置信的威胁"存在，于是增加了纳什均衡的数量。泽尔腾引入动态博弈分析完善了纳什均衡的概念，定义了与动态博弈对应的"子博弈精炼纳什均衡"。这个概念是将纳什均衡中包括的不可置信威胁的策略剔除掉，它要求参与人的决策在任何时点上都是最优的，决策者要随机应变，向前看。由于剔除了不可置信的威胁，在许多情况下，子博弈精炼纳什均衡也就减少了纳什均衡的数量。

一般在静态博弈中适合使用战略表达式，即用一个包括参与人、可选策略、支付函数的支付矩阵来表示。而在完全信息动态博弈中，由于行动有先后顺序，更适合使用扩展型表达式。一般扩展型表达式包括五个要素：一是参与人；二是每个参与人选择行动的时点；三是每个参与人在每次行动时可选择的行动集；四是每个参与人在每次行动时有关对手过去行动的信息；五是支付函数。一般的，我们采用"博弈树"来表述 n 个参与人有限策略动态博弈的全部要素。

我们可以以产业经济学中有关市场进入阻挠为例来说明上述观点。假定在位者是市场上的唯一供给者，面临进入者进入市场的竞争威胁，在位者有两种可选择的策略，即斗争和默许。斗争表现为降低价格以使进入者的收益为 0，默许意味着维持高价格。进入者也面临两种策略，即进入或者不进入。假定进入之前垄断利润为 200 单位，进入之后供给增加，价格下降，整个市场的寡头利润共 100 单位，每家获得 50 单位，进入成本是 10 单位。各种策略下的支付矩阵如表 9-6 所示。

表 9-6　市场进入阻挠博弈

在位者 进入者	默许（高价）	打击（低价）
进入	40, 50	−10, 0
不进入	0, 200	0, 150

这个博弈有两个均衡，一是（进入，默许），二是（不进入，打击）。

为什么（进入，默许）是纳什均衡？因为给定进入者进入的话，在位者选择默许时得到 50 单位的利润，但是选择打击时得不到利润，所以在位者的最优战略是默许。同理，给定在位者是高价时，进入也成为进入者的最优选择。当在位企业威胁说无论进入者进入还是不进入，都将实施低价格，即实施打击时，这时进入者的最优选择就是不进入；同样，在位者也知道进入者如果相信其威胁，便将选择不进入，那么打击就是最优选择。

下面我们用博弈树来说明在完全信息下如何求得动态博弈的纳什均衡。在此，我们假定进入者首先行动，选择进入或者不进入，在进入者决策后，在位者再做决定。

我们首先分析一下博弈树上的结构元件怎样给出一个有限动态博弈的所有要素。

首先是结：包括决策结和终点结。如图 9-1 所示，决策从空心圆开始，旁边标注"进入者"，表明进入者在此点开始决策。所有旁边标注参与人的空心圆或者黑点均是决策结，决策结是参与人采取行动的时点，表明参与人的行动顺序，在博弈树下的四个黑点标注有各参与人的得益，为终点结。

其次是枝：博弈树上，枝是连线，将各决策结连接起来，每一个枝代表参与人的一个战略选择，在每一个枝旁边标注该行动的具体代号。

最后是信息集：信息集是由决策结所决定的。

动态博弈不同于静态博弈，后行者会根据先行者的策略来调整自己的选择，而先行者也会考虑到这一点。在这里我们对之前的两个纳什均衡重新进行分析。首先考虑进入者的行为。当进入者选择进入时，在位者将处于信息集 X 处，此时在位者选择默许将会得到 50 支付，而选择打击将得到 0 支付，显然在位者应选择默许。根据上述分析，如果进入者知道在位者是理性的，其最优选择将会是进入，并逼迫其选择默许。因此，

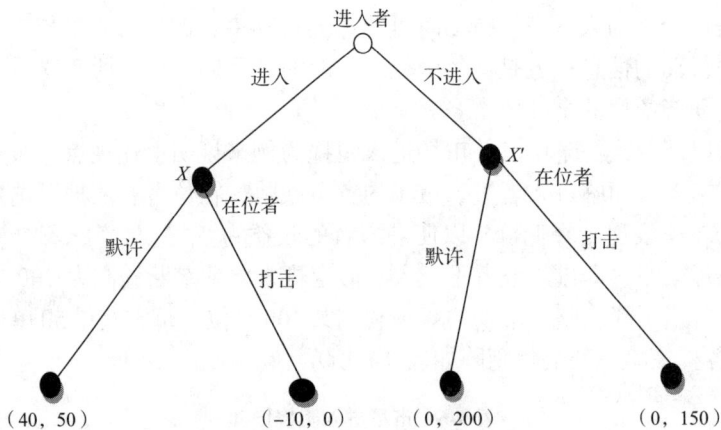

图 9-1 动态市场进入阻挠

纳什均衡（不进入，打击）是不可置信的，因为它依赖于一个不可置信的威胁策略。容易看出，（进入，默许）是一个合理的均衡，因为构成这个均衡的每个参与人的均衡策略都是合理的。这里强调的是均衡本身与均衡结果。这是不同的概念，均衡本身构成均衡的策略组合，此例中是（进入，默许），而均衡结果是这个均衡的策略组合作用后的实际结果。

泽尔腾引入"子博弈精炼纳什均衡"概念的目的，就是要把上述例子中包含不可置信威胁策略的纳什均衡从均衡中剔除，从而得出动态博弈结果的一个合理预测。在子博弈精炼纳什均衡下，均衡策略的行为规则要在每一个信息集上都是最优的。例如，上述例子中的（进入，默许），在进入者的信息集即博弈的起始点处是最优的，并且在信息集 X 处也是最优的；而纳什均衡（不进入，打击）在 X' 处是最优的，但是在 X 处不是最优的，因而它不是一个子博弈精炼纳什均衡。

二、重复博弈

重复博弈是指同样结构的博弈重复许多次，其中的每次博弈称为阶段博弈（stage game）。

影响重复博弈均衡结果的主要因素是博弈重复的次数和信息的完备性，重复次数对参与人的选择有重要影响，它决定了参与人在短期利益和长期利益之间的权衡。

当博弈只进行一次时，每个参与人都只关心一次性的支付；但如果博弈重复多次，参与人就可能会为了长远利益而牺牲眼前利益，从而选择不同的均衡策略。

就信息的完备性而论，当一个参与人的支付函数还不为其他参与人所知时，该参与人可能有积极性建立一个良好的声誉以换取长远利益。下面我们只讨论博弈重复的次数对参与人的策略及均衡的影响。

如果博弈重复次数有限，意味着存在所有参与人都可以预测到的"最后一次"。在最后的阶段博弈中，如果某一参与人选择了自己的占优策略（或不合作），并给其他参与人造成损失，则其他参与人不可能报复。但是，所有的参与人都是理性的或明白这一点，因而在最后一次阶段博弈中都会选择占优策略——给自己的产品制定低价，从而构成与完全信息静态博弈相同的占优策略均衡。所有参与人在最后阶段博弈中都会不约而同地选择低价策略，这意味着无论参与人 B 在倒数第二阶段，即最后阶段以前的那个阶段博弈中采取什么策略，参与人 A 在最后阶段都将采取低价策略。因此，在倒数第二阶段中，B 就没有必要因为担心 A 的报复而采取高价策略。

从博弈的最后阶段开始，逐个阶段进行推理的分析方法叫作逆向归纳法（backward-induction）。

通过以上分析，可以得出以下结论：在阶段博弈有唯一的纳什均衡时，n 次重复博弈的唯一子博弈精炼纳什均衡结果是阶段博弈的纳什均衡重复 n 次。这就是说，每个阶段博弈出现的都是一次性博弈的均衡结果。在这里，阶段博弈纳什均衡的唯一性是以上结论成立的一个重要条件。如果纳什均衡不是唯一的，上述结论就不一定成立。

第四节　不完全信息静态博弈

一、贝叶斯纳什均衡

完全信息博弈包含一个基本假定，即所有参与人都知道博弈的结构和规则，知道博弈的支付函数。在前面"市场进入"的博弈例子中，进入者知道在位者的偏好、战略空间及各种战略组合下的利润水平，在位者也知道进入者的偏好、战略空间及各种战略组合下的利润水平。满足这种假设条件的博弈称为完全信息博弈，当然，这个假设在许多情况下是不成立的。例如，进入者实际上并不完全理解在位者的生产函数、成本函数及偏好。这就是不完全信息博弈。不完全信息的出现，给博弈提出了新的难题，而海萨尼就在这方面做了突出的贡献。他引入了一个虚拟的参与人——自然。自然不同于一般参与人的地方在于它在所有结果之间是无差异的。自然首先行动，由它来选择参与人的"类型"。只有被选择的参与人知道自己的真实类型，而其他参与人并不清楚这个被选择的参与人的真实类型，仅知道各种可能的类型分布。另外，被选择的参与人也知道其他参与人心目中的这个分布函数，这种分布函数是一种共同知识。

海萨尼的上述工作被称为"海萨尼转化"。通过这个转化，可以把"不完全信息博弈"转化成"完全但不完美信息博弈"。"不完美信息"表明"自然"做出了它的选择，但是其他人不知道它的具体选择内容，仅知道各种选择的概率分布。通过这种方法，不完全信息博弈就变得可以分析了。

此外，海萨尼还定义了"贝叶斯纳什均衡"。贝叶斯纳什均衡是纳什均衡在不完全信息博弈中的自然扩展。在静态不完全信息博弈中，参与人同时行动。同时给定别人的战略选择，每个参与人的最优选择战略依赖于自己的类型。由于每个参与人仅知道其他参与人的类型的概率分布而不知道其真实类型，因此，他不可能准确知道其他参与人实际上会选择什么战略；但是，他能正确地预测到其他参与人的选择是如何依赖于其各自的类型的。因此，他决策的目标就是在给定自己的类型和别人的类型依从战略的情况下，最大化自己的期望效用，即贝叶斯纳什均衡是这样一种类型依从战略组合：给定自己的类型和其他参与人的类型的概率分布情况下，每个参与人的期望效用达到了最大化，也就是说，没有人有积极性选择其他战略。

贝叶斯纳什均衡的一个重要应用领域是招标或者拍卖方面。假设有一个很贵重的古董要出售，拍卖者自然想找到一个出价最高的购买者。一般的方法是，每个竞标者将自己愿意出的价格先预算出来，然后在拍卖过程中找到适合的机会举牌，试图用最低的价格来击败对手取得标物。这时，不同竞标者之间进行的就是一场博弈。假定每个竞标者不知道其他竞标者的最高报价而仅知道其概率分布，那么他在举牌的时候就面临一种交替，即报价越高，拍下的可能性就越大；另外，在拍到的情况下，他要付出的代价就越高。博弈分析证明，每个投标人的标价依赖于他的类型，但一般来说，贝叶斯纳什均衡标价要高于一般的市场价格。二者之间的差异随竞标人数的增加而增加，这就是说让更多的人参加竞标，可以使商品卖一个更好的价钱。

二、精炼贝叶斯均衡

在动态博弈中，行动有先后顺序，后行动的一方可以通过观察先行动者的行动获得有关信息，调整自己的判断，如在下象棋的过程中，通过观察对方的棋子移动来了解对方的战略。当然，先行动者知道自己的行为具有传递自己特征信息的作用，因而会有意识地选择某种行动来揭示或掩盖自己的真实面目。

在不完全信息动态博弈中的均衡概念是"精炼贝叶斯均衡"。这个概念是完全信息动态博弈的精炼纳什均衡和不完全信息静态博弈的贝叶斯均衡二者的结合。精炼贝叶斯均衡的主要思想是：参与人要根据所观察到的对方行为来调整自己的判断，并以此来选择自己的行为策略。一般采用贝叶斯规则来修正精炼贝叶斯均衡。贝叶斯规则是概率统计学中应用所观察到的现象修正先验概率的一种标准方法。这种修正隐含一个假设，每个参与人都假定其他参与人选择的是均衡战略。一般来说，精炼贝叶斯均衡是所有参与人战略和信念的一种结合，它符合如下条件：第一，在给定每个人有关其他参与人类型信息的情况下，每个人的战略选择是最优的；第二，每个人有关其他参与人类型的信息都是通过贝叶斯法则，从观察对方行为中获得的。特别的，精炼贝叶斯均衡不能仅定义在战略组合上，它必须同时说明参与人的信念，因为最优战略是相对于信念而言的。

精炼贝叶斯均衡的一个重要应用是"信号传递模型"。此类模型由斯宾塞开创建立，具有广泛的应用。斯宾塞分析的是在劳动力市场上，工人的能力如何通过教育水平传递的情况。这个模型中，企业的生产率直接取决于工人的能力。工人的能力高低只有工人自己知道，雇主不知道。教育本身虽不改进工人的能力，却可以传递相关信息。因为教育要花费成本，而高能力的人的教育成本相对于低能力的人要低。原因在于一个资质较平庸的人要比一个天赋较高的人付出更多的努力才能完成必修的课程并拿到文凭。这样，文凭就间接地成为能力的象征，尽管它不一定是能力的表示。高能力的人要显示自己的能力，就要选择接受更多的教育取得更高的文凭，企业看到受过更高教育的人就推断其具有更高的能力，因而支付其更高的工资。

成本在精炼贝叶斯均衡中具有重要作用。一般来说，一种行动要具有某种传递信息的功能，行动者需要为此支付足够的成本，否则，所有其他类型的参与人都会模仿。只有负担成本的行动才是可信的。简单地告诉对方，"我的价格是最低的""我的产品最好""我是好人""我的能力很强"等并不能传递信息，因为这类行动不花费成本，任何参与人都可以效仿。低成本企业要表明自己的价格低，就得定一个比短期垄断价格低的价格，牺牲一部分短期利润；好人要证明自己是好人，就得干更多更大的好事；高能力的人要表明自己的能力，就要接受更高层次的专业教育；等等。这种为传递信号支付的成本是信息的不完全导致的。

本 章 案 例

案例9-1：什么是博弈论——从秦始皇统一天下谈起

两千多年前，雄才大略的秦始皇第一次统一了中国大地，并创建了当时世界上最庞大的帝国，从而名垂青史。从当时的历史条件来看，秦国虽然在商鞅变法之后实力大增，但其经济、政治、军事实力是远远不能与六国总和相匹敌的。这种情况下，六国与秦国的形势就产生了两种针锋相对的可能：其一，六国采用"合纵"政策对抗秦国，也就是各国缔结军事盟约，共同抵御秦国的侵略，秦国若对任一国家发动侵略，其他国家必须无条件出兵营救；其二，六国采用"连横"政策，与秦国妥协，也就是各国都与秦国签订友好互助条约，保持双方和平关系。

当时七国之中，只有齐国实力可以匹敌秦国，因此其成为六国军事同盟的核心。一旦齐国放弃"合纵"政策，六国的军事同盟就土崩瓦解。真实的历史也证明了这一点，秦国对六国联盟的破坏正是从齐国开始的。

在这种情况下，秦国与齐国都有两种战略政策可以选择，那就是"合纵"与"连横"。秦国如果默许六国"合纵"，齐国采用"合纵"政策，结果是秦国势力被遏制，而齐国成为六国领袖，势力得以扩张。秦国采取"连横"政策，齐国仍然采取"合纵"政策，结果是秦国与六国处于对峙状态。秦国默许六国"合纵"，齐国却采用"连横"政策对秦国示好，结果将使秦国丧失吞并六国统一天下的野心，齐国的势力也没有得以扩张。而历史的真相是，秦国采取"连横"政策，齐国默许秦国的"连横"政策并与秦国建立友好外交关系，齐国最终被灭，千古一帝秦始皇得以名扬千秋。

秦国与六国集团之间的争斗实质上就是一种博弈。秦国与齐国之间的战略政策选择正是为了在保持自身能够生存的基础上谋取更大的利益甚至是统一天下。有利益的争夺是博弈的目的，也是形成博弈的基础。经济学最基本的公设就是经济人或理性人的收益最大化，参与博弈的博弈者正是为了自身收益的最大化而互相争斗。参与博弈的各方形成相互竞争/相互对抗的关系，以争得利益的多少决定胜负，一定的外部条件又决定了竞争和对抗的具体形式，这就形成了博弈。例如，象棋对局的参与人是以将对方的军为目标，战争的目的是胜利，古罗马竞技场中角斗士在争夺两人中仅有的一个生存权，企业经营的目的是生存发展，而股市中人们所争的很实在，就是金钱。从经济学角度来看，有一种资源为人们所需要，而资源的总量是稀缺的或是有限的，这时就会发生竞争，竞争需要有一个具体形式把大家拉在一起，一旦找到了这种形式就形成了博弈，竞争各方之间就会走到一起开始一场博弈。《孙子兵法》上说，"知己知彼，百战百胜"。可见竞争对抗的对手或博弈各方所拥有的信息是十分重要的。又如，上一个例子中，秦国与齐国都明白对方的策略，从博弈理论上来说，更拗口的说法是秦国知道齐国知道自己的策略，反之齐国亦然，而这正是博弈双方所掌握的信息。

因此我们可以了解到，形成一个博弈有4个要素。

（1）博弈要有2个或2个以上的参与人。在博弈中存在一个必需的因素，那就是不是一个人在一个毫无干扰的真空中做决策。例如，前例中只有秦国，而没有与之对抗的六国，就不存在"合纵连横"的博弈。从经济学的角度来看，如果是一个人做决策而不受到他人干扰的话，那就是一个传统经济学或管理学中最经常研究的最优化问题，也就是一个人或一个企业在一个既定的局面或情况下如何决策的问题。最简单的一个最优化的例子就是，吸烟伤肺，不吸烟却伤心，烟民是选择抽烟还是不抽烟，这就需要进行权衡（trade off）。如果这个烟民不是单身，而是有妻子或女友，这种情况下就很有可能形成一个博弈。这也就是说，博弈者的身边充斥着具有主观能动性的决策者，他们的选择与其他博弈者的选择相互作用、相互影响。这种互动关系自然会对博弈各方的思维和行动产生重要的影响，有时甚至直接影响着其他参与人的决策结果。在《鲁滨孙漂流记》中，与世隔绝的"鲁滨孙"（Robinson Crusoe）一个人组成一个独立的经济系统，有一定数学水平的人都能够清楚，这只是一个普通的求解最大值的问题。因为鲁滨孙面对的是一些死的数据，而不是有主观意愿的人。一旦"星期五"（《鲁滨孙漂流记》中鲁滨孙的黑人仆人）加入这个系统，这个经济系统就形成了一个博弈问题。

（2）博弈要有参与各方争夺的资源或收益。资源指的不仅是自然资源，如矿山、石油、土地、水资源等，还包括了各种社会资源，如人脉、信誉、学历、职位等。如果这些资源是无限供给的，那么我们也不需要为共产主义而奋斗了，因为一步就可以迈入"货恶其弃于地也，不必藏于己，力恶其不出于身也，不必为己""大道之行也，天下为公"的大同社会。当然，不可否认的是，一方面，博弈者之间会发生冲突；另一方面，他们当中也包含着合作的潜力。

笔者在这里还要强调一点，资源是有主观性的。人们之所以会参与博弈是因为受到了利益的吸引，预期将来所获得利益的大小会直接影响到竞争博弈的吸引力和参与人的关注程度。经济学的效用理论可以用来解释这个问题，凡是自己主观需要的就是资源，凡是自己主观不需要的资源就没有什么价值。例如，"孩子总是自己的好，妻子总是别人的好"：自己的孩子在自己眼里是无价之宝，而在别人面前相对是无价值的；即使是众人公认的美妻娇眷也会令人产生审美疲劳，资源的价值不断下降，这正是效用递减规律起了作用。最极端的例子大概就是明代小说《镜花缘》中所描绘的君子国，人人礼让使客观的资源变得毫无价值，自然就不存在竞争与博弈。

（3）参与人有自己能够选择的策略。所谓策略，就是"计利以听，乃为之势，以佐其外。势者，因利而制权也"。这指的是直接使用的针对某一个具体问题所采取的应对方式。通俗地说，策略就是计策，是博弈参与人所能够选择的手段方法。例如，秦国就采用了"连横"的策略将六国"合纵"瓦解。

日常生活中，策略选择仅是解决问题的方法，并不牵涉到分析关键因素、确定局势特征这些理论化的内容。而博弈论中的策略选择，是先对局势和整体状况进行分析，确定局势特征，找出其中关键因素，然后在最重要的目标上进行策略选择。由此可见，博弈论中的策略是可以牵一发而动全身的，这直接对整个局势造成重大影响。

（4）参与人拥有一定量的信息。例如，在"合纵连横"的故事中，秦国与六国之间所拥有的信息就是完全的。但有些时候，信息并不是完全的，俗话说"天有不测风云"，如今天是阴云密布、狂风大作，而气象台预报明天是"阴转小雨"，那么明天出门上班到底要不要带伞呢？这种情况的信息是不完全的，人们决策的信息条件是不确定的。当然，从情理上说，在实际生活中一般是要带伞的，以备不时之需。

通俗地说，博弈就是指个人或组织在一定的环境条件与既定的规则下，同时或先后，仅仅一次或是进行多次的选择策略并实施，从而得到某种结果的过程。我们生活在这个世界上，就不可避免地要与他人打交道，这是一个利益交换的过程，也就无可避免地要面对各种矛盾和冲突。所谓博弈论听似佶屈聱牙，看似深不可测，但其思想极易理解。简单说来博弈论就是研究人们如何进行决策，以及这种决策如何达到均衡问题。每个博弈者在决定采取何种行动时，不但要根据自身的利益和目的行事，还必须考虑到他的决策行为对其他人的可能影响，以及其他人的反应行为的可能后果，通过选择最佳行动计划，来寻求收益或效用的最大化。

资料来源：余治国《身边的博弈论：博弈论与信息经济浅说》

案例 9-2：信息有价

我们前面所阐释的囚徒困境、智猪博弈等各种模型都有一个前提条件，那就是博弈双方都有共同知识，也就是博弈参与人都知道对方所能采用的策略与各种可能发生的结局。在实际生活中，很多情况下并不是这么理想化的。例如，保险公司并不了解投保人真实的身体状况如何，只有投保人自己对自身健康状况才有最确切的了解；政府官员廉洁与否，一般的公民并不是非常清楚；求职者向公司投递简历，求职者的能力相对而言只有自己最清楚，公司并不完全了解；最常见的例子就是买卖双方进行交易时，自然是卖方比买方更加了解交易商品的质量高低。

这种情况在信息经济学中有一个专门的术语，叫作"信息不对称"。之所以有信息不对称，是因为存在"私有信息"。所谓"私有信息"，通俗地讲就是在博弈中，如果某一方所知道的信息而对方并不知道，这种信息就是拥有信息一方的私有信息。有位专家说，信息就是信息，既不是物质，也不是精神。这似乎是什么都没说，又似乎已经说得很明确。广义地说，所谓信息就是消息。对于人类而言，人的五官生来就是为了感受信息的，它们是信息的接收器，它们所感受到的一切都是信息。然而，大量的信息是我们的五官不能直接感受的，人类正通过各种手段，发明各种仪器来感知它们，发现它们。信息可以交流，如果不能交流，信息就毫无用处。信息还可以被储存和使用。你所读过的书，你所听到的音乐，你所看到的事物，你所想到或者做过的事情，都是信息。

私有信息，简单地说，如商家的产品是否有严重缺陷的信息，这样的信息往往只被能接近和熟悉这种产品的人观察到，那些无法接近这种产品的人却无从了解或难以了解。相反，如果一则信息是大家都知道的，或者是所有有关的人都知道的，它就叫作"公共信息"或者"公共知识"。"私有信息"的存在导致了"信息的不对称性"，也就是某些人掌握的信息要多于其他人。

私有信息的存在是信息不对称情况发生的根本原因。例如，一个女孩面对好几个追求的男生，这些男生的人品、上进心等信息对于这个女孩来说都是私有信息，女孩与追求的男生之间就存在着信息不对称的现象，因此这个女孩到底选择哪一个男生往往就带有很大的不确定性。

私有信息掌握与否也是委托代理关系的重要概念。委托代理关系的概念来自法律。在法律上，当 A 授权 B 代表 A 从事某种活动时，委托代理关系就发生了，A 称为委托人，B 称为代理人。一般的委托代理关系泛指在任何一种涉及不对称信息的交易（合同、协议）中参与人之间的经济关系。掌握信息多、处于信息优势的一方称为代理人，掌握信息少、处于信息劣势的一方称为委托人。简单地说，"知情者"是代理人，"不知情者"是委托人。

社会是由众多个体构成的，人与人之间时刻发生着各种各样的联系。由于不对称信息在社会经济活动中相当普遍，所以许多社会经济关系都可以归结为委托代理关系。例如，政府与企业、股东与经理、雇主与雇员、消费者与厂家、计算机用户与服务商、信息经纪人与信息用户、病人与医生等，他们之间都可以构成委托代理关系。除了正式的有书面合同（协议）的委托代理关系，以及有口头委托的较为明显的委托代理关系外，社会经济关系中还有大量的隐含的委托代理关系，如老百姓与政府官员、选民与议员的关系等。

同一种社会经济关系中可能包含多种不同的委托代理关系。例如，软件生产商与软件用户的关系，对于软件的生产成本、软件性能等方面的信息，生产商掌握的比用户多，生产商是代理人，用户是委托人，从这一方面来说是"用户委托生产商进行生产"；对于需求欲望、支付能力等方面的信息，用户掌握的比生产商多，从这一方面来说又是"生产商委托用户进行消费"。可见，委托代理关系是与不对称信息相联系的，针对不同的不对称信息，可以构成不同的委托代理关系，对于参与各方，我们不能简单地说某一方是委托人，某一方是代理人。

一般来说，私有信息指的是现状，如买卖双方交易商品的质量状况、追求女孩的男生人品及健康状况、求职者的能力等。总而言之，私有信息是双方博弈时已存在的事实。在信息经济学中，一般把这种关于现存事实特征的私有信息，叫作"隐蔽特征"。

前面所说的私有信息造成的信息不对称是一种事前的信息不对称。例如，消费者到商家去买商品，在购买之前并不清楚商品质量的好坏。然而，还有一种信息不对称是指在一定的环境下，博弈的一方无法判断并观察到另一方未来的行为。在信息经济学中，这种现象被称为"隐蔽行为"。例如，一个民营企业雇用了一个职业经理人，并授予此人极大的权力，然而这个资本所有者无法判断并观察到将来这个经理上任之后是否会偷懒，甚至是将公司的利益据为己有。这种由于无法实现全天候监督而产生的雇员进行欺骗或偷懒的行为，就是隐蔽行为。又如，公务员都宣誓要一心为民、廉洁奉公，但是若无有效的监督机制，公务员寻租就成了一种隐蔽行为。

简而言之，隐蔽信息分为两大块，在合同签订前已经发生的和已经存在的有关事实，就叫作隐蔽特征；在合同签订后发生的有关事实，就叫作隐蔽行为。

正是因为参与博弈者掌握的信息并不完全，往往有很多私有信息的存在，其决策结果必然会有很大的不确定性。不管是对未来、现在或过去的任何决策，只要是我们不知道确切结果的都具有"不确定性"。不确定性可分为两大类：主观不确定性和客观不确定性。主观不确定性是指决策者由于有关资料的缺乏而不能对事物的状态做出正确的判断，而这种不确定性的判断却是其他掌握资料的人可以有的。例如，消费者对商品的质量不如生产者更为了解，换句话说，商品质量对于消费者来说更加具有不确定性。和主观不确定性相关的信息常常具有不对称性，一些人掌握事物状态的信息，而另一些人则缺乏事物状态的信息。信息的不对称性可以通过信息的交流和公开以及寻找而消除。客观不确定性是指事物状态的客观属性本身具有不确定性，对此，人们可以通过认识去把握不确定性的客观规律，但是，认识本身并不能消除这种不确定性。

当存在不确定性时，决策者的决策就具有风险。不确定性和风险有密切的联系，但又是两个不同的概念。不确定性，直观上很容易理解，一件事情可能出现的结果越多，这件事情就越具有不确定性，结果越不明确（概率分布越分散），不确定性的存在就越显著。

风险的必要条件是决策面临着不确定性的条件。当一项决策在不确定条件下进行时，其所具有的风险性的含义是：从事后的角度看，事前做出的决策不是最优的，甚至是有损失的。决策的风险性不仅取决于不确定因素之不确定性的大小，还取决于收益的性质。所以，通俗地说，风险就是指从事后的角度来看由不确定性因素而造成的决策损失。

对于个人来说，其拥有的信息越多，越有可能做出正确决策。对于社会来说，信息越透明，越有助于降低人们的交易成本，提高社会效率。在绝大部分情况下，我们根本无法掌握影响未来的所有因素，这使做确定性的决策变得困难重重。信息本身的价值正在于此。博弈参与人一旦掌握了更多信息，其决策获得更大收益的可能性就会增大。例如，一个消费者买一部二手手机需要花 1 000 元，而这部手机的真实价值也许只有 500 元，如果消费者购买了这部手机，就净损失 500 元，如果他和二手手机老板很熟，请老板吃顿饭支出 100 元，老板决定给这个消费者一部价值 1 200 元的二手手机，很自然，获取这部手机真实信息的价值或信息成本就是 100 元，但是消费者不仅没有亏掉 500 元，反而赚了 200 元，一反一复投入 100 元的信息成本所得到的收益是 500+200 = 700 元。

因此，市场参与者的决策的准确性取决于信息的完整性，准确的决策需要更多信息的支持，所以信息的获取有减少风险的可能性。这就是说，信息的搜取有可能增加决策者的收益。信息的价值可以用获取信息后可能增加的收益来衡量。当然，信息的获取需要成本，有的时候这种成本可能会高到决策者无法承受的境地。

资料来源：余治国《身边的博弈论：博弈论与信息经济浅说》

本 章 小 结

（1）博弈论是关于策略互动作用的理论，研究两个或两个以上参与人在对抗性或竞争性局势下如何采取行动，如何做出有利于自己的决策及其均衡问题。博弈论的基本要素包括参与人、策略和支付。

（2）占优策略是指在一些博弈中，一个参与人的最优策略可能并不依赖于其他参与人的策略选择，即不论其他参与人选择什么策略，其最优策略都是唯一的。

（3）纳什均衡是指博弈中的每个参与人都确信，在给定其他参与人策略的情况下，他选择了最优的策略。

（4）子博弈精炼纳什均衡是纳什均衡概念的第一个重要改进，其目的是把动态博弈中的"合理纳什均衡"和"不合理纳什均衡"区分开来。

（5）贝叶斯纳什均衡是指给定自己的类型和别人的类型的概率分布情况下，每个参与人的期望效用达到了最大化。

复习与思考

1. 举例说明占优策略均衡与纳什均衡的区别。

2. 解释"囚徒困境"，并举商业案例说明。

3. 设啤酒市场上有两家厂商，各自选择是生产高价啤酒还是低价啤酒，相应的利润（单位：万元）如下表的得益矩阵所示。求：

厂商A ＼ 厂商B	低价	高价
低价	−20, −30	900, 600
高价	100, 800	50, 50

（1）有哪些结果是纳什均衡？

（2）如果两家厂商都采用极大化极小策略，结果是什么？

（3）两家厂商合作的结果是什么？

4. 北方航空公司和新华航空公司分享了从哈尔滨到南方度假胜地的市场。如果它们合作，各获得 500 000 元的垄断利润，但不受限制的竞争会使每一方的利润降至 60 000 元。如果一方在价格决策方面选择合作而另一方却选择降低价格，则合作的厂商获利将为零，竞争厂商将获利 900 000 元。

（1）将这一市场用囚徒困境的博弈加以表示。

（2）解释为什么此博弈的结果可能是两家公司都选择竞争性策略，而不是合作。

5. 假设有两个游戏者 A 和 B，他们分别代表两家企业，生产不同的部件，但生产的部件在型号选择上有"大""小"之分。若一家企业选择的型号为"大"，另一家企业选择的型号为"小"，则会发生不匹配的问题。只有当两家企业选择的型号匹配时，才会有均衡。下表给出了这一合作博弈的形式。

A企业＼B企业	大	小
大	2, 2	−1, −1
小	−1, −1	1, 1

（1）假设企业 A 先走一步，企业 B 的策略选择有多少种？写出 A 和 B 的策略组合及相应的收益矩阵。

（2）在这些策略组合中，有无纳什均衡？如果有，哪些是？

（3）将上述策略组合写成扩展型博弈形式，并求出子博弈精炼纳什均衡。

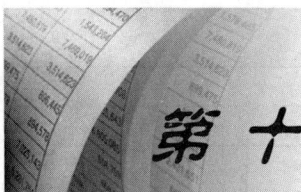

第 十 章

生产要素价格决定的需求方面

学习目的与要求

1. 了解分配理论、要素需求的性质。
2. 掌握完全竞争厂商对生产要素的使用原则。
3. 了解完全竞争厂商对生产要素的需求曲线及完全竞争市场对生产要素的需求曲线。
4. 了解买方垄断厂商和卖方垄断厂商使用生产要素的原则。

前述各章讨论了产品市场中有关产品的价格和产量的决定。这一部分的内容通常被看成所谓的"价值"理论。本章开始讨论生产要素的价格和使用量如何决定，第十一章讨论生产要素的供给如何决定。由于生产要素的价格和使用量是决定消费者收入水平的重要因素，所以要素价格决定理论在西方经济学中又被看成所谓的"分配"理论。

■ 第一节 生产要素需求的特征及原则

生产要素价格的决定在西方经济学的传统上是分配论的一个重要部分。19 世纪的西方经济学家习惯将生产要素分为三类：劳动、资本和土地。这三类生产要素的价格被分别称作工资、利润和地租。因此，生产要素的价格理论就是工资收入者、资本家和地主的收入分配理论。到 19 世纪末，第四种生产要素——企业家被提出来。于是，利润被看成企业家才能的收益，而资本所有者的收益被看成利息。

产品市场上对产品的需求主体是消费者，而在生产要素市场上厂商则是生产要素需求的主体。产品市场上消费者对产品的需求和生产要素市场上厂商对生产要素的需求具有很多不同的性质。

一、厂商对生产要素需求的特征

（一）厂商对生产要素的需求是"间接需求"

在产品市场上，需求来自消费者。消费者购买产品是为了直接满足自己的吃、穿等消费欲望。因此，消费者对产品的需求是所谓的"直接"需求。而在生产要素市场上，对生产要素的需求来自厂商。厂商购买各种生产要素不是为了直接满足自己的消费欲望，而是为了利用生产要素生产并销售产品获得利润。因此，从这个意义上来说，厂商对生产要素的需求是"间接"需求。

（二）厂商对生产要素的需求是"派生"需求或"引致"需求

厂商在生产要素市场上购买生产要素的原因在于消费者在产品市场上对该要素所生产的产品有需求，如果在产品市场上不存在消费者对产品的需求，厂商就无法从生产和销售产品中获得利润，从而厂商也就不会在要素市场上购买或租用生产要素。例如，如果消费者在产品市场中不购买面包，那么就不会有厂商对生产工人及厂房等生产要素的需求。因此，厂商对生产要素的需求是从消费者对产品的需求中所派生出来的，厂商对生产要素的需求是"派生"需求或"引致"需求。

（三）厂商对生产要素的需求是"联合"需求或"共同"需求

所谓"联合"需求或"共同"需求，是指厂商对生产要素的需求是多样的、相互依赖的需求。这主要是由于厂商在生产过程中无法仅仅使用一种生产要素来生产产品，而是需要利用多种生产要素进行相互配合来生产产品。所以，厂商对于生产要素的需求是"联合"需求。对生产要素需求的这种特点带来一个重要的后果，即厂商对某种生产要素的需求，不仅取决于该生产要素的价格，也取决于其他生产要素的价格。因此，严格来说，对生产要素的需求理论应该是关于多种生产要素的共同需求理论。但是，为分析问题的简化，本书假设厂商仅仅使用一种生产要素生产产品。

二、厂商使用生产要素的原则

任何一家理性的厂商所从事的任何行为都要以实现利润最大化（亏损最小化）为原则，即任何行为都要满足利润最大化的原则，即边际收益等于边际成本。例如，不同市场类型中的厂商在确定产品的产量和价格，以及在进行广告行为时都要以利润最大化为原则。同样，厂商在决定生产要素的使用数量时也要以利润最大化为原则，即使用生产要素的边际收益要等于使用生产要素的边际成本。生产要素的边际收益是指厂商增加一个单位生产要素的使用量所增加的收益，生产要素的边际成本是指厂商增加一个单位生产要素的使用量所增加的成本。如果厂商使用生产要素的边际收益大于其边际成本，理性的厂商会增加生产要素的使用量；相反，厂商要减少生产要素的使用量。

第二节 完全竞争厂商使用生产要素的原则

一、完全竞争厂商

在分析产品市场时，所谓的完全竞争厂商应具有如下特点：市场中具有完全信息的、自由进入和退出市场的大量买者和卖者生产和销售同质的产品。这种完全竞争的厂商实际上只是"产品市场上的完全竞争厂商"。一旦从产品市场的分析扩展到产品市场加要素市场时，仅仅是产品市场完全竞争还不足以说明厂商的完全竞争性，还必须要求生产要素市场也是完全竞争的。

完全竞争的要素市场需满足以下几方面的要求：要素市场上有大量的要素需求者（厂商）和要素供给者（消费者）；消费者所提供的生产要素没有任何的区别，生产要素是同质的；生产要素的供求双方具有完全的信息；要素可以自由充分地移动；等等。显然，完全竞争的生产要素市场在现实生活中也是不存在的。

本章将同时处于完全竞争的产品市场和完全竞争的要素市场中的厂商称为完全竞争厂商。相应的，不完全竞争厂商包括以下三种情况：第一，产品市场完全竞争，但要素市场不完全竞争；第二，要素市场完全竞争，但产品市场不完全竞争；第三，产品市场和要素市场都不完全竞争。本节分析完全竞争厂商使用生产要素的原则。

二、完全竞争厂商使用要素的原则

在分析完全竞争厂商使用要素的原则时，我们假设完全竞争厂商只使用一种生产要素（假定为劳动力）、只生产一种产品、追求利润最大化。为找到完全竞争厂商使用要素的原则，必须了解完全竞争厂商使用要素的边际收益和要素的边际成本。

（一）使用要素的边际收益——边际产品价值

1. 完全竞争厂商生产或销售产品的边际收益

在介绍完全竞争产品市场中，厂商的总收益是指厂商按一定的价格销售一定数量的商品所得到的全部收入，用公式可表示为

$$\text{TR}(Q) = P \cdot Q \qquad (10\text{-}1)$$

式中，TR、P、Q 分别表示厂商的总收益、产品价格和产量。其中产品价格 P 是一个常数。这是因为，在完全竞争的产品市场条件下，存在大量的买者和卖者而且产品是同质的，所以任何一家厂商都只是既定的市场价格的接受者，任何一家厂商所面对的产品价格都是一个常数。所以厂商总收益的多少要取决于产量的多少，总收益 TR 被看作产量 Q 的函数。完全竞争厂商销售产品的边际收益指的是厂商增加一个单位产品的销售所增加的收益，用公式可表示为

$$\text{MR} = \frac{\Delta \text{TR}}{\Delta Q} = \frac{\text{dTR}}{\text{d}Q} = P \frac{\text{d}Q}{\text{d}Q} = P \qquad (10\text{-}2)$$

根据式（10-2）可见，完全竞争厂商在产品市场中增加一个单位产品的销售增加的收益，即产品的边际收益就等于既定的产品价格。例如，假设土豆市场是完全竞争的，土豆的市场价格为 0.5 元/千克，那么农民增加 1 千克土豆的销售所增加的收益就是 0.5 元，是既定的市场价格。

2. 完全竞争厂商使用要素的边际收益

现在将产品市场转入要素市场。在产品市场的分析中，总收益只被看成产量的函数而与生产要素无关。一旦转入要素市场，我们应该注意，产量本身又是生产要素使用量的函数。假设完全竞争厂商使用的生产要素为劳动，其数量为 L，则使用一定量的劳动将创造出一定的产量。要素的使用量与产量之间的这种数量关系，即所谓的生产函

数，其公式可表示为

$$Q = Q(L) \tag{10-3}$$

将式（10-3）代入式（10-1）中，可以将总收益函数看成生产要素使用量的复合函数

$$\text{TR}(L) = P \cdot Q(L) \tag{10-4}$$

在要素市场理论中，可见总收益成了生产要素使用量的复合函数，为了求得使用要素的边际收益，以要素使用量为自变量求一阶导数即可，其公式如下：

$$\frac{\Delta \text{TR}}{\Delta L} = \frac{\text{dTR}}{\text{d}L} = P \cdot \frac{\text{d}Q(L)}{\text{d}L} = P \cdot \text{MP}_L = \text{VMP}(L) \tag{10-5}$$

MP_L 就是以前在生产理论中讨论过的要素的边际产量（边际产品），我们将产品的价格 P 与要素的边际产量 MP_L 的乘积叫作边际产品价值（VMP），它表示厂商增加使用一个单位要素所增加的产量按既定的市场价格销售所增加的收益。由于完全竞争产品市场中产品价格 P 是一个常数，要素的边际产量 MP_L 是要素使用量的函数，所以，要素的边际产品价值 VMP 也是要素的函数，可以写成 $\text{VMP}(L)$。

这里特别应该注意要素的边际产品价值和产品的边际收益的区别：产品的边际收益所包含的自变量是产量或销量，因变量是总收益，是指厂商增加一个单位产品的销售所增加的收益；要素的边际产品价值所包含的自变量是要素使用量，因变量是总收益，是指厂商增加使用一个单位要素所增加的收益。

表 10-1 给出某个只使用劳动要素的厂商的边际产品价值的数据。图 10-1 则是根据表 10-1 中数据绘制而成的。图 10-1 中，横轴表示劳动要素的数量 L，纵轴表示边际产品（MP）和边际产品价值。由图10-1可见，边际产品价值曲线与边际产品曲线均向右下方倾斜，但二者位置不同。一般来说，边际产品价值曲线的位置高低取决于两个因素，即要素的边际产品函数 $\text{MP}(L)$ 和产品的价格 P。随着产品价格的上升或要素的边际产品函数上升，边际产品价值曲线将向右上方移动，反之则相反。边际产品价值曲线与边际产品曲线的相对位置关系取决于产品的价格是大于、小于还是等于1。如果产品的价格大于1，则对于给定的某个要素数量，边际产品价值大于边际产品，因此边际产品价值曲线在边际产品曲线的上方。如果产品的价格小于1，则边际产品价值曲线在边际产品曲线的下方。当产品的价格等于1 时，边际产品价值曲线与边际产品曲线重合。

表 10-1　厂商的边际产品和边际产品价值

要素数量（L）	边际产品（MP）	产品价格（P）	边际产品价值（ VMP = $P \cdot$MP ）
1	10	3	30
2	9	3	27
3	8	3	24
4	7	3	21
5	6	3	18
6	5	3	15
7	4	3	12

续表

要素数量（L）	边际产品（MP）	产品价格（P）	边际产品价值（ VMP = P•MP ）
8	3	3	9
9	2	3	6
10	1	3	3

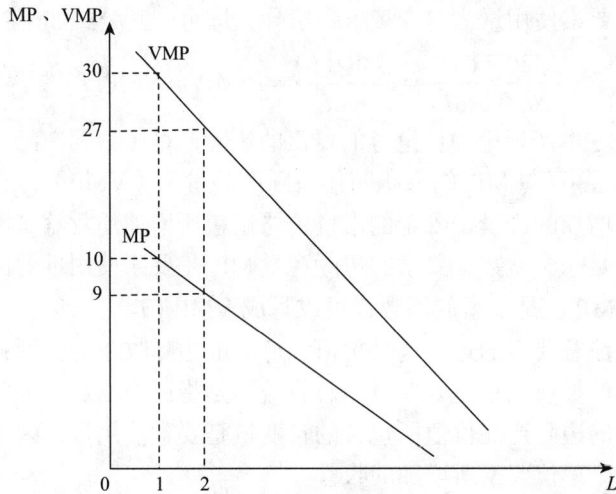

图 10-1　厂商的边际产品曲线和边际产品价值曲线

（二）使用要素的边际成本——要素的价格

1. 完全竞争厂商生产产品的边际成本

成本函数表示厂商生产一定数量的产品所消耗的成本，成本被看成产量的函数，其公式可以表示为

$$C = C(Q) \tag{10-6}$$

根据成本函数，厂商生产产品的边际成本指厂商增加一个单位产品的生产所增加的成本，其公式可以表示为

$$MC = \frac{\Delta C}{\Delta Q} = \frac{dC}{dQ} \tag{10-7}$$

2. 完全竞争厂商使用要素的边际成本

根据假设，完全竞争厂商仅使用一种生产要素，即劳动。假设劳动要素的价格为工资，用 W 来表示，则完全竞争厂商使用要素的成本可表示为

$$C(L) = W \cdot L \tag{10-8}$$

即成本等于要素的价格和要素使用量的乘积。由于完全竞争厂商所处的要素市场是完全竞争的，因此要素的价格与单个厂商的要素使用量没有关系，取决于整个要素市场的需求和供给，对于单个厂商来讲，要素的价格 W 为既定的常数。因此，完全竞争厂商使用要素的边际成本是指厂商增加一个单位要素使用量所增加的成本，其公式可以表示为

$$\frac{\Delta C}{\Delta L} = \frac{dC}{dL} = W\frac{dL}{dL} = W \tag{10-9}$$

由式（10-9）可见，完全竞争厂商使用要素的边际成本即要素的价格。例如，假设劳动要素市场是完全竞争的，劳动要素的市场价格为每天 50 元，则厂商增加使用一个劳动力每天需要而且仅需要支付 50 元的边际成本。图 10-2 表示完全竞争厂商使用要素的边际成本曲线，图 10-2 中横轴为要素数量，纵轴为使用要素的边际成本。假定劳动的市场价格为 W_0，则劳动的边际成本为 W_0，W_0 不随劳动使用量 L 的变化而变化，完全竞争厂商使用要素的边际成本曲线为一条从固定的要素价格出发的水平线。

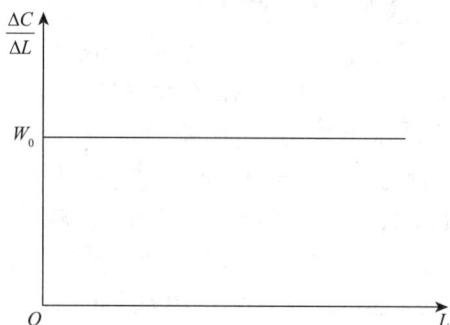

图 10-2　完全竞争厂商使用要素的边际成本曲线

（三）完全竞争厂商使用要素的原则——VMP=W

厂商使用要素的原则是使用要素的边际收益和使用要素的边际成本相等。完全竞争厂商使用要素的边际收益是边际产品价值，使用要素的边际成本是要素的价格，所以，完全竞争厂商使用要素的原则可以表示为

$$\text{VMP} = P \cdot \text{MP}_L = W \tag{10-10}$$

当这一原则被满足时，完全竞争厂商实现了利润最大化，此时使用的要素数量为最优要素使用量。

为了更好地理解这个原则，我们通过两种方法证明一下。

方法一：如果 VMP>W，意味着增加一个单位要素的使用所增加的收益大于为这一单位要素所增加的成本，于是理性的厂商会增加要素的使用以提高利润。随着要素使用量的增加，要素的边际产品将下降，要素的边际产品价值下降，从而实现 VMP=W。反之，如果 VMP<W，意味着增加一个单位要素的使用所增加的收益小于为这一单位要素所增加的成本，于是理性的厂商会减少要素的使用以提高利润。随着要素使用量的减少，要素的边际产品将上升，要素的边际产品价值上升，从而实现 VMP=W。因此，只有当 VMP=W，厂商的要素使用量才使利润达到最大。

方法二：数学方法证明如下。假设 π 代表完全竞争厂商的经济利润，它是要素 L 的函数，则利润的公式为：$\pi(L) = P \cdot Q(L) - W \cdot L$，为了实现利润最大化，令利润函数的一阶导数为零，即

$$\frac{d\pi(L)}{dL} = P \cdot \frac{dQ(L)}{dL} - W \cdot \frac{dL}{dL} = P \cdot \text{MP}_L - W = 0$$

得 VMP=W。

第三节 单个完全竞争厂商对生产要素的需求曲线

完全竞争厂商对生产要素 L 的需求曲线反映的是在其他条件不变时，完全竞争厂商对要素 L 的需求量与要素 L 本身的价格 W 之间关系的曲线。因此，如果能够找到完全竞争厂商若干个要素价格与要素使用量，将它们的组合描绘在平面直角坐标系中，即可以找到完全竞争厂商的要素需求曲线。为此，我们引入要素的需求表来分析这个问题。表 10-2 是完全竞争厂商的要素需求表。为了保证利润最大化，完全竞争厂商使用要素的数量必须满足要素的边际产品价值和要素的价格相等。例如，当要素的价格 W 为 20 时，为了使要素的使用量达到最优，要素的边际产品价值必须为 20，此时要素的使用量为 1 个单位，因此，要素的价格 $W=20$，要素的需求量 $L=1$ 为要素需求曲线上的一点；当要素的价格 W 为 14 时，为了使要素的使用量达到最优，要素的边际产品价值必须为 14，此时要素的使用量为 4 个单位，因此，要素的价格 $W=14$，要素的需求量 $L=4$ 也是要素需求曲线上的一点。连接这样的点所构成的曲线即完全竞争厂商的要素需求曲线，如图 10-3 所示，完全竞争单个厂商的要素需求曲线向右下方倾斜，表明完全竞争厂商的要素需求量与要素的价格反方向变动，即要素需求量随着要素价格的上升而减少，随着要素价格的下降而增加。

表 10-2　完全竞争厂商的要素需求表

要素数量（L）	边际产品（MP）	产品价格（P）	边际产品价值（VMP $= P \cdot$ MP）	要素价格（W）
1	10	2	20	20
2	9	2	18	18
3	8	2	16	16
4	7	2	14	14
5	6	2	12	12
6	5	2	10	10
7	4	2	8	8
8	3	2	6	6
9	2	2	4	4
10	1	2	2	2

完全竞争的单个厂商的要素需求曲线不仅向右下方倾斜，而且可以用厂商的边际产品价值曲线来表示。

根据完全竞争厂商要素的使用原则，完全竞争厂商在使用要素时一定要满足 $\text{VMP}=W$，即 $P \cdot \text{MP}(L)=W$。由于完全竞争厂商所处的产品市场是完全竞争的，所以产品的价格 P 是一个常数，故 $\text{VMP}=V \cdot \text{MP}(L)=W$ 确定了从要素价格 W 到要素使用量 L 的一个函数关系，即完全竞争厂商对要素的需求函数。因此，完全竞争厂商的要素需求曲线与其边际产品价值曲线完全重合，参见图 10-4。图 10-4 中当要素的价格为 W_0 时，完全竞争厂商根据要素的使用原则 $\text{VMP}=P$，确定了要素的最优使用量 L_0，图 10-4

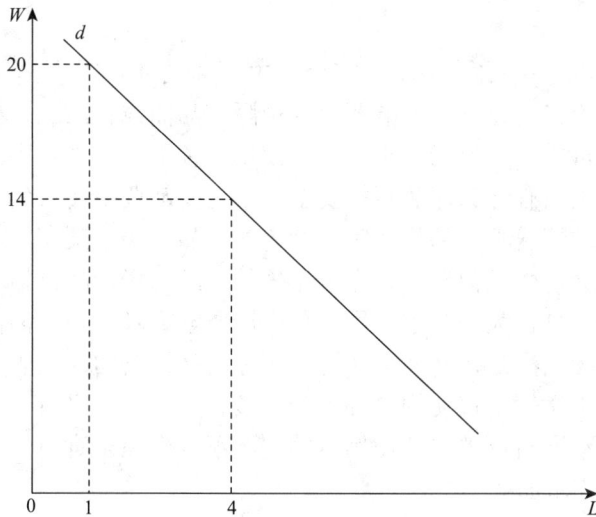

图 10-3 完全竞争厂商的要素需求曲线（一）

中 a 点是要素需求曲线上的点；当要素的价格为 W_1 时，完全竞争厂商根据要素的使用原则 VMP=P，确定了要素的最优使用量 L_1，图 10-4 中 b 点是要素需求曲线上的点；连接 a、b 两点所构成的曲线即完全竞争厂商的要素需求曲线，它与完全竞争厂商的边际产品价值曲线完全重合。

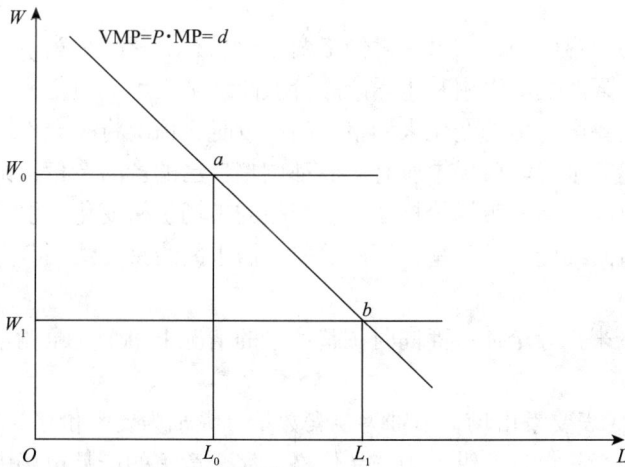

图 10-4 完全竞争厂商的要素需求曲线（二）

　　尽管单个完全竞争厂商的要素需求曲线与其边际产品价值曲线完全重合为一条线，但这同一条线在不同的场合含义不同。首先，它包含的变量的含义不同。对于边际产品价值曲线 VMP 而言，它的 L 表示要素的使用量；而对于要素需求曲线 d 而言，它的 L 表示能够给厂商带来利润最大化的最优的要素使用量或最优的要素需求量。其次，它反映的函数关系不同。对于边际产品价值曲线 VMP 而言，自变量是要素使用量 L，因变量是边际产品价值；而对于要素需求曲线 d 而言，自变量是要素的价格 W，因变量是要

素的需求量 L。

厂商的边际产品价值曲线是单个完全竞争厂商的要素需求曲线必须满足两个条件：第一，要素的价格变化不会影响要素的边际产品曲线；第二，要素的价格变化不会影响产品的市场价格。如果局限于讨论仅使用一种生产要素，则第一个条件可以实现；如果局限于讨论只有一家厂商根据要素价格的变动调整要素使用量，而其他厂商不调整要素使用量的情况下，那么在完全竞争的产品市场中某家厂商单独改变产量对整个市场的供给不会产生任何影响，完全竞争的产品市场产品价格不变，则第二个条件可以实现。但是一旦扩大到考虑使用多种生产要素或者多家厂商同时调整要素使用量时，则上述条件无法满足，从而不能再用边际产品价值曲线代表完全竞争厂商的要素需求曲线。由于本章假定仅使用一种生产要素，所以下面只讨论多家完全竞争厂商由于要素价格的变动同时调整要素使用量的情况下单个完全竞争厂商的要素需求曲线及整个市场的要素需求曲线。

第四节　完全竞争市场的要素需求曲线

要素的市场需求曲线并不是单个厂商要素需求曲线的简单相加，因为这会忽略要素价格的变化对产品市场产品价格的影响。因此，要想得到市场的要素需求曲线必须得到要素价格变化后市场上全体厂商同时调整要素使用量时单个完全竞争厂商的要素需求曲线。

根据第三节的内容可知，如果要素价格变化后只有一家完全竞争厂商调整自己的产量，则该厂商的要素曲线可以用其边际产品价值曲线来表示。但是，如果完全竞争市场上其他厂商也根据要素价格的变化来调整产品产量时，情况将完全不同。现在，要素价格的变化将会引起完全竞争市场中所有厂商都调整自己的产品产量，则整个产品市场供给会发生变动，引起产品的市场价格变化。产品的市场价格变化会引起单个完全竞争厂商的边际产品价值曲线变动。于是，厂商的要素需求曲线将无法用其边际产品价值曲线来表示。

我们用图10-5来推导全体厂商同时调整产量的情况下单个完全竞争厂商的要素需求曲线。

图10-5（a）代表要素市场，横轴为要素数量，纵轴为要素价格；图10-5（b）代表产品市场，横轴为产品数量，纵轴为产品价格。完全竞争的产品市场中整个市场的需求曲线为 D_0，整个市场的供给曲线最初为 S_0，二者相交于 E_0 点实现产品市场的均衡，产品的价格为 P_0，从而有一条边际产品价值曲线 VMP_0，假设初始的要素价格为 W_0，如果 $\text{VMP}_0 = W_0$，确定了在要素的价格为 W_0 时单个厂商的要素需求量为 L_0。因此，点 $H(L_0, W_0)$ 为厂商要素需求曲线上的一点。假定要素的市场价格下降到 W_1，全体完全竞争厂商都增加要素的使用量，则整个产品市场的产品供给会增加，引起产品供给曲线向右下方移动，由 S_0 到 S_1。完全竞争的产品市场中整个市场的不变的需求曲线 D_0，与整个市场的新的供给曲线 S_1 相交于新的产品市场均衡点 E_1，实现产品市场新的均衡，产品的

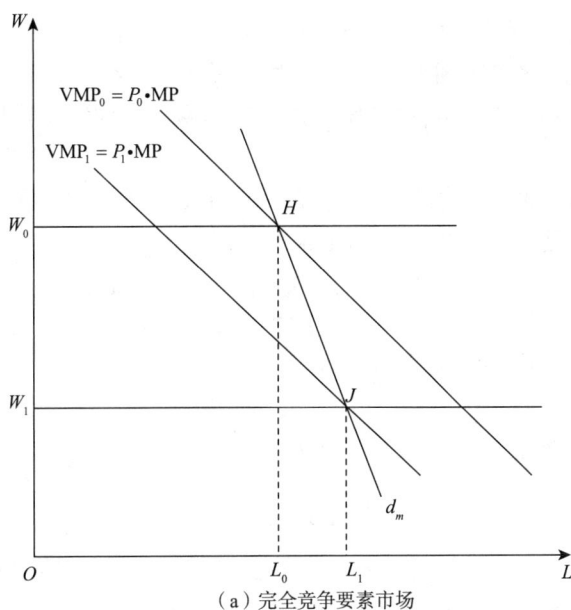

（a）完全竞争要素市场

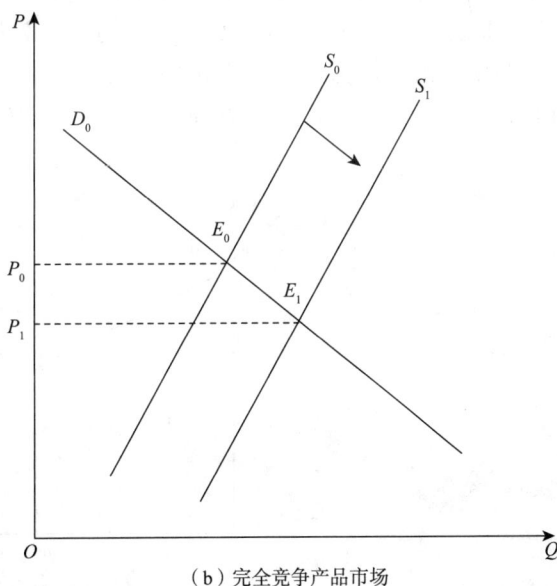

（b）完全竞争产品市场

图 10-5 多家厂商调整时厂商 m 的要素需求曲线

价格为 P_1，决定了要素的边际产品价值曲线向左下方移动到 VMP_1。此时，单个完全竞争厂商根据 $VMP = W_1$，确定了在要素价格为 W_1 下，要素的需求量为 L_1。因此，点 $J(L_1, W_1)$ 为厂商要素需求曲线上的一点。

重复上述过程，可以得到其他与 H、J 性质相同的点。将这些点连接起来，即得到多个厂商同时调整情况下单个完全竞争厂商 m 对要素劳动的需求曲线 d_m，可以成为行业调整曲线。d_m 向右下方倾斜表明多家厂商同时调整时单个厂商的要素需求量依然与要素价格反方向变动。

到目前为止，我们所讨论的是完全竞争市场上单个厂商的要素需求曲线。接下来我们需要由单个厂商的要素需求曲线推导市场的要素需求曲线。如果求得了在行业调整情况下每个厂商的要素需求曲线 d_m，则整个市场的要素需求曲线不难推得。

例如，假设完全竞争要素市场中包含有 n 家厂商（$n \sim \infty$）。其中，每个厂商经过行业调整后的要素需求曲线分别为 d_1、d_2、$\cdots$、d_n，整个市场的要素需求曲线 D 可以看成所有这些厂商的要素需求曲线的简单水平相加，即

$$D = \sum_{m=1}^{n} d_m \qquad\qquad （10\text{-}11）$$

如果假定这 n 家厂商的情况相同，即

$$d_1 = d_2 = d_3 = \cdots = d_n$$

则市场的要素需求曲线就是

$$D = \sum_{m=1}^{n} d_m = n \cdot d_m \qquad\qquad （10\text{-}12）$$

式（10-12）中 d_m 可以是任何一家厂商的要素需求曲线。我们可以由厂商的要素需求曲线推导市场的要素需求曲线，见图 10-6。图 10-6（a）是经过行业调整后某个单个完全竞争厂商的要素需求曲线 d_m，图10-6（b）是整个市场的要素需求曲线 D。当要素价格为 W_0 时，单个厂商的要素需求量为 L_0，整个市场的要素需求量为 $n \cdot L_0$（假定所有 n 家厂商的情况完全相同）。整个市场的要素需求曲线相对来说比较平缓。

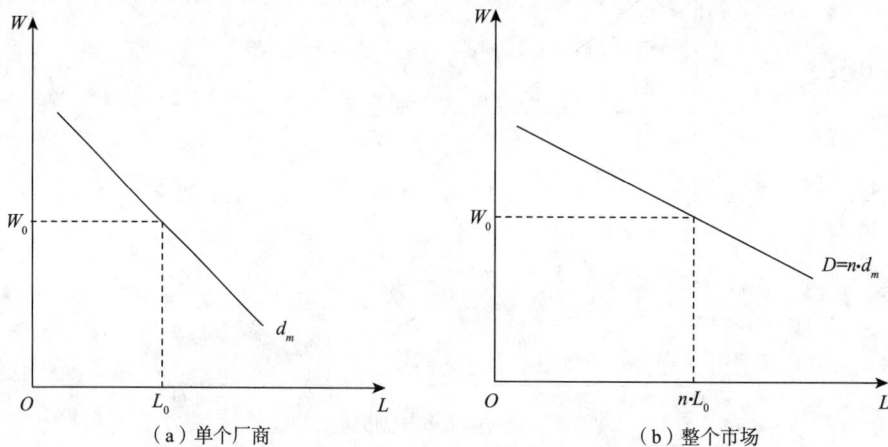

图 10-6　单个厂商和整个市场的要素需求曲线

■ 第五节　卖方垄断厂商对生产要素的使用原则

厂商在产品市场中是产品的卖方，在要素市场中是要素的买方。所谓"卖方垄断厂商"，是指厂商所处的产品市场是非完全竞争的，但所处的要素市场是完全竞争的。产品市场非完全竞争包括完全垄断、寡头垄断及垄断竞争三种情况，为简单起见，这里假设厂商所处的非完全竞争的产品市场是完全垄断的市场类型。作为卖方垄断厂商在使用

生产要素时仍然要实现利润最大化的原则，满足使用生产要素的边际收益和生产要素的边际成本相等的条件。

首先，分析一下卖方垄断厂商使用要素的边际收益，这里仍然假设卖方垄断厂商只使用一种生产要素劳动 L。

方法一：厂商的总收益是产量的函数，即 $TR = TR(Q)$；而产量又是要素劳动使用量的函数，即 $Q = Q(L)$。因此，厂商的总收益可以看成要素使用量的复合函数，即 $TR = TR[Q(L)]$。卖方垄断厂商使用要素的边际收益是指卖方垄断厂商增加一个单位要素的使用所增加的收益，即

$$\frac{\Delta TR}{\Delta L} = \frac{dTR}{dL} = \frac{dTR}{dQ} \cdot \frac{dQ}{dL} \qquad (10\text{-}13)$$

式中，dTR/dQ 为厂商总收益对产量的导数，代表的是厂商增加一个单位产品的产量所增加的收益，是我们之前介绍的产品的边际收益 MR；dQ/dL 为厂商的产量对要素使用量的导数，代表的是厂商增加一个单位要素的使用量所增加的产量，是我们之前介绍的要素的边际产品（或边际产量）MP。因此，在卖方垄断条件下，卖方垄断厂商使用要素的边际收益等于产品的边际收益 MR 和要素的边际产品 MP 的乘积，这个乘积被称作要素的边际收益产品，用 MRP 来表示，即

$$MRP = MR \cdot MP \qquad (10\text{-}14)$$

实际上，式（10-14）代表的不仅是卖方垄断厂商使用要素的边际收益，而且是所有类型的厂商使用要素的边际收益。在完全竞争的产品市场条件下，产品的边际收益 MR 等于产品的价格 P，而且产品的价格 P 为常数，从而边际收益产品等于边际产品价值；在不完全竞争的产品市场条件下，产品的价格不再是一个常数而是一个变量，因此，产品的边际收益不再等于产品的价格。厂商使用要素的边际收益不再等于边际产品价值 VMP，而是等于更加一般的边际收益产品 MRP。

方法二：产品市场中完全垄断厂商销售产品的总收益是指厂商按照一定的价格销售一定量产品的全部收入，其公式为

$$TR = P \cdot Q$$

由于产品市场为垄断的市场类型，因此产品的价格 P 不再是一个常数，而是一个关于产品需求量的函数，假设其反需求函数为 $P = P(Q)$，而且假设市场对厂商所生产的产品的需求量与其产量及销售量相等。因此，总收益函数为产量 Q 的复合函数 $TR(Q) = P(Q) \cdot Q$，则卖方垄断厂商产品的边际收益为

$$MR = \frac{\Delta TR}{\Delta Q} = \frac{dTR}{dQ} = \frac{d[P(Q) \cdot Q]}{dQ} = \frac{dP}{dQ} \cdot Q + P \cdot \frac{dQ}{dQ} = \frac{dP}{dQ} \cdot Q + P \qquad (10\text{-}15)$$

厂商的生产函数为 $Q = Q(L)$，同时考虑产品市场及要素市场时，则厂商的收益函数可以写为

$$TR(L) = P \cdot Q = P[Q(L)] \cdot Q(L) \qquad (10\text{-}16)$$

式（10-16）中，$P[Q(L)]$ 为产品价格，产品价格为产品数量的函数，产品数量又

是要素使用量的函数，因此产品价格是要素使用量的复合函数。卖方垄断厂商使用要素的边际收益是收益对要素使用量的导数，因此可得

$$\text{MRP} = \frac{\Delta \text{TR}}{\Delta L} = \frac{d\text{TR}}{dL} = \frac{dP}{dQ} \cdot \frac{dQ}{dL} \cdot Q + P \cdot \frac{dQ}{dL} = \frac{dQ}{dL}\left(\frac{dP}{dQ} \cdot Q + P\right) \quad （10\text{-}17）$$

式中，$dP/dQ \cdot Q + P$ 为产品的边际收益 MR，则式（10-17）可以写为

$$\text{MRP} = \frac{dQ}{dL}\left(\frac{dP}{dQ} \cdot Q + P\right) = \text{MR} \cdot \text{MP} \quad （10\text{-}18）$$

可见，方法一与方法二所得到的卖方垄断厂商使用要素的边际收益的结果是相同的。

图 10-7 是卖方垄断厂商的边际收益产品曲线。图 10-7 中边际收益产品曲线向右下方倾斜，其原因有两个方面：一是产品的边际收益具有递减的规律；二是要素的边际产品（或边际产量、边际生产力）具有递减规律。要素的边际收益产品曲线的位置，则取决于要素的边际产品和产品的边际收益两个因素，或者可以说是取决于生产函数和产品需求函数。假定生产函数上升（在既定要素使用上生产更多的产品），或产品需求函数上升（在既定产品价格上需求更多的产量），则要素的边际收益产品曲线将上升（在既定要素数量上得到更多的边际收益产品）。

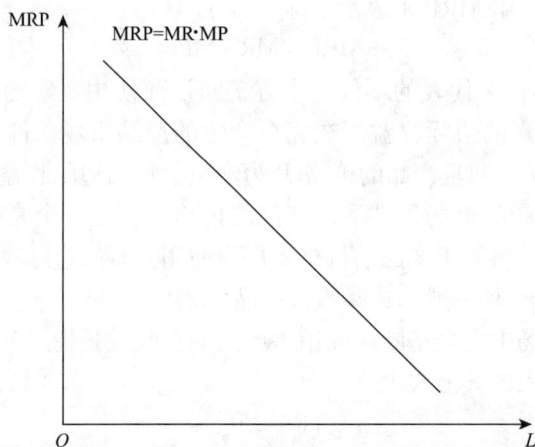

图 10-7　卖方垄断厂商的边际收益产品曲线

由于卖方垄断厂商使用要素的边际收益为边际收益产品MRP，厂商所处的要素市场为完全竞争类型，生产要素的价格为既定的常数 W，因此，卖方垄断厂商使用要素的边际成本为要素的价格 W，故卖方垄断厂商的要素使用原则为

$$\text{MRP} = \text{MR} \cdot \text{MP} = W \quad （10\text{-}19）$$

如果要素的边际收益产品大于要素的价格，意味着厂商增加使用要素所带来的收益大于增加要素使用所增加的成本，于是厂商会增加要素使用量。反之，如果要素的边际收益产品小于要素的价格，意味着厂商增加使用要素所带来的收益小于增加要素使用所增加的成本，于是厂商会减少要素使用量。最终实现要素的边际收益产品等于要素的价格。

第六节　卖方垄断厂商对生产要素的需求曲线

由卖方垄断厂商的要素使用原则，容易推导其要素需求曲线。将卖方垄断厂商的要素使用原则式（10-19）改写为

$$\text{MR} \cdot \text{MP}(L) = W \qquad\qquad (10\text{-}20)$$

式中，$\text{MP}(L)$ 为要素的边际产品，是要素使用量的函数。由此可见，在给定产品的需求函数及要素的生产函数，从而给定产品的边际收益函数 MR 以及要素的边际产品函数 MP 的情况下，式（10-20）确定了从要素价格 W 到要素使用量（即需求量）的一个函数关系：给定一个要素的价格 W，卖方垄断厂商根据要素的使用原则确定了唯一一个能够给自己带来利润最大化的最优的要素 L 的使用数量（即需求量）。换句话说，给定一个要素价格，有唯一一个最优要素需求量与之对应。因此，要素使用原则式（10-20）确定了卖方垄断厂商对要素的需求函数。

现在来看卖方垄断厂商要素需求曲线的特点。假定开始时，要素价格和要素数量恰好使要素使用原则成立。如果要素价格 W 下降，则由上述原则，要素的边际收益产品 $\text{MR} \cdot \text{MP}(L)$ 也必须随之下降，如果我们假设要素的边际产品函数 MP 和产品的边际收益函数 MR 均不变化，则只有要素使用量 L（或需求量）增加才有可能达到目的。原因在于，随着要素使用量 L 的增加，要素的边际产品 MP 下降；随着要素使用量 L 的增加，产品的边际收益 MR 也下降。于是，随着要素价格的下降，要素需求量将增加。由此可得卖方垄断厂商的要素需求曲线向右下方倾斜。

卖方垄断厂商的要素需求曲线向右下方倾斜，而且与其边际收益产品曲线完全重合，参见图 10-8。图 10-8 中，$\text{MRP} = \text{MR} \cdot \text{MP}$ 为边际收益产品曲线。当要素的价格为 W_0 时，根据卖方垄断厂商要素使用原则，要素使用量必须实现 $\text{MRP} = W_0$，这时要素的需求量为 L_0，即 (W_0, L_0) 为要素需求曲线上的一点，它处于边际收益产品曲线上。如果给定另一个要素价格 W_1，根据同样的道理，要素使用量必须实现 $\text{MRP} = W_1$，要素的需求量为 L_1，即 (W_1, L_1) 也为要素需求曲线上的一点，它也处于边际收益产品曲线上。因此，卖方垄断厂商的要素需求曲线与其边际收益产品曲线完全重合。由此可得：卖方垄断厂商的要素需求曲线与其边际收益产品曲线一样，由于要素的边际生产力递减和产品的边际收益递减两个原因而向右下方倾斜。

虽然卖方垄断厂商的要素需求曲线与其边际收益产品曲线完全重合，但二者仍然存在根本的区别。首先，它包含的变量的含义不同。对于边际收益产品曲线 MRP 而言，它的 L 表示要素的使用量；而对于要素需求曲线 d 而言，它的 L 表示能够给卖方垄断厂商带来利润最大化的最优的要素使用量或最优的要素需求量。其次，它反映的函数关系不同。对于边际收益产品曲线 MRP 而言，自变量是要素使用量 L，因变量是边际收益产品；而对于卖方垄断厂商要素需求曲线 d 而言，自变量是要素的价格 W，因变量是要素的需求量 L。

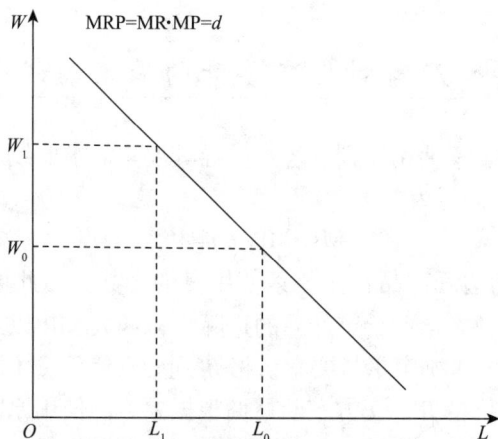

图 10-8　卖方垄断厂商的要素需求曲线

第七节　买方垄断厂商使用要素的原则及其需求曲线

所谓的买方垄断厂商，是指厂商在产品市场作为产品的卖方所处的市场类型，是完全竞争的产品市场，厂商在要素市场作为要素的买方所处的市场类型是非完全竞争的，为了分析问题的简单，我们假设厂商所处的要素市场是完全垄断的。由于买方垄断厂商所处的产品市场是完全竞争的，所以厂商面对的产品价格为既定的常数，产品市场完全竞争的厂商销售产品的边际收益与产品的价格相等，即 $MR = P$。因此，买方垄断厂商使用要素的边际收益即边际产品价值 $VMP = P \cdot MP_L$。但是，由于厂商在要素市场不再是完全竞争者，而是垄断者，故要素的价格不再是固定不变的常数，买方垄断厂商使用要素的边际成本不再等于要素的价格。本节我们重点讨论的是买方垄断厂商使用要素的边际成本。

方法一：厂商的总成本是产量的函数，即 $C = C(Q)$；而产量又是要素劳动使用量的函数，即 $Q = Q(L)$。因此，厂商的总成本可以看成要素使用量的复合函数，即 $C = C[Q(L)]$。买方垄断厂商使用要素的边际成本是指买方垄断厂商增加一个单位要素的使用所增加的总成本，即

$$\frac{\Delta C}{\Delta L} = \frac{\mathrm{d}C}{\mathrm{d}L} = \frac{\mathrm{d}C}{\mathrm{d}Q} \cdot \frac{\mathrm{d}Q}{\mathrm{d}L} \tag{10-21}$$

式中，$\mathrm{d}C/\mathrm{d}Q$ 为厂商总成本对产量的导数，代表的是厂商增加一个单位产品的产量所增加的总成本，是我们之前介绍的产品的边际成本 MC；$\mathrm{d}Q/\mathrm{d}L$ 为厂商的产量对要素使用量的导数，代表的是厂商增加一个单位要素的使用量所增加的产量，是我们之前介绍的要素的边际产品（或边际产量）MP。因此，在买方垄断条件下，买方垄断厂商使用要素的边际成本等于产品的边际成本 MC 和要素的边际产品 MP 的乘积，这个乘积被称作要素的边际要素成本，用 MFC 来表示，即

$$MFC = MC \cdot MP \tag{10-22}$$

实际上，式（10-22）代表的是买方市场非完全竞争条件下厂商使用要素的边际成

本一般化的结论。

　　方法二：由于厂商的成本是所使用的要素数量和要素价格的乘积（假设厂商只使用一种要素劳动），而要素的价格通常又是要素数量的函数（厂商面临的要素供给函数），因此，如果知道了厂商面临的要素供给函数就不难求得其边际要素成本函数。假设生产要素的供给函数为 $W(L)$，则厂商使用要素的成本函数为 $C = L \cdot W(L)$，故厂商使用要素的边际成本可以写成

$$\text{MFC} = \frac{\Delta C}{\Delta L} = \frac{\mathrm{d}C}{\mathrm{d}L} = \left[L \cdot W(L) \right]' = W(L) + L \cdot \frac{\mathrm{d}W(L)}{\mathrm{d}L} \qquad (10\text{-}23)$$

　　由式（10-23）可见，边际要素成本由两个部分组成，第一部分是要素价格 $W(L)$，表示厂商为新增加一个单位要素使用必须支付的要素的价格，这是由于要素增加而引起的成本增加。第二部分为 $L \cdot \mathrm{d}W(L)/\mathrm{d}L$，其中 $\mathrm{d}W(L)/\mathrm{d}L$ 表示由于增加使用要素而引起的要素价格的变动，$L \cdot \mathrm{d}W(L)/\mathrm{d}L$ 表示由于要素价格的变动而引起的成本增加部分。

　　为了更清楚地说明买方垄断厂商面临的要素供给曲线与其边际要素成本的关系，可列出表 10-3（假定该买方垄断厂商为劳动要素市场上的垄断者）。

表 10-3　买方垄断厂商的要素供给与其边际要素成本

要素价格（W）	要素供给量（L）	要素总成本（C）	边际要素成本（MFC）
2	0	—	—
3	1	3	3
4	2	8	5
5	3	15	7
6	4	24	9
7	5	35	11
8	6	48	13
9	7	63	25

　　表 10-3 中第 1 列和第 2 列分别为要素价格 W 和要素供给量 L，可以看出，随着要素价格的上升，要素供给量也在不断增加。第 3 列为厂商使用要素的总成本，对于买方垄断厂商来说，增加要素的购买量就会提高要素的价格，由于厂商使用要素的总成本是要素供给量与要素价格的乘积，所以第 3 列是第 1 列和第 2 列的乘积。第 4 列为厂商的边际要素成本，即厂商增加使用一个单位要素所增加的总成本，如厂商使用的要素数量从 1 增加到 2，使用要素的总成本从 3 增加到 8，故增加这一单位要素的使用使总成本增加了 5，即此时边际要素成本为 5，比此时的要素价格 3 要高，即 MFC $\geqslant W$。因此，厂商的边际要素成本曲线在要素供给曲线的上方。

　　如果假定要素供给函数为线性的，为

$$W(L) = a + bL \quad (a \text{、} b \text{ 均为常数，且 } b > 0)$$

则

$$\mathrm{MFC} = \frac{\Delta C}{\Delta L} = \frac{\mathrm{d}C}{\mathrm{d}L} = \left[L \cdot W(L) \right]' = W(L) + L \cdot \frac{\mathrm{d}W(L)}{\mathrm{d}L} = a + bL + bL = a + 2bL$$

因此，边际要素成本曲线与要素供给曲线的纵轴截距相等，均为 a，但边际要素成本曲线的斜率为要素供给曲线斜率的两倍。图 10-9 表示了边际要素成本曲线与要素供给曲线的关系。

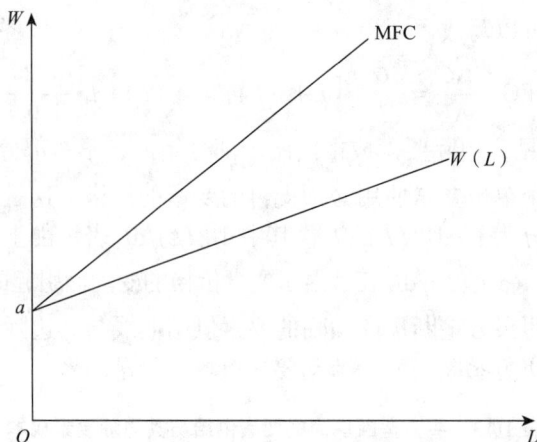

图 10-9　买方垄断厂商的边际要素成本曲线和要素供给曲线

我们已经知道，买方垄断厂商使用要素的边际收益和边际成本分别为要素的边际产品价值和边际要素成本。因此，买方垄断厂商使用要素的原则为

$$\mathrm{VMP} = \mathrm{MFC} \qquad\qquad （10\text{-}24）$$

现在可以将要素的边际产品价值 VMP 与边际要素成本 MFC 结合起来确定买方垄断厂商最优的要素使用量，见图 10-10。由于边际产品价值曲线和边际要素成本曲线在 E 点相交，此时要素的最优使用量（需求量）为 L_1。当厂商的要素需求量为 L_1 时，此时要素的价格由要素供给曲线 $W(L)$ 来确定，为 W_1。如果要素价格低于 W_1，厂商便没法得到需要的生产要素，要素的价格也不会高于 W_1，因为既然厂商能以 W_1 的价格得到需要的要素量 L_1，厂商便不会支付更高的要素价格。

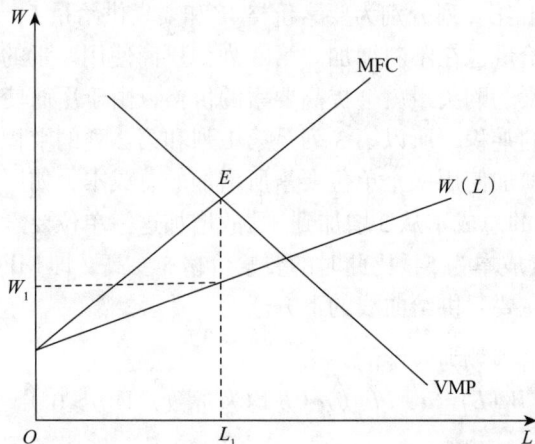

图 10-10　买方垄断厂商要素价格与使用量的决定

　　我们现在试图求得买方垄断厂商的要素需求曲线。从图 10-10 中我们可以得出结论：当要素的价格为 W_0 时，买方垄断厂商对要素的需求量为 L_0。但到此为止只得到要素需求曲线上的一点（如果这条需求曲线确实存在的话），是否有可能在要素价格变化时再求得另一个要素需求点？事实上这是不可能的。例如，在图10-11中，假定现在的要素价格为 W_2，只要它不等于 W_1，就不存在对应价格下的最优要素使用量，因为在该要素价格上，厂商不可能找到某个要素使用量，使要素的使用原则边际产品价值等于边际要素成本得到满足。事实上，买方垄断厂商并不是根据要素的价格来决定要素的使用量，而是先由要素使用原则确定要素使用量，再根据要素使用量及要素供给曲线来决定要素价格。

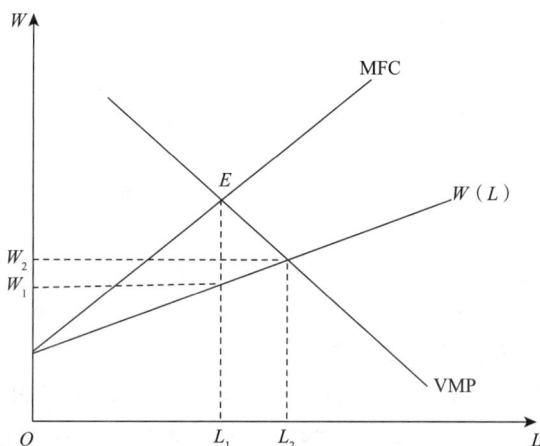

图 10-11　买方垄断厂商要素使用与使用量的决定

　　因此，在图 10-11 中，一旦要素供给曲线确定，则买方垄断厂商使用要素的边际要素成本曲线 MFC 也随之确定，再根据边际产品价值曲线 VMP，只能决定一对要素价格和要素需求量。当要素供给曲线发生变化，则边际要素成本曲线将发生变化，从而它与边际产品价值曲线的交点发生变化，于是得到另一对要素价格与要素需求量的组合。利用这种方法得出不同的点能否组成一条买方垄断厂商对要素的需求曲线？答案仍然是否定的，因为对应到每一个要素价格，并不都有唯一的要素需求量与之对应，如图 10-12 所示。

　　图 10-12 中的边际要素成本曲线 MFC、$W(L)$ 为初始情况，它们与边际产品价值一起共同决定了要素的价格为 W_1，要素的需求量为 L_1。现在假设要素的供给曲线变动到 $W'(L)$，从而边际要素成本曲线变动到 MFC′，它们与边际产品价值曲线 VMP 共同决定了要素价格仍为 W_1，但要素的需求量为 L_2。由此可见，对同一个要素价格 W_1 有两个不同的要素需求量 L_1 和 L_2，所以，买方垄断厂商的要素需求曲线不存在。

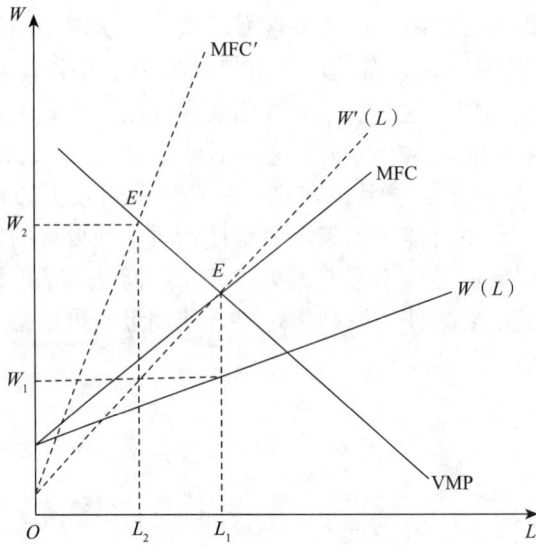

图 10-12　既定要素价格下的多种要素需求量

本 章 案 例

案例 10-1：棒球队员市场的买方垄断势力

在美国，棒球联合总会不受反托拉斯法的制约，这是不把反托拉斯法应用于劳动市场的最高法院和国会政策决定的结果。这一反托拉斯法豁免使棒球队所有者（在 1975年前）能操纵一个垄断买主卡特尔。像其他所有卡特尔一样，这个卡特尔也依靠所有者之间的协议。它包括队员的年度挑选以及一个保留条款，该条款有效地使队员一生限制在一个球队，从而消除了大多数球队间对球员的竞争。在这一保留条款下，一旦一个球员被一个球队挑中，他就不能为另一个球队打球，除非权利转卖给那个球队。结果，棒球所有者在与他们队员谈判新合同时具有垄断势力——球员不签协议的唯一选择就是放弃比赛，或者到美国之外去打球。

在 20 世纪 60 年代和 70 年代初期,棒球队员的工资大大低于他们边际产出的市场价值(这一价值部分地由较好的安打或投手带来的注意力增加所决定）。例如，在 1969 年，球员得到的工资大约是 42 000 美元，但是如果市场完全竞争的话，他们会得到 300 000 美元的工资。

对于球员来说幸运，而对于所有者来说不幸的是，1972 年，在一位球员（圣·路易斯卡狄纳斯队的柯特·富莱德）诉讼之后发生了罢工，有了一项仲裁的劳动管理协议。这一进程最终在 1975 年导致达成一项协议，它使棒球队员在为一个球队打满六年之后能够成为自由代理人。保留条款不再有效，一个高度买房垄断的劳动市场变得更有竞争性了。

这一结果是劳动市场经济学的有趣试验。在 1975~1980 年，棒球队员市场调整到了一个新的后保留条款均衡。在 1975 年以前，队员合同上的支出占了所有球队大约 25%的支出，到了 1980 年，这些支出增加到 40%，而且，队员的平均实际工资增加了一倍。到 1992 年，棒球队员平均收入为 1 014 942 美元，与 60 年代后期买方垄断的工资相比，是令人不可置信地增长。例如，在 1969 年，棒球队员的平均工资大约是 42 000 美元。经通货膨胀调整后，这一工资在 1992 年大约是 160 000 美元。

案例 10-2：灌溉用水的边际产品价值

为确定多种农作物的生产函数，美国已经进行了许多实验。其中一个实验是估计各种数量的灌溉用水对亚利桑那州中等质地的土壤上棉花产量的影响。根据这个实验，在亚利桑那州种植棉花时灌溉用水的边际产品的价值（如果每磅皮棉的价格是 76 美分或者 51 美分）如图 10-13 所示。

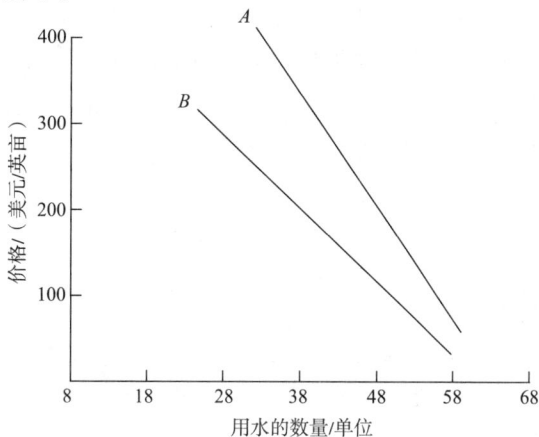

图 10-13　灌溉用水的边际产品的价值

问题：

（1）哪一条曲线是以 76 美分的棉花价格为基础的？哪一条曲线是以 51 美分的棉花价格为基础的？

（2）如果水的价格是每英亩 50 美元（1 英亩≈4 046.86 平方米），棉花的价格是每磅 76 美分，则为了灌溉需要大约多少水？

（3）大多数研究都指出对灌溉用水的需求是价格无弹性的，如果水的价格是每英亩 50 美元，这个论断与上述曲线吻合吗？

（4）如果灌溉水的价格有了很大的提高，对此农场主可以安装类型完全不同的能够蓄水的灌溉设备。如果真发生这样的事，上述曲线还能表示水的需求曲线吗？为什么？

分析：

（1）较高的那条曲线 A 是以较高的价格为基础的；较低的那条曲线 B 是以较低的价格为基础的。任一数量水的边际产品价值等于水的边际产品乘以棉花的价格。棉花的价格越高，边际产品的价值也就越大。

（2）大约 60 单位的水。

（3）是的。如果水的价格从 50 美元上升到 100 美元，根据图 10-13 中的 A 曲线，所需求的水的数量从 60 单位下降到 55 单位，因此需求的价格弹性大约为 0.13。

（4）不能。只有其他所有投入品的使用量保持不变时，边际产品价值曲线才是对水的需求曲线。如果采用了不同的设备，所使用的其他投入品的数量就改变了。

本 章 小 结

（1）在产品市场上，对产品的需求来自消费者；而在生产要素市场上，对生产要素的需求来自厂商。

（2）厂商为了生产和销售产品以获得利润最大化而需要生产要素。在产品市场上，厂商获得利润最大化的条件（即边际收益等于边际成本）不仅适用于厂商在产品市场生产和销售产品，同样也适用于厂商一切以利润最大化为目标的其他行为。因此，厂商在要素市场上对生产要素的需求取决于生产要素的边际收益和生产要素的边际成本的大小。

（3）不同的产品市场类型给厂商带来的要素的边际收益不同，不同的要素市场向厂商索取的要素的边际成本不同。无论厂商的类型如何，厂商最优的要素需求量都必须满足要素的边际收益与要素的边际成本相等的条件。

复 习 与 思 考

1. 简述厂商的生产要素使用原则。

2. 在什么情况下要素的需求曲线不存在？

3. 试述厂商及市场在完全竞争和垄断、存在和不存在行业调整等各种情况下的要素需求曲线。

4. 假设某一生产厂商只投入可变要素劳动 L 进行生产，其生产函数为 $Q=-0.01L^3+L^2+36L$，其中 Q 为厂商每天的生产量，L 为工人的劳动小时数，所有市场（劳动市场和产品市场）均是完全竞争的，单位产品价格为 0.1 美元，小时工资为 4.8 美元，厂商目标为利润最大化。试问：

（1）厂商每天需投入多少小时的劳动？

（2）如果厂商每天支出的固定成本为 50 美元，厂商每天生产的经济利润为多少？

5. 假设某厂商所在的产品市场完全竞争，产品价格 $P=20$，而它所在劳动市场完全垄断。已知该厂商的生产函数为 $f(L,K)=8L^{0.5}K^{0.5}$，其中 K 固定为 100，L 是可以调整的，该厂商所面临的劳动市场劳动的供给函数为 $S_L: W=60+4L^{0.5}$。试求该买方垄断厂商使用的要素价格和要素需求量。

6. 某产品和要素市场上的完全垄断者的生产函数为 $Q=4L$。如果产品的需求函数为 $Q=100-P$，工人的劳动供给函数为 $L=0.5W-20$，则为了实现最大利润，该厂商应当生产多少产量？此时，L、W、P 分别为多少？

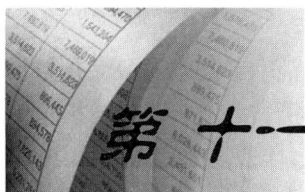

第十一章

生产要素价格确定的供给方面

学习目的与要求

1. 了解生产要素的供给市场，掌握生产要素供给的原则。
2. 掌握劳动的收入效应和替代效应，以及劳动要素价格的确定。
3. 了解土地及资本要素价格的确定，以及级差地租、租金、准租金、经济租金等概念。
4. 掌握反映收入分配平等程度的洛伦兹曲线和基尼系数。

生产要素价格的确定同产品价格的确定一样，由其需求和供给两方面共同决定。在第十章中我们对各种情况下厂商对生产要素的需求做了详细的分析，本章主要分析生产要素的供给，并在此基础上分析生产要素价格是如何确定的。

■ 第一节　生产要素的供给概述

一、要素所有者和要素供给者

在生产要素价格确定的需求理论中，生产要素的使用者或需求者是单一的，即生产者或厂商是要素的需求者，厂商使用生产要素生产产品的目标是追求利润的最大化。转到生产要素供给方面之后，问题稍微复杂一些：要素的所有者既可以是厂商，也可以是消费者。厂商生产许多将要再次投入生产过程的"中间产品"或"中间生产要素"（如钢材、机器设备等），因而厂商是中间要素的所有者；消费者则向市场提供"原始生产要素"（劳动、土地、资本及企业家才能），因而消费者是原始要素的所有者。要素所有者的身份不同，因而他们的行为目的也不同，生产者和消费者的行为目的分别是追求利润最大化和追求效用最大化。

要素所有者及其行为目的的不同会影响到对要素供给的分析，不过中间要素本身就属于一般的产品，所以中间要素的供给与一般产品的供给没有任何区别，而关于一般产品的供给理论在产品市场中已经讨论过，所以本章我们主要探讨消费者作为原始要素的所有者如何根据效用最大化的原则来确定其要素供给问题，只在讨论资本的供给时有所例外。

现在我们对生产要素的供给者的讨论局限于消费者，即从消费者的效用最大化行为出发来建立其要素供给量与要素价格之间的关系。对于单个的消费者而言，他所拥有的要素数量（也称为资源）在一定时期内是既定的，如消费者拥有的时间每天只有 24 小时，其可能的劳动供给不可能超过这个量；又如消费者每月的工资收入是 5 000 元，他每月能提供的资本就不可能超过 5 000 元；等等。总之，消费者不可能向市场提供超过他拥有的资源数量。由于资源数量是既定的，消费者只能将其拥有的全部既定资源的一部分作为生产要素提供给市场。全部既定资源中除去供给市场的生产要素外，剩下的部分可称为"保留自用"的资源。因此，所谓要素供给问题可以看成：消费者在一定的要素价格水平下，将其全部既定资源在"要素供给"和"保留自用"两种用途上进行分配以获得最大的效用。

二、消费者的要素供给目标及原则

（一）要素供给的目标

消费者要素供给的目标是效用最大化，根据前面消费者效用论的分析可知，消费者要实现最大的效用必须满足保留自用资源的边际效用等于要素供给资源的边际效用。为什么呢？因为如果要素供给资源的边际效用小于保留自用资源的边际效用，则可以将原来用于要素供给的资源转移一单位到保留自用上去从而增加消费者的总效用。之所以如此，是因为减少一单位要素供给所损失的效用要小于增加一单位保留自用资源所增加的效用，使消费者总效用增加。反之，如果要素供给资源的边际效用大于保留自用资源的边际效用，则可以将原来用于保留自用的资源转移一单位到要素供给上去。之所以如此，是因为减少一单位保留自用资源所损失的效用要小于增加一单位要素供给资源所增加的效用，使消费者总效用增加。最后，由于边际效用递减规律的作用，这种调整过程最终将达到要素供给资源的边际效用与保留自用资源的边际效用相等。

（二）要素供给的原则

消费者要实现最大的效用，其要素供给的原则为：保留自用资源的边际效用等于要素供给资源的边际效用。那么，要素供给的效用及其边际效用和保留自用资源的效用及其边际效用又是怎样的呢？

1. 要素供给的边际效用

消费者将资源作为生产要素供给市场本身并不能给自己带来任何效用，消费者供给生产要素的原因是要素供给能够给自己带来收入，而收入能够给自己带来效用。因此，要素供给的效用是所谓的"间接效用"，要素供给通过收入而与效用相联系。效用可以看作要素供给的复合函数，其公式为

$$U = U[Y(L)] \tag{11-1}$$

式中，L 为要素（假设为劳动）供给量；Y 为收入；U 为效用总量。因此，要素供给的边际效用是指消费者增加一个单位的要素供给所增加的效用，其公式为

$$\frac{\Delta U}{\Delta L} = \frac{\Delta U}{\Delta Y} \cdot \frac{\Delta Y}{\Delta L} \Rightarrow \frac{dU}{dL} = \frac{dU}{dY} \cdot \frac{dY}{dL} \tag{11-2}$$

式中，dU/dL 为要素供给的边际效用；dY/dL 和 dU/dY 分别表示要素供给的边际收入和收入的边际效用。因此，要素供给的边际效用等于要素供给的边际收入与收入的边际效用的乘积。

一般来说，单个的消费者不过是要素市场上众多要素所有者之一，即他是要素市场上的完全竞争者。单个的消费者多提供或少提供要素并不会影响要素的市场价格，消费者是要素价格的接受者，因此，要素的边际收益等于要素的市场价格，即 $dY/dL = W$。于是，式（11-2）变为

$$\frac{dU}{dL} = \frac{dU}{dY} \cdot W \tag{11-3}$$

这便是完全竞争条件下消费者要素供给的边际效用公式。如果消费者不是要素市场上的完全竞争者，则要素供给的边际效用表达式为一般形式的式（11-2）。

2. 保留自用资源的边际效用

与作为要素供给的资源相比，一方面，保留自用资源可以提供间接效用，如消费者将拥有的时间资源拿出一部分来做家务从而节省了原本需要请别人来帮忙做家务的开支，相对增加了收入；另一方面，保留自用资源还可以提供直接效用，如消费者将拥有的时间资源用来看电影或休息，可以直接地满足消费者的娱乐和健康需要，即直接地增加了消费者的效用。为简单起见，我们假设保留自用资源给消费者带来的效用都是直接的，即不考虑保留自用资源节约开支带来间接效用的情况。这样，如果用 l 来表示保留自用资源的数量，则保留自用资源的边际效用为 $\Delta U/\Delta l$，它表示消费者增加一个单位保留自用资源所带来的效用的增加量，用极值来表示为 dU/dl。

3. 要素供给原则

消费者的要素供给原则即效用最大化的条件为

$$\frac{dU}{dl} = \frac{dU}{dY} \cdot W \tag{11-4}$$

$$或 \frac{dU/dl}{dU/dY} = W \tag{11-5}$$

假设"收入的价格"为 W_y，并假设 $W_y = 1$。于是，式（11-5）可以写为

$$\frac{dU/dl}{dU/dY} = \frac{W}{W_y} \tag{11-6}$$

式（11-6）左边为保留自用资源的边际效用与收入的边际效用之比，右边为保留自用资源的价格与收入的价格之比。这个公式与产品市场分析中的效用最大化公式是完全一致的。

三、要素供给原则的无差异曲线分析

要素供给原则还可以用无差异曲线来进行分析。

如图 11-1 所示，横轴表示保留自用资源的数量 l，纵轴表示要素供给所带来的收

入 Y 。因此，图 11-1 中每一点均代表一种要素供给（以收入 Y 表示）和保留自用资源 l 的组合。

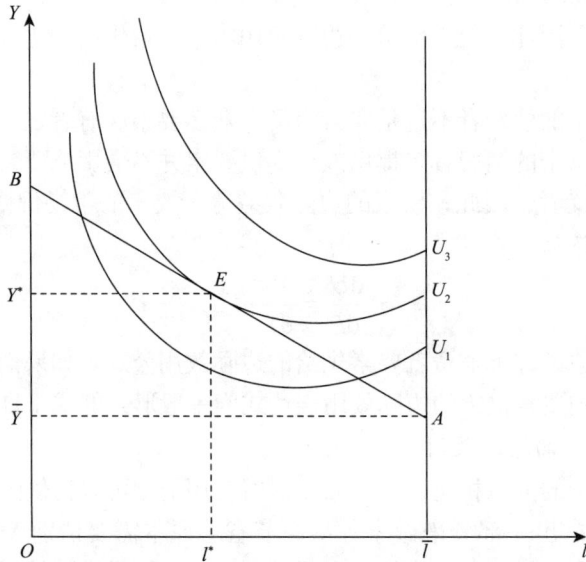

图 11-1 要素供给的无差异曲线分析

图 11-1 中，U_1、U_2 和 U_3 是消费者的三条无差异曲线。在同一条无差异曲线上，不同的点代表着相同的效用水平。与一般的无差异曲线一样，在这里，U_1、U_2 和 U_3 也假定为向右下方倾斜并凸向原点，即收入和保留自用资源都能够给消费者带来正的效用，而且它们的重要程度随着数量的增加而下降，即满足边际效用递减的规律。同时，离原点较远的无差异曲线代表较高的效用水平，即 $U_1 < U_2 < U_3$。

再来看消费者的预算约束。消费者的收入可以分为要素收入和非要素收入，假设消费者的非要素收入为 $\overline{Y}$，消费者拥有的既定资源量为 $\overline{L}$，要素的价格为 W，那么消费者总的收入为

$$Y = \overline{Y} + \left(\overline{L} - l\right) \times W \qquad (11\text{-}7)$$

当消费者将全部的资源 $\overline{L}$ 都用作要素供给时，他获得的总收入为 $Y = \overline{Y} + \overline{L} \times W$，该收入对应纵轴上的交点 B；当消费者将全部的资源 $\overline{L}$ 都留作自用时，他获得的总收入仅为 $Y = \overline{Y}$，对应图 11-1 中 A 点。所以 B 点和 A 点的连线 AB 即为消费者的预算约束线。

现在将无差异曲线和预算约束线结合起来，即可以得出消费者在预算约束下的最优选择（总效用最大）：收入 Y 与保留自用资源 l 的最优组合。这个最优组合点就是图 11-1 中无差异曲线 U_2 和预算线 AB 的切点 E，E 点表明：消费者将既定资源量 $\overline{L}$ 中的 l^* 部分留作保留自用，而将其余的 $\left(\overline{L} - l^*\right)$ 部分提供给要素市场以获取收入，从而使自己的收入增加到 $Y^* = \overline{Y} + \left(\overline{L} - l^*\right) \times W$。

由于 E 点是无差异曲线与预算约束线的切点，它必然满足无差异曲线的斜率等于预

算线的斜率。从图 11-1 中可以看出，预算线 AB 的斜率为

$$-\frac{B\overline{Y}}{\overline{Y}A} = -\frac{\overline{L} \times W}{\overline{L}} = -W$$

即预算线的斜率绝对值等于要素的价格。

无差异曲线的斜率可以表示为保留自用资源对收入的边际替代率，即 $\Delta Y / \Delta l$，取其极值为 dY/dl。于是，满足最优组合点 E 点的条件可以写为

$$\frac{dY}{dl} = -W，即 -\frac{dY}{dl} = W \tag{11-8}$$

式（11-8）左边称为资源供给的边际替代率，表示消费者为增加一个单位保留自用资源所愿意减少的收入量；右边的要素价格可以看成消费者为增加一个单位保留自用资源所必须放弃的收入量。因此，式（11-8）实际上表达了这样的意思：消费者的边际替代率与市场的边际替代率相等。式（11-8）与要素供给原则的式（11-5）实际上是相通的。资源供给的边际替代率 dY/dl 可以表示为自用资源和收入的边际效用之比：

$$-\frac{dY}{dl} = \frac{\dfrac{dU}{dl}}{\dfrac{dU}{dY}} = W \tag{11-9}$$

式（11-9）的第二个等号即为式（11-5），因此，无差异曲线分析法得出的最优的要素供给与用边际效用法分析的要素供给原则是一致的。

四、要素供给曲线

由图 11-1 可知，一旦要素的价格 W 确定，即可根据消费者的既定资源量 $\overline{L}$ 及非要素收入 $\overline{Y}$ 画出一条预算线，再根据预算线与其中一条无差异曲线的切点得出最优的要素供给量 $(\overline{L} - l^*)$。也就是说，在消费者偏好、初始非要素收入和资源数量既定的情况下，要素价格决定了预算线的斜率，从而决定了与消费者偏好即无差异曲线相切的切点。而要素的供给量又由该切点的位置来决定，即给定一个要素的价格，便会得到相应的最优要素供给量。这正是我们希望确定的要素价格与要素供给量之间的关系，即要素供给曲线。

（一）消费者的要素供给曲线

根据图 11-1 最优要素供给量确定的方法，我们画出图 11-2，与图 11-1 不同的是在图 11-2 中给出了三条预算线 AB_1、AB_2 和 AB_3，分别与无差异曲线 U_1、U_2 和 U_3 相切于 E_1、E_2 和 E_3。对应三条预算线的要素价格分别为 W_1、W_2 和 W_3，并且 $W_1 < W_2 < W_3$。在这里，要素价格的变化是引起预算线变动的唯一原因，即假定其他条件都不变，随着要素价格的变化，预算线将以 A 点为轴点转动，每一要素价格对应唯一的一条预算线，也对应唯一一个预算线与无差异曲线的切点。假定要素价格可以连续变化，则预算线与无差异曲线的切点也连续变动，其变动的轨迹称为价格扩展线（price expansion path，PEP）。价格扩展线反映了自用资源数量及要素收入如何随着要素价格的变化而变化，

从而反映了要素供给量如何随着要素价格的变化而变化。

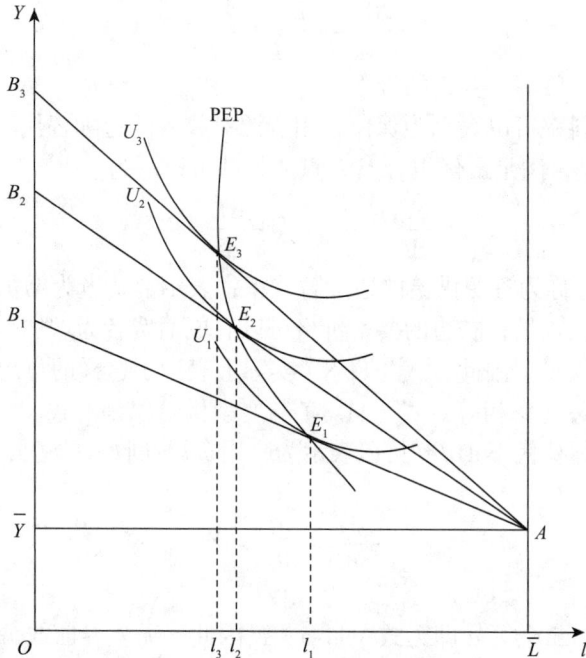

图 11-2　价格扩展线

　　从价格扩展线可以很容易地得到消费者的要素供给曲线。对于给定的要素价格W_1，由图 11-2 可知，预算线为AB_1，与无差异曲线U_1相切于E_1，实现消费者效用最大化，最优的自用资源量为l_1，于是消费者在要素价格为W_1时的要素供给量为$L_1=\overline{L}-l_1$，这样得到了要素供给曲线上的一个点$K_1(W_1,L_1)$，如图 11-3 所示。相应地，对于要素价格W_2和W_3，也可以用相同的方法得到最优的要素供给量L_2和L_3，即图 11-3 中的K_2和K_3点。对应要素价格W的其他可能值，也可用同样的方法得到要素供给曲线上的其他各点，将这些点连接起来就可以得到消费者的要素供给曲线S。

　　需要注意的是，图 11-3 给出的要素供给曲线是向右上方倾斜的，即其斜率为正，说明随着要素价格的上升，消费者愿意提供的要素数量增加。这只是作为例子说明要素供给曲线如何从消费者行为理论中推导，并不意味着要素供给曲线一定是向右上方倾斜的。事实上，要素供给曲线可能向右上方倾斜，可能垂直，也可能向右下方倾斜。这主要取决于无差异曲线的形状及其初始状态。向右上方倾斜的无差异曲线具有一般性，通常情况下消费者总是愿意在更高的要素价格条件下提供更多的要素。

（二）市场的要素供给曲线

　　如果已知消费者的要素供给曲线，那么市场的要素供给曲线就不难求得。假定完全竞争的要素市场中包含有n个消费者，其中第j个消费者的要素供给曲线为$S_j(j=1,2,\cdots,n)$，那么整个市场的要素供给曲线可以看成所有这些消费者的要素供给曲线的水平相加，即

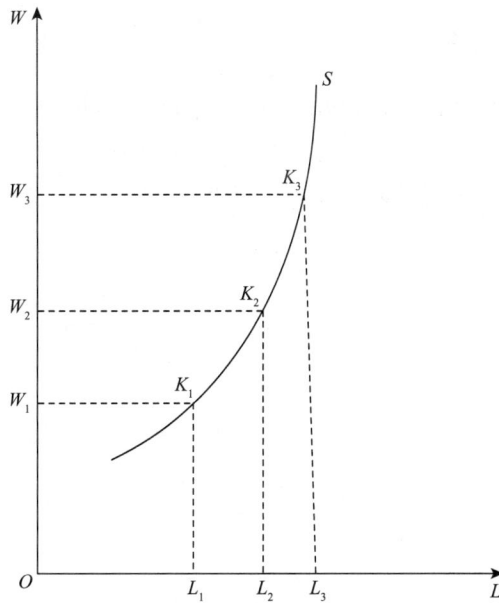

图 11-3 要素供给曲线

$$S = \sum_{j=1}^{n} S_j \qquad (11\text{-}10)$$

假设 n 个消费者的情况都一样，市场的要素供给曲线函数就变为

$$S = \sum_{j=1}^{n} S_j = nS_j \qquad (11\text{-}11)$$

式（11-11）也可以用图 11-4 来描绘。

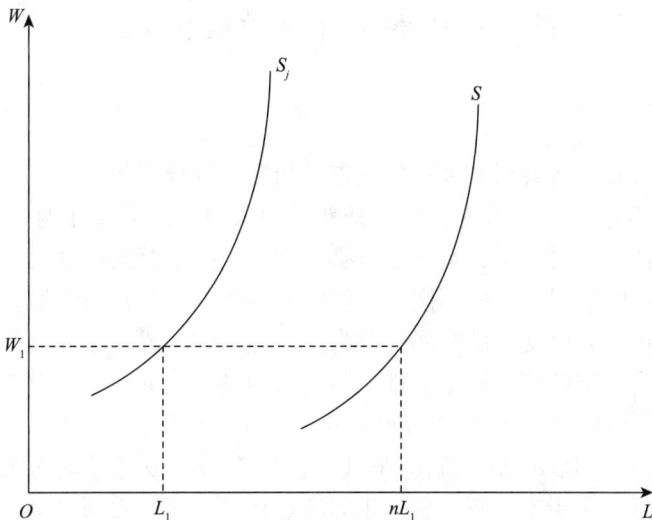

图 11-4 单个消费者和整个市场的要素供给曲线

五、要素市场的均衡

我们在假设完全竞争的产品市场和完全竞争的要素市场的条件下讨论要素的均衡价格和均衡数量。我们只要把图 10-5 中的整个市场的要素需求曲线与图 11-4 中的整个市场的要素供给曲线结合起来就可以，如图 11-5 所示。

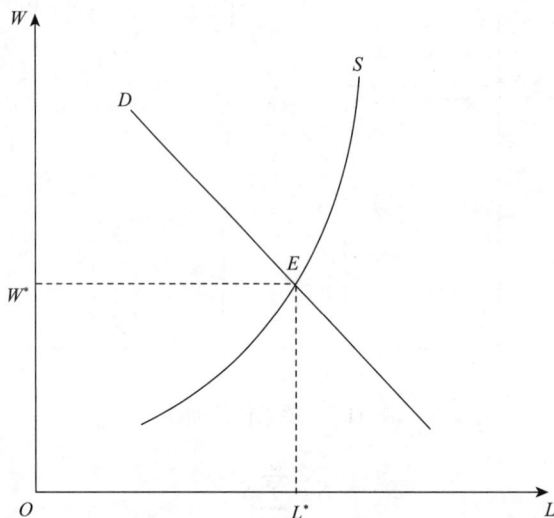

图 11-5　完全竞争条件下要素市场的均衡

如图 11-5 所示，完全竞争条件下要素市场的均衡点为 E，对应均衡的要素价格为 W^*，均衡的要素数量为 L^*。

▎第二节　劳动的供给曲线和工资率的确定

一、劳动和闲暇

劳动的供给涉及消费者对其拥有的既定时间资源的分配问题。消费者拥有的时间资源是既定的具有两层含义：首先，每个消费者每天只有 24 个小时，这是既定的；其次，在这既定的 24 小时之中，有一部分必须用于维持生存的睡眠而不能挪为他用。不同的消费者用于睡眠的时间有所不同，我们假定消费者每天必须睡眠 8 个小时。因此，每个消费者每天可以自由支配的时间资源为固定的 24-8=16 个小时。

因此，消费者可能的劳动供给只能来自这既定的 16 个小时之中，其最大的劳动供给量为 16 个小时。假设某个消费者将每天的 6 个小时作为劳动力供给市场，则全部可自由支配的时间资源中剩余的部分为 16-6=10 个小时，这 10 个小时称为"闲暇"时间。闲暇时间消费者可以用于吃、喝、玩、乐等满足自己的直接效用，也可以用于自给自足性的"家务劳动"满足自己的间接效用。我们只研究闲暇时间给消费者带来的直接效用，而不考虑其间接效用。如果用 H 表示闲暇时间，则 $16-H$ 就代表消费者的劳动供给量。因此，消费者的劳动供给问题可以看成消费者如何决定将其既定的时间资源（16

个小时）在闲暇 H 及劳动供给 $16-H$ 两种用途上的分配问题。

　　消费者选择一部分时间作为闲暇来享受，选择其余时间作为劳动供给市场。闲暇时间直接增加了消费者的效用，劳动供给可以给消费者带来收入，收入可以增加消费者的效用。因此，实际上来讲，消费者并非在闲暇和劳动供给二者之间进行选择，而是在闲暇和劳动收入二者之间进行选择。因此，第一节的模型完全适用于分析劳动供给的问题。

二、劳动的供给曲线

　　劳动的供给曲线见图 11-6 和图 11-7。图 11-6 中横轴 H 表示闲暇的时间，纵轴 Y 表示消费者的收入。消费者的初始状态点 E 表示的是在可自由支配的时间资源 16 小时都用于闲暇的情况下，消费者的非劳动收入为 $\overline{Y}$。假定劳动价格即工资为 W_0，则消费者的最大可能收入（劳动收入与非劳动收入之和）为 $K_0 = 16W_0 + \overline{Y}$。于是消费者在工资 W_0 的条件下其预算线为 EK_0。EK_0 与无差异曲线 U_0 相切，切点为 A，实现消费者效用最大化。A 点对应的最优闲暇时间量为 H_0，此时劳动供给量为 $16-H_0$。于是得到消费者劳动供给曲线（图 11-7）上的 $a(W_0, 16-H_0)$ 点。

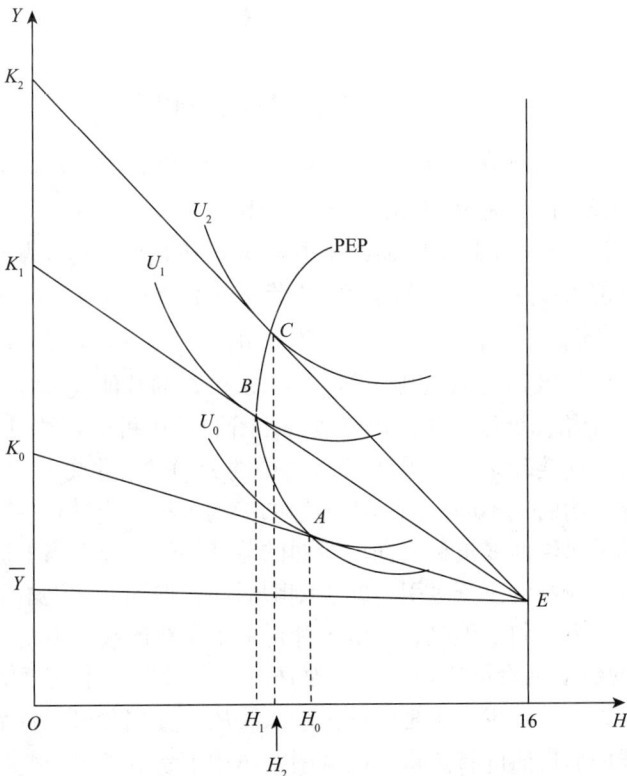

图 11-6　时间资源在闲暇和劳动供给之间的分配

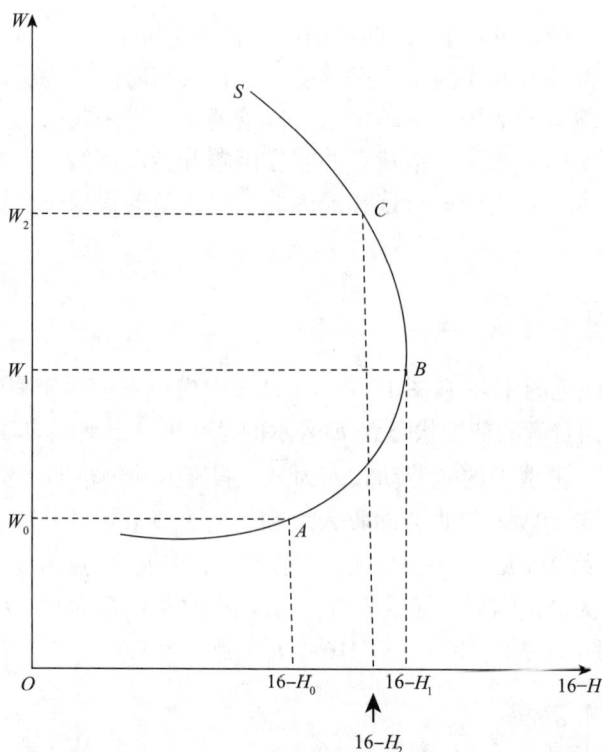

图 11-7　消费者的劳动供给曲线

再回到图 11-6 中，假设劳动的价格（工资）上升到 W_1，再上升到 W_2，则消费者的预算线将以 E 点为轴点顺时针移动到 EK_1 和 EK_2，其中 $K_1 = 16W_1 + \overline{Y}$，$K_2 = 16W_2 + \overline{Y}$。预算线 EK_1 和 EK_2 分别与无差异曲线 U_1 和 U_2 相切于 B 点和 C 点。均衡点 B 点和 C 点对应的最优闲暇时间量分别为 H_1 和 H_2，从而相应的劳动供给量分别为 $(16 - H_1)$ 和 $(16 - H_2)$。现在又得到了劳动供给曲线（图 11-7）上的 B 点 $(W_1, 16 - H_1)$ 和 C 点 $(W_2, 16 - H_2)$。

重复上述过程，可得到图 11-6 中类似于 A、B 和 C 的其他点，将这些点连接起来可以得到图 11-6 中的价格扩展线 PEP；相应地，在图 11-7 中可得到类似于 A、B 和 C 的其他点，将所有这些点连接起来可以得到图 11-7 中的劳动供给曲线 S。

与一般的要素供给曲线不同，图 11-7 描绘的劳动供给曲线具有一段"向后弯曲"的部分，因此，劳动的供给曲线被称为向后弯曲的劳动供给曲线。当工资较低时，随着工资的上升，消费者为较高的工资吸引将减少闲暇时间，增加劳动供给量。在这个阶段，劳动供给曲线向右上方倾斜。但是，工资上涨对劳动供给的吸引力是有限的，当工资涨到 W_1 时，消费者的劳动供给量达到最大，为 $16 - H_1$。此时如果继续增加工资，劳动供给量不但不会增加，反而减少。于是劳动供给曲线从工资 W_1 处开始向后弯曲。

劳动供给曲线向后弯曲的特点也可以从图 11-6 中消费者随工资变化对闲暇的需求量的变化中看出。由图 11-6 可知，随着工资的上升，预算线在纵轴的截距上升，消费者的闲暇需求量先减少后增加，即从 H_0 减少到 H_1，然后又增加到 H_2。在时间资源既定时，意味着劳动供给量先增加后减少，即从 $16 - H_0$ 增加到 $16 - H_1$，然后又减少到

$16-H_2$。因此，劳动的供给曲线向后弯曲。

三、替代效应和收入效应

劳动供给曲线为什么向后弯曲？为了解释这个问题，我们换一个角度来看劳动供给、劳动价格即工资以及它们之间的关系。首先，可以将劳动供给看成闲暇需求的反面。因为在可支配时间既定的条件下，劳动供给的增加就是闲暇需求的减少；反之亦然。劳动供给与闲暇需求反方向变动。其次，劳动的价格即工资实际上是闲暇的机会成本：消费者增加一个单位闲暇，意味着失去本来可以得到的这一个单位时间作为劳动力供给市场所获得的收入，即工资。于是，可以将工资看成闲暇的价格。最后，在上述关于劳动供给及工资的重新解释的基础上，劳动供给量随工资而变化的关系即劳动供给曲线便可以用闲暇需求量随闲暇价格而变化的关系即闲暇需求曲线来加以说明，只不过后者与前者正好相反而已。也就是说，解释劳动供给曲线向后弯曲现在转变为解释闲暇需求曲线为什么向前上斜。我们可以使用替代效应和收入效应解释这一问题。

我们知道，正常商品的需求曲线总是向右下方倾斜，即消费者对正常商品的需求量随商品本身价格的上升而减少。其原因有二：一是替代效应；二是收入效应。一方面，正常商品价格上涨后，其相对价格更贵了，由于替代效应，消费者转而购买相对价格较低的其他替代品，使消费者对正常商品的需求量减少；另一方面，正常商品价格上涨后，消费者实际收入下降，由于收入效应，消费者相对"更穷"一些，使消费者对正常商品的需求量减少。就正常商品而言，替代效应和收入效应共同作用使其需求曲线向右下方倾斜。

现在我们来考虑闲暇这种正常商品的情况。消费者对闲暇的需求也受到替代效应和收入效应两个方面的影响。先看替代效应。假定闲暇的价格即工资上涨，于是相对于其他商品而言闲暇的相对价格更昂贵了（其机会成本上升了）。于是由于替代效应消费者会减少对闲暇的购买（需求），转而购买其他替代商品。因此，由于替代效应，消费者对闲暇的需求量与闲暇价格（工资）反方向变化。这一点与其他正常商品一样。再来看收入效应。这方面，闲暇与其他商品完全不同。假定其他条件不变，对于一般商品而言，价格上升意味着消费者实际收入下降，但闲暇价格上升却相反，闲暇价格（工资）的上升意味着消费者实际收入的增加。随着收入的增加，消费者将增加对各种正常商品的需求数量，也包括增加对闲暇这种正常商品的需求数量。因此，由于收入效应，消费者对闲暇需求量与闲暇价格（工资）的变化方向相同。因此，随着闲暇价格的上升，闲暇需求量究竟是下降还是上升要取决于这两种效应的大小。如果替代效应大于收入效应，则消费者对闲暇需求量随其价格的上升而下降；反之，如果收入效应大于替代效应，则消费者对闲暇需求量随其价格的上升而上升。

那么，闲暇价格变化的收入效应会不会超过其替代效应？对于一般商品（不仅是正常商品，还包括一部分低档商品）来说，收入效应通常要小于替代效应。消费者消费的商品有很多种，而每一种只占消费者预算的很小部分，而且具有很相近的替代品。因此，单种商品价格变动通常对消费者收入并不造成很大影响，却非常容易引起消费者的替代行为，例外的情况仅是吉芬商品。现在讨论闲暇，情况却有所不同。假定其他因素不变，闲暇价格即工资的上升会大大增加消费者的收入水平。因此，闲暇价格变化的收入效应较大。如果原来的工资即闲暇价格较低，则此时工资稍稍上涨的收入效应不一定能抵消，当然更谈不上超过替代效应，因为此时的劳动供给量也较小，从而由工资上涨引起的整个劳动收入增量（它等于工资增量与劳动供给量之乘积）并不很大；但如果工资已经处于较高水平（此时劳动供给量也相对较大），则工资上涨引起的整个劳动收入增量就很大，从而可以超过替代效应。于是，劳动供给曲线在较高的工资水平上开始向后弯曲。

综上所述，我们可以看出：当工资较低时，消费者的收入较低，此时工资提高，消费者会受到较高工资的吸引减少闲暇增加劳动供给量；当工资的提高使消费者富足到一定的程度以后，人们会更加珍视闲暇。因此，当工资达到一定高度而继续提高时，消费者的劳动供给量不但不会增加反而会减少，劳动供给曲线随工资的提高而向后弯曲。

四、劳动的市场供给曲线和均衡工资的决定

将所有单个消费者的劳动供给曲线水平相加，即得到整个市场的劳动供给曲线。尽管许多单个消费者的劳动供给曲线可能向后弯曲，但劳动的市场供给曲线却不一定如此。在较高的工资水平上，现有的工人也许提供较少的劳动，但高工资也会吸引新的工人进来，因而总的市场劳动供给一般还会随着工资的上升而增加，从而市场劳动供给曲线仍然向右上方倾斜。

将向右上方倾斜的劳动的市场供给曲线和向右下方倾斜的劳动的市场需求曲线综合起来，即可确定劳动市场的均衡工资水平，见图 11-8。图 11-8 中劳动需求曲线 D 和劳动供给曲线 S 的交点是劳动市场的均衡点，该均衡点对应的均衡工资为 W_0，对应的均衡劳动数量为 L_0。因此，均衡工资水平由劳动市场的供求曲线决定，且随着这两条曲线的变化而变化。

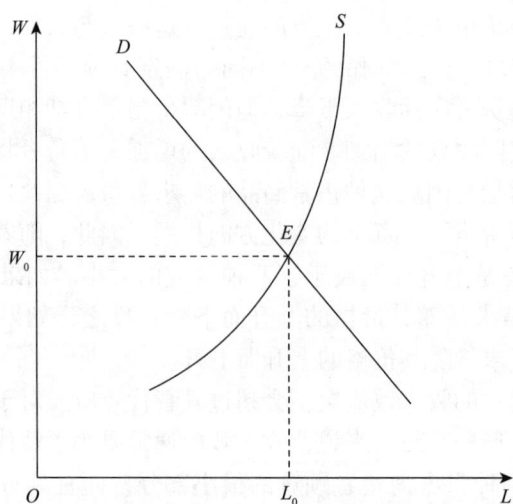

图 11-8　劳动市场的均衡

劳动供给曲线位置的变化主要有以下几个原因：第一，社会习俗和法律。例如，某些社会习俗约定妇女一般只做家务，法律禁止企业雇用未成年工人。如果将这些习俗和法律加以改变，将大大增加劳动供给，使劳动供给曲线向右移动。第二，人口。人口的总量及年龄和性别构成对劳动供给有重大的影响。第三，非劳动收入。较多的非劳动收入增加了消费者保留时间以自用的能力，从而减少了劳动供给。

第三节　土地的供给和地租的确定

经济学所讲的土地是一个广泛的概念，泛指一切自然资源。不仅指地面，还包括地下、空中、水中的一切自然资源。这种生产要素是自然赋予的，并非人为作用的结果。西方经济学把经过人加工的生产资料称为资本，把自然赋予的物质生产要素称为土地。从整个地球的自然资源总量来说，它是固定不变的，不会随着土地价格的变化而变化。

一、土地、土地供给及土地价格

在正式讨论土地的供给之前，我们先明确几个概念。

第一，生产服务源泉和生产服务本身。生产服务的源泉不同于生产服务本身。例如，劳动服务的源泉是人类或劳动者，但劳动服务却是"人一时"（或代表劳动者在某个特定时期工作的其他单位）；同样，土地是土地服务的源泉，如土地的单位是"亩"，而土地服务的单位是"每亩使用一年"。

第二，源泉的供给（及需求）和服务的供给（及需求）。源泉的供给（及需求）是指卖和买生产服务的"载体"；服务的供给（及需求）是指卖和买生产服务本身而不是其"载体"。有些生产要素的源泉及其服务都可以在市场中交易，如土地和资本；有些生产要素则不能，如劳动。劳动服务可以被买卖，但现今劳动服务的源泉（即人类本身）却不能被买卖。

第三，源泉的价格和服务的价格。如果源泉和服务二者均可在市场交易，就有两个价格，即源泉的价格和服务的价格。例如，就土地而言，有一个"1公顷土地（即源泉）的价格"，还有一个"使用1公顷土地1年（即服务）的价格"。又如，对于机器来说，其本身有一个市场价格（源泉的价格），还有一个使用机器1年的市场价格（服务的价格）。这两个价格显然不同，因而必须加以区别。生产要素源泉的价格，特别是资本物品（如机器）的价格，由它们的市场供求所决定，其过程与前面论述的商品价格的确定大致相同，我们在分配论中不再重复。因此，分配论中所论述的是生产要素服务价格的确定。劳动是一个例外，由于只有劳动服务能够买卖，因此，只有一个劳动服务的价格，所以，第二节在讨论劳动供给和劳动价格时，我们指的是劳动服务的供给和劳动服务的价格。为明确起见，假定下面讨论的土地、土地供给及土地价格（资本、资本供给及资本价格）均指土地的服务、土地服务的供给及土地服务的价格（资本服务、资本服务的供给及资本服务的价格）。其中，土地服务的价格称为地租（资本服务的价格称为利息）。

二、土地的供给曲线

前面提出，土地的自然供给即自然赋予的土地数量是固定不变的，它不会随土地价格即地租的变化而变化。现在要考虑土地的市场供给情况：它是否也与土地的价格没有关系呢？

为了回答这个问题，我们需要分析单个土地所有者的行为。

假定土地的所有者是消费者，从而其行为的目的是效用最大化。消费者所有的土地数量在一定时期内是既定、有限的。土地所有者所要解决的问题是如何将既定数量的土地资源在保留自用和供给市场这两种用途上进行分配以获得最大的效用。

与劳动供给的情况类似，消费者对土地供给市场本身不直接增加效用。土地所有者供给土地的目的是获得土地收入，而土地收入可以用于购买各种消费品，从而增加消费者的效用。因此，土地所有者实际上是在土地供给可能带来的收入与保留自用土地之间进行选择。于是，土地所有者的效用函数可以写为

$$U = U(Y, q) \tag{11-12}$$

式中，Y、q 分别代表土地收入和保留自用土地的数量。

现在的问题是，保留自用土地如何增加土地所有者的效用？显然，土地如果不用来供给市场的话，可以用来建造花园等，土地的这些消费性使用可以增加土地所有者的效用。不过一般来讲，土地的消费性使用只占土地一个很微小的部分，不像时间的消费性使用占去全部时间的一个较大的部分。如果不考虑土地消费性使用这个微小的部分，即不考虑土地所有者自用土地的效用，则土地所有者的效用函数简化为

$$U = U(Y) \tag{11-13}$$

式（11-13）表明，土地所有者的效用大小只取决于土地供给的收入，而与保留自用土地数量的大小无关。在这种情况下，土地所有者为了获得最大效用必须使土地收入达到最大，而为了使土地收入最大又要尽可能多地供给土地（假定土地价格为正）。由于土地所有者拥有的土地数量是既定的，假设为 $\overline{Q}$，土地所有者将供给 $\overline{Q}$ 量的土地——无论土地价格 R 是多少。因此，消费者的土地供给量始终为 $\overline{Q}$，消费者的土地供给曲线为在 $\overline{Q}$ 位置的垂直线，参见图 11-9。

垂直的土地供给曲线也可以通过无差异曲线分析方法得到，参见图 11-10。图 11-10 中，横轴 Q 代表自用土地数量，纵轴 Y 代表土地供给的收入。土地所有者的初始状态点 E 表明，消费者的非土地收入为 $\overline{Y}$，拥有的全部土地数量 $\overline{Q}$ 都用作保留自用。两条预算线 EK_0 和 EK_1 分别对应土地价格 R_0 和 R_1，即 $K_0 = R_0 \cdot \overline{Q} + \overline{Y}$，$K_1 = R_1 \cdot \overline{Q} + \overline{Y}$。图 11-10 中真正特殊的地方是无差异曲线：它们均为水平直线，如 U_0 和 U_1。无差异曲线为水平直线表示土地所有者的效用大小只取决于土地供给的收入，而与自用土地的数量无关。例如，对于水平的无差异曲线 U_0 而言，无差异曲线上任意一点虽然自用土地的数量不同，但土地供给的收入均相等，所以代表的效用无差异。同样，高位的无差异曲线由于代表的土地供给收入较多，所以高位的无差异曲线代表的效用较高，即 $U_1 > U_0$。显

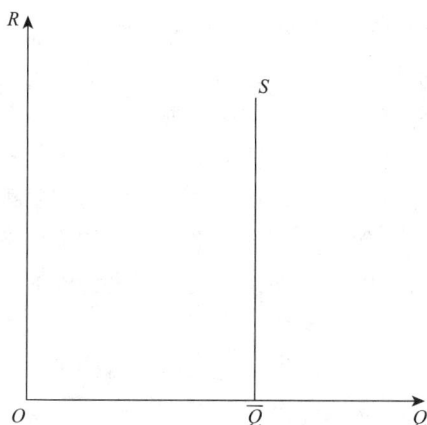

图 11-9 土地的供给曲线

然，无差异曲线簇的这种特殊形状就是式（11-13）效用函数的形象表示，或者说是土地没有自用用途假定的形象表示。

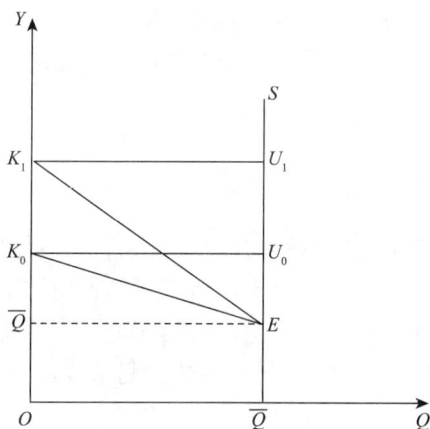

图 11-10 土地供给的无差异曲线分析

图 11-10 表明，无论土地价格如何变化，最优的保留自用土地的数量都为 0，从而最优的土地供给量都为 $\overline{Q}$，即无论土地的价格为多少，土地的所有者都会将其拥有的全部土地资源供给市场，所以，土地的供给曲线为垂直线。例如，当土地价格为 R_0 时，预算线为 EK_0，此时最大效用的均衡点为 K_0 点，最优的自用土地量为 0，最优的土地供给量为 $\overline{Q}$；当土地价格为 R_1 时，预算线为 EK_1，此时最大效用的均衡点为 K_1 点，最优的自用土地量为 0，最优的土地供给量仍为 $\overline{Q}$。也就是说，土地供给量总是为 $\overline{Q}$，与土地价格的高低无关，于是，土地所有者的土地供给曲线为垂直线。

需要注意的是，在上面的讨论中，之所以得到土地供给曲线垂直的结论，并不是因为自然赋予的土地数量是（或假定是）固定不变的，而是因为我们假定了土地只有一种用途即生产性用途，而没有自用用途。如果土地只有生产性用途，则它对该用途的供给曲线当然是垂直的。事实上，这个结论不仅适用于土地，同样也适用于任何其他要素。

我们可以得出一个一般性的结论：任意一种资源，如果只能（或假定只能）用于某种用途，而无其他用途，则该资源对该种用途的供给曲线就一定是垂直的。借用机会成本的概念可以这样说：任意一种资源，如果它在某种用途上的机会成本等于 0，则它对该用途的供给曲线就是垂直线，即使该资源价格下降，它也不会转移到其他方面（因为无利可得），即它的供给量不会减少。例如，考虑某些土地资源，如果它只能用来种植玉米，则它对种玉米地供给曲线就垂直，种玉米的土地的价格下降不会减少它的供给量。由此可得：任意一种资源对其用途的供给曲线在其机会成本为 0 时是一条垂直线。

由此可见，土地数量本身固定不变并不能说明土地的供给曲线为垂直线。要使土地供给曲线为垂直线，必须假定土地没有自用用途和自用价值，或者说，假定土地在生产性用途上机会成本为 0。这个假定并不符合实际情况，因为土地对土地所有者确实有某些消费性用途，尽管这些用途相对于其拥有的全部土地数量来说所占比重很小。如果将土地的自用价值也考虑进来的话，则土地的供给曲线就可能不再是一条垂直线，而是略微向右上方倾斜。此外，如果土地除了一种用途之外还有其他用途，如农业土地可以被用来盖厂房、修道路等，则农业土地的价格下降以后，用于种植农产品的土地可能就会减少一部分，原来用于农业的土地会转移到现在相对而言更加有利可图的盖厂房或修道路上。这样，具有多种用途的土地的供给曲线就向右上方倾斜，甚至和一般商品的供给曲线没有区别。

三、使用土地的价格和地租的确定

将所有单个土地所有者的土地供给曲线水平相加，就可以得到整个市场的土地供给曲线。整个市场的土地供给曲线与单个土地所有者的土地供给曲线一样，是一条固定在土地总量上的垂直线。而土地的市场需求曲线与其他要素的需求曲线一样，向右下方倾斜。将土地的市场供给曲线和市场需求曲线结合起来，就可以得到使用土地的均衡价格，即地租，参见图 11-11。图 11-1 中横轴 Q 代表土地的数量，纵轴 R 代表土地的价格。土地的市场需求曲线 D 与土地的市场供给曲线 S 相交，土地市场实现均衡，均衡点为 E。该均衡点 E 决定了土地服务的均衡价格为 R_0。

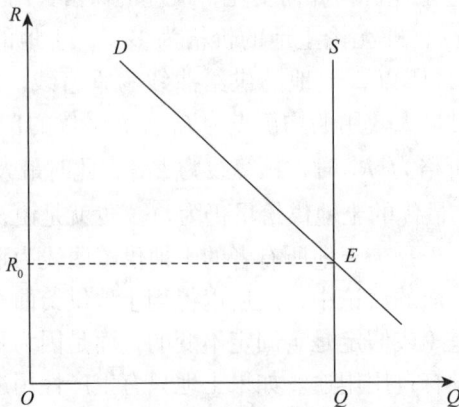

图 11-11　土地服务的均衡价格决定

当土地的供给曲线垂直时，它与土地需求曲线的交点所决定的土地服务价格具有特殊的意义，该价格常常被称为"地租"，参见图11-12。从图11-12中可以看出，由于土地的供给曲线垂直且固定不变，所以土地的价格，即地租完全由土地的需求曲线来决定，而与土地的供给曲线无关。当土地的需求曲线上移时，地租上升；当土地的需求曲线下移时，地租下降。如果土地的需求曲线下降到D'，则地租为零。

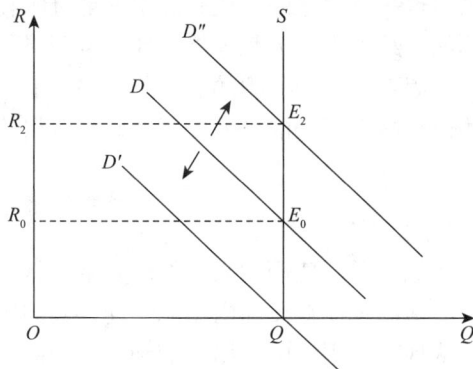

图11-12 地租的变动

根据上述地租理论，可以给出一个关于地租产生的解释。假设一开始，土地供给量$\overline{Q}$不变，对土地的需求曲线为D'，则地租为零。现在假设技术进步使土地的边际生产力（边际产量）提高，或人口增加对粮食需求增加，粮食价格上涨，则土地的需求曲线会向右移动，从而地租开始出现。因此，可以这样来说明地租产生的原因：地租产生的根本原因在于土地的稀少，供给不能增加；如果给定了不变的土地供给，则地租产生的直接原因就是土地需求的增加。土地需求的增加是因为土地的边际生产力提高或土地产品（如粮食）的需求增加从而粮价提高。如果假定技术不变，则地租就是由于土地产品价格的上升而产生的，且随着土地产品价格的上涨而不断上涨。

四、级差地租

以上对地租所做的讨论，实际上使用了土地都是同质的这一假设。但事实上对于土地来说，由于其肥沃程度和地理位置的不同，土地是非同质的。根据肥沃程度、地理位置、交通便利程度等，土地可分成各种等级，不同等级土地的使用者缴纳不同数量的地租，就形成了级差地租。

西方经济学家认为，一般来说，人们对土地的利用总是从优至劣依次进行。土地产品的价格必须等于使用最劣土地进行生产所消耗的平均成本，否则就没有人会使用最劣等的土地从事生产。由于最劣等土地产品的平均成本等于其产品的市场价格，生产者所获得的收入仅够支付其成本，没有剩余，不能支付地租，这种土地被称为"边际土地"。肥沃程度高、交通便利的土地，其生产成本较低，能够得到平均成本以上的额外报酬，这种额外报酬就称为级差地租。

五、租金、准租金和经济租金

根据地租的含义，西方学者又提出了几个相关的概念。

（一）租金

除了土地具有固定供给这一特性之外，还有许多其他资源在某些情况下也可以被看成供给是固定不变的。例如，某些人的天赋才能，如体育明星，就像土地一样，其供给也是固定不变的。这些供给固定不变的资源的服务价格与土地的地租非常类似。为了与地租相区别，我们将这些供给固定不变的一般资源的服务价格称为"租金"。因此，租金是更一般化了的地租。

（二）准租金

与土地数量固定不变相似，厂商使用的某些生产要素，从短期来看也具有数量不变的特点。例如，由于厂商的生产规模在短期内不能变动，其固定生产要素对于厂商来说就是固定供给的：它不能从现有的用途中退出而转到收益较高的其他用途中去，也不能从其他相似的生产要素中得到补充。这些要素的服务价格在某种程度上类似于租金，通常被称为"准租金"。所谓的准租金就是对供给量暂时固定的生产要素的支付，即固定生产要素的收益。

准租金可以用厂商的短期成本曲线分析，以完全竞争厂商为例，参见图 11-13。图 11-13 中横轴 Q 代表产量，纵轴 P 代表产品价格，AVC、AC、MC 曲线分别为厂商的平均可变成本、平均成本及边际成本曲线。当产品价格为 P_0 时，厂商根据边际收益等于边际成本的利润最大化原则，生产的产量为 Q_0。此时厂商的总收益为图 11-13 中矩形 OP_0EQ_0 的面积，而总可变成本为图 11-13 中矩形 $OBCQ_0$ 的面积，它代表了厂商为生产 Q_0 的产量所需可变生产要素的成本，总收益在弥补了可变生产要素的成本后所剩下的矩形 BP_0EC 的面积则是固定要素的收益，也就是准租金。

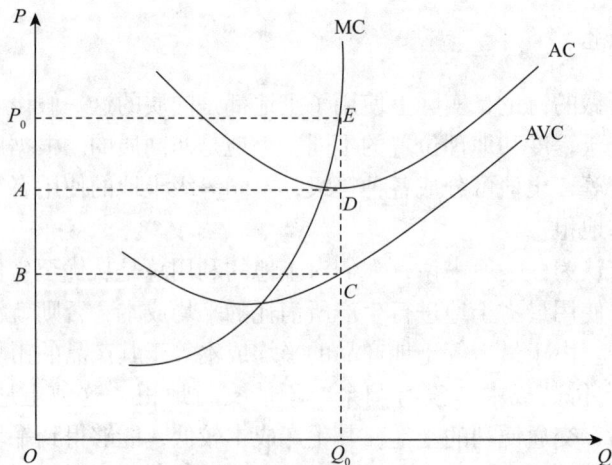

图 11-13　准租金

如果从准租金中再减去总的不变成本 $BADC$，剩下的部分 AP_0ED 就是经济利润。可见，准租金等于不变成本与经济利润之和。当经济利润为 0 时，准租金等于总的不变成本；当厂商短期亏损即经济利润小于 0 时，准租金也可能小于总的不变成本。

（三）经济租金

租金是固定供给要素的服务价格，固定供给意味着要素价格的下降不会减少该要素的供给量。因此，可以将租金看成这样一种要素收入：其数量的减少不会引起要素供给量的减少。有许多要素的收入尽管从整体上看不同于租金，但其收入的一部分却类似于租金，即如果从该要素的全部收入中减去这一部分并不会影响要素的供给。我们将这一部分要素收入称为"经济租金"。例如，一个演员年薪为 10 万元，他如果不做演员可以做时装模特，年薪为 6 万元，那么这个演员的经济租金为 4 万元。

经济租金的几何解释类似于生产者剩余，参见图 11-14。图 11-14 中要素供给曲线为 S，要素需求曲线为 D，均衡点为 E，均衡的要素价格为 R_0，均衡的要素使用量为 Q_0。要素的全部收入为矩形 OR_0EQ_0 的面积。但按照要素供给曲线，要素所有者在提供 Q_0 量要素时所愿意接受的最低要素收入是 $OAEQ_0$ 的面积。因此，图 11-14 中 AR_0E 是要素所有者的"超额"收益，即使去掉，也不会影响要素的供给量，这便是我们介绍的经济租金。

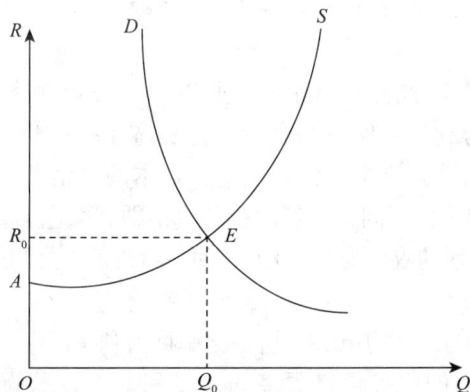

图 11-14　经济租金

显然，经济租金的大小取决于要素供给曲线的形状。一般来讲，要素供给曲线越陡峭，经济租金部分就越大。特别是当要素供给曲线为垂直线时，全部要素收入都是经济租金，它恰好等于租金或地租。由此可见，租金实际上是经济租金的一种特例，即当要素供给曲线为垂直线时的经济租金，而经济租金是一般的概念，它不仅适用于要素供给曲线为垂直的情况，也适用于不垂直的一般情况。另一种极端是，如果要素供给曲线为水平线时，经济租金不存在。

总之，经济租金是要素收入的一部分，这个部分并非为获得该要素于当前使用中所必需的，它代表着要素收入中超过其在其他用途可能得到的收入的部分。简而言之，经济租金等于要素收入与其机会成本之差。

第四节 资本的供给曲线和利息的确定

资本一词用途非常广泛，而且在不同的场合有不同的含义，如企业的生产资料、银行里的现金，甚至土地等都可称为资本。因此，在讨论资本的供给曲线和利率的确定之前，有必要先来说明本节中资本的含义。

一、资本与利息

什么是资本？经济学家认为，资本是人们生产出来并且被用作投入的生产要素，以便进一步生产商品和劳务。从这个定义中可以看出，资本作为与劳动和土地并列的一种生产要素，具有如下特点。

（1）它的数量是可以改变的，即它可以通过人们的经济活动生产出来。

（2）它被生产出来的目的是生产更多的商品和劳务。

（3）它是一种投入要素，即通过参与生产过程来获得更多的商品和劳务。

具备这些特征的资本便可以和其他生产要素区别开来。

对于资本这一生产要素，我们同样要区分要素价格和要素服务的价格。由于资本本身是由企业生产出来的一种商品，要获得这种资本可以直接购买。例如，某个企业花 2 万元购买了一台机器，这是资本本身的价格，它伴随着资本所有权的转移。企业还可以通过租赁获得资本这种要素，如某企业以一年 2 000 元的租金租用一台机器，这 2 000 元的租金被称为利息。所以，利息就是资本服务的价格。

下面讨论的资本供给即为资本服务的供给，资本的价格即为资本服务的价格——利息。由于不同资本本身的价格不同，它们的服务价格即利息也不相同。例如，一台价值 2 万元的机器被使用一年得到的收入为 2 000 元，而一台价值 1 万元的机器被使用一年得到的收入为 1 000 元。虽然这两台机器使用一年得到的绝对利息额不同，但其资本服务的年收入与资本价格的比率是相同的，都为 10%，这一比率称为利率。

为了便于比较，资本的服务价格更多的是以利率来表示的，假定某资本的价值为 P，资本服务的年收入为 Z，利率为 r，则资本服务的价格或利率的公式为

$$r = \frac{Z}{P} \tag{11-14}$$

一般来说，利率越高，对资本的需求量越低，因为同样的资本需要支付更高的利息。而利率越低，对资本的需求量越高，即对资本的服务需求同样符合需求规律。

如果在使用资本的这一年里，资本价格本身发生了变化（即资本增值或者贬值）。例如，机器的市场价格在一年中上升或下降了，则在计算利率时应当将这个资本价值增量部分与资本服务的收入同样看待。因此，利率的公式变为

$$r = \frac{Z + \Delta P}{P} \tag{11-15}$$

式中，ΔP 为资本价值增量，可以大于、等于或小于 0。

对于不同的资本来说，它们的价值或者年收入可能并不相同，但年收入与资本价值

的比率（利率）有趋向于相同的趋势。例如，假设资本 A 有较高的利率，则人们将去购买它，从而它的市场价格即资本价值被抬高，于是根据式（11-15），资本的利率将下降。这个过程将一直持续下去，直到资本 A 的利率与其他资本的利率相等为止。

二、资本的供给

资本的供给问题就是以效用最大化为目的的资本所有者如何向市场提供资本要素。由资本的定义可知，资本与土地及劳动的一个根本区别在于：资本的数量是可以改变的，它可以被人们的经济活动创造出来，而土地和劳动则是"自然给定"的。这个根本区别使资本的供给问题完全不同于土地和劳动的供给问题。在有关土地和劳动的场合，所要研究的是要素所有者如何将既定的土地或劳动在要素供给和保留自用两种用途中进行分配，以获得最大的效用。尽管对于个人来说，他可以通过购买土地来增加其所拥有的要素数量，但同时其他人拥有的土地数量就会减少。因此，从整个社会来看，这种买卖行为并没有改变总的土地数量。除非买卖双方的土地自用价值有很大差别，土地所有权的转移本身并不会对土地的供给状况产生任何影响。

资本的情况完全不同：单个个人完全可以在不影响其他人资本拥有量的情况下增加自己的资本资源，这就是"储蓄"，即保留其收入的一部分不用于当前的消费。当一个人进行储蓄时，他就增加了自己拥有的资本数量。他可以自己生产新资本，如孤岛上的鲁滨逊为织一张网而放弃某些当前消费；此外，他也可以购买资本的所有权，如购买股票，这种方式在现代社会较多。当某个消费者购买股票时，其他人则得到一笔所需要的资金去建造厂房或机器等新资本。总之，单个人的资本数量由于储蓄而增加，相反，由于负储蓄而减少。

由于要素所有者拥有的资本数量是可变的，现在面临的不再是单一的既定资本的供给问题，而首先是如何确定一个最优资本拥有量的问题。只有在确定了最优资本拥有量之后，才能讨论这个既定最优资本量的供给问题。后一个问题与土地、劳动的供给问题相同，均涉及既定资源在要素供给和保留自用之间的分配。至于前一个问题，即最优资本拥有量的问题实际上就是确定最优的储蓄量的问题。假设要素所有者原有的资本存量为 K_0，最优资本量为 K^*，如果 $K_0 < K^*$，要素所有者将通过储蓄来增加其资本拥有量，以达到最优资本量；反之则进行负储蓄。因此，要素所有者的资本供给问题可以转变为如何将既定收入在消费和储蓄两方面进行分配的问题。

进一步来分析，要素所有者进行储蓄从而增加资本拥有量，其目的是什么？答案是为了将来能够获得更多的收入，从而有可能在将来进行更多的消费。这样，既定收入如何在消费和储蓄之间进行分配的问题，又被转化为现期消费和未来消费之间的选择问题。于是我们面临的是所谓消费者的长期消费决策问题。

为简单起见，我们假设只有一种商品而且只有今年和明年两个时期，并且消费者可以将商品借出或借入。在这样的假定条件下，长期消费决策可以用图 11-15 来说明。

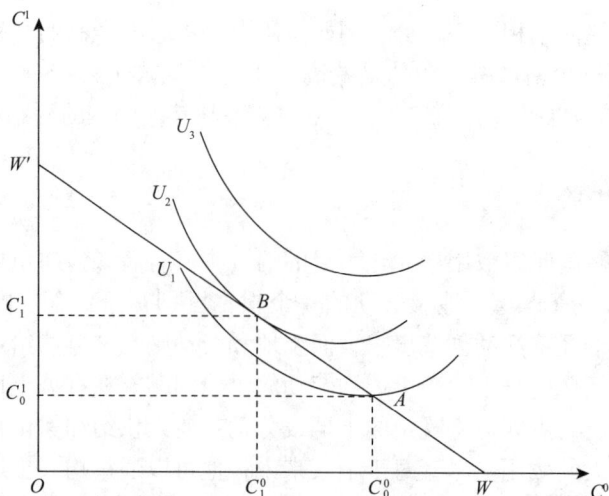

图 11-15　消费者长期消费决策

图 11-15 中，横轴 C^0 代表今年消费的商品量，纵轴 C^1 代表明年消费的商品量。U_1、U_2、U_3 代表消费者的三条无差异曲线。在这里无差异曲线表示的是给消费者带来相同效用的今年消费的商品量和明年消费的商品量的各种组合，它与一般的无差异曲线相同。无差异曲线向右下方倾斜表明，为了保证总的效用水平不变，减少今年的消费量必须增加明年的消费量，反之亦然。无差异曲线凸向原点表明，今年消费对明年消费的"边际替代率"递减，因为随着今年消费量的提高，明年消费量的下降，今年消费的"边际效用"在下降，明年消费的"边际效用"在上升，于是，今年消费替代明年消费的能力将下降。

再来看预算线 WW'。假定消费者今年得到的商品量（或收入）为 C_0^0，明年得到的商品量（或收入）为 C_0^1。于是消费者的初始状态可以用图 11-15 中的点 $A\left(C_0^0, C_0^1\right)$ 表示。因此，A 点是预算线上的一点。处于 A 点的消费者可以借出一部分他自己今年的商品，也可以借入一部分别人今年的商品。如果再假定他所面临的市场利率为 r，则消费者减少一单位商品今年的消费就可以增加 $(1+r)$ 个单位商品的明年消费。也就是说，预算线的斜率等于 $-(1+r)$，预算线斜率为负，向右下方倾斜。因此，预算线具备两个特点：①预算线经过初始状态 A 点；②预算线的倾斜程度由市场利率 r 决定，随着 r 的增加而越陡峭。将这两点结合在一起，可得：随着利率的上升，预算线将绕着初始状态点 A 顺时针方向旋转；反之亦然。最后，如果消费者将明年的商品都提前到今年消费，他今年可能有的最大消费量为：$W = C_0^0 + C_0^1 / (1+r)$。它为预算线与横轴的交点。

根据图 11-15，消费者的均衡点为预算线 WW' 与无差异曲线 U_2 的切点 B，即消费者的长期最优消费决策是：今年消费 C_1^0 商品，明年消费 C_1^1 商品。将初始状态 A 与均衡点 B 相比，可知消费者尽管今年拥有的商品量为 C_0^0，但仅消费其中的一部分即 C_1^0，而将另一部分 $\left(C_0^0 - C_1^0\right)$ 储蓄起来，并按利率 r 借出，从而能够在明年将消费从 C_0^1 提高到 C_1^1。

于是，由以上分析，给定一个市场利率 r，消费者今年有一个最优的储蓄量（贷出量）。如果假设市场利率提高，预算线将绕着 A 点顺时针转动，从而将与另一条无差异曲线相切，得到另一个均衡点和另一个最优的储蓄量。将不同利率水平下消费者的最优储蓄量画在平面直角坐标系中，就得到了一条储蓄或贷款供给曲线，参见图 11-16。图 11-16 中横轴 Q 代表储蓄或贷款数量，纵轴 r 代表市场利率，S 为贷款供给曲线。一般来说，随着利率的上升，人们的储蓄会增加，从而贷款供给曲线向右上方倾斜。但当利率处于很高水平上时，贷款供给曲线可能出现向后弯曲的现象。

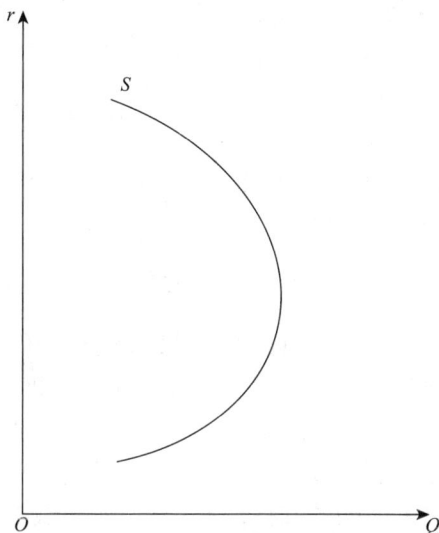

图 11-16　贷款的供给曲线

三、资本市场的均衡

从短期来看，储蓄确实会增加资本，但短期储蓄增加的数量相对于原有的庞大资本存量来讲微乎其微。特别是从一个非常短的时期，如某一个时点上来看储蓄流量趋向于零，资本存量固定不变。因此，为简单起见，我们假定储蓄在短期内对资本数量不会产生任何影响，即短期中资本存量是固定不变的。

由于假定短期内资本存量固定不变，假设资本没有自用价值，因此，资本的短期供给曲线为一条垂直线，参见图 11-17。横轴 Q 代表市场的资本数量，纵轴 r 代表资本服务的价格，即利率。SS_1、SS_2 分别代表短期资本供给曲线，LS 代表长期资本供给曲线，D 代表资本的市场需求曲线。假设最初资本数量为 Q_1，短期资本供给曲线为 SS_1。短期资本供给曲线 SS_2 为垂线表明：在短期中，资本供给量 Q 与利率 r 的高低无关。资本的需求曲线向右下方倾斜，为需求曲线 D。资本的需求曲线 D 与资本的短期供给曲线 SS_1 相交，决定了资本市场短期均衡，短期均衡利率为 r_1，资本数量为 Q_1。

现在考虑长期情况。长期中，由于额外的资本可以被生产出来，所以资本服务的供给曲线不会是水平的，而是向右上方倾斜。因为随着资本服务供给的增加，租赁公司需要比较大的资本存量，每年必须购买更多数量的资本设备，这使资本的购买价格上升，

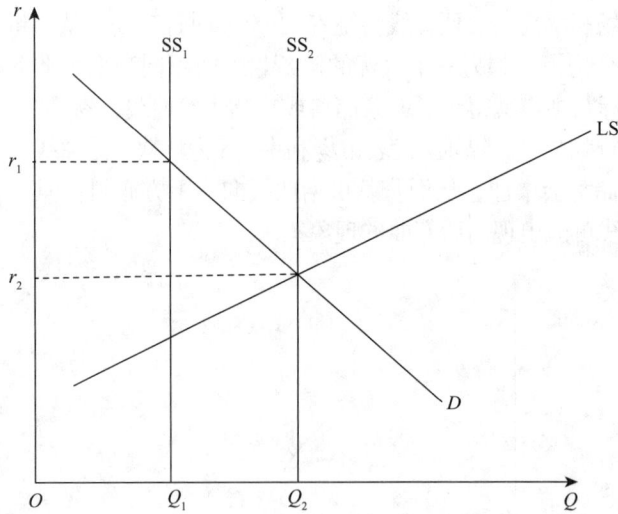

图 11-17　资本市场的均衡

资本服务的边际成本会提高，租赁公司会收取更高的租金，使资本供给曲线向上倾斜。

根据以上分析可知，资本的需求曲线 D 与资本的短期供给曲线 SS_1 相交决定了资本市场短期均衡，短期均衡利率为 r_1。如果这个利率水平相当高，资本数量又相当低，即存在很多的投资机会，所以更多的资本会通过生产而被创造出来，从而在长期中资本的供给量会不断增加。假设随着时间的推移，积累的资本日益增多，新的短期资本供给曲线为 SS_2，它与资本的需求曲线 D 共同决定了新的短期利率水平 r_2 及资本供给量 Q_2。假设 r_2 和 Q_2 正好是长期资本供给曲线与资本需求曲线相交决定的利率和资本供给量，于是，资本存量固定在 Q_2 上不再变化，资本市场达到了长期均衡。除非资本的需求曲线发生移动，否则利率 r_2 和资本供给量 Q_2 将维持不变。

第五节　洛伦兹曲线和基尼系数

在市场经济中，生产要素的价格决定收入分配，不同消费者拥有的生产要素的数量、质量不同，这种分配必然会导致社会收入分配的不平等。

为了研究国民收入在国民之间的分配状况，美国统计学家 M.O.洛伦兹提出了著名的洛伦兹曲线。具体的做法是：先将一国的总人口按收入由低到高排序，然后考虑收入最低的任意百分比人口所得到的收入百分比。例如，收入最低的 20%人口、40%人口等所得到的收入比例分别为 3%、7.5%等，参见表 11-1，最后，将这些人口累计百分比和收入累计百分比的对应关系描绘在图形上，就得到了洛伦兹曲线，参见图 11-18。

表 11-1　收入分配资料

人口累计/%	收入累计/%
0	0
20	3

续表

人口累计/%	收入累计/%
40	7.5
60	19
80	30
100	100

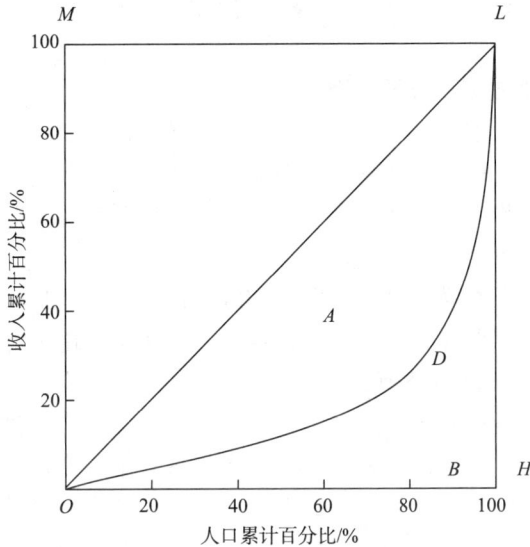

图 11-18　洛伦兹曲线

图 11-18 中，横轴 OH 代表人口（按收入由低到高排序）的累计百分比，纵轴 OM 表示收入的累计百分比，ODL 为该数据的洛伦兹曲线。

由表 11-1 或图 11-18 可知，在这个国家中，收入最低的 20% 人口所得到的收入仅占总收入的 3%；而收入最低的 80% 人口所得到的收入仅为总收入的 30%。

图 11-18 中，OL 线上任意一点到横轴与纵轴的距离都相等，说明人口累计百分比与收入累计百分比相等，所以，OL 线被称为收入分配平等线。OHL 线代表的是所有收入都集中在一部分人手中，而另一部分人没有任何收入，因此，OHL 线被称为收入分配绝对不平等线。洛伦兹曲线 ODL 介于收入分配平等线和收入分配绝对不平等线之间，可以用来表现一个国家收入分配的不平等程度。洛伦兹曲线离收入分配平等线 OL 越近，一国收入分配就越平等；洛伦兹曲线离收入分配绝对不平等线 OHL 越近，一国收入分配就越不平等。将不同国家的洛伦兹曲线画在同一坐标图上，根据它们的位置就可以判断出哪一个国家的收入分配具有较高的平均程度，或者把同一国家不同时期的洛伦兹曲线画在同一坐标图上，就可以看出该国收入分配平等程度变化的趋势。

意大利经济学家基尼根据洛伦兹曲线提出一个表示收入分配平等程度的指标，即基尼系数。将洛伦兹曲线与收入分配平等线 OL 之间的面积用 A 表示，洛伦兹曲线与收入分配绝对不平等线 OHL 之间的面积用 B 表示。假设 G 为基尼系数，则：

$$G = \frac{A}{A+B} \tag{11-16}$$

当 $G=0$ 时，代表一国收入分配绝对平等；当 $G=1$ 时，代表一国收入分配绝对不平等。一般来说，基尼系数介于 $0\sim1$，基尼系数越大说明一国收入分配越不均等，基尼系数越小说明一国收入分配越均等。

本 章 案 例

案例 11-1：青少年劳动市场及最低工资

最低工资的提高（从 1996 年初的 4.50 美元/小时提高到 1997 年的 5.15 美元/小时）引起了争论，它提出了这样一个问题：提高最低工资产生的任何失业成本是否会超过那些工资提高后的人们的收入增加部分。一项关于新泽西州快餐店就业最低工资影响的研究引起了关于这项政策的更大争论。

某些州的最低工资高于联邦水平。在 1992 年 4 月，新泽西州的最低工资从 4.25 美元/小时提高到 5.05 美元/小时。大卫·卡德和阿兰·克鲁格通过对 410 家快餐店的观察发现，在最低工资提高后，就业率事实上增加了 13%。对这一令人意外的结果如何解释？一个可能性是餐馆对较高的最低工资做出减少小恩小惠的反应，这些恩惠通常是给雇员的免费或低价餐饮。一个相关的解释是，雇主会提供较少的在职培训，并对那些有经验并已得到高于最低工资的人支付较低的工资。然而，这两种解释没有一个能够说明新泽西州的经验。

另一种对新泽西州就业率增加的解释是，青少年（及其他）非熟练工人的劳动市场不是高度竞争的。例如，如果非熟练的快餐劳动市场是买方垄断的，我们就可预期，提高最低工资会有不同的效应。为了理解这一点，假设没有最低工资，4.25 美元/小时的工资是快餐雇主在面临具有买方垄断的劳动市场时会向工人支付的工资。再假设如果劳动市场是充分竞争的，5.10 美元/小时是工人可以享受到的工资。这样，最低工资的提高不仅会提高工资，而且还会提高就业水平。

快餐店的研究是否显示雇主在这一劳动市场具有买方垄断势力？证据显示答案为否定。如果厂商确实有买方垄断势力，而快餐市场是竞争性的，那么最低工资的提高不应对快餐的价格有影响（因为如果快餐市场是高度竞争的，支付较高最低工资的厂商就会被自己消化较高的工资）。然而，该研究显示，在引入较高的最低工资后，价格确实上涨了。

结论：快餐劳动市场既不能确切地描述为买方垄断，也不能描述为是完全竞争的。或许对这一劳动市场更好的说明要求更复杂的理论，也或许关于新泽西州的研究有误导或有不同寻常的结果。但愿新的经验分析将会对这一劳动市场的运作，以及对最低工资的影响给出更多的启示。

案例 11-2：我国的收入分配制度改革

当前我国收入分配中主要问题有：劳动报酬在收入初次分配中所占比重偏低

〔1997~2007 年，我国（国内生产总值）比重中，政府财政收入从 10.95% 上升至 31.29%，企业盈余从 21.23% 上升至 31.29%，而劳动者报酬却从 53.4% 下降至 39.74%，在发达国家这一比重大多在 50% 以上〕；社会成员收入差距过大（我国基尼系数已从改革开放初的 0.28 上升到 2007 年的 0.48，西南财经大学中国家庭金融调查公布 2010 年我国家庭的基尼系数为 0.61，国际上通常认为 0.4 是警戒线），城乡间、地区间和行业间收入差距也较大（例如，我国城乡人均收入差距已从改革开放初的 1.8∶1 扩大到 2010 年的 3.23∶1，这一差距在国际上最多仅在 2 倍左右。又如，电力、电信、石油、金融、保险、水电气供应及烟草等国有行业职工不足全国职工总数的 8%，而工资和工资外收入总额却相当于全国职工工资总额的 55%）；收入分配秩序不规范（存在部分非法和灰色收入）。这些问题不解决，将成为影响经济发展和社会稳定的重大隐患。改革收入分配制度，理顺收入分配关系，需要坚持的正确原则是：坚持和完善以按劳分配为主体、多种分配方式并存的分配制度，鼓励一部分人通过劳动和创造先富起来，切实保护公民合法收入和私人财产；坚持走共同富裕道路，尽快扭转城乡、地区和不同社会成员间收入差距过大趋势，防止两极分化；兼顾公平和效率的关系，初次分配和再分配中都要处理好这二者的关系，再分配中更要注重公平。通过改革逐步形成中等收入者占多数的"橄榄形"分配格局。

本 章 小 结

（1）消费者在要素市场上是否供给或供给多少要素，其目的都是实现消费者效用的最大化，这取决于消费者在要素的"保留自用"和"获取收入"之间的选择。"保留自用"能直接或间接地给消费者带来效用，"获取收入"则通过个人消费间接给消费者带来效用，因此，消费者为实现效用最大化，要素供给问题实质上是在给定要素资源约束下，实现要素"保留自用"的边际效用与要素"获取收入"（即要素供给）的边际效用相等的问题。

（2）不同的生产要素对消费者的用途不同，而不同的用途会形成不同的要素供给曲线。时间对于消费者的闲暇来说不可忽视，而且消费者收入越高，消费者越需要保留更多的时间用于闲暇，因此，消费者的劳动供给曲线是一条向后弯曲的曲线。而对于土地，消费者保留自用一般不能带来效用的增加，因此，土地的供给曲线是一条垂直线。

复 习 与 思 考

1. 试述消费者的要素供给原则。
2. 试根据要素供给原则推导要素供给曲线。
3. 试分析劳动的供给曲线为什么向后弯曲？
4. 试分析土地的供给曲线为什么垂直？
5. 试述资本的供给曲线。
6. 举例分析现实社会中的寻租现象，并提出遏制的对策措施。

7. 假定某劳动市场的供求函数分别为：$S_L = 100W$，$D_L = 6\,000 - 100W$，试求：

（1）均衡工资为多少？

（2）假如政府对工人提供的每单位劳动课以 10 美元的税，则新的均衡工资为多少？

（3）实际上对单位劳动征收的 10 美元由谁支付？

（4）政府征收到的总税收额为多少？

8. 某厂商生产某产品，其单价为 10 元，月产量为 100 单位，每单位产品的平均可变成本为 5 元，平均不变成本为 4 元。试求其准租金和经济利润，两者相等吗？

9. 某消费者的效用函数为 $U = lY + l$，其中 l 为闲暇，Y 为收入（他以固定工资率出售其劳动所得的收入）。求该消费者的劳动供给函数。他的劳动供给曲线是否向上倾斜？

10. 假设劳动者每天拥有的时间为 24 小时，用 T 表示，24 小时中提供劳动的时间用 W 表示，保留自用的时间即闲暇用 L 表示，劳动的单位价格即工资率用 R 表示，劳动的收入用 y 表示，劳动者从劳动收入和闲暇中获得的总效用函数为：$U = 48L + Ly - L^2$，试求劳动的供给函数。

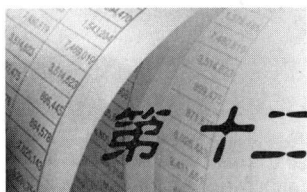

第十二章

一般均衡与福利经济学

学习目的与要求

1. 了解一般均衡理论的基本思想。
2. 掌握帕累托最优标准的含义和帕累托最优条件。
3. 掌握完全竞争市场机制可以达到帕累托最优状态。

本章之前的大部分分析都集中于实证问题，即消费者和厂商的行为是怎样的以及这种行为如何影响不同的市场结构。从本章开始，我们要采取一种较规范的方法，描述经济效率的目标，并讨论什么时候市场会产生有效率的结果。这一章首先讨论一般均衡理论，这种理论考虑相关市场的相互作用，其次分析使一个经济有效率所需要满足的条件，并指出为什么一个完全竞争的市场是有效率的。

一般均衡理论把所有市场联系起来考察，即一般均衡分析，而福利经济学则以帕累托最优（Pareto optimum）状态为标准考察一般均衡福利状况。

■ 第一节　一般均衡理论

一、局部均衡和一般均衡

局部均衡是在假定其他市场条件不变的情况下，孤立地考察单个市场或部分市场的供求与价格之间的关系或均衡状态，而不考虑它们之间的相互联系和影响。前面几章讨论的内容均属于局部均衡范畴，其方法是把所考虑的某个市场从相互联系的构成整个经济体系的市场全体中"取出"来单独加以研究。在这种研究中，该市场商品的需求和供给仅仅被看成是其本身价格的函数，其他商品的价格则被假定为不变，而这些不变价格的高低只影响所研究商品的供求曲线的位置。所得到的结论是，该市场的需求和供给曲线共同决定了市场的均衡价格和均衡数量。局部均衡分析虽然可以揭示商品均衡价格和数量决定的一般关系，却显得过于简单化，它不能解决市场经济体系中各种市场同时实现均衡的均衡价格和均衡数量确定问题。于是，在西方经济学中出现了一般均衡分析方法。

一般均衡是指在承认市场上各种商品价格和供求关系存在相互关系和相互影响的条件下，所有市场上各种商品的价格与供求的关系或均衡状态。一般均衡要求将所有相互联系的各个市场看成一个整体来加以研究。每一种商品的价格都不能单独地确定，而必须和其他商品（如替代品和互补品）价格联合着确定。当整个经济的价格体系恰好使所有的商品都供求相等时，市场就达到了一般均衡。

为了更好地理解整个经济体系中各个不同市场的相互作用过程，研究市场的相互依赖性，我们可以考察汽油和汽车两个市场。这两个市场之所以有紧密的联系，是因为汽车和汽油是互补商品，当汽车价格变化，将对汽油市场产生影响。某一市场的价格政策变动也会影响另一个市场，而该市场的变化又会对第一个市场产生反馈效应[①]。

图 12-1 由（a）和（b）两个子图构成，它们分别代表汽油市场和汽车市场。每一个子图中，初始状态均由供求曲线 S 和 D 给出，相应的均衡价格和均衡数量都由 P_0 和 Q_0 表示（其中，不同市场中的 P_0 和 Q_0 表示的是不同的产品，其具体数值的大小亦不一定相同）。

当市场相互依赖时，所有产品的价格必须同时确定。这里，对汽油征税使图 12-1（a）中的供给从 S 移动到 S_1。较高的汽油价格（ P_1 而不是 P_0 ）一开始使图 12-1（b）中汽车的需求下移（从 D 到 D' ），导致汽车需求下降（从 Q_0 下降到 Q_2 ）。较低的汽车需求反馈到汽油市场，导致需求从 D_0 到 D_1 ，汽油的价格从 P_1 到 P_2 。这会一直持续到一般均衡实现，图 12-1（a）中就是 S_1 和 D_1^* 的相交处，此时的汽油价格为 P_m^* ；在图 12-1（b）中就是 D'' 和 S 的相交处，这时的汽车价格为 P_n^* 。

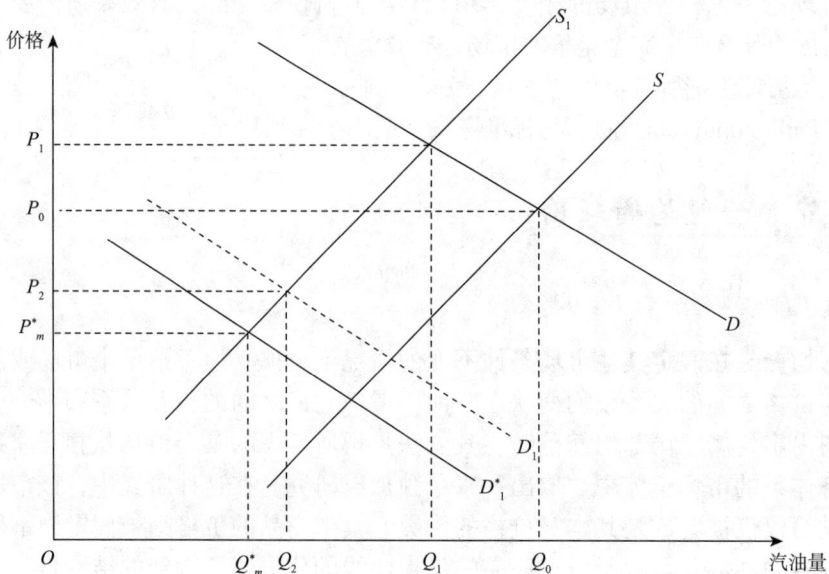

（a）汽油市场

---

① 反馈效应是指相关市场的价格和数量调整导致某一个市场的价格或数量调整。

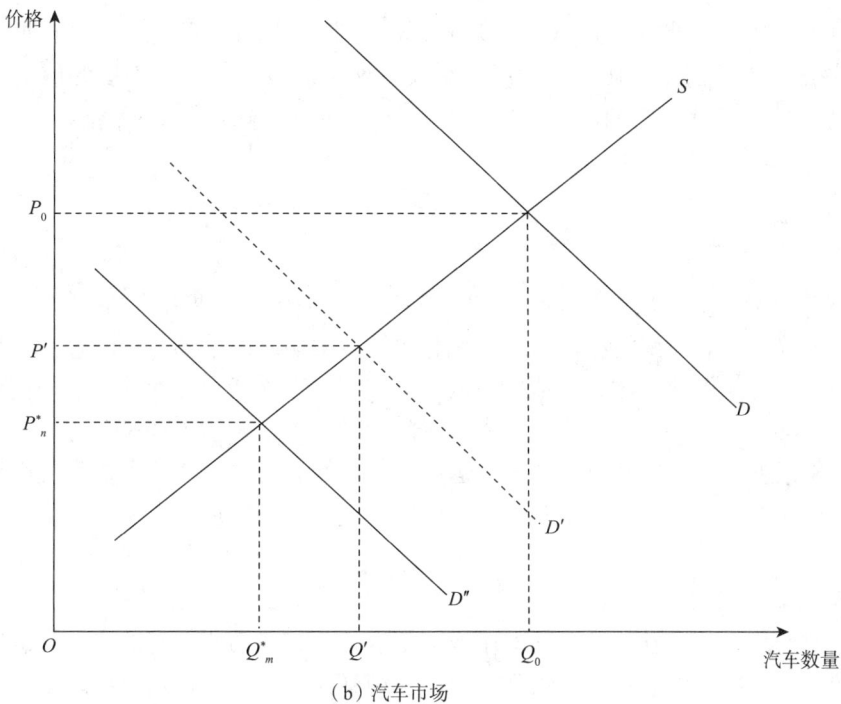

（b）汽车市场

图 12-1　汽油市场和汽车市场的一般均衡分析

现在假定政府对每售出的一升汽油征收一定量的税，这一税收的局部均衡效应就是使汽油的供给曲线向左上移动，即在图 12-1（a）中从 S 移动到 S_1。最初，这使汽油的价格上升到 P_1，并使汽油的销售量由 Q_0 下降到 Q_1。局部均衡分析所能得到的结果就只有这么多，但是我们可以用一般均衡分析来进一步考察：①对汽油征税对汽车市场的影响；②汽车市场对汽油市场是否有反馈效应。

汽油税之所以会影响汽车市场，是因为汽车和汽油是互补品。汽油价格的提高使图 12-1（b）中对汽车的需求从 D 减少到 D'，这就导致汽车的价格从 P_0 降低到 P'。这就是说，对一种产品征税会影响到其他产品的价格和销售——这是决策者在设计税收政策时需要考虑的问题。

汽油市场的情形又将如何呢？最初的汽油需求曲线是以汽车的出售价格不变（即为 P_0）为前提的。然而，现在汽车价格已经是 P' 了，需求量也减少到 D'，因此对汽油的需求就会下移，在图 12-1（a）中就是从 D_0 左移到 D_1。新的汽油均衡价格（在 S_1 和 D_1 的交点处）为 P_2，汽油的销售数量也从 Q_1 减少到 Q_2。因而局部均衡分析会高估税收对汽油价格的影响。

必须指出，汽油市场价格的变动会对汽车的价格产生反馈效应，而汽车价格的变动反过来又会影响汽油的价格。因此，我们必须同时确定汽车和汽油两个市场的均衡价格。汽油市场的均衡价格为 P_m^*，在图 12-1（a）中是由汽油的均衡供给曲线和需求曲线（S_1 和 D_1^*）的相交处给定的。同样，图 12-1（b）则表明，汽车的需求曲线 D^* 和供给曲线 S 的交点给出汽车市场的均衡价格为 P_n^*。这两个是正确的价格，因为汽车市场的供给曲线和需求曲线是在汽油的价格为 P_m^* 的假定下画出的，而汽油的曲线则是在汽车的价格为 P_n^* 的假定下画出的。换句话说，两组曲线都与相关市场的价格一致。在这种情况下，如果没有新的因素打破均衡，两个市场的需求曲线和供给曲线就不会进一步移动。

二、瓦尔拉斯的一般均衡模型

在经济学说史上，法国经济学家里昂·瓦尔拉斯第一个提出了一般均衡的数学模型，并试图解决一般均衡的存在性问题。瓦尔拉斯按照从简单到复杂的思路一步一步地构建自己的一般均衡理论体系。他首先从产品市场着手来考察交换的一般均衡（general equilibrium of exchange），其次从要素市场的角度来考察包括生产过程的一般均衡，再次对资本积累进行一般均衡分析，最后运用一般均衡分析方法考察了货币交换和货币窖藏的作用从而得出了他的"货币和流通理论"，把一般均衡理论由实物经济推广到货币经济。

1. 交换的一般均衡模型

瓦尔拉斯认为，当满足商品的效用或欲望方程式和最初所拥有的商品数量这两个条件时，均衡价格就可以确定了。也就是说，在纯交换经济中，进入市场的参与者带着既定数量的商品作为供给，根据他们的效用或欲望即需求进行交换，必定能达到均衡。用 S_i 表示进入市场进行交换的第 i 种商品的供给量 $(i=1,2,\cdots,n)$；用 P_i 表示第 i 种商品的价格 $(i=1,2,\cdots,n)$；用 D_i 表示第 i 种商品的需求量 $(i=1,2,\cdots,n)$。如果第 i 种商品的需求量不仅受到其本身价格的影响，而且还受到其他商品价格的影响，那么需求函数可表示为

$$D_i = D_i\left(P_1, P_2, \cdots, P_n\right) \tag{12-1}$$

按照上述定义，当存在一组价格 P_e 时，瓦尔拉斯一般均衡模型可表述为

$$D_i\left(P_1^e, P_2^e, \cdots, P_n^e\right) - S_i = 0 \quad (i=1,2,\cdots,n) \tag{12-2}$$

但式（12-2）所表示的几种商品的需求方程并不是完全独立的，而是通过供求均衡约束条件 $\sum P_i D_i = \sum P_i S_i$ 相互关联。这个恒等式表明，就整个交换来说，在任何一组价格下，需求总量必须与供给总量相等，即在整个交换中，供给和需求双方相互受到对方的约束。

在恒等式 $\sum P_i D_i = \sum P_i S_i$ 的约束下，方程组 $D_i\left(P_1^e, P_2^e, \cdots, P_n^e\right) - S_i = 0$ 只有 $n-1$ 个独立方程，而待解的商品价格有 n 个。为了能够求解，瓦尔拉斯引入法定价值作为商品价格的计算单位。令某一商品的价格如商品 1 的价格为法定价值，则其他商品价格可以用 P_i 来计算，记为 $P/P_1(i=1,2,\cdots,n)$。这样商品 1 的价格等于 1，其他商品价格表现为和商品 1 的价格相比的相对价格。需求函数变成：

$$D_i = D_i(1, P_2/P_1, P_3/P_1, \cdots, P_n/P_1) \tag{12-3}$$

这样价格变量就变为 $n-1$ 个相对价格。运用 $n-1$ 个独立的方程式，求解 $n-1$ 个相对价格，进而可以得到均衡价格。

由于引入法定价值，得到的均衡价格是相对价格，即解得的均衡价格都要乘以某一

个常数。恒等式 $\sum P_i D_i = \sum P_i S_i$ 被称为瓦尔拉斯定律，即 i 种商品的需求和供给，如果 n_1 种商品处于均衡状态，则余下的一种也必然处于均衡状态。同时也说明如果存在某种商品的超额需求，必然就存在某些商品的超额供给与之对应，且数量相等。这也就是说，在整个经济系统内部，存在着供求均衡的自动调节机制，通过价格的伸缩，可以调节超额供给与超额需求，最后使之达到均衡。

2. 生产的一般均衡模型

由于市场是消费者和生产者两类行为主体构成的，那么可以将市场分为生产要素市场和产品市场。这样，瓦尔拉斯一般均衡模型可以由以下 5 个方程组来进行表述。

1）生产要素的需求方程

$$\sum_{j-1}^{n} a_{ij} X_j = r_i \tag{12-4}$$

当生产技术既定不变，规模报酬也不改变以及各种要素都被充分利用的条件下，方程式（12-4）左边所表示的对生产要素的需求量等于该式右边所表示的生产需求量，也就是生产要素市场处于均衡状态。其中，式（12-4）中的 a_{ij} 表示生产技术系数，X_j 为第 j 种商品的生产量，r_i 表示生产中所使用的第 i 种生产要素。

2）商品的需求方程

$$X_j = f_j\left(P_1, P_2, \cdots, P_j; V_1, V_2, \cdots, V_j\right)\ \left(j=1,2,\cdots,n\right) \tag{12-5}$$

式中，P_j 为第 j 种商品的价格；V_j 为第 j 种生产要素的价格。引入要素价格即生产要素所有者的收入，说明人们对某种商品的需求量不仅取决于各种商品的价格，而且取决于人们的收入。事实上，它与前述的需求函数是一致的，这里只不过是把价格区分为商品价格和生产要素价格。

3）成本方程或商品供给方程

$$\sum_{j-1}^{m} a_{ij} V_{ij} = P_j\ \ \left(j=1,2,\cdots,m\right) \tag{12-6}$$

式（12-6）左边表示单位商品的生产成本，由于假定商品市场是完全竞争市场，因而长期均衡的商品价格等于各种商品每一单位的成本，而该式右边的 P_j 就是第 j 种商品的均衡价格。所以该方程又表示了价格的形成，故又称为价格方程。

4）生产要素的供给方程

$$r_i = G\left(P_1, P_2, \cdots, P_n; V_1, V_2, \cdots, V_n\right) \left(i=1,2,\cdots,n\right) \tag{12-7}$$

式（12-7）说明，生产要素的供给，不仅取决于该要素的价格，而且取决于其他要素和其他商品的价格。

5）均衡条件

$$\sum_{j-1}^{n} P_j X_j = \sum_{i-1}^{m} V_i r_i \tag{12-8}$$

与交换的一般均衡一样，式（12-4）~式（12-7）4 个方程中所表示的 i 种商品和 j 种生产要素的供求方程并不是完全独立的，也需要通过供求均衡约束而相互关联。

由于均衡条件可以从式（12-4）和式（12-6）中推导出来，模型中独立的方程个数为（ $2m+2n-1$ ）个，变量个数为（ $2m+2n$ ）个，因此仍需要引入法定价格，使变量个数减少为（ $2m+2n-1$ ）个，才能使模型有解。解出的价格向量同样是相对价格向量。

三、瓦尔拉斯均衡模型存在的问题

瓦尔拉斯均衡模型体现了一般均衡分析的基本思想，但遗憾的是，它对一般均衡价格的存在性的说明缺乏说服力，因为即使体系中未知价格变量的个数和方程的个数相等，但也并不能保证得到一个解。事实上，未知价格变量的个数等于方程个数的条件，既不是一组方程有解的必要条件，也不是充分条件。即使一个方程组有解，但又有什么理由断定这些解一定是正数值呢？对此，瓦尔拉斯不得不推演出一种方式，通过一系列连续的近似来趋近均衡解。假定市场过程中存在一个"拍卖者"来组织交易的进行，其任务就是寻找并确定能与市场供求一致的均衡价格。他寻找均衡价格的方法是：首先随意报出一组价格，经济当事人根据该价格申报自己的供给和需求，如果所有市场供求均达到一致，则将这个价格固定下来成为均衡价格，如果供求不一致，则拍卖人调整价格，报出另一组价格，即当某个市场的需求大于供给时就提高价格；反之则降低价格。这样就可以保证新的价格比原来的价格更加接近于均衡价格。如果新的价格仍然不能使所有市场达到均衡，则重复上面的过程，直到找到均衡价格为止。这就是瓦尔拉斯一般均衡的"试探过程"。

当然，在现实的经济中根本不存在瓦尔拉斯所设想的"拍卖者"。针对瓦尔拉斯一般均衡所存在的上述问题，帕累托、希克斯、诺伊曼、萨缪尔森、阿罗、德布鲁和麦肯齐等经济学家进行了改进和发展，尤其是在20世纪五六十年代，阿罗和德布鲁对一般均衡存在性的公理化证明，奠定了现代西方经济学中一般均衡理论的基础。

四、对瓦尔拉斯一般均衡理论的评价

瓦尔拉斯一般均衡理论以边际效用理论为基础，把一切经济关系都视为市场交换关系，把一切经济活动都视为追求利润或凭借个人所拥有的某种资本谋取收入、追求最大效用的行为，从交换的均衡入手逐步分析了由交换均衡、生产均衡、资本积累均衡和货币均衡这四个方面构成的整个经济体系的一般均衡。该理论将各方面的均衡表现为一系列的方程式，并将它们联系起来构成一个庞大的方程体系，借助数学方法对资本主义经济的各种现象形态之间复杂的普遍联系和资本主义市场的运行机制，作了较为详细的分析和描述，研究了完全竞争条件下静态一般均衡的实现条件、实现方式，以及动态条件下均衡变化的一般趋势等问题，建立起了一个包罗万象的经济学理论体系。该理论自问世以来，对西方经济学界产生了巨大的影响，引起了学者们的种种研究，下面提出两个值得思考的问题。

1. 自由竞争能否自动实现一般均衡

瓦尔拉斯的一般均衡值不仅是供求的普遍相等，而且意味着体系的各个方面都达到了某种"最大化"或"最佳化"，是一种普遍的最佳状态。而如果我们对各种最佳状态

做进一步的分析，便可以看出，各种最佳状态最终都可归结为"效用最大化"。事实上，瓦尔拉斯本人也正是从效用最大化条件中"合理地推演出"其他各种最佳化条件的。由此可见，以边际效用论为基础的效用最大化在一般均衡体系的构造和一般均衡条件的论证中是占有中心地位的。不仅如此，瓦尔拉斯还做了进一步的引申，将他所说的效用最大化作为论证资本主义自由竞争制度优越性的根本论据。他认为，由于自由竞争制度能够自动实现让每个人都获得最大满足或最大效用的一般均衡，因此便足以证明自由竞争是一种最为优越的经济制度，并且他将此论断称为"无论社会主义者如何反对都最终成立"的重要真理。

关于效用最大化本身与自由竞争制度优越性的关系问题。威克赛尔的批评是为后人普遍接受的，他除了指出均衡点不唯一从而效用最大值也不唯一的可能性外，还指出如果不实现均衡，而是通过某种强制的价格体系，在穷人与富人的交换中设置一些有利于穷人的"障碍"，由于穷人和富人对同种商品的边际效用评价不同，就可能使穷人多得到的满足大于富人所受到的损失，于是会使社会总效用更大些。因此，即使在自由竞争所导致的均衡点上也并不一定就有社会最大总效用。这种批评就其本身来说有一定道理，它实际是以其特殊的方式触及了瓦尔拉斯理论，撇开所有制关系而谈论经济制度优劣的根本性错误。

理论上的静态均衡，的确需要用某种最大化状态来加以说明。瓦尔拉斯用他的效用最大化来论证一般均衡，在他的理论结构内也是能够成立的，这实际上是以主观唯心主义的形式来反映资本主义经济追求利润最大化的现实。但这种效用最大化却不能成为证明资本主义自由竞争优越性的依据。资本主义自由竞争在历史上的确发挥过进步的作用，在一定时期内可以说是"最优越"的进步作用，但这只能由客观经济发展的历史分析来加以说明，只能通过对社会基本矛盾的考察加以论证，却不能用静态均衡、个人的心理评价等来加以证明。而瓦尔拉斯在资本主义自由竞争正在开始变为生产力发展桎梏的历史条件下，再用均衡、效用最大化等来论证它比新的、更适合生产力发展性质的社会主义制度优越，则会使其理论本身不可避免地具有了辩护的性质。

我们在前面已经提及瓦尔拉斯求解方程组的均衡解是存在数学错误的，但这也不是一般均衡能否实现的重点。瓦尔拉斯均衡实现理论本身的重点，是瓦尔拉斯的搜索理论以及由此论证的自由竞争必然趋向于均衡这一实现理论的中心命题。真正重要的问题在于，资本主义自由竞争，是必然地不断趋向均衡，还是必然地趋向不均衡？事实上，任何事物都同时存在两种变化的趋势，既有趋向均衡的一方面，又有打破均衡趋向不均衡的一方面；只不过在一定的条件下，在事物发展的不同阶段必然有一种趋势居于主导的地位，起着决定的作用。在资本主义发展的历史上，自由竞争的确在一定的历史阶段上，促使经济均衡发展的趋势居于主导的地位；但发展到一定阶段，这种趋势逐渐衰弱，必然地被间歇的以至经常的不均衡发展趋势所代替。瓦尔拉斯不对这个问题作进一步的深入分析，而是将一种趋势，即均衡发展简单地视为资本主义自由竞争唯一、永恒、必然的运动方式，这表现出他理论片面、形而上学的性质和历史、阶级的局限性。

2. 一般均衡理论的实现

一般均衡理论的证明要依赖于一些极为苛刻的假设条件才能成立。这些假设条件在资本主义的现实经济生活中往往并不存在。在这里，我们举出经常出现于西方文献中的三个例子。

第一个例子，完全竞争的假设。我们已经说过，现实世界中不存在这种市场。

第二个例子，回避规模收益递增的假设条件。在现实世界中，虽然存在着规模收益递减和不变的情况，但收益递增的实例大量存在。事实上，递增的情况很可能占有决定性的地位。世界各国的企业规模不断扩大的事实似乎可以证实这一点，企业规模的扩大正是为了取得收益递增的有利之处。因此，排除收益递增的情况的假设条件不但不符合事实，而且还和事实背道而驰。

第三个例子，"拍卖人"的假设。瓦尔拉斯均衡和现在的一般均衡论都依赖于这一假设，才能保证均衡价格的存在。其原因之一在于：这一假设条件意味着，在"拍卖人"最终喊出能使市场供求相等的价格以前，当他喊出能使供求价格逐步趋向于相等的调节价格时，参与交易的人只能报出他们愿意出售和购买的数量，但不能据此而进行实际的交易。这一限制是必要的，因为一般均衡论要求一切市场在同一时间达到供求相等的均衡状态。

如果容许参与交易的人在非均衡价格下进行交易，那就不能保证一切市场在同一时间达到均衡状态，从而也就不能保证一般均衡的实现。例如，在面粉市场，假设瓦尔拉斯的均衡价格为每千克 2 元，这个均衡价格，包括"拍卖人"在内，是谁也不知道的。当"拍卖人"喊价到每千克 1 元时，一部分面粉厂商可能愿意出售 5 万千克。如果容许他们出售，则目前面粉的市场价格为 1 元。这时，其他的面粉厂商会形成误解或"期望"，认为面粉的价格不会再高于 1 元，因此，他们纷纷出售。这样，他们的收入会比均衡价格时要少，从而他们支付给面粉工人的工资也要少于均衡工资。由于收入的减少，面粉工人购买其他物品的数量也要减少，从而其他厂商得到的收入降低。以如此的方式，减少的过程会继续下去。在这种情况下，没有理由来保证经济制度会走向原有的瓦尔拉斯均衡。

从以上三个例子中可以看到，既然一般均衡论赖以成立的假设条件脱离现实已经达到很严重的程度，那么，该理论根据这些假设条件所取得的成果也必然是脱离现实的。西方学者承认，一般均衡理论好像一座富丽堂皇的宫殿，只能满足人们的幻想，却不能有助于居住问题的解决。英国剑桥大学经济学学者克赖格尔写道："无论那个不应被假设的拍卖者是否出现，'看不见的手'都和许多宗教的幽灵一样，只有相信他的存在，才能存在。"

■ 第二节　经济效率与帕累托最优状态

上一节得到了一般均衡状态的存在性，但这种状态是否有效率？为了回答这个问题，我们需要研究什么是经济效率、判断经济效率的标准是什么以及实现经济效率必须具备哪些条件等问题。这些问题便是福利经济学研究的内容。

本章之前的大部分分析都集中于实证问题，即消费者和厂商的行为是怎样的，以及这种行为会如何影响不同的市场结构。从本章开始，我们要采取一种较规范的方法，描述经济效率的目标，并讨论什么时候市场会产生有效率的结果。福利经济学就是一种规范经济学。

一、福利经济学与帕累托最优

福利经济学是在一定的社会价值判断标准条件下，研究整个经济的资源配置与个人福利的关系，特别是市场经济体系的资源配置与福利的关系，以及与此有关的各种政策问题。福利经济学研究的主要内容包括两个方面：其一是一个社会的资源配置在什么条件下达到最优状态，如何才能达到最优状态；其二是国民收入如何进行分配，才能使社会全体成员的经济福利达到最大化。

由于资源的最优配置意味着"效率"，国民收入的分配意味着"公平"，所以"效率"与"公平"既是福利经济学追求的基本社会目标，也是它的基本政策目标。从这个角度也可以说，福利经济学是研究一个国家如何实现效率与公平，以及在这两者之间如何进行权衡的一门学科。

我们先来研究"效率"。经济学是研究资源最优配置的学科。那么，如何判断不同资源配置方式的优劣，以及确定所有可能的资源配置方式中最优的那一种呢？意大利经济学家帕累托最早提出了帕累托最优标准，这是福利经济学中最重要的一项准则。

帕累托最优即资源的配置已经达到这样的境地，无论任何改变都不可能同时使某人受益而其余的人不受损，即某人福利的增加必然至少以一个人的福利减少为代价。就是说，当一个经济体的资源配置达到了帕累托最优状态时，可以认为该配置方式是最优的。相应地，当资源配置没有达到帕累托最优状态时，可以进行帕累托改进（Pareto superior）。当资源配置状况发生变化时，至少有一个人的福利增加，同时没有人的福利减少，也称为"帕累托更优"。也就是说，如果对于某种既定的资源配置状态，还存在有帕累托改进，即某种改变可以使至少一个人的状况变好而不是任何人的状况变差，那么，这种状态就不是帕累托最优状态。

利用帕累托最优状态标准，可以对资源配置状态的任意变化做出"好"与"坏"的判断：如果既定的资源配置状态的改变使至少有一个人的状况变好，而没有使任何人的状况变坏，则认为这种资源配置状态的变化是"好"的，否则认为是"坏"的。这种以帕累托标准来衡量"好"的状态改变称为帕累托改进。更进一步，利用帕累托标准和帕累托改进可以来定义所谓"最优"资源配置，即如果对于某种既定的资源配置状态，所有的帕累托改进均不存在，即在该状态上，任何改变都不能使至少有一个人的状况变好而又不使任何人的状况变坏，则称这种资源配置状态为帕累托最优状态。换言之，如果对于某种既定的资源配置状态还存在有帕累托改进，即在该状态上，还存在某种改变可以使至少一个人的状况变好而不使任何人的状况变坏，则这种状态就不是帕累托最优状态。

帕累托最优状态又称经济效率。满足帕累托最优状态就是具有经济效率的；反之，不满足帕累托最优状态就是缺乏经济效率的。例如，如果产品在消费之间的分配已经达到这样一种状态，即任何重新分配都会至少降低一个消费者的满足水平，那么，这种状

态就是最优的或是最有效率的状态。同样地，如果生产要素在厂商之间的配置已经达到
这样一种状态，即任何重新配置都会至少降低一个厂商的产量，那么，这种状态就是最
优的或最优效率的状态。

　　实现帕累托最优要满足三个条件，即交换的最优条件、生产的最优条件以及交换和
生产的最优条件。下面我们将论述达到帕累托最优状态所必须满足的条件。

二、交换的帕累托最优

　　交换的帕累托最优状态或交换的一般均衡，是指在社会生产与人们偏好既定的条件
下，通过产品在消费者之间进行交换，使交换者达到效用最大化的均衡状态。

　　假定两种商品分别为 X 和 Y，两个消费者分别是 A 和 B。在图 12-2 中，横坐标代表
X 商品的数量，纵坐标代表 Y 商品的数量。该图是将 A、B 两人的无差异曲线合并到一
起得到的结果。O_A、O_B 分别代表 A、B 两人无差异曲线所在坐标系的原点。盒子的水
平长度表示整个经济中产品 X 的数量 X_0，盒子的垂直高度表示产品 Y 的数量 Y_0。从 O_A
水平向右表示消费者 A 对第一种商品 X 的消费量 X_A，垂直向上表示他对第二种商品 Y
的消费量 Y_A；从 O_B 水平向左表示消费者 B 对第一种商品 X 的消费量 X_B，垂直向下表示
他对第二种商品 Y 的消费量 Y_B。图 12-2 中代表 A、B 两人的无差异曲线分别用距离原点
O_A 由近到远的曲线 I_A、II_A、III_A 和离原点 O_B 由近到远的曲线 I_B、II_B、III_B 表示。
这样，对于 A、B 两人的消费组合 (X_A, Y_A) 和 (X_B, Y_B)，有下式成立：

$$\begin{cases} X_A + X_B = X_0 \\ Y_A + Y_B = Y \end{cases} \tag{12-9}$$

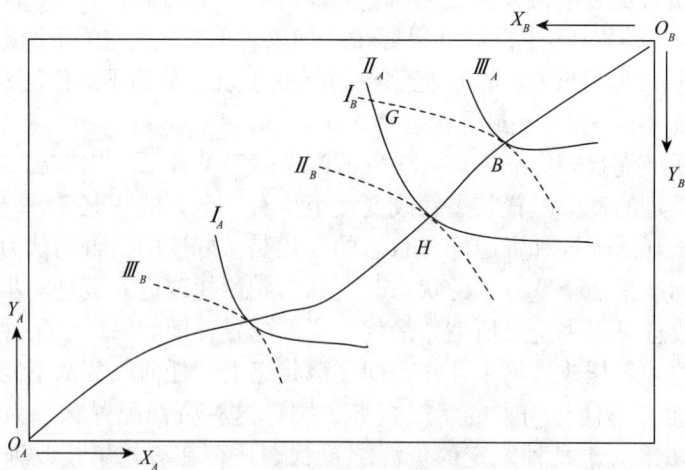

图 12-2　交换的帕累托最优

　　换句话说，盒中任意一点确定了一套数量，表示每一个消费者对每一种商品的消
费，且满足式（12-9）。因此，盒子（包括边界）确定了两种物品在两个消费者之间的
所有可能的分配情况。下面要分析在埃奇沃思盒状图中，哪些分配情况达到了帕累托最

优状态。在图 12-2 中，对于消费者 A 来说，I_A、II_A、III_A 代表的效用水平是逐步提高的；对于消费者 B 来说，I_B、II_B、III_B 代表的效用水平也是逐步提高的，这一点与前面效用论中提到的无差异曲线的特征是相符的。图 12-2 中的 G 点，代表 A、B 两个人的效用水平分别为 II_A 和 I_B，很显然，与两条无差异曲线 II_A 和 II_B 相切的切点 H 点处两个人得到的效用水平相比，G 点处两人得到的效用并没有达到帕累托最优状态。在这里，G 点与 H 点同在无差异曲线 II_A 上，但 II_B 代表的效用水平要高于 I_B 代表的效用水平，即 H 点与 G 点相比，个人 A 的效用水平不变，但个人 B 的效用水平提高了，因此，H 点代表的两个人效用水平与 G 点代表的两个人效用水平相比，是一种明显的帕累托改进。如果考察一下其他代表两个人效用水平的无差异曲线的交点情况，那么会发现类似于 G 点存在着帕累托改进的余地。而在 H 点，很明显是一种帕累托最优状态。因为要提高一个人的效用水平，必须以降低另一个人的效用水平为代价，否则就不能做到这一点。具体分析如下。

现在在埃奇沃思盒状图中任选一点表示两种商品在两个消费者之间的一个初始分配。由于假定效用函数是连续的，故该点必然处于消费者 A 的某条无差异曲线上，同时也处于消费者 B 的某条无差异曲线上，即消费者 A 和 B 分别有一条无差异曲线经过此点。因此，这两条无差异曲线或者在这一点相交，或者在这一点相切。首先来看相交的情况，如图 12-2 中的点 G。很容易看出 G 点不可能是帕累托最优状态，因为通过改变该初始分配状态，如从点 G 变动到点 B（III_B 和 I_B 两条无差异曲线的切点），则消费者 A 的效用从 II_A 提高到 III_A，而消费者 B 的效用水平没有发生改变，所以点 G 仍然存在着帕累托改进的空间。当然，在点 G 还可以有其他形式的帕累托改进。例如，从 G 点变动到 H 点，那么我们可以看出消费者 A 的效用水平没有发生改变，但是消费者 B 的效用水平得到提高，从无差异曲线 I_B 增加到 II_B。由此，可以得到结论：在交换的埃奇沃思盒状图中，任意一点，如果它处于消费者 A 和消费者 B 的两条无差异曲线的交点上，则它就不是帕累托最优状态，因为在这种情况下，总是存在着帕累托改进的余地，即总是可以通过改变该点的状态，使至少一人情况变得更好而没有人的状况变坏。

另一种情况，如果假设初始的产品分配状态处于两条无差异曲线的切点处，如图 12-2 中的点 H。这种情况下，很容易看出不存在任何帕累托改进的余地，即它们都是帕累托最优状态。改变 H 点状态只有以下几种可能：向右上方移动到消费者 A 较高的无差异曲线上，则 A 的效用提高了，但是消费者 B 的效用减少了；向左下方移动到消费者 B 效用较高的无差异曲线上，则 B 的效用水平是得到了提高，但是使消费者 A 的效用水平下降；剩下唯一一种可能是消费者 A 和 B 的效用水平都降低，如移动到 H 点左下方或者右下方的点，都属于此种情况。由此可以得到结论：在交换的埃奇沃思盒状图中，任意一点，如果它处于消费者 A 和消费者 B 的两条无差异曲线的切点上，则它就是帕累托最优状态，并称为交换的帕累托最优状态。在这种情况下，不存在任何帕累托改进的余地，即任何改变也都不能使至少一个人的状况变好而没有人的状况变坏。

在埃奇沃思盒状图中，像 H 点这种代表两个人无差异曲线的切点不止一个，由于平面内的无差异曲线可以有无数条，这样的切点可以有无数个。把所有这些切点连接起来形成的曲线，称为交换的契约曲线（exchange contract curve）或交换的效率曲线，即

图 12-2 中的 O_AO_B 曲线。它表示两种产品在两个消费者之间的所有最优分配（即帕累托最优状态，是经过交换最后达到的）的集合。很明显，在交换的契约曲线上，靠近 O_A 点，表示 A 的效用水平较低，而 B 的效用水平较高；靠近 O_B 点，则正好相反。或者说，在交换的契约曲线上，两个人的效用水平是此消彼长的。

从交换的帕累托最优状态可以得出交换的帕累托最优条件，通过上面的分析可以知道，交换的帕累托最优状态是无差异曲线的切点，而在无差异曲线的切点处，代表两个人偏好的两条无差异曲线的切线斜率相等。根据效用理论，无差异曲线的切线斜率的绝对值又叫作两种商品的边际替代率（更准确地说，是商品 X 替代商品 Y 的边际替代率）。因此，交换的帕累托最优状态的条件用边际替代率来表示即为：要使两种商品 X 和 Y 在两个消费者 A 和 B 之间的分配达到帕累托最优状态，对于这两个消费者来说，这两种商品的边际替代率必须相等。如果对于消费者 A 和 B 来说，X 代替 Y 的边际替代率分别用 MRS_{XY}^A 和 MRS_{XY}^B 来表示，那么交换的帕累托最优状态条件就是

$$\mathrm{MRS}_{XY}^A = \mathrm{MRS}_{XY}^B \qquad\qquad (12\text{-}10)$$

若这两个消费者 Y 代替 X 的边际替代率分别用 MRS_{YX}^A 和 MRS_{YX}^B 来表示，则有

$$\mathrm{MRS}_{YX}^A = \mathrm{MRS}_{YX}^B \qquad\qquad (12\text{-}11)$$

为了更好地理解交换的帕累托最优状态条件，可以用一个数字例子来加以说明。假定在初始分配中，消费者 A 的边际替代率 MRS_{XY}^A 等于 2，消费者 B 的边际替代率 MRS_{XY}^B 等于 4。这意味着 A 愿意放弃 1 单位的 X 来交换不少于 2 单位的 Y。因此，若 A 能用 1 单位 X 交换 2 单位以上的 Y 就增加了自己的福利；而 B 愿意放弃不多于 4 单位的 Y 来交换 1 单位的 X。因此，B 若能用 4 单位以下的 Y 交换到 1 单位的 X 就增加了自己的福利。由此可见，如果消费者 A 用 1 单位 X 交换 3 单位的 Y，而消费者 B 用 3 单位 Y 交换 1 单位的 X，则他们两个人的福利都得到了提高。只要两个消费者的边际替代率不相等，上述这种重新分配，使某些消费者情况变好而不使其他消费者情况变坏，就总是可能的，就总是存在有帕累托改进的余地。换句话说，当边际替代率不相等时，产品的分配未达到帕累托最优。

三、生产的帕累托最优

生产的帕累托最优状态或生产的一般均衡（general equilibrium of production），是指在技术与社会生产资源总量既定的条件下，通过要素在生产者之间的分配，使生产者达到产量最大化的状态。可以用等产量线和埃奇沃思盒状图来具体说明生产的帕累托最优状态。

假定两种生产要素分别为 L 和 K，其既定数量为 L_0 和 K_0。两个生产者分别是 C 和 D。在图 12-3 中，O_C、O_D 分别代表 C、D 两个生产者两种要素投入量的原点，或两个生产者等产量曲线的原点。横轴代表两个生产者的劳动投入量 L_C 和 L_D，纵轴代表两个生产者的资本投入量 K_C 和 K_D。从 O_C 水平向右测量生产者 C 对第一种要素 L 的生产消费量 L_C，垂直向上测量它对第二种要素 K 的生产消费量 K_C；从 O_D 水平向左测量生产者 D 对

第一种要素 L 的生产消费量 L_D，垂直向下测量它对第二种要素 K 的生产消费量 K_D。这样，对于生产者 C 和 D 的生产消费量 (L_C, K_C) 和 (L_D, K_D)，有式（12-12）成立：

$$\begin{cases} L_C + L_D = L_0 \\ K_C + K_D = K_0 \end{cases} \qquad (12\text{-}12)$$

即盒中任意一点确定了两种要素在两个生产者之间的所有可能的分配情况。

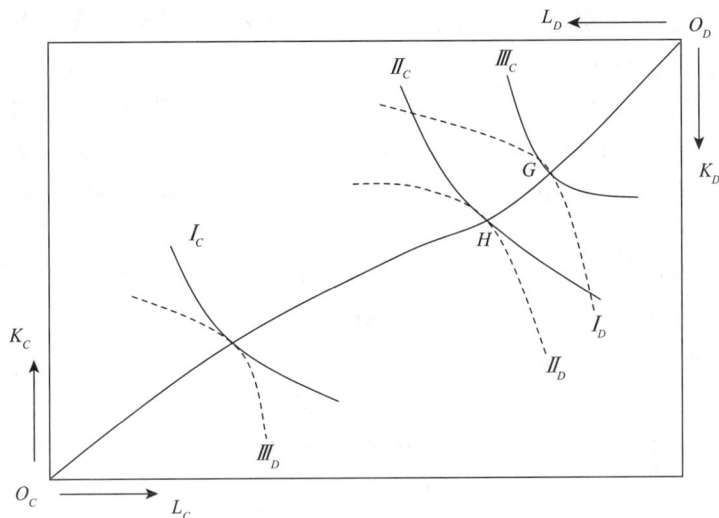

图 12-3　生产的帕累托最优

在埃奇沃思盒中的全部可能的要素分配状态中，哪一些是帕累托最优状态呢？为此，在盒中加入每个生产者的生产函数信息，即其等产量线。图 12-3 中分别给出了 C 的三条等产量曲线，距离原点 O_C 由近到远分别为 I_C、II_C、III_C。一般来说，从 O_C 点向右移动，标志着生产者 C 的产量水平增加，I_C 代表较低的产量水平，III_C 代表较高的产量水平。生产者 D 的三条等产量曲线，距离原点 O_D 由近到远分别为 I_D、II_D、III_D。从 O_D 点向左移动，标志着生产者 D 的产量水平增加，I_D 代表较低的产量水平，III_D 代表较高的产量水平。在盒状图（包含边框）中的任意一点，都代表着两个生产者使用的两种资源的数量以及两个生产者的产量水平。图 12-3 中的 G 点，是等产量线 I_D 和 II_C 的交点；图 12-3 中的 H 点，是等产量线 II_C 和 II_D 的切点。比较 G 点与 H 点，两点所代表的两种投入在两个生产者之间的使用情况不同，对于生产者 C 而言，其产量是不变的（因为 G 点和 H 点同在等产量线 II_C 上）；对于生产者 D 而言，这时的产量水平由等产量线 II_D 来表示，显然 II_D 代表的产量水平要高于 I_D 所代表的产量水平。这就是说，当资源配置由 G 点变动到 H 点时，生产者 C 的产量不变，但生产者 D 的产量增加，这就表明，以产量来衡量，生产者 C 的状况没有发生变化，但生产者 D 的状况变好了，这就是一种帕累托改进。

在 H 点，很显然不能通过资源配置的变动来使一个生产者的产量增加而使另一个生产者的产量不变，或者使两个生产者的产量都增加；只能做到的是，一个生产者的产量增加必然以另一个生产者的产量减少为代价，即在 H 点，没有资源配置的变动会导致帕累托改进，或者说，在 H 点，两个生产者构成的社会生产的资源配置达到了帕累托最优状态。在盒子中，可以找到很多像 H 点这样两个生产者等产量线的切点，把这些切点连接起来，得到一条曲线，即图 12-3 中的 $O_C O_D$ 曲线，这就是生产的契约曲线（production contract curve），又叫作生产的效率曲线。在这条曲线上的每个点，对于这两个生产者构成的社会来说，都达到了生产的帕累托最优状态。从产量的角度看，沿着 $O_C O_D$ 曲线，离 O_C 点越远（或距 O_D 点越近），则表明生产者 C 的产量越多，而生产者 D 的产量越少；反之，情况亦相反。

与交换的帕累托最优条件相类似，从生产的帕累托最优状态可以得到生产的帕累托最优条件。生产的帕累托最优状态是等产量线的切点，这一点上，两个生产者的两条等产量线的切线的斜率相等。在生产理论中，我们已经知道，等产量线的切线斜率的绝对值就是两种要素的边际技术替代率。因此，生产的帕累托最优条件可以用边际技术替代率来表示；要使两种要素 L 和 K 在两个生产者 C 和 D 之间的分配达到帕累托最优状态，则对于生产者 C 和 D 来说，L 代替 K 的边际技术替代率分别用 MRTS_{LK}^{C} 和 MRTS_{LK}^{D} 来表示，那么生产的帕累托最优条件就是

$$\mathrm{MRTS}_{LK}^{C} = \mathrm{MRTS}_{LK}^{D} \tag{12-13}$$

若 K 代替 L 的边际替代率分别用 MRTS_{KL}^{C} 和 MRTS_{KL}^{D} 来表示，则有

$$\mathrm{MRTS}_{KL}^{C} = \mathrm{MRTS}_{KL}^{D} \tag{12-14}$$

为了更好地理解生产的帕累托最优状态条件，可以用一个数字例子来加以说明。假定在初始分配中，生产者 A 的边际技术替代率 MRTS_{LK}^{C} 等于 2，生产者 B 的边际技术替代率 MRTS_{LK}^{D} 等于 4。这意味着 C 愿意放弃 1 单位的 L 来交换不少于 2 单位的 K。因此，若 C 能用 1 单位 L 交换 2 单位以上的 K 就增加了自己的福利；而 D 愿意放弃不多于 4 单位的 K 来交换 1 单位的 L。因此，D 若能用 4 单位以下的 K 交换到 1 单位的 L 就增加了自己的福利。由此可见，如果生产者 A 用 1 单位 L 交换 3 单位的 K，而生产者 B 用 3 单位 K 交换 1 单位的 L，则他们两者的福利都得到了提高。只要两个生产者的边际技术替代率不相等，上述这种重新分配，使某些生产者情况变好而不使其他生产者情况变坏，就总是可能的，就总是存在有帕累托改进的余地。换句话说，当边际技术替代率不相等时，产品的分配未达到帕累托最优。

四、生产可能性边界

在继续分析交换和生产的帕累托最优之前，我们先要分析生产可能性边界，它可以从生产契约曲线得出。

图 12-4（a）显示了一条生产契约曲线，它是所有生产的帕累托最优点的集合。如图 12-4 中标示出的 B、C 和 D 三点都是帕累托最优点，它们都表示两种投入在两个厂商之间的分配为最优。但仔细观察会发现，这些点还提供了其他的信息，即它们还表示一定量投入要素在最优配置时所能生产的一组最优产出。以 B 点为例，它表示当生产要素

配置在 B 点上时,最优的商品 X 和 Y 的产量组合为 $\left(Y_1^1,Y_2^3\right)$。同样,C 点表示此时的最优产量组合为 $\left(Y_1^2,Y_2^2\right)$,D 点则为 $\left(Y_1^3,Y_2^1\right)$。遍取生产契约曲线上的每一点,可得到相应的所有最优产量组合。

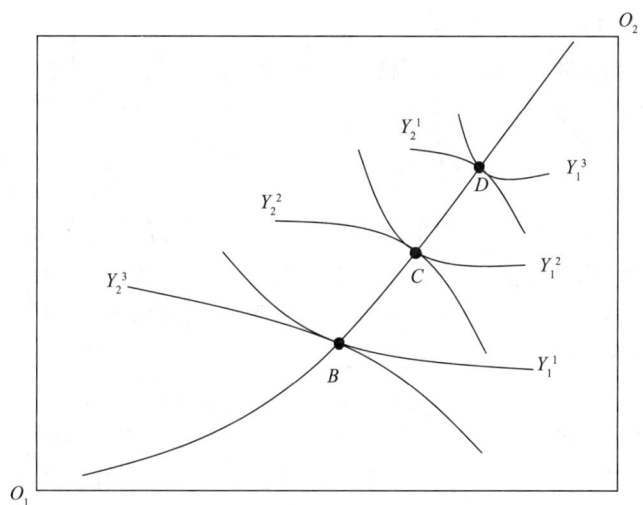

（a）生产契约曲线

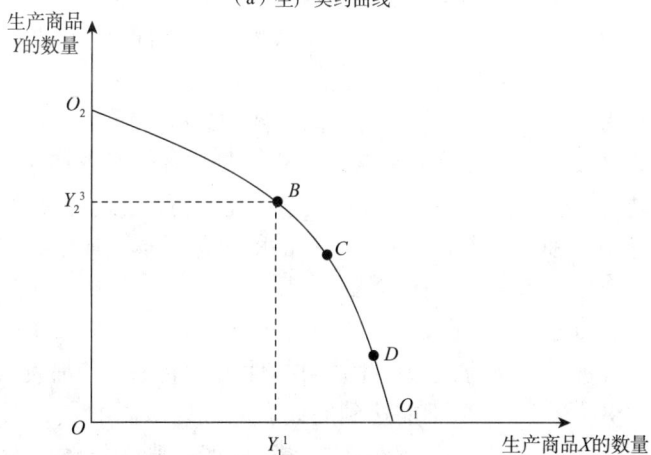

（b）生产可能性边界

图 12-4 生产契约曲线与生产可能性边界

现在把所有的这些最优产量组合画在一个坐标系内,该坐标系以商品 X 的产量为横轴,商品 Y 的产量为纵轴。如图 12-4（b）所示,B 点对应商品 X 产量为 Y_1^1,商品 Y 产量为 Y_2^3,是在 B 点处生产要素分配方案下的最优产量。把 C 点、D 点等都画在同一个坐标系中,最后我们会得到一条凹向原点的曲线,称为生产可能性边界。

生产可能性边界是在导论中已经出现过的概念,现在对它进行深入研究。它表示当生产要素得到有效的利用时,一定数量的生产要素可以生产出的两种产出的所有组合。

生产可能性边界有如下特点。

（1）曲线斜率为负。从生产契约曲线很容易看出，当沿着该曲线运动时，一种产出的增加必然伴随着另一种产出的减少。这是因为要增加某种产品的产量就必须增加要素投入，而社会的要素总量是一定的，这样其他产品的要素投入和产量就必须相应地下降。例如，如果一个经济体中只能生产商品 X 和 Y 两种产品，那么，随着商品 X 产量的增加，商品 Y 的产量必然随之减少。

（2）曲线是凹向原点的。我们称生产可能性边界上某一点的斜率为边际转换率（marginal rate of transformation，MRT）。

$$\mathrm{MRT}_{XY} = \lim_{\Delta x \to 0} \left| \frac{\Delta Y}{\Delta X} \right| = \left| \frac{\mathrm{d}Y}{\mathrm{d}X} \right| \qquad (12\text{-}15)$$

即为增加 1 单位的 X 必须放弃的 Y 的产量，也就是生产 X 的机会成本。生产可能性边界凸向原点，即边际转换率递增。它的含义是，如果一个经济体中只生产 X 和 Y 两种产品，那么随着 X 产量的增加，Y 的产量减少的速度将越来越快。或者说，每增加 1 单位 X 的生产，要放弃的 Y 越来越多。之所以会这样，可以直观地解释如下：最初一部分劳动和资本用来生产商品 X，另一部分劳动和资本用于生产商品 Y。现在要生产更多的 X，必然要求更多的劳动和资本从生产 Y 中转移到生产 X 中去。原本生产 Y 的劳动者去生产 X，必然造成生产率的下降。而且，Y 的生产者最初一定是雇佣既能生产 Y 又能生产 X 的劳动者，生产率下降还不是很快。随着要生产 X 数量越来越多，原本对生产 Y 最擅长而对生产 X 完全不懂的劳动者也不得不加入生产 X 的行列，因此生产率下降得越来越快，而 Y 的产量下降也越来越快；同样地，原本用来生产 Y 的资本——机器设备、厂房、土地等，要转为生产 X，也会经历与劳动相似的过程。所以，随着 X 产量的增加，每增加一单位 X 生产要放弃的 Y 产量就越多，也就是边际转换率递增。

（3）边际转换率等于两种产品的边际成本之比。事实上，生产可能性边界上某一点的斜率衡量的是用一种产品来表示另一种产品的边际成本。如果我们将用产品单位来表示的成本化为货币单位来表示，那么就可以得出 $\mathrm{MRT}_{XY} = \mathrm{MC}_X / \mathrm{MC}_Y$ 的结果。

图 12-4（b）中的生产可能性边界 O_1O_2 将整个产品空间分为三个部分：曲线本身、曲线右上方区域以及曲线左下方区域。生产可能性边界上每一点都表示在现有资源和技术条件下的最大产出组合。产出不能达到曲线右上方区域内的点，因此右上方区域是"生产不可能区域"。而如果在曲线左下方进行生产，则经济体就没有达到其最大产量，或者说，此时生产是无效率的，因此左下方区域是"生产无效率区域"。

既然生产可能性边界上每一点都表示在现有资源和技术条件下的最大产出组合，那么，现有资源和技术一旦发生变化，生产可能性边界也可能会发生变化。如图 12-5 所示。

假定初始的资源和技术条件所确定的生产可能性边界是 P_1P_1，其中任一点均表示在既定条件下经济所可能产生的最大产出组合。考虑 P_1P_1 上的点 E_1，其对应的产出组合为 (X_1, Y_1)。现在假定资源的数量增加了，则在 X 和 Y 的生产上均有更多的资源，于是 X 和 Y 的产出均有增加，新的产出组合为 (X_2, Y_2)。于是，在原来条件下得到的生产可能

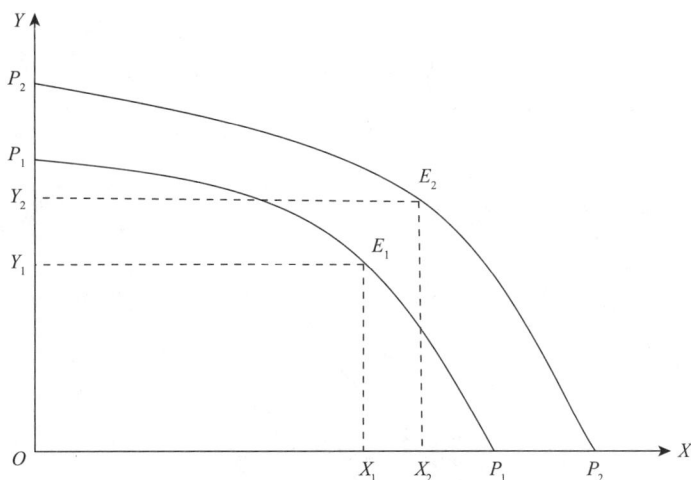

图 12-5 生产可能性曲线的移动

性边界上的点 E_1 在新的资源数量下变到了 E_2。同样地，假定技术进步，也有如此效果。资源数量增加和技术进步不仅使 E 点向右上方移动，而且也使原生产可能性边界上的其他点向右上方移动。这意味着，由于资源数量增加和技术进步，生产可能性边界本身开始向右上方移动，如移动到 P_2P_2 的位置。

五、交换和生产的帕累托最优

交换和生产的帕累托最优状态，是指生产和交换同时达到帕累托最优条件，即同时达到了生产要素在商品生产者之间的最优配置和商品在消费者之间的最优配置。交换和生产的最优条件并不是将交换的最优条件和生产的最优条件简单地并列起来。交换的最优只是说明消费是最有效率的；生产的最优只是说明生产是最有效率的。两者简单地并列，只是说明消费和生产分开来看时各自独立地达到了最优，但并不能说明当将交换和生产综合起来看时，也达到了最优。

为了把交换和生产结合在一起加以论述，我们将之前分别研究它们时所做的那些假定也合并如下，即假定整个经济只包括两个消费者 A 和 B，它们在两种产品 X 和 Y 中进行选择；两个生产者 C 和 D，它们在两种要素 L 和 K 之间进行选择以生产两种产品 X 和 Y。为了方便，假定 C 生产 X，D 生产 Y，并且假定消费者的效用函数即无差异曲线群为给定不变，生产者的生产函数即等产量线群为给定不变。下面将生产和交换这两个方面综合在一起，来说明交换与生产的帕累托最优条件，参见图 12-6。

其中 T_1T 代表生产可能性曲线。通过前面的分析已经知道，T_1T 上的任意一点都代表生产是最优的，不妨任取一点 M，M 点的坐标 (X_M, Y_M) 表示两种商品 X 和 Y 的产量，也是由两个人组成的社会的最大消费量。这时，图 12-6 中的矩形 Y_MOX_MM 便是埃奇沃思盒子，以 O 点代表消费者 A 的消费组合原点，以 M 点代表消费者 B 的消费组合原点。与前面讲到的交换的埃奇沃思盒状图类似，可以画出两个消费者无差异曲线的很多切点及其相应的交换的契约曲线，进一步，画出 T_1T 上过 M 点的切线 MN，不难说明，交换

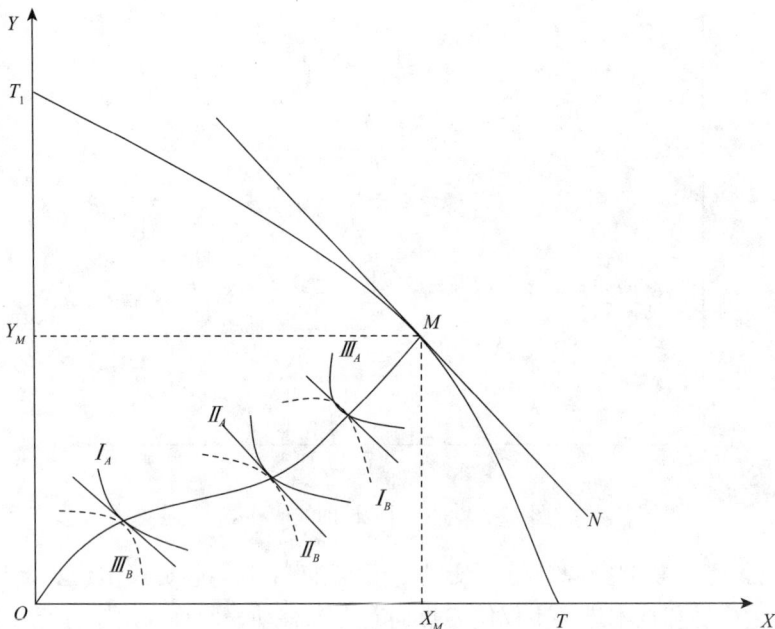

图 12-6　生产和交换的帕累托最优

与生产的帕累托最优条件是：两个消费者相切的无差异曲线的共同切线（图 12-6 中 II_A 与 II_B 的共同切线）与 MN 平行，或者说，边际转换率等于边际替代率，即

$$\text{MRT}_{XY} = \text{MRS}_{XY} \qquad\qquad (12\text{-}16)$$

下面举例说明这一最优条件存在的原因。不妨假设 $\text{MRT}_{XY} = 2$，$\text{MRS}_{XY} = 1$，即边际转换率大于边际替代率。边际转换率等于 2 意味着生产者通过减少 1 单位 X 的生产可以增加 2 单位 Y；边际替代率等于 1，意味着对于消费者而言，1 单位 X 与 1 单位 Y 带来的效用是相同的。在这种情况下，减少 1 单位 X，从而少给消费者（可以理解为消费者 A 或 B，或者二者构成的社会）1 单位 X，却可以多得到 2 单位 Y，其中 1 单位 Y 正好弥补减少 1 单位 X 所减少的效用，与原来相比，消费者的总效用增加了多出 1 单位 Y 带来的效用。也就是说，在这种情况下，通过调整生产，消费正的效用水平增加了，即是一种帕累托改进，表明以前的交换与生产没有达到帕累托最优状态。

同样，可以分析边际转换率小于边际替代率的情况。不妨假设 $\text{MRS}_{XY} = 1$，$\text{MRT}_{XY} = 2$，在这种情况下，减少 1 单位 Y 的生产，从而多给消费者 1 单位 X。从效用水平的角度看，减少 1 单位 Y 带来的效用损失只需 0.5 单位 X 就可以弥补，或者说，增加的 1 单位 X 除了弥补 1 单位 Y 减少导致的效用损失外，还剩下 0.5 单位 X，也就是与生产变动前相比，消费者的效用水平增加了 0.5 单位 X 带来的效用。很显然，通过调整生产，消费者的效用水平增加了，即是一种帕累托改进，表明以前的交换与生产没有达到帕累托最优状态。当边际转换率等于边际替代率时，Y 不存在帕累托改进的余地，表明已经达到交换与生产的帕累托最优状态。

第三节 完全竞争与帕累托最优

一、完全竞争与帕累托最优

上一节分别考察了交换、生产以及交换与生产这三方面的帕累托最优条件。下面具体讨论完全竞争市场均衡是否满足这三方面的最优条件。

1. 交换的均衡条件

在效用理论部分，我们已经知道，消费者效用最大化时，其消费的最优组合是预算线与无差异曲线相切的切点的坐标。由于是完全竞争市场，两个消费者或交换者 A、B 所面临的 X、Y 两种商品的价格（分别用 P_X 和 P_Y 表示）是相同的。因此有

$$\text{MRS}_{XY}^A = P_X/P_Y \tag{12-17}$$

$$\text{MRS}_{XY}^B = P_X/P_Y \tag{12-18}$$

所以有

$$\text{MRS}_{XY}^A = \text{MRS}_{XY}^B = P_X/P_Y \tag{12-19}$$

2. 生产的均衡条件

在要素市场和产品市场都是完全竞争的情况下，两个生产者所使用的两种要素的价格是相同的。根据前面章节的有关内容，生产者均衡的条件是

$$\text{MRTS}_{LK}^C = \text{MP}_L/\text{MP}_K = w/r \tag{12-20}$$

$$\text{MRTS}_{LK}^D = \text{MP}_L/\text{MP}_K = w/r \tag{12-21}$$

所以有

$$\text{MRTS}_{LK}^C = \text{MRTS}_{LK}^D \; w/r \tag{12-22}$$

在式（12-20）~式（12-22）中，w 和 r 分别表示两种要素 L 和 K 的价格。

3. 交换与生产的均衡条件

在完全竞争市场中，生产者或厂商利润最大化必须满足的条件是，产品的价格（即厂商的边际收益）等于产品的边际成本（X、Y 两种产品的边际成本分别用 MC_X 和 MC_Y 表示）。所以有

$$P_X = \text{MC}_X \tag{12-23}$$

$$P_Y = \text{MC}_Y \tag{12-24}$$

由于边际转换率可以表示为两种产品边际成本的比例，因此

$$\text{MRT}_{XY} = \text{MC}_X/\text{MC}_Y = P_X/P_Y \tag{12-25}$$

再结合上面消费者的均衡条件，从而有

$$\text{MRS}_{XY}^A = \text{MRS}_{XY}^B = \text{MRT}_{XY} = \frac{P_X}{P_Y} \tag{12-26}$$

上面的讨论表明，完全竞争市场同时满足经济体系实现一般均衡的三个帕累托最优条件，从而达到整个社会的经济效率。因此，在完全竞争市场中，商品的均衡价格实现了交换和生产的帕累托最优状态。

微观经济学最重要的发现，就是论述了在完全竞争条件下的一般均衡状态时帕累托最优。它从理论上证明了亚当·斯密"看不见的手"定律。人们在完全竞争市场中只是追求自身的利益最大化，而均衡的结果却达到了经济的最高效率。有趣之处在于，人们并没有刻意追求这样的结果，甚至根本没有认识到这一点。

二、福利经济学基本定理

从以上的分析中可以看出，在竞争性市场和帕累托最优之间存在一种双重对应关系。这可以用福利经济学的两个基本定理来说明。

福利经济学第一定理：在完全竞争的市场经济体系中，如果存在着竞争性均衡，那么这种均衡就是帕累托最优的。

福利经济学第二定理：在市场体系中，如果满足：①个人效用函数为凸向原点的无差异曲线（边际替代率递减）；②厂商对投入品的边际技术替代率递减；③不存在外部性。那么，通过资源在个人之间的合理再分配，竞争性均衡的结果可以实现每一种帕累托最优状态。

第一个定理描述了完全竞争市场的结果，其基本思想是：如果市场是竞争的，则个人不需要知道别人的偏好，也不需要他人或计划者的帮助，只要依据自己所面临的价格决定需求或供给，在一定条件下会达到一般均衡，而这种均衡必然是一种帕累托最优的配置。

第二个定理要回答的问题是：如果我们想实现某种帕累托最优的配置，若社会将帕累托最优作为目标来追求，那么，该帕累托最优是否可以通过自发的、分散决策的市场机制来实现？福利经济学第二基本定理的回答是肯定的，即市场机制加上适当的再分配，可以实现一种想要的帕累托最优配置。因此，第二定理是规范性的，它规定了配置和分配的条件，为了达到某种理想状态必须满足这些条件。

实际上，福利经济学第二基本定理是从另一个角度对市场机制的肯定，即如果想实现某种帕累托最优，可以借助于市场机制。但是，仍有几点需要注意：①要进行适当的"再分配"，这种分配可以通过交换来实现；②市场机制只是实现想要的帕累托最优的一种途径，我们并没有排除实现帕累托最优的其他机制；③在很多时候，帕累托最优并不是社会最优的标准，它回避了"公平"这样的规范性问题。

第四节　社会福利函数与阿罗不可能性定理

由个人偏好的加总形成社会福利，这种加总不仅是数学的运算，还要兼顾效率与公平，这样就不可避免地涉及反映个人之间关系的价值判断。那么，这样一种既能把个人偏好转为社会偏好，又不违反社会普遍接受的道德准则的社会福利函数（social welfare function）能否找到？这就是阿罗不可能性定理所要回答的问题。

一、效用可能性边界

与生产可能性边界相似，如果我们对交换的帕累托最优进行分析，也可以得到一条
"效用可能性边界"。图 12-7（a）是交换的埃奇沃思盒状图，其中的交换契约曲线是
所有交换的帕累托最优点的集合。如图 12-7 中标示出的 E、F 和 G 三点都是帕累托最优
点，它们都表示两种商品在两个消费者之间的分配为最优。此外，每一点还表示该点的
分配方案给每个消费者带来的效用。以 E 点为例，它表示当商品配置在 E 点上时，消费
者 O_1 获得的效用为 U_1^1，同时消费者 O_2 获得的效用为 U_2^3。同样地，F 点表示此时两个消
费者获得的效用组合为 $\left(U_1^2, U_2^2\right)$，$G$ 点则为 $\left(U_1^3, U_2^1\right)$。遍取交换契约曲线上的每一点，
可以得到相应的所有最优配置组合。

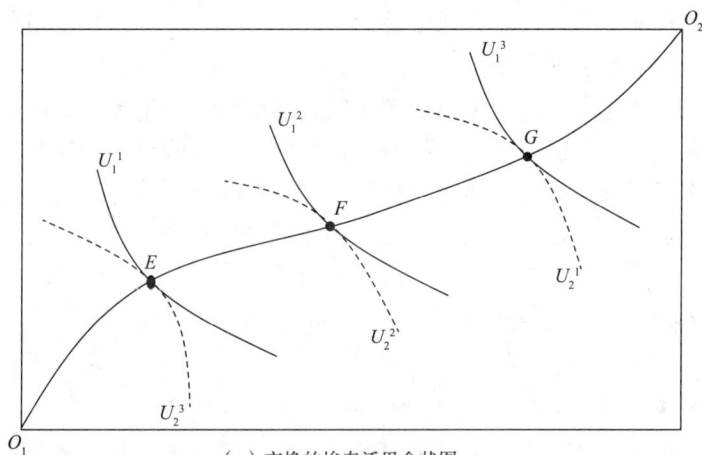

（a）交换的埃奇沃思盒状图

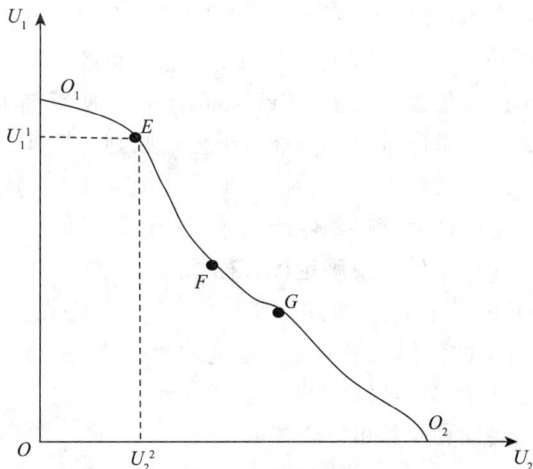

（b）效用可能性边界

图 12-7　帕累托改进

现在，把所有的这些效用组合画在一个坐标系中，以消费者 2 的效用为横轴，消费

者 1 的效用为纵轴，如图 12-7（b）所示，E 点对应的消费者 1 的效用为 U_1^1，消费者 2 的效用为 U_2^3，是在 E 点处商品分配方案下的帕累托最优点。把 F 点和 G 点等都画在同一个坐标系中，最后我们得到的曲线 O_1O_2 称为效用可能性边界。

显然，效用可能性边界上的所有点都是帕累托最优点。可是，当我们开始讨论以人们的效用来衡量的"福利"时，我们不得不面对一个问题：在效用可能性边界上，我们究竟应该选取哪一个点呢？

之所以会引起这样的讨论，是因为对于消费者 1 和 2 来说，取不同的点，其效用大小是明显不一样的。如果选取 E 点，消费者 2 的效用显然是大于消费者 1 的效用。反之，如果选择 G 点，那么消费者 1 的效用明显大于消费者 2 的效用。特别地，如果我们选取坐标轴上的 O_2 点，那么消费者 2 将获得全部效用，而消费者 1 将没有效用，或者说，不能获得任何福利。

这里不存在效率的问题，因为无论是 E 点、G 点还是 O_2 点，都是帕累托最优点，都是有效率的点。如果社会现在处于 O_2 点的状态，那么从 O_2 点向 G 点的改变并不是帕累托改进，因为在这个过程中造成了消费者 2 的效用损失。举个极端的例子，假如一个社会中只有两个人，一个是亿万富翁，另一个是快要饿死的流浪汉，那么，从亿万富翁那里取一碗米饭给流浪汉，只要不是亿万富翁自愿的，就是不符合帕累托最优标准的，因此，帕累托最优条件仅仅是告诉我们，社会福利必须在效用可能性曲线上，但是并没有告诉我们，究竟在哪一点上达到。要讨论这个问题，就涉及福利经济学研究的另一个重要内容——公平。

二、社会福利函数

如果社会中只有一个人，那么这个人的效用最大化就是社会的效用最大化。但真实的社会是由千千万万的人组成的，这样，个人的效用最大化问题就转化为社会的效用最大化问题，即社会福利问题。为了解决社会福利问题，经济学家提出了社会福利函数的概念。这一概念由美国经济学家柏格森（Bergson）于 1938 年首次提出，后由萨缪尔森加以发展。其基本含义是，考虑效率问题和分配公平原则，把社会福利设想为依赖于一些自变量的一种函数形式。实际上，社会福利函数就是定义了个人偏好的加总规则。

前面分析了交换、生产以及交换和生产的帕累托最优条件，这些仅仅是确定最优状态的必要条件，而不是充分条件。要确定社会福利的最大化，还需要其他条件。社会福利函数学派在总效用可能性边界的基础上，结合社会无差异曲线（community indifference curve）探讨了社会福利最大化（最优社会福利状态）问题。

社会福利函数又称社会福利曲线，或社会无差异曲线。仍然沿用前面的假定，两个人消费两种商品，则社会福利函数可以表述为

$$W = f(U_A, U_B) \tag{12-27}$$

式（12-27）表明，社会福利水平 W 是两个消费者的效用水平 U_A 和 U_B 的二元函数。社会福利曲线类似于单个消费者的无差异曲线。

下面介绍几种有代表性的福利函数。

1. 平均主义者社会福利函数

平均主义者（equalitarian）认为，只有将所有的社会产品在社会成员之间平均分配，才有利于全社会利益，才能实现社会福利最大化。其社会福利函数如下：

$$W(U_1, U_2, \cdots, U_n) = W[U_1(X), U_2(X), \cdots, U_n(X)] \tag{12-28}$$

式中，X 为每一个人获得的商品集，$X = (X_1/n, X_2/n, \cdots, X_m/n)$；$X_1, X_2, \cdots, X_m$ 分别表示社会中第 1 种，第 2 种以至第 m 种产品的数量；n 为社会成员的数目。

2. 功利主义社会福利函数

功利主义（utilitarian）社会福利函数也称为边沁主义社会福利函数，是最为简单和最为直观的社会福利函数形式。其基本形式是将社会中所有个人的效用相加，得到社会的总效用。或者说，社会福利等于社会中所有个人福利之和。

$$W(U_1, U_2, \cdots, U_n) = \sum_{i=1}^{n} a_i U_i \tag{12-29}$$

式中，a_i 表示某一社会成员的效用在整个社会福利中重要性的权数。如果 $a_i = 1$，表示每个社会成员的权数相等，则社会福利是每个社会成员福利的简单加总。

3. 最大最小社会福利函数

这种社会函数是伦理哲学家罗尔斯（J. Rawls）提出的，故又称为罗尔斯社会福利函数。其基本观点是，社会福利最大化标准应该是使境况最差的社会成员的效用最大化。所以，罗尔斯社会福利的标准又称为最大最小标准。罗尔斯社会福利函数如下：

$$W(U_1, U_2, \cdots, U_n) = \text{MAXMIN}(U_1, U_2, \cdots, U_n) \tag{12-30}$$

由上可见，解决资源问题的关键在于社会福利函数。社会福利函数究竟存不存在？换句话说，能不能根据不同个人的偏好合理地形成所谓的社会偏好，从而兼顾效率与公平？那么，这样一种既能确定出社会福利函数，又不违反社会普遍接受的道德准则的机制究竟是否存在呢？非常可惜的是，1951 年阿罗在相当宽松的条件下证明这是不可能存在的，这便是著名的"阿罗不可能定理"（Arrow's impossibility theorem）。

三、阿罗不可能定理

阿罗在《社会选择与个人价值》一文中指出，试图找出一套规则（或程序），来从一定的社会状态的个人选择顺序中推导出符合某些理性条件的社会选择顺序，一般是办不到的。

阿罗不可能定理是指在一般情况下，要从已知的各种个人偏好顺序中推导出统一的社会偏好顺序是不可能的。对于定理的证明，我们可以通过"投票悖论"（paradox of voting）来加以说明。

假定一个社会有甲、乙、丙三人，分别对 A、B、C 三个备选方案进行投票，以排定他们对这三个方案的偏好次序。如果他们三人对三种方案的偏好顺序如下。

甲：A、B、C

乙：B、C、A

丙：C、A、B

社会的偏好次序按"大多数原则"从个人投票中得出。于是有以下结论。

当他们就 A 和 B 的优劣进行投票时，甲和丙认为 A 优于 B，占据多数，从而这个社会的偏好就是 A 优于 B。

当他们就 B 和 C 的优劣进行投票时，甲和乙认为 B 优于 C，占据多数，从而这个社会的偏好就是 B 优于 C。

当他们就 A 和 C 的优劣进行投票时，乙和丙认为 C 优于 A，占据多数，从而这个社会的偏好就是 C 优于 A。

整个投票结果就是，社会认为 A 优于 B，B 优于 C，C 优于 A。显而易见，这种偏好次序出了问题，它违背了"传递性"原则，即 C 优于 A 是矛盾的。这就是所谓的"投票悖论"。换句话说，无法得出合理的社会偏好秩序，此时不存在社会福利函数。

上面就是某一种特定的个人偏好类型，即相互冲突的（A、B、C）、（B、C、A）、（C、A、B），说明投票的大多数规则不能形成社会的偏好次序。这当然不是说，在任何情况下都不能从个人偏好次序形成社会偏好次序。恰好相反，如果我们重新给定个人的偏好类型，或者改变大多数规则，则完全有可能形成社会的偏好次序。例如，如果我们用"独裁"代替大多数规则，则独裁者的个人偏好就成为"社会"的偏好。又如，如果我们用完全一致的个人偏好类型代替上述相互冲突的类型，如假设个人偏好为

（A、B、C）、（A、B、C）、（A、B、C）

则按照大多数原则亦可以形成确定的社会偏好秩序（A、B、C）。

但是，上述两种情况存在很大的局限性。"独裁"规则可以从任何的个人偏好类型中形成"社会"的偏好次序。但是这样形成的"社会"偏好次序并不能真正地反映社会的偏好；假定个人偏好类型完全一致也是完全不现实的。

上面的分析表明，将个人偏好进行加总，建立一个具有传递性的福利函数，从而使社会福利最大化是不可能的，即在非独裁的情况下，不可能存在有适用于所有个人偏好类型的社会福利函数，更具体地说，阿罗认为，任何一个合理的社会福利函数起码必须满足如下要求：第一，其定义域不受限制，即它适用于所有可能的个人偏好类型；第二，非独裁，即社会偏好不以一个人或少数人的偏好来决定；第三，帕累托原则，即如果所有个人都偏好 A 甚于 B，则社会偏好 A 甚于 B；第四，无关变化的独立性，这一要求可简单理解为只要所有个人对 A 与 B 的偏好不变（不管对如 A 与 C 的偏好如何变化），则社会对 A 与 B 的偏好不变。

阿罗证明了，满足上述四个条件且具有传递性偏好次序的社会福利函数不存在。

四、平等与效率

平等和效率二者的关系如何处理的问题，一直是西方福利经济学中一个争论不休的问题。庇古的旧福利经济学认为平等和效率二者都重要，因而主张福利经济学既要研究最优资源配置（效率），又要研究最优收入分配（平等）。卡尔多、希克斯等的新福利经济学认为福利经济学不应研究收入分配，而只应研究资源配置，即不应研究平等而只应研究效率。伯格森、萨缪尔森等的社会福利函数理论则认为不应将收入合理分配问题

即平等问题排除在福利经济学之外。李特尔也认为，卡尔多、希克斯标准和西托夫斯基标准都是不充分的，只有这类标准和收入再分配标准的组合才是充分的。西方经济学家近来又重新讨论平等和效率问题。奥肯认为，平等和效率之间存在着替换关系，二者不可兼得。社会面临的选择是：或者以效率为代价，得到稍多一点的平等；或者以平等为代价，得到稍多一点的效率。这就是平等和效率的替换。奥肯承认，资本主义虽然创造了一个高效率的经济，但是它不可避免地产生了各种不平等。奥肯主张，必须给市场一定的位置，以保持效率，又必须给市场一定的约束，以保持平等。当平等和效率发生冲突时，为了效率可以牺牲一些平等，为了平等也可以牺牲一些效率。他不赞成把效率放在优先地位，也不赞成把平等放在优先地位，而是主张实行平等和效率的妥协，以上论述了福利经济学的基本内容。

福利经济学产生于 20 世纪初的英国，它是英国社会矛盾尖锐化的产物。西方经济学家把福利经济学说成是可以超脱阶级利害关系而客观地评价资本主义经济体系运行的规范经济学。实际上，福利经济学所依据的价值判断和社会目标并非是超阶级的，它比较隐蔽地把资产阶级的利益说成是社会福利。例如，他们不便于公开地把垄断资本家的境况好起来说成是整个社会福利的提高，于是就拐弯抹角地说："如果至少有一个人的境况好起来，而没有一个人的境况坏下去，那么整个社会的境况就算好了起来。"事实上，垄断资本家发财致富总是以牺牲他人利益为代价的。例如，垄断价格使垄断资本家得到好处，必然会使广大社会成员蒙受损失。于是他们就提出补偿原则，声称只要前者的所得大于后者的所失，就算是增大了社会福利。西方福利经济学在不断地自我批判和自我否定。例如，新福利经济学批判旧福利经济学，社会福利函数论批判补偿原则论，阿罗不可能定理否定社会福利函数论，次优理论否定最优资源配置理论，等等。

这表明，西方福利经济学至今还没有形成一个较为完整的理论体系。当然，福利经济学也提出了一些问题，这对于研究和思考社会主义经济所面临的任务也许有一些参考意义。举例来说，对社会主义经济体系的运行是否要进行以及应当如何进行社会评价？一项变动（如价格水平的提高）使一些人富起来而使另一些人生活水平下降时要不要进行补偿？什么是合理的收入分配？什么是最优的资源配置？当平等和效率发生矛盾时，是以平等为代价来保持效率？还是以效率为代价来保持平等？或者是平等和效率兼顾？等等，这些都是社会主义经济理论要解决的问题。在解决这些问题时，不妨了解一下西方福利经济学的一些概念、论点和方法，批判其错误，吸取其中某些有意义的因素。

本 章 案 例

案例 12-1：满意即最优

"帕累托最优"这个概念，学生初学起来比较费解，让我们举一个简单的例子来说明。假如原来甲有一个苹果，乙有一个梨，他们是否就是帕累托最优呢？这取决于甲乙二人对苹果和梨的喜欢程度，如果甲喜欢苹果大于梨；乙喜欢梨大于苹果，这样就已经达到了最满意的结果，也就已经是"帕累托最优"了。如果是甲喜欢梨大于苹果；乙喜欢苹果大于梨，甲乙之间可以进行交换，交换后甲乙的效用都有所增加，这就是帕累托改进。我们通俗地讲"帕累托改进"是在不损害他人福利的前提下进一步改善自己的福利，俗话说就是"利己不能损人"。同样，只有在不损害生产者和经营者权利的前提下维护消费者的权益，才能在市场经济的各个主体之间达到"帕累托最优"的均衡状态。交易与生产的帕累托最优是指同时达到了生产要素在商品生产之中的最优配置和商品在消费者之间的最优配置。换句话说是两个生产者生产两种商品之间的边际转化率，等于这两种商品之间的边际替代率，以使商品在消费者之间与生产要素之间同时实现了最优的配置。

我们还假定两个消费者甲和乙，是航海中遇难的水手，他们遇难后登上一个荒岛，甲带着食品，乙带着药品；甲和乙都有药品和食品的需求，如何交换才能使他们二人的境况尽可能好，使他们得到满足的最大化，用经济学的理论来表述，两个人的食品与药品的边际替代率相等，在这一点上两个人的满足程度是一样的。实现资源配置的最佳效率，就实现了帕累托最优。两种生产要素、资本和劳动，在两个部门之间的配置原理也是一样的道理。

我国经济学者盛洪在他著的《满意即最佳》中说过一句话："一个简单的标准就是，看这项交易是否双方同意，双方是否对交易结果感到满意。"而真是谁也不愿意改变的状态，就已经是"帕累托最优"了。

帕累托是 20 世纪初的意大利经济学家，他是新福利经济学的代表人物。以他名字命名的"帕累托最优"是现代经济学中的一个重要概念，也是经济学一个美好的理想境界。

在其他条件不变的情况下，如果某一经济变动改善了一些人的状况，同时又不使一些人蒙受损失，这个变动就增进了社会福利，称为帕累托改进；在其他条件不变的情况下，如果不减少一些人的经济福利，就不能改善另一些人的经济福利，就标志着社会经济福利达到了最大化的状态，实现了帕累托最优状态。案例中甲和乙都喜欢各自的苹果和梨，不用交换就可以达到"帕累托最优"。

市场经济有两个最本质的特征：其一是提高资源配置效率；其二是实现充分竞争。所谓的帕累托最优，通俗的解释就是在资源配置过程中，经济活动的各个方面，不但没有任何一方受到损害，而且社会福利要尽可能实现最大化，社会发展要达到最佳状态。西方经济学中的帕累托最优，实际上就是要求不断提高资源的配置效率。

资料来源：梁小民《微观经济学纵横谈》

案例 12-2：阿罗不可能定理——少数服从多数原则的局限性

在我们的心目中，选举的意义恐怕就在于大家根据多数票原则，通过投票推举出最受我们爱戴或信赖的人。然而，通过选举能否达到这个目的呢？1972 年诺贝尔经济学奖获得者、美国经济学家阿罗采用数学中的公理化方法，于 1951 年深入研究了这个问题，并得出在大多数情况下是否定的结论，这就是有名的"阿罗不可能定理"。阿罗不可能定理是指在一般情况下，要从已知的各种个人偏好顺序中推导出统一的社会偏好顺序是不可能的。我们对此举例加以证明。

假定有张三、李四、王五三个人，他们为自己最喜欢的明星发生了争执，他们在刘德华、张学友、郭富城三人谁更受观众欢迎的问题上争执不下，张三排的顺序是刘德华、张学友、郭富城。李四排的顺序是张学友、郭富城、刘德华。王五排的顺序是郭富城、刘德华、张学友。到底谁更受欢迎呢？没有一个大家都认可的结果。如果规定每人只投一票，三个明星将各得一票，无法分出胜负，如果改为对每两个明星都采取三人投票然后依少数服从多数的原则决定次序，结果又会怎样呢？

首先看对刘德华和张学友的评价，由于张三和王五都把刘德华放在张学友的前边，二人都会选择刘德华而放弃张学友，只有李四认为张学友的魅力大于刘德华，依少数服从多数的原则，第一轮刘德华以二比一胜出；其次看对张学友和郭富城的评价，张三和李四都认为应把张学友放在郭富城的前边，只有王五一人投郭富城的票，在第二轮角逐中，自然是张学友胜出；最后来看对刘德华和郭富城的评价，李四和王五都认为还是郭富城更棒，只有张三认为应该把刘德华放在前边，第三轮当然是郭富城获胜。

通过这三轮投票，我们发现对刘德华的评价大于张学友，对张学友的评价大于郭富城，而对郭富城的评价又大于刘德华，很明显我们陷入了一个循环的境地。这就是"投票悖论"，也就是说不管采用何种游戏规则，都无法通过投票得出符合游戏规则的结果。如果世界上仅限于选明星的事情就好办多了，问题在于一些关系到国家命运的事情的决定，也往往会出现上述的"投票悖论"问题。对此很多人进行了探讨，但都没有给出更有说服力的办法。

在所有人为寻找"最优公共选择原则"奔忙而无获的时候，美国经济学家阿罗经过苦心研究，在1951年出版的《社会选择与个人价值》中提出他的不可能定理，并因此获得了1972年诺贝尔经济学奖。阿罗不可能定理的意思是，"只要给出几个选择者都必然会接受的前提条件，在这些前提条件的规定下，人们在一般或普遍意义上不可能找到一套规则（或程序）在个人选择顺序基础上推导出来"。由此进一步推出，在一般或普遍意义上，无法找到能保证所有选择者福利只会增加不会受损的社会状态。

阿罗所说的几个选择者必然接受的条件是：广泛性，至少有三个或三个以上的被选方案，以供选择者选择；一致性，即一定的社会选择顺序以一定的个人选择为基础，但必须符合公众的一致偏好；独立性，不相关的方案具有独立性；独立主权原则，对备选方案的选择和确定，应由公民完全依据个人的喜好而定，不能由社会强加；非独裁性，不能让每一个人的喜好决定整个社会对备选方案的排序，应坚持自由和民主的原则。

阿罗认为上述五个相互独立的条件每一个都是必要的，但是要构造能同时满足这些条件的社会福利函数是不可能的，原因在于这五个条件之间存在相互矛盾，因此不可能达到完全一致。他从中得出了一个似乎不可思议的结论：没有任何解决办法能够摆脱"投票悖论"的阴影，在从个人偏好过渡到社会偏好时，能使社会偏好得到满足，又能代表广泛的个人偏好这样一种排序方法，只有强制与独裁。这样寻找合理的社会选择机制的努力就几乎陷入了困境。

阿罗不可能定理，打破了一些被人们认为是真理的观点，也让我们对公共选择和民主制度有了新的认识。因为我们所推崇的"少数服从多数"的社会选择方式不能满足"阿罗五个条件"，如市场存在着失灵一样，对公共选择原则也会导致民主的失效。因此多数票原则的合理性是有限度的。

本 章 小 结

（1）一般均衡分析方法把所有相互联系的市场看成一个整体进行研究。当整个经济的价格体系恰好使所有的商品或服务都供求相等时，市场就达到了一般均衡。

（2）一般均衡的目标是经济效率最优，即经济福利的最大化。新福利经济学家采用的评价经济效率最优的标准，是帕累托最优状态标准或帕累托标准；与此相关的两个概念是帕累托改进和帕累托最优状态。

（3）在设想的简单经济模型中，交换的帕累托最优条件是每个参加交换的人两种商品的边际替代率是相等的；生产的帕累托最优条件是每个生产者生产商品的边际技术替代率是相等的；交换和生产的帕累托最优条件是，两种商品的边际转换率与边际替代率是相等的。完全竞争市场同时满足这三个条件，因此，完全竞争市场是有效率的。

（4）社会福利函数是社会上所有个人的效用水平的函数。较具有代表性的社会福利函数有平均主义者社会福利函数、功利主义社会福利函数、最大最小社会福利函数等。但是，阿罗不可能定理说明，不可能存在有适用于所有个人偏好类型的社会福利函数。

复 习 与 思 考

1. 判断下列说法的正误，并说明理由。

（1）契约曲线的得名是由于它所有可能的契约的轨迹。

（2）为了达到帕累托最适度状态，必须使任何使用某两种投入要素的两厂商的该两种要素间的边际技术替代率相等，即使这两个厂商生产的产品很不相同。

（3）如果两种商品之间的边际转换率不是对于所有消费这两种商品的消费者来说都等于消费者在它们之间的边际替代率，那么两种商品中至少有一种不是有效地生产出来的。

（4）从埃奇沃斯盒状图中某一初始禀赋开始，如果通过讨价还价达到的自由交易契约是符合帕累托最适度状态所要求的，那么该交换契约可以位于契约的任何地方。

（5）对于福利极大化来说，完全竞争长期一般均衡既是必要的，又是充分的。

2. 选择题

（1）如果资源配置是帕累托有效的，那么（　　）。

    A. 收入分配是公平的

    B. 存在一种重新配置资源的途径，能使每个人的境况变好

    C. 存在一种重新配置资源的途径，使一些人的境况变好而不使其他人变坏

    D. 不存在一种重新配置资源的途径，使一些人的境况变好而不使其他人变坏

（2）局部均衡分析适合于估计（　　）变化的影响，但不适合于估计（　　）变化的影响。

    A. 香烟税，公司所得税　　　　　　　B. 香烟税，酒类税

    C. 公司所得税，香烟税　　　　　　　D. 公司所得税，酒类税

（3）一个社会要达到最高的经济效益，得到最大的经济福利，进入帕累托最优状态，则必须（　　）。

　　A. 满足交换的边际条件：$MRS_{XY}^{A} = MRS_{XY}^{B}$

　　B. 满足生产的边际条件：$MRTS_{LK}^{X} = MRTS_{LK}^{Y}$

　　C. 满足生产与交换的边际条件：$MRS_{XY} = MRT_{XY}$

　　D. 同时满足上述三个条件

（4）如果对于消费者甲来说，以商品 X 替代商品 Y 的边际替代率等于3；对于消费者乙来说，以商品 X 替代商品 Y 的边际替代率等于2，那么有可能发生下述情况（　　）。

　　A. 乙用 X 向甲交换 Y　　　　B. 乙用 Y 向甲交换 X

　　C. 甲和乙不会交换商品　　　　D. 以上均不正确

（5）效用可能性边界是指（　　）。

　　A. 经济能负担得起的两种商品组合

　　B. 在给定了固定的资源、稳定的技术、充分的就业和完全有效率的情况下，一个经济能生产出两种商品的最大化产量

　　C. 给消费者带来相同效用的两种商品的组合

　　D. 经济所能达到的效用水平的限制

3. 什么是反馈效应，为什么它使局部均衡分析与一般均衡分析发生很大差异？

4. 试举出两种福利函数，并分析它们所代表的公平观的差异。

5. 试述微观经济学中的一般经济均衡的模型与意义。

6. 论述并推导生产和交换的帕累托最优条件。

7. 由 A、B 两人及 X、Y 两产品构成的经济中，A、B 的效用函数分别为 $U_A = XY$，$U_B = 40(X+Y)$，X、Y 的存量为（120，120），该经济的社会福利函数为 $W = U_A U_B$。求：

（1）该经济的效用边界。

（2）社会福利最大化时的资源配置。

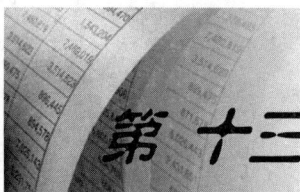

第 十 三 章

市场失灵与微观经济政策

学习目的与要求

1. 了解市场失灵的几种情况。
2. 掌握垄断导致社会低效率的原因及不同情况下政府对垄断的规制方案。
3. 理解公共物品和公共资源的区别与联系。
4. 了解公共物品和公共资源各自导致市场失灵的内在逻辑。
5. 掌握外部影响导致市场失灵的基本逻辑。

本章之前的内容都在论述一个基本命题：完全竞争的市场经济必定会实现帕累托最优，即所谓"看不见的手"原理。然而，现实经济中完全竞争市场及其一系列假设条件并不成立；或者说，市场机制配置资源的能力不足，此时，"看不见的手"的原理不再成立，这种情况称为"市场失灵"。市场失灵的原因是多方面的，本章主要讨论垄断、公共物品、外部影响、信息不对称理论，以及政府矫正这些市场失灵问题的微观规制政策。

■ 第一节 垄断

现实经济中，垄断现象和行为到处存在，并且或多或少地破坏了市场机制运行的效率。在经济学上，垄断的危害主要是造成了纯粹社会效率损失。

一、垄断与低效率

在经济发展过程中，技术进步、市场扩大以及企业为获得内、外部规模经济而进行的横向和纵向合并，使企业的规模会越来越大。企业规模扩大到一定程度后会引起垄断，而垄断是有害的。那么，垄断的损失到底有多大呢？

如图 13-1 所示，横轴表示产量，纵轴表示价格。D 和 MR 分别为垄断厂商的需求曲线和边际收益曲线。假定平均成本和边际成本相等且固定不变，它们由图 13-1 中水平直线 AC=MC 表示。垄断厂商的利润最大化原则是边际成本等于边际收益。因此，垄断厂商的利润最大化产量为 Q_m ，在该产量上，垄断价格为 P_m 。

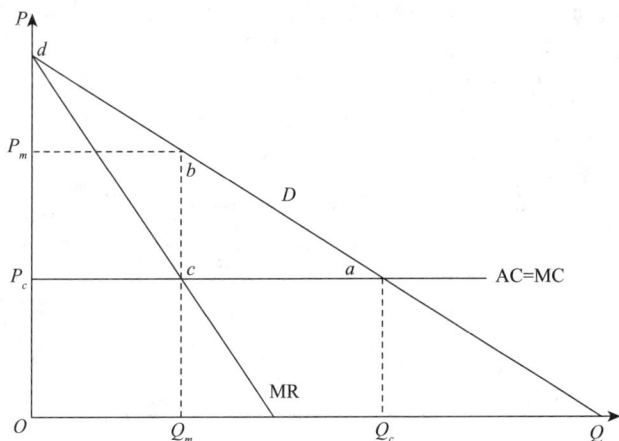

图 13-1　垄断和低效率

图 13-1 所示的垄断厂商利润最大化状态并未实现帕累托最优，因为在利润最大化产量 Q_m 上，价格 P_m 高于边际成本 MC，表明消费者愿意为增加额外 1 单位产量所支付的价格超过了生产该单位产量的成本，背离了完全竞争市场下价格等于边际成本的帕累托最优条件，还存在帕累托改进的余地。如果沿着需求曲线价格由垄断的 P_m 降到 P_c ，产量从垄断水平 Q_m 增加到 Q_c ，就最终实现了帕累托最优。

在帕累托最优状态下，消费者获得的全部消费者剩余为三角形 adP_c 的面积。而在完全垄断条件下，垄断厂商通过提高产品售价，将原来消费者剩余中的四边形 bcP_cP_m 部分转为自己的垄断利润；消费者剩余则缩减为三角形 bdP_m 的面积；而三角形 abc 部分（即"哈伯格三角"）任何人都没有得到，是由垄断造成的社会成本，或一种纯粹的效率损失。

根据上述内容，垄断在经济上导致资源配置缺乏效率。此外，从社会正义的角度来看，垄断利润通常是不公平的。因此，政府有必要制定微观经济政策对垄断进行干预。对不同的垄断应采取差异化的干预方式：一般的可以开展垄断规制，较严重的可以通过反垄断法来实施干预。

二、垄断规制

按平均成本变动的特点，垄断可分为一般垄断和自然垄断两种。对它们的价格规制措施也应该是不同的。

（一）一般垄断的价格规制

图 13-2 反映的是某垄断厂商的情况。曲线 $D(AR)$ 和 MR 是它的需求曲线（即平均收益曲线）和边际收益曲线，曲线 AC 和 MC 是其平均成本和边际成本曲线。此外，平均和边际成本曲线呈一般的 U 形。在没有规制的条件下，垄断厂商生产其利润最大化产量 Q_m ，并据此确定垄断价格 P_m 。这种垄断均衡一方面缺乏效率，因为在垄断产量 Q_m

上，价格高于边际成本；另一方面缺乏"公平"，因为在 Q_m 上，垄断厂商获得了超额垄断利润，即经济利润不等于 0。现在考虑政府的价格规制，如果政府的目标是提高效率，则政府应该将价格定在 P_c 水平上，相应的产出为 Q_c。在该产量水平上，价格恰好等于边际成本，实现了帕累托最优。

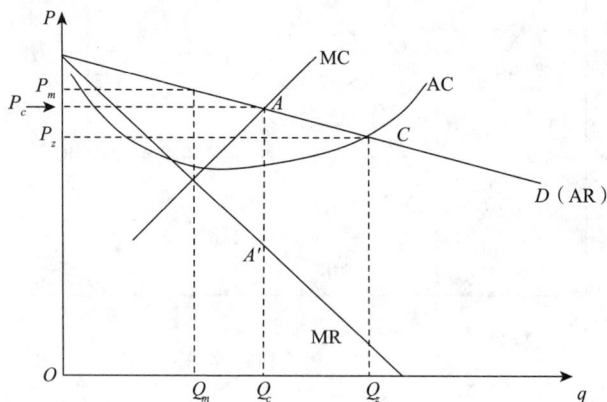

图 13-2　对垄断的价格规制

然而，政府按照效率原则将规制价格定为 P_c 时，此一般垄断厂商仍可以得到一部分经济利润，即为平均收益 P_c 超过平均成本 AC 的部分。因此，如果政府试图制定一个更低的"公平价格"以消除经济利润，须将价格定在平均成本水平即 P_z，产量为 Q_z 上。此时，平均收益恰好等于平均成本，经济利润为零。然而，此时新出现的问题是价格低于边际成本，违反了帕累托效率原则。

综合以上两种规制方案，若按帕累托效率原则来规制垄断厂商，则仍会存在产量较低、价格较高、垄断利润大于零的情况；若按照"公平"原则进行价格规制，虽然消除了经济利润，但却难以实现效率 $(P \neq MC)$，且价格低、产量高。

（二）自然垄断行业的价格规制

自然垄断行业是指具有以下三方面特点的产业。

一是规模经济非常明显，平均成本和边际成本总是随产量增加而降低，规模越大，生产成本就越低，因此，一般要求由一家企业进行垄断性经营。目前，虽然理论界对自然垄断的规模经济性这一定义提出了修正，而把"独家垄断经营的总成本小于多家分散经营的成本之和"作为区分一个部门是否属于自然垄断的标准，但无论如何都认为自然垄断行业在各个给定的产量水平上，独立经营的总成本较小。

二是有大量的"沉淀资本"，资金一旦投入就很难收回，也难改为其他用途，如果多个企业之间进行竞争，其结果很可能是两败俱伤。

三是这些行业多为公众所需要的基本服务，需要保证所提供服务的稳定性、质量的可靠性和可信赖性等。一个国家的供水、电力、煤气、热力供应、电信、邮政、铁路、航空等产业，都是典型的自然垄断行业。

由于这些自然垄断行业具有上述特征，国家应赋予特定企业以垄断供给权，从制度上确保这些物品和服务的垄断供应；但出于和一般垄断相同的效率、公平等方面的原因，必须要由政府介入，对自然垄断实施规制。自然垄断行业的政府规制主要包括市场进入规制和价格规制两方面内容。一方面，政府采取限制新企业进入的政策，以保证自然垄断企业的独家垄断地位，使生产成本最低；另一方面，政府要对该自然垄断企业的定价进行规制，以防止垄断企业利用其垄断地位牟取高额利润，损害公众利益。

现在考虑平均成本曲线不断下降的所谓自然垄断情况，参见图13-3。图13-3中，由于边际成本曲线 AC 一直下降，故其边际成本曲线 MC 总位于其下方。当不存在政府规制时，垄断厂商利润最大化的均衡价格和产量分别是 P_m 和 Q_m，价格高于边际成本，缺乏效率；同时，价格高于平均成本，存在超额垄断利润，也就无"公平"，因此政府必须对其实施价格规制。

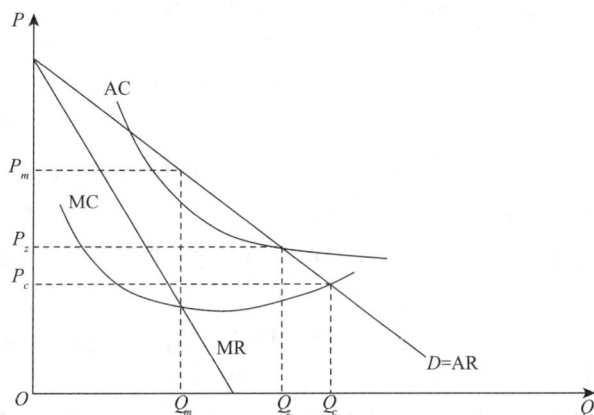

图13-3　对垄断的产量规制

如果政府的目标是提高效率，则政府应该将价格定在 P_c 水平上，相应的产出为 Q_c，在该产量水平上，价格恰好等于边际成本，实现了帕累托最优。然而，这种按照效率定价的原则将规制价格定为 P_c 时，$P_c < \text{AC}$，自然垄断厂商会出现亏损。如果政府按照公平原则将价格定在平均成本水平即 P_z，产量为 Q_z 上，此时，虽然经济利润为零从而实现了"公平"，但此规制价格反而高于边际成本，同样违反了效率原则。

因此，自然垄断下的两种价格规制方案其结果与一般垄断恰好相反。尤其需要注意的是，在自然垄断下的帕累托最优价格 P_c 和最优产量 Q_c 上，垄断厂商的平均收益小于平均成本，出现了亏损。这种情况下政府须对垄断厂商进行补贴。

（三）其他规制安排

除了价格规制以外，政府往往还有补贴或税收手段可以选择。如果垄断厂商因政府的价格规制而真实地蒙受了损失，那么政府要给予适当的补贴，以使垄断厂商获得正常利润；如果在政府实施规制以后，厂商仍可以获得超额利润，就应对其征收一定的税收。

另外，政府也可以采取直接经营的方式来解决垄断造成的市场失灵。由于政府经营的目的不在于利润最大化，所以可以按照边际成本或者平均成本来定价，以便部分地解决垄断产生的产量低和价格高的低效率问题。英国和日本都曾经对铁路部门实行国有化管理，由国家直接经营。

三、反垄断法

对垄断更为强烈的反应是制定反垄断法或反托拉斯法，在这方面做得较成功的是美国。

（一）美国的反托拉斯法与反垄断政策

19 世纪末和 20 世纪初，美国企业界出现了第一次大兼并，结果形成了一大批垄断性的企业，或称托拉斯。垄断的形成和发展，深刻地影响到美国社会各个阶级和阶层的利益。

1890~1950 年，美国国会通过一系列法案来反对垄断。其中包括《谢尔曼法》（1890）、《克莱顿法》（1914）、《联邦贸易委员会法》（1914）、《罗宾逊-帕特曼法》（1936）、《惠特-李法》（1938）和《塞勒-凯弗维尔法》（1950），统称反托拉斯法。

美国的这些反托拉斯法规定，限制贸易的协议或共谋、垄断或企图垄断市场、兼并、排他性规定、价格歧视、不正当竞争或欺诈等行为都是非法的。

《谢尔曼法》规定：任何以托拉斯或其他形式进行的兼并或共谋，任何限制州际或国际的贸易或商业活动的合同，均属非法；任何人垄断或企图垄断，或同其他个人或多人联合或共谋垄断州际或国际的一部分商业和贸易的行为均应被认为是犯罪，违法者要受到罚款和（或）判刑。

《克莱顿法》修正和加强了《谢尔曼法》，禁止不公平竞争，宣布导致削弱竞争或造成垄断的不正当做法为非法。这些不正当的做法包括价格歧视、排他性或限制性契约、公司相互持有股票和董事会成员相互兼任。

《联邦贸易委员会法》规定：建立联邦贸易委员会作为独立的管理机构，授权防止不公平竞争以及商业欺骗行为，包括禁止伪假广告和商标等。

《罗宾逊-帕特曼法》宣布卖主为消除竞争而实行的各种不公平价格歧视为非法，以保护独立的零售商和批发商。

《惠特-李法》修正和补充了《联邦贸易委员会法》，宣布损害消费者利益的不公平交易为非法，以保护消费者。

《塞勒-凯弗维尔法》补充了《谢尔曼法》，宣布任何公司购买竞争者的股票或资产，从而实质上减少竞争或企图造成垄断的做法为非法。《塞勒-凯弗维尔法》还禁止一切形式的兼并，包括横向兼并、纵向兼并和混合兼并。这类兼并指大公司之间的兼并和大公司对小公司的兼并，而不包括小公司之间的兼并。

美国反托拉斯法的执行机构是联邦贸易委员会和司法部反托拉斯局。前者主要反对不正当的贸易行为，后者主要反对垄断活动。

（二）欧盟的反托拉斯法律与政策

欧盟反托拉斯法的主体由 1957 年的《罗马条约》第 85~86 条以及欧盟成员国的国

内反垄断法构成，它们是欧盟竞争政策的基础。该法律的主要内容是禁止在欧盟内结成卡特尔，如固定价格、瓜分市场、限制供应等协议；禁止用兼并手段形成垄断地位，滥用市场势力获取垄断利益。不过欧盟一般不反对兼并，只要这种兼并不会在欧盟成员国国内或欧盟内部形成垄断，就支持企业在欧盟内部合并以形成优势，以便与美国、日本的大企业竞争。

欧盟反托拉斯法的执行权赋予委员会的管理局，该委员会可对违法活动征收独立罚金。

（三）日本的反托拉斯法律与政策

日本最是的反托拉斯法是在第二次世界大战后的军事占领时期，在盟国占领军当局的命令下颁布的。现在实施的反托拉斯法是 1974 年颁布的，1977 年进行了修正。日本反垄断法的主题内容与美国、欧盟的相关法律具有相似性，其内容包括：禁止私人独占与对贸易进行不合理的限制，禁止不公正的商业行为，禁止妨碍竞争的兼并与行使不公正商业行为的兼并。1977 年日本反托拉斯法的修正案增加了对综合商社、城市银行及金融公司股份持有比例的限制；新设了对主要以巨型企业集团为目标的垄断排除措施的规定；新设了对法人代表的罚金制度。日本的反托拉斯法的执行机构是日本的公正贸易委员会。

第二节 公共物品

一、公共物品的性质及分类

到目前为止，我们讨论的对象主要集中于"私人物品"，它具有两个特点。第一是"竞争性"，消费者或消费数量的增加会引起资源耗费的增加，即在资源利用上是竞争的，其边际成本大于零；第二是"排他性"，只有对商品支付价格的人才能够使用该商品，其他人则被排除在该物品的产权之外。市场机制只对同时具备了上述两个特点的私人物品有效率。然而，在现实世界中也有很多物品（服务）不满足上述特征，如国防、天气预报服务、地下石油、公海里的鱼等，它们并不同时满足竞争性和排他性特征，在经济学上，这被称为"公共物品"。

公共物品的概念可根据其性质来定义。既不具有竞争性同时也不具有排他性的物品称为公共物品，如国防、基础知识、不拥挤的免费道路、天气预报服务等。这些物品（服务）不会随着使用量的增加而出现资源耗费的增加，其边际成本等于零，在资源利用上具有非竞争性。同时，这些物品（服务）还具有非排他性，就是说一个人即使不支付费用（或价格）也照样可以利用，在技术上不可能被排除在该物品的利用之外，或这样做的成本很高。

除公共物品外，可以进一步根据竞争性和排他性等四个维度对所有的物品进行分类。只具有非排他性但却有竞争性的物品被称为公共资源，如公共鱼塘、拥挤的免费公路、地下石油等；具有非竞争性但却排他的物品属于俱乐部物品，如有线电视、不拥挤的收费道路、游泳馆等。当然，既有排他性也有竞争性的物品就是私人物品了。表 13-1

清晰地标识了按这种逻辑进行的分类。

表 13-1　四种类型物品

维度	竞争性	非竞争性
排他性	私人物品 如面包、衣服 汽车、住房 拥挤的收费道路	俱乐部物品 如高尔夫球俱乐部、游泳馆 有线电视、博物馆 不拥挤的收费道路
非排他性	公共资源 如公共池塘、海洋中的鱼 地下石油、地下水 拥挤的不收费道路	公共物品 如国防、灯塔 知识、天气预报 不拥挤的不收费道路

二、公共物品供给"搭便车"问题及"市场失灵"

公共物品的内在特性决定了市场在公共物品提供的问题上必然是"失灵"的。原因是公共物品的非排他性特点使消费者具有不支付价格便能不打折扣地利用它的可能，自利的行为人当然会欣然地去做一个搭便车者（free-rider）。所谓搭便车，就是某些个体虽然参与了公共物品的消费，却不愿意支付公共物品的生产成本，而是指望他人付费来购买该产品，然后自己顺便搭车消费而额外获益。如果每个人都出于自利考虑而选择搭便车，则最终将没有任何人愿意为公共物品付费。理性的厂商也会预见到这一点，因此不会生产和提供任何公共物品。于是，市场机制在公共物品提供的问题上"失灵"了：即使公共物品给人们带来的利益远远大于其生产成本，市场也不能自动提供这种产品，或提供的数量要远远低于最优数量。也就是说，市场机制配置给公共物品的资源常常会不足，难以实现帕累托最优效率。

我们来看这样一个例子：假如在一个地区建造一个堤坝需要总成本10万元，该地区住有 100 户居民。假设每一个家庭的总财产为 2 万元，如果遭受洪水，则一切财产化为乌有，因此堤坝的潜在收益为 2 万元。遭受洪水的概率为 1/10，所以，堤坝给每户带来的收益为 2 000 元，给这一地区带来的总收益为 20 万元，是总成本的二倍。如果 100 户居民每家出资 1 000 元来建造这样一个堤坝，大家的情况都会改善。但是，如果没有强有力的组织者和协调者，这样的好事却不会在自由市场中发生。因为，每户居民都在想：如果有人出资建了这个堤坝，即使我不出任何钱，我也同样享受堤坝的好处。也就是说，每个人都想不支付任何成本或支付很低的成本来享受公共产品，这在经济学上就被称为搭便车行为。

一般来说，公共产品覆盖的消费者人数越多，搭便车问题就越严重，公共产品由市场中私人提供的可能性就越小。上例中，如果这一地区只有 10 户居民，那么有可能通过协商分摊建造堤坝的资金，最后大家都受益。然而，如果居民是 1 000 户，那么要大家协力共建堤坝是不太可能的事。这就是奥尔森的"集体行动悖论"——集体的规模越大，合作就会变得越困难。

这一问题可由下面这一典型的实例来证实。1970 年美国通用汽车公司向市场推出一种汽车污染物排放控制装置，将这个市价 20 美元的装置装在车尾可使汽车排放的污染下降 30%~50%。污染的降低可以说是一种公共产品，每个人呼吸的空气质量是否改善并不取决于自己的车上是否装了这项新发明，而是取决于该地区大多数车主的选择。可是大多数人都不想花 20 美元而试图搭便车，结果可想而知，这种装置的销售十分糟糕。

三、公共物品"市场失灵"的解决方案

既然公共物品的生产和消费不能由个体分散决策的市场机制来解决，那么这种对全社会有益处的公共物品提供问题如何解决呢？答案并不是唯一的，但有一点是肯定的，就是必须将其付诸某种集体行动，无论是双边的、第三方的，还是多方的，也无论是集体自发组织的、社会组织的，抑或是政府的、国家的。传统新古典经济学教科书最常提及的一个简单方案就是由政府出面来承担公共物品提供的任务——所谓市场 v.s.政府的二元思维。在政府提供的框架下，关于公共物品是否值得生产的经济决策方法是成本-收益分析法。

然而，公共物品由政府提供也好，局中人自发组织甚至由社会公益组织提供也好，这些实施方案本质上都是一种集体行动，必然涉及集体内的所有局中人甚至全社会的公众对公共物品生产的政治协商过程，或者说"集体选择"问题。所谓集体选择，就是所有参与人依据一定的规则通过相互协商来确定集体行动方案的过程。公共选择理论特别注重与政府行为有关的集体选择问题。

（一）集体选择的规则

（1）一致同意规则。所谓一致同意规则，是指一项集体行动方案只有在所有参加者都认可的情况下才能够实施。这里的"认可"意味着赞成或者至少不反对。换句话说，在一致同意规则下，每一个参加者都对将要达成的集体决策拥有否决权。它具有的优点包括：第一，能够充分保证每一方的利益；第二，可以避免发生"搭便车问题"；第三，如果能够达成协议，该协议将是帕累托最优的。它的缺点在于：达成协议的成本常常非常大，在许多情况下甚至根本无法达成协议。

（2）多数规则。所谓多数规则，是指一项集体行动方案必须得到所有参加者中的多数认可才能够实施。这里的多数，可以是简单多数，即超过总数的一半；也可以是比例多数，如达到总数的 2/3 以上。与一致同意规则相比，多数规则的协商成本较低，也更容易达成协议。其存在的问题是：第一，它忽略了少数派的利益，由多数赞成通过的集体协议强迫少数派也要服从；第二，可能出现"收买选票"现象；第三，多数规则下的最终集体选择结果可能不是唯一的。

（3）加权规则。一个集体行动方案对不同的参与人可能有不同的重要性，于是，可以按照重要性的不同给相应参与人的意愿"赋权"，即分配选举的票数。相对重要的，拥有的票数就较多，否则就较少。所谓加权规则，就是按实际得到的赞成票数（而非人数）多少来决定集体行动方案。

（4）否决规则。这一规则的具体做法如下：先让每个参加投票的成员提出自己认可的行动方案，汇总以后，再让每个成员从中否决掉自己所反对的那些方案。这样一来，最后剩下的没有被否决掉的方案就是所有成员都可以接受的集体选择的结果了。如

果有不止一个方案留下来了，就再借助于其他投票规则来进行选择。否决规则的优点是显而易见的，因为经过这一规则筛选之后留下来的集体行动方案都将是帕累托最优的。

（二）最优的集体选择规则

上面所说的各种集体选择规则都是有利有弊的，这就产生了如何确定最优集体选择规则的问题，即按照什么样的规则来进行集体选择，才能保证所得到的结果是最有效率的。在这方面，西方公共选择理论家提出了两个主要的理论模型。

（1）成本模型。按照这一模型，任何一个集体选择规则都存在着性质完全不同的两类成本。一类叫作决策成本，指的是在该规则下通过某项集体行动方案（也即做出决策）所花费的时间与精力。集体决策的形成需要参加者之间不同程度的讨价还价。随着人数的不断增加，讨价还价行为发生的可能性将成倍增加，从而决策成本也将成倍增加。另一类是外在成本，指的是在该规则下通过的某项集体行动方案与某些参加者的意愿不一致而给他们带来的损失。当通过的某项集体行动方案与某些参加者个人的实际偏好一致时，这些参加者个人承担的外在成本就等于零；而当两者不相一致时，他们承担的外在成本就大于零。显而易见，随着这种不一致的人数和程度的增加，外在成本的总量也将增加。对于不同的集体选择规则，决策成本和外在成本的大小是不一样的。例如，与一致同意规则相比，多数规则的决策成本可能较低，因为容易做出决策，但外在成本却可能较高，因为决策的结果可能和很多人的意愿不一致。决策成本和外在成本之和叫作相互依赖成本。最优集体选择规则的成本模型的结论是，理性的经济人将按最低的相互依赖成本来决定集体选择的规则。

（2）概率模型。与成本模型不同，寻找最优集体选择规则的概率模型并不是追求社会相互依赖成本的最小化，而是力图使集体决策的结果偏离个人意愿的可能性达到最小。根据这一模型，最好的集体选择规则就是那种能使上述偏离可能性达到最小的规则。西方一些公共选择理论家证明，按照这一标准，集体选择中的多数规则是一种比较理想的规则。

四、公共资源

公共资源也与公共物品一样没有排他性：任何一个人都可以免费使用公共资源。但是，公共资源有竞争性：一个人使用了公共资源会减少其他人对它的享用。因此公共资源产生了一个新的问题：一旦提供了一种物品，决策者就要关注它被使用了多少。用公地悲剧这个古典寓言很容易理解这个问题，它说明了从整个社会角度来看为什么公共资源的使用量一般大于其合意水平。

（一）公地悲剧

设想一个中世纪的小镇，该镇的人从事许多经济活动，其中最重要的一种行业是养羊，镇上的许多家庭都有自己的羊群，出卖用以做衣服的羊毛来养家。

当我们的故事开始时，大部分时间羊在镇周围的草场上吃草，这块地被称为镇公共地。没有一个家庭拥有土地。相反，镇里的居民集体拥有这块土地，所有的居民被允许在这块地的草场上放羊。只要每个人都可以得到他们想要放牧的有良好草场的土地，该公共地就不是一种竞争性物品。随着时光流逝，镇上的人口在增加，镇公共地草场上的羊也在增加。由于羊群的数量日益增加，而土地数量却是固定的，土地开始失去自我养护的能力。最后，土地变得寸草不生。由于公共地上已没有草，养羊也不可能了，该镇曾经繁荣的羊毛业也消失了，许多家庭失去了生活的来源。

究竟是什么原因引发了这种悲剧？为什么牧羊人让羊繁殖得如此之多，以至于毁坏了镇的公共地呢？原因是社会激励与私人激励不同。若想避免草地破坏，就需要牧羊人的集体行动。如果牧羊人能够实现共同行动，他们就应该使羊群繁殖减少到公共地可以承受的规模。但没有一个家庭有减少自己羊群规模的激励，因为每家的羊群只是问题的一小部分。

实际上，公共地悲剧产生的原因是外部性。当一个家庭的羊群在公共地上吃草时，它降低了其他家庭可以得到的土地质量。人们在决定自己有多少羊时并未考虑这种负外部性，于是羊的数量就会越来越多。

如果预见到这种悲剧后，镇里可以用各种方法解决这个问题。政府可以控制每个家庭羊群的数量，通过对羊征税把外部性内在化，或者拍卖有限量的牧羊许可证。这就是说，中世纪小镇可以用现代社会解决污染问题的方法来解决放牧过度的问题。还有一种较简单的解决方法——可以把土地分给各个家庭。每个家庭都可以把自己的一块地用栅栏圈起来，并使之免于过度放牧。用这种方法，土地就成为私人物品而不是公共资源。

公共地悲剧是一个一般性的故事：当一个人利用公共资源时，他减少了其他人对这种资源的享用。由于这种负外部性，公共资源往往被过度使用。政府可以通过规制或税收来减少公共资源使用中出现的过度耗费问题。此外，政府有时也可以把公共资源变为私人物品。

实际上，早在数千年前人们就知晓其中的道理。古希腊哲学家亚里士多德就曾指出："许多人共有的东西总是被关心最少的，因为所有人对自己东西的关心都大于对其他人共同拥有的东西的关心。"

（二）一些重要的公共资源

有许多公共资源的例子，几乎所有的例子都会产生公共地悲剧问题：私人决策者过分地使用公共资源。具体的例子如下。

清洁的空气和水。清新的空气和洁净的水与开放的草地一样是公共资源，而且，过度污染也与过度放牧一样，环境恶化是现代的公共地悲剧。

石油矿藏。考虑一个地下石油矿藏如此广大，埋在地下的许多财产属于不同的所有者，任何一个所有者都可以钻井并采油。但由于流动性特征，当一个所有者采油时，其他所有者的油就越来越少。

拥挤的道路。道路可以是公共物品也可以是公共资源。如果道路不拥挤，一个人使用道路不影响到其他任何人，在这种情况下，使用没有竞争，道路是公共产品。但如果道路是拥挤的，那么道路的使用就会引起负外部性：当道路每新增一个人开车，它就会变得更为拥挤，其他人必然开得更慢——在这种情况下，道路就成为公共资源。

野生海洋动物。许多野生动物都是公共资源。例如，野生鱼类有商业价值，而且，任何人都可以到海里捕捉所能得到的任何鱼类。每个人很少有为下一年保留物种的激励，正如过度放牧可以毁坏镇上的公共地一样，过度捕鱼也会摧毁有商业价值的野生海洋动物。

第三节　外部影响

到目前为止，我们讨论的微观经济理论，特别是其中的"看不见的手"原理，都依赖于一个隐含的假定：单个消费者或生产者的经济行为对社会上其他人的福利没有影响，即不存在"外部影响"。换句话说，单个经济单位从其经济行为中产生的私人成本和私人利益就等于该行为所造成的社会成本和社会利益。但是，在实际经济中，这个假定往往并不能成立，因为外部效应处处存在。

一、外部影响及其分类

外部影响是指在市场经济中，生产者或消费者由于自己的经济活动对他人施加的一种有利或不利影响，而这种有利影响带来的利益（或者说收益）或有害影响带来的损失（或者说成本）并未由消费者和生产者本人获得或承担。

许多时候，某个生产者或消费者的一项经济活动会给社会上其他成员带来好处，但他自己却不能由此而得到补偿。此时，这个人从其活动中得到的私人利益就小于该活动所带来的社会利益。这种性质的外部影响被称为"外部经济"。根据经济活动的主体是生产者还是消费者，外部经济又可以分为"生产的外部经济"和"消费的外部经济"。

另一种可能情况则是，某个生产者或消费者的一项经济活动会给社会上其他成员带来危害，但他自己却并不为此而支付足够抵偿这种危害的成本。此时，这个人为其活动所付出的私人成本就小于该活动所造成的社会成本。这种性质的外部影响被称为"外部不经济"。外部不经济也可以视经济活动主体的不同而分为"生产的外部不经济"和"消费的外部不经济"。

（一）生产的外部经济

当一个生产者采取的经济行为对他人产生了有利的影响，而自己却不能从中得到报酬时，便产生了生产的外部经济。例如，一个企业对其所雇用的工人进行培训，而这些工人可能转到其他单位去工作。该企业并不能从其他单位索回培训费用或得到其他形式的补偿。因此，该企业从培训工人中得到的私人利益就小于该活动的社会利益。

（二）消费的外部经济

当一个消费者采取的行动对他人产生了有利的影响，而自己却不能从中得到补偿时，便产生了消费的外部经济。例如，当某个人对自己的草坪进行保养时，他的邻居也从中得到了不用支付报酬的好处。此外，一个人对自己的孩子进行教育，把他们培养成更值得信赖的公民，这显然使整个社会都得到了好处。

（三）生产的外部不经济

当一个生产者采取的行动使他人付出了代价而又未给他人以补偿时，便产生了生产的外部不经济。例如，一个企业可能因为排放污水而污染了河流，或者因为排放烟尘而污染了空气。这种行为使附近的人们和整个社会都遭到了损失。又如，因经济的发展可能造成的对自然的破坏等。

（四）消费的外部不经济

当一个消费者采取的行动使他人付出了代价而又未给他人以补偿时，便产生了消费的外部不经济。和生产者造成污染的情况类似，消费者也可能造成污染而损害他人。吸烟就是一个明显的例子。吸烟者的行为危害了被动吸烟者的身体健康，但吸烟者并未为此而支付任何代价。此外，还有在公共场所随意丢弃垃圾等行为。

上述各种外部影响无处不在，尽管就单个生产者或消费者来说，它造成的外部经济或外部不经济对整个社会也许微不足道，但所有这些消费者和生产者加总起来，所造成的外部经济或不经济的总效果将是巨大的。例如，由于生产扩大而引起的污染问题现在已经严重到危及人类自身生存环境的地步了。

下面是我们现实生活中很常见的一些例子。

汽车废气具有外部不经济，因为它产生了其他人不得不呼吸的烟雾。由于这种外部性，驾驶员往往要受到严重污染。政府努力通过规定汽车的排放废气标准来解决这个问题。政府还对汽油征税，以减少人们开车的次数。

修复历史建筑具有外部经济。因为那些在这种建筑物附近散步或骑车的人会享受到这些建筑的美丽，并感受到这种建筑物所提供的历史。

新技术研究提供了外部经济，因为它创造了其他人可以运用的知识；由于发明者并不能占有他们发明的全部收益，所以，往往倾向于用很少的资源来从事研究。政府通过专利制度部分解决了这个问题，专利制度使发明者可以在一定时期内排他性地使用自己的发明。

二、外部影响与资源配置失当

各种形式的外部影响的存在造成了一个严重后果：完全竞争条件下的资源配置将偏离帕累托最优状态。换句话说，即使假定整个经济仍然是完全竞争的，但由于存在着外部影响，整个经济的资源配置也不可能达到帕累托最优状态。这样，"看不见的手"在外部影响面前就失去了作用。

为什么外部影响会导致资源配置失灵？原因非常简单。我们先来考察外部经济的情况。假定某个人采取某项行动的私人利益为 V_p，该行动所产生的社会利益为 V_s。由于存在外部经济，故私人利益小于社会利益：$V_p < V_s$。如果这个人采取该行动所遭受的私人成本 C_p 大于私人利益而小于社会利益，即 $V_p < C_p < V_s$，则这个人显然不会采取这项行动，尽管从全社会角度看，该行动是有利的。显而易见，在这种情况下，帕累托最优状态没有得到实现，还存在有帕累托改进的余地。如果这个人采取这项行动，则他所受的损失为 $(C_p - V_p)$，社会上其他人由此而得到的好处为 $(V_s - V_p)$。由于 $(V_s - V_p)$ 大于

$\left(C_p - V_p\right)$，故可以从社会上其他人所得到的好处中拿出一部分来补偿行动者的损失，结果是使社会上某些人的状况变好而没有任何人的状况变坏。一般而言，在存在外部经济的情况下，私人活动的水平常常要低于社会所要求的最优水平。

再来考察外部不经济的情况。假定某个人采取某项活动的私人成本和社会成本分别为 C_p 和 C_s。由于存在外部不经济，故私人成本小于社会成本：$C_p < C_s$。如果这个人采取该行动所得到的私人利益 V_p 大于其私人成本而小于社会成本，即 $C_p < V_p < C_s$，则这个人显然会采取该行动，尽管从社会的观点看，该行动是不利的。显而易见，在这种情况下，帕累托最优状态也没有实现，也存在有帕累托改进的余地。如果这个人不采取这项行动，则他放弃的好处即损失为 $\left(V_p - C_p\right)$，但社会上其他人由此而避免的损失为 $\left(C_s - C_p\right)$。由于 $\left(C_s - C_p\right)$ 大于 $\left(V_p - C_p\right)$，故如果以某些方式重新分配损失的话，就可以使每个人的损失都减少，亦使每个人的"福利"增大。一般而言，在存在外部不经济的情况下，私人活动的水平常常要高于社会所要求的最优水平。

图 13-4 具体说明了在完全竞争条件下，生产的外部不经济是如何造成社会资源配置失灵的（其他类型的外部影响也可同样分析）。图 13-4 中水平直线 D=MR 是某竞争厂商的需求曲线和边际收益曲线，MC 则为其边际成本曲线。由于存在着生产上的外部不经济，故社会的边际成本高于私人的边际成本，从而社会边际成本曲线位于私人边际成本曲线上方，它由虚线 MC+ME 表示。虚线 MC+ME 与私人边际成本曲线 MC 的垂直距离（即 ME），可以看成所谓边际外部不经济，即由于厂商增加 1 单位生产所引起的社会其他人所增加的成本。竞争厂商为追求利润最大化，其产量定在价格（即边际收益）等于其边际成本处，即为 X^*；但使社会利益达到最大的产量应当使社会的边际收益（可以看成价格）等于社会的边际成本，即应当为 X^{**}。因此，生产的外部不经济造成产品生产过多，超过了帕累托效率所要求的水平 X^{**}。

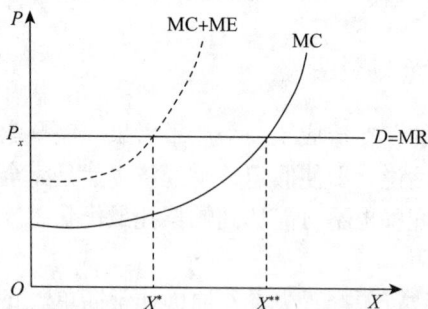

图 13-4　资源配置失当：生产的外部不经济

为什么在存在外部影响的条件下，潜在的帕累托改进机会不能得到实现呢？以上述生产的外部不经济如污染问题为例，如果污染涉及面较小，即污染者只对少数其他人的福利造成影响，则此时污染者和这少数受害者可能在如何分配"重新安排生产计划"所得到的好处问题上不能达成协议；如果污染涉及面较大，即污染的受害者众多，则此时污染者和受害者之间要达成协议就更加困难。特别是在这种情况下，很难避免"搭便车者"。此外，在很多情况下，有关污染问题的法律也不便明确。例如，污染者是否有权污染，有权进行多大污染？受害者是否有权要求赔偿？等等。最后，即使污染者与受害者有可能达成协议，但由于通常是一个污染者面对众多受害者，此时污染者在改变污染水平上的行为就像一个垄断者。在这种情况下，由外部影响产生的垄断行为也会破坏资源的最优配置。

三、矫正外部影响的微观政策

对于如何矫正由于外部影响所造成的资源配置不当，西方微观经济学理论大致提出了如下政策建议。

第一，使用税收和津贴。对造成外部不经济的企业，国家应该征税，其数额应该等于该企业给社会其他成员造成的损失，从而使该企业的私人成本恰好等于社会成本。例如，在生产污染情况下，政府向污染者征税，其税额等于治理污染所需要的费用。反之，对造成外部经济的企业，国家则可以采取津贴的办法，使企业的私人利益与社会利益相等。无论是何种情况，只要政府采取措施使私人成本和私人利益与相应的社会成本和社会利益相等，则资源配置便可达到帕累托最优状态。

第二，使用企业合并的方法。例如，一个企业的生产影响到另外一个企业，如果影响是正的（外部经济），则第一个企业的生产就会低于社会最优水平；反之，如果影响是负的（外部不经济），则第一个企业的生产就会超过社会最优水平。但是如果把这两个企业合并为一个企业，则此时的外部影响就"消失"了，即被"内部化"了。合并后的单个企业为了自己的利益将使自己的生产确定在其边际成本等于边际收益的水平上。而由于此时不存在外部影响，故合并企业的成本与收益就等于社会的成本与收益，于是资源配置达到帕累托最优状态。

第三，使用规定财产权的办法。在许多情况下，外部影响之所以导致资源配置失当，是由于财产权不明确。如果财产权是完全确定的并得到充分保障，则有些外部影响可能就不会发生。例如，某条河流的上游污染者使下游用水者受到损害，如果给予下游用水者以使用一定质量水源的财产权，则上游的污染者将因把下游水质降到特定质量之下而受罚。在这种情况下，上游污染者便会同下游用水者协商，将这种权利从他们那里买过来，然后再让河流受到一定程度的污染。同时，遭到损害的下游用水者也会使用他出售污染权而得到的收入来治理河水。总之，由于污染者为其不好的外部影响支付了代价，故其私人成本与社会成本之间不存在差别。

■ 第四节　信息不对称理论

一、信息不对称理论及其产生背景

市场经济发展了几百年，都是处于信息不对称的情况之下。在没有发现信息不对称理论的时候，如亚当·斯密的时代，市场并没有显示出那么多的缺陷，亚当·斯密甚至把"看不见的手"推崇备至，自由的市场经济理论学者都宣扬市场的自由调节，反对政府对市场的干预。

　　但现在人们发现，现实生活中市场经济并不是如此完美。相反，信息不对称现象简直无处不在，就像周身遍布的各种名牌商品。人们对品牌的崇拜和追逐，从某种程度上恰恰说明了较一般商品而言，名牌商品提供了更完全的信息，降低了买卖双方之间的交易成本。这一理论同样也适用于广告，在同样的情况下，花巨资广而告之的商品因为比没做广告或少做广告者提供了更多的信息，所以它们更容易为消费者接受。

　　信息不对称理论是由 2001 年获得诺贝尔经济学奖的三位美国经济学家——约瑟夫·斯蒂格利茨、乔治·阿克洛夫和迈克尔·斯宾塞所提出的。该理论认为：市场中卖方比买方更了解有关商品的各种信息，掌握更多信息的一方可以通过向信息贫乏的一方传递可靠信息而在市场中获益。信息不对称是市场经济的弊病，要想减少信息不对称对经济产生的危害，政府应在市场体系中发挥强有力的作用。这一理论为很多市场现象如股市沉浮、就业与失业、信贷配给、商品促销、商品的市场占有等提供了解释，并成为现代信息经济学的核心，被广泛应用到从传统的农产品市场到现代金融市场等各个领域。

　　最早研究信息不对称这一现象的是阿克洛夫，1970 年，他在哈佛大学经济学期刊上发表了著名的"次品问题"一文，首次提出了"信息市场"概念。阿克洛夫从当时司空见惯的二手车市场入手，发现了旧车市场买卖双方对车况掌握的不同而滋生的矛盾，并最终导致旧车市场的日渐式微。在旧车市场中，卖主一定比买主掌握更多的信息。为了便于研究，阿克洛夫将所有的旧车分为两大类，一类是保养良好的车，另一类是车况较差的"垃圾车"，然后再假设买主愿意购买好车的出价是 20 000 美元，差车的出价是 10 000 美元，而实际上卖主的收购价却可能分别只有 17 000 美元和 8 000 美元，从而产生了较大的信息差价。由此可以得出一个结论：如果让买主不经过旧车市场而直接从车主手中购买，那将产生一个更公平的交易，车主会得到比卖给旧车市场更多的钱，与此同时买主出的钱也会比从旧车市场买的要少。但接下来会出现另外一种情况，当买主意识到自己总是在交易中处于不利位置，他会刻意压价，以致低于卖主的收购价，如好车的出价只有 15 000 元，差车价只出 7 000 元，这便使交易无法进行，面对这种情况，旧车交易市场的卖主通常会采取以次充好的手段满足低价位买主，从而使旧车质量越来越差，最后难以为继。

　　信息不对称现象的存在使交易中总有一方会因为获取信息的不完整而对交易缺乏信心，对于商品交易来说，这个成本是昂贵的，但仍然可以找到解决的方法。还是以旧车交易市场为例，对于卖主来说，如果他们一贯坚持只卖好车不卖一辆"垃圾车"，长此以往建立的声誉便可增加买主的信任，大大降低交易成本；对于买主而言，他们同样也可以设置更好的策略将"垃圾车"剔除出去。

二、信息不对称所引起的主要问题

（一）逆向选择

　　逆向选择是指由于交易双方信息不对称和市场价格下降产生的劣质品驱逐优质品，进而出现市场交易产品平均质量下降的现象。逆向选择在金融市场上特别是在保险业中表现得非常明显。

假设一家保险公司想提供自行车失窃保险，经过认真的市场调查，保险公司发现，不同社区的失窃情况差别很大。在某些社区，自行车被盗的概率很高，但在另一些社区，自行车极少失窃。那么在这种情况下，如果保险公司决定根据平均失窃率提供保险，那么它将很快破产。原因很明显，居住在相对安全的社区的人不会购买保险，因为他们几乎不需要，而居住在高失窃率社区的人却想要保险。这意味着，保险索赔大多数是由居住在高风险地区的消费者提出的。以失窃的平均概率为基础的费率将是一个令人对向保险公司实际提出的索赔发生误解的指标。保险公司得到的不会是客户的无偏选择，而是他们的逆向选择。事实上，"逆向选择"一词最早在保险行业中使用就是用来描述此类问题的。因此，我们可以得到结论：一方面，保险公司为了保持盈亏平衡，一定会将费率建立在对"最坏情况"的预测的基础上；另一方面，自行车失窃风险虽不可忽略不计，但较低的那些消费者将不愿意购买由此导致的高价保险。

健康保险也存在类似的问题，保险公司不能将费率建立在全体人民的健康问题平均发生率的基础上，而只能建立在潜在购买者的健康问题平均发生率的基础上。而其中最想要购买健康保险的人是那些可能最需要保险的人，所以费率也必须反映其中的差异。

（二）道德风险

道德风险并不等同于道德败坏。道德风险是 20 世纪 80 年代西方经济学家提出的一个经济哲学范畴的概念，即"从事经济活动的人在最大限度地增进自身效用的同时做出不利于他人的行动"，或者说是当签约一方不完全承担风险后果时所采取的自身效用最大化的自私行为。

在经济活动中，道德风险问题相当普遍。获得 2001 年度诺贝尔经济学奖的斯蒂格利茨在研究保险市场时，发现了一个经典的例子：美国一所大学学生自行车被盗的比率约为 10%，有几个有经营头脑的学生发起了一个对自行车的保险，保费为保险标的的 15%。按常理，这几个有经营头脑的学生应获得 5% 左右的利润。但该保险运作一段时间后，这几个学生发现自行车被盗比率迅速提高到 15% 以上。何以如此？这是因为自行车投保后学生们对自行车安全防范措施明显减少。在这个例子中，投保的学生由于不完全承担自行车被盗的风险后果，因而采取了对自行车安全防范的不作为行为。而这种不作为的行为，就是道德风险。可以说，只要市场经济存在，道德风险就不可避免。

三、信息不对称与激励机制：委托−代理问题

现实生活中，信息不对称和不完全现象是非常普遍的。例如，雇主与雇员，股东和经理，医院和医生，被告和律师，等等。在这些例子中，前者是"委托人"，后者是"代理人"。委托人委托代理人处理与自己有关的一些事务，并支付相应的报酬。但是，由于代理人的利益往往与委托人的利益并不一致，因此，对于委托人来说，一个至关重要的问题就是如何确保代理人按照自己的要求行事？这就是所谓的"委托−代理问题"。

我们可以发现，由信息不对称而产生的"道德风险"问题正是由于委托人与代理人

利益不一致，委托人不能有效观察到代理人的行动，代理人采取了不利于委托人的行为而产生的。因此，委托-代理问题本质上是一个监督激励问题。由于委托人观测不到代理人的行为，委托人就不能有效监督代理人，而代理人缺乏足够的动机和激励去采取委托人想要的行为，使代理人不承担其行动的全部成本，造成市场失灵。

因此，要解决"道德风险"问题，关键在于委托人要设计出一套行之有效的激励机制，使代理人与委托人的利益趋于一致，这样代理人就不会采取违背委托人利益的行为，"道德风险"问题也就随之解决了。我们结合股东-经理问题，看看一些行之有效的激励机制，这些机制一部分来自企业本身，一部分来自市场。

通常股东会把经理的报酬与企业的经营绩效挂钩，虽然股东不能直接观测到经理的行为和努力程度，但他们能观测到企业的经营绩效。如果企业的经营绩效取决于经理的努力，那么将绩效与报酬挂钩就是一种很好的激励手段，使经理的行为符合股东的利益。现实中，这类机制表现为给予经理的企业分红、利润提成、股票期权等。

有时，由于市场环境等外界因素的不确定性较大，股东很难通过绩效来考核。于是另一种激励机制可能会更有效，这种机制被称为"锦标赛"或"标尺竞争"，它是指股东通过企业间的相对业绩来评价和考核经理的表现。例如，当本企业的利润水平高于行业的平均利润水平时，股东就可以断定经理的工作是努力、有效的，就给予经理奖励和高额的报酬，反之就对经理给予一定的惩罚。

除了企业的内部激励以外，市场对经理也有着激励和约束作用，其中最为重要的就是经理市场的声誉对经理的隐性激励。虽然经理的能力或工作努力程度是私人信息，但企业可以通过观察企业的经营绩效来不断更正对经理能力和工作态度的判断。如果企业经营良好，经理在劳动市场上就有很好的声誉，就会获得丰厚报酬。相反，企业经营不良或者破产会对经理的职业生涯产生极为不利的声誉上的影响。考虑到这种来自劳动市场上的隐性激励，经理的行为会更加符合股东利润最大化的要求。

本　章　案　例

案例 13-1：对分解微软的不同意见

微软公司是世界上最大的软件公司，占世界软件市场的80%以上。有许多州和哥伦比亚地区法院指控微软公司利用其市场力量非法挤垮竞争对手。地区司法部提出了把微软分解为两个企业的方案，而一些经济学家则从市场效率的角度出发，对司法部的设想提出了不同意见。

哥伦比亚地区法院的法官认为微软的行为在一定程度上是反竞争的，不仅侵害了消费者的利益，更重要的是打击了竞争对手。一是微软占有巨大的稳定的市场份额；二是微软公司把浏览器捆绑在视窗操作系统上，把软件系统固化到芯片上，从而阻止竞争对手进入市场；三是微软的操作系统到目前为止还没有真正的竞争对手。

而一些经济学家认为，如果把微软的操作系统和"办公室"应用软件分离开，将有以下几个主要问题：一是如果垂直分解微软公司，微软的操作系统仍将占市场的85%以上，办公应用软件也将占据美国市场的90%以上，因此，两个企业都可以分别在各自的市场区划中占垄断地位，很可能两个公司都提价，危害消费者利益；二是如果水平分解微软公司，那么小型公司在销售视窗软件时，可能竞相压价，不利于维护知识产权；三是分解微软公司的目的是促进竞争和技术创新，希望其他企业能开发出与微软竞争的软件，但是靠分解微软达到这一目的的希望较小。

从上述案例分析中可以看出，尽管美国反垄断部门在执行反垄断法的过程中采取了灵活处理办法，但遵循了几个主要原则：一是反垄断的目的是保护市场的有效竞争性和消费者的利益。美国政府在批准并购案时，不仅仅是根据市场集中度指标，还要看兼并后的市场效率。例如，家具公司的市场占有率并不高，但是兼并后消除了竞争对手，可能导致提价。因此，这种兼并不能获得批准。二是判断垄断的标准不是以企业规模大小来断定的，关键要看是否滥用了市场力量。具有市场力量的企业不一定是垄断，只有利用市场力量采取了不正当手段才被判为垄断。三是考虑国家整体利益。由于美国的计算机行业在世界已经占据明显的优势地位，而微软的软件和硬件一体化严重影响了行业竞争和技术创新，解体微软不会影响美国计算机行业在世界的竞争力，相反，会加大国内竞争，促进创新，这将进一步提高其产业竞争力。因此，美国的反垄断政策还考虑到企业行为对整个国民经济的影响。

案例 13-2：灯塔的故事——公共物品与私人物品

在一个靠海的渔港村落里住了两三百个人，大部分的人都是靠出海捕鱼为生。港口附近礁石险恶，船只一不小心就可能触礁沉没而人财两空。如果这些村民都觉得该建一座灯塔，便于在雾里、夜里指引方向；如果大家对灯塔的位置、高度、材料、维护也都毫无异议，那么，剩下的问题就是怎样把钱找出来，分摊建灯塔的费用。村民们怎样分摊这些费用比较好呢？

既然灯塔是让渔船趋福避祸，就依船只数平均分摊好了！可是，船只有大有小；船只大的船员往往比较多，享受到的好处比较多。所以，依船员人数分摊可能比较好！

可是，船员多少不一定是好的指标，该看渔获量。捞得的鱼多，收入较多，自然能负担比较多的费用。所以，依渔获量来分摊比较好！可是，以哪一段时间的渔获量为准呢？要算出渔获量还得有人秤重和记录，谁来做呢？而且，不打渔的村民也间接地享受到美味的海鲜，也应该负担一部分的成本。所以，依全村人口数平均分摊最公平！

可是，如果有人是素食主义者，不吃鱼，难道也应该出钱吗？即使素食主义者自己不吃鱼，他的妻子儿女还是会吃鱼啊。所以还是该按全村人口平均分摊。可是，如果这个素食主义者同时也是个独身主义者，没有妻子儿女，怎么办？还是以船只数为准比较好，船只数明确可循，不会有争议！如果有人反对：虽然家里有两艘船，却只有在白天出海捕鱼，傍晚之前就回到港里，所以根本用不上灯塔，为什么要分摊？或者，有人表示：即使是按正常时段出海，入夜之后才回港，但是，因为是航海老手，所以港里港外哪里有礁石，早就一清二楚，闭上眼睛就能把船开回港里，当然也就用不上灯塔！

好了，不管用哪一种方式，如果大家都（勉强）同意，都好。可是由谁来收钱呢？在这个没有乡公所和村干部的村落里，谁来负责挨家挨户地收钱保管呢？如果有人自告奋勇，或有人众望所归、勉为其难地出面为大家服务，总算可以把问题解决了。可是，即使当初大家说好各自负担多少，如果有人事后不愿意，或有意无意地拖延时日，就是不付钱，怎么办？大家是不是愿意赋予这个"公仆"某些像纠举、惩罚等的"公权力"呢？

案例 13-3：解决外部性需要明晰产权

科斯定理是经济学家科斯提出通过产权制度的调整，将商品有害的外部性市场化和内部化的定理。例如，一条河的上游和下游各有一个企业，上游企业有排污权，下游企业有河水不被污染的权利，下游企业要想使河水不受污染就必须与上游企业协商并要求支付费用，以得到清洁的水，这样上下游企业进行谈判，上游企业要想排污将给予下游企业一定的赔偿，上游企业会在花钱治污与赔偿之间进行选择。总之，只要产权界定清晰并可转让，那么市场交易和谈判就可以解决负外部性问题，私人边际成本与社会边际成本就会趋于一致。除此明确产权外，还有使有害的外部性内部化的办法。按照科斯定理，通过产权调整使有害的外部性内部化，将这两个企业合并成一家，以后必然减少上游对下游的污染，因为是一个企业，有着共同的利益得失，上游企业对下游企业的污染会减少到最小限度，即把上游生产的边际效益等于下游生产的边际成本。

又如，一个湖泊里的鱼的数量是有限的，大家都来捕鱼，鱼越捕越少。对这种情况有什么解决办法？湖泊里捕鱼太多会使鱼的数量越来越少，这就是有害的外部性。解决这个问题可用明确产权的办法，即由某一个企业或个人来承包这个湖泊的捕鱼作业；也可用征税的办法，即对捕鱼者征税，并把税收用于投放鱼苗。也可以用法律手段明确规定休渔期禁止捕捞的时间。

资料来源：摘自 www.bookschina.com

案例 13-4：信息非对称——买的不如卖的精

俗话说"从南京到北京，买的不如卖的精"，这其中的道理就是信息不对称。非对称信息，是指市场上买卖双方所掌握的信息是不对称的，一方面掌握的信息多一点，另一方面掌握的信息少一些。

中国古代有所谓"金玉其外，败絮其中"的故事，讲的是商人卖的货物表里不一，由此引申比喻某些人徒有其表。在商品中，有一大类商品是内外有别的，而且商品的内容很难在购买时加以检验，如瓶装的酒类，盒装的香烟，录音、录像带等。人们或者看不到商品包装内部的样子（如香烟、鸡蛋等），或者看得到、却无法用眼睛辨别产品质量的好坏（如录音、录像带）。显然，对于这类产品，买者和卖者了解的信息是不一样的。卖者比买者更清楚产品实际的质量情况。这时卖者很容易依仗买者对产品内部情况的不了解欺骗买者。如此看来，消费者的地位相当脆弱，对于掌握了"信息不对称"武器的骗子似乎毫无招架之术。

由于信息不对称，价格对经济的调节就会失灵。例如，某商品降价消费者也未必增加购买，消费者还以为是假冒伪劣商品；某商品即使是假冒伪劣商品，提高价格后，消费者还以为只有真货价格才高。这就是市场失灵造成的市场无效率。

为消除因信息不对称带来的困境，精明的商家想了很多办法。在大商场某一生产鸭绒制品的公司开设了一个透明车间，当场为顾客填充鸭绒被，消除了生产者和消费者之间的信息不对称。

资料来源：摘自 www.people.com.cn

本 章 小 结

（1）只要市场不是完全竞争的，经济便会偏离帕累托最优状态，处于低效率均衡之中。

（2）公共物品既无竞争性又无排他性。由于不能对使用公共物品的人收费，所以在私人提供这种物品时，就存在搭便车的问题。

（3）公共资源有竞争性但无排他性。由于不能向使用公共资源的人收费，他们往往会过度地使用公共资源。因此，政府应介入公共资源的使用。

（4）外部影响会导致资源配置失灵。其解决办法是：第一，使用税收和津贴；第二，使用企业合并的方法；第三，使用规定财产权的办法。

（5）逆向选择是指由于交易双方信息不对称和市场价格下降产生的劣质品驱逐优质品，进而出现市场交易产品平均质量下降的现象。

复 习 与 思 考

1. 什么是市场失灵？有哪几种情况会导致市场失灵？

2. 垄断是如何造成市场失灵的？

3. 什么是外部性？其基本的解决办法是什么？

4. 公共物品为什么不能依靠市场来提供？

5. 举例说明信息不对称会破坏市场的有效性并导致市场失灵。

6. 设一产品的市场需求函数为 $Q=500-5P$，成本函数为 $C=20Q$。试问：

（1）若该产品为一垄断厂商生产，利润最大时的产量、价格和利润各为多少？

（2）要达到帕累托最优，产量和价格应为多少？

（3）社会纯福利在垄断性生产时损失了多少？

7. 设一个公共牧场的成本是 $C=5x^2+2\,000$，其中，x 是牧场上养的奶牛数，奶牛的价格为 $P=800$ 元。

（1）求牧场净收益最大时的奶牛数。

（2）若该牧场有 5 户牧民，牧场成本由他们平均分担，这时牧场上将会有多少奶牛？这会引起什么问题？

参 考 文 献

陈恳，王蕾. 2004. 西方经济学解析（微观部分）. 北京：高等教育出版社.

丁卫国. 2007. 西方经济学原理. 上海：上海人民出版社.

董长瑞，周宁. 2007. 微观经济学. 第二版. 北京：经济科学出版社.

范家骧，刘文忻. 2002. 微观经济学. 大连：东北财经大学出版社.

范里安 H R. 2006. 微观经济学：现代观点. 第六版. 费方域，等译. 上海：上海人民出版社.

高鸿业. 2014. 西方经济学（微观部分）. 北京：高等教育出版社.

侯荣华. 2007. 西方经济学. 第二版. 北京：中央广播电视大学出版社.

黄亚钧. 2000. 微观经济学. 北京：高等教育出版社.

黎诣远. 2005. 西方经济学. 北京：高等教育出版社.

厉以宁. 2005. 西方经济学. 第二版. 北京：高等教育出版社.

梁小民. 2000a. 微观经济学纵横谈. 北京：生活·读书·新知三联书店.

梁小民. 2000b. 西方经济学教程. 北京：中国统计出版社.

刘东，梁东黎. 2007. 微观经济学教程. 北京：科学出版社.

刘厚俊. 2008. 西方经济学原理. 第四版. 南京：南京大学出版社.

卢现祥，陈银娥. 2008. 微观经济学. 第二版. 北京：经济科学出版社.

曼昆 N G. 2003. 经济学原理上册. 梁小民译. 北京：机械工业出版社.

盛晓白，张进. 1999. 西方经济学导论. 北京：世界图书出版公司.

斯蒂格利茨 J E. 2000. 经济学. 第二版. 张军译. 北京：中国人民大学出版社.

孙宇晖，刘静暖. 2008. 西方经济学基础. 北京：中国经济出版社.

汪祥春. 2006. 微观经济学. 大连：东北财经大学出版社.

吴德庆，马月才. 2004. 管理经济学. 第三版. 北京：中国人民大学出版社.

吴开超，张树民. 2007. 微观经济学. 成都：西南财经大学出版社.

辛宪. 1999. 西方经济学形象导读. 北京：中国国际广播出版社.

许纯祯. 2004. 西方经济学. 北京：高等教育出版社.

尹伯成. 2002. 西方经济学简明教程. 上海：上海人民出版社.

张淑云. 2004. 经济学——从理论到实践. 北京：化学工业出版社.

张维迎. 1996. 博弈论与信息经济学. 上海：上海人民出版社.